傳統法과 光州反正

- 受敎 · 全家徙邊 · 取得時效 · 民事賠償 -

不肖를 낳아 길러 주신 부모님과 조상님들께
不慧를 가르치고 이끌어 주신 스승님과 善知識들께
이 책의 古典 · 史料를 기록 · 전승하신 聖賢君子들께
그리고 미래 이 책과 인연 있을 모든 君子 淑女들께
감사하고 찬탄하는 마음으로 정성을 다해
삼가 이 책을 받들어 法供養 올립니다.

傳統法과 光州反正

– 受敎 · 全家徙邊 · 取得時效 · 民事賠償 –

金 池 洙

전남대학교출판부

歷史精神의 顯現과 계승발전을 염원하며

"史者, 何也? 역사란 무엇인가?"

"史者, 師也! 역사란 스승이다!"

15년 전 박사학위 논문 초고를 처음 집필하기 시작할 때, 서론 첫머리에 스스로 내린 역사의 定義다. 지금까지도 그러려니와, 하물며 15년 전 박사학위 논문 집필 초두에 내가 史料를 얼마나 열람했겠는가? 아마도 비유하자면, 마치 바닷가 백사장에서 어린애가 모래성을 쌓으며 놀다가, 예쁜 소라껍질 하나 주워 신기하게 쳐다보고는, 불현듯 무슨 생각이 들었는지, 바닷물이 전부 얼마나 되는지 그 소라껍질을 됫박 삼아 한 되 두 되 되어 보겠다고 놀이한 셈이 아닐까?! 그러니 走馬看山 격도 못되고, 수박 겉 핥기 식이나 될까 말까 한 역사 편력에 지나지 않으리라. 그런 주제에 벌써 역사를 다 통찰하고 간파한 듯, 감히 거창한 역사의 정의를 내리다니?!

사실 나는 어렸을 적부터 수학·과학 등 논리이해가 필요한 과목을 좋아했으며, 역사교과는 잘하지도 못하고 즐겨 하지도 않았다. 그 복잡다단한 역사사건을 암기하기도 무척 힘들었고, 그 의미도 잘 이해하지 못한 상황에서 입시공부로 외워 대야 하는 역사공부는, 나한테는 가장 힘들고 지겨운 고역의 하나였다. 흥미를 느끼지 못하는데, 역사의 본래진면목을 볼 수나 있었겠는가? 그런 내가 그렇게 재미없던 역사를, 그것도 무미건조하기 짝이 없는 법제도의 역사를 전공하게 될 줄이야?! 그렇다. "法制史"는 확실히 무미건조하고 힘들며 진을 다 빼는 공부다. 실제로 나도 진을 다 빼고 골수까지 다 말려, 만성간염에다 설상가상으로 악성빈혈까지 겹쳐 덮친 바람에, 거의 다 죽었다가 천신만고 끝에 起死回生으로 기적처럼 간신히 되살아났다.

구약성서에서 모세가 하느님의 용안을 뒷겯에서 살짝 뵈었다고 하듯이, 아마 나도 역사의 얼굴을 바람결에 꿈결에 스치듯 어렴풋이 느꼈다고나 할까? 여하튼 역사의 정신을 나름대로 희미하게나마 느낄 수 있기까지, 육신과 정신, 물질과 시간상으로 치른 희생과 대가는 참으로 엄청난 것이었다. 세상에 공짜가 어디 있으랴? 고생하고 비용을 치른 만큼 얻는 게 인과응보의 당연한 법칙이 아닌가? 산이 높으면 골도 깊고, 정상까지 오를 때 그만큼 많은 노력과 비용을 치러야 하듯이! 비유가 너무 거창해, 마치 내가 하느님 용안이라도 직접 뵙고 히말라야 정상이라도 오른 듯, 세상 고생은 나 혼자 다 한 듯 과장되고 겸손치 못해 송구스럽다. "말이 그렇지, 뜻이 그렇나?" 비유는 어디까지나 비유니까, 부디 문자에 매달려 非難하지 마시기 바란다.

물론, 역사가 동서고금의 천차만별의 개별구체 사건의 축적인지라, 각 史實의 독자성과 특수성이 강하게 부각되는 것은 사실이다. 하지만, "사람마다 그 마음이 같고, 마음마다 그 이치가 같은(人同其心, 心同其理.)"지라, 사람들이 살아온 마음의 이치와 발자취는 동서고금을 막론하고 대동소이한 본성도 있기 마련이다. 바로 역사의 보편성이다. 하기야 시간성과 공간성을 띤 현상으로서 역사의 얼굴모습은 확실히 천차만별의 상대성과 개별구체성으로 나타난다. 하지만 항상성과 초월성을 띤 본질로서 역사의 정신철학은 분명히 일관회통의 절대성과 일반보편성으로 잠재한다. 茫茫大海에서 물 한 잔을 시료로 떠 海水의 특성을 실험·분석하듯이, 역사의 大河에서 일련의 史料를 뽑아 역사의 정신을 연구해도 그 일반보편성은 확인할 수 있는 법!

우리가 개별구체의 역사현상으로서 事件史實을 기록·전승하고 열람·공부하는 이유는, 일반보편의 역사본질로서 정신철학을 음미·해석하여 거울삼고 스승삼기 위함이다. 현재와 미래의 향상발전에 밑천을 보태기 위해서다. 현재와 미래의 교훈으로서 가치와 자격이 없는 과거는, 보존·전승할 필요도 전혀 없고, 기억·회상할 의미도 전혀 없다.

역사란 스승이고 거울(龜鑑)이다. 일찍이 孔子는 "옛것을 익히고 새것을 알면 스승이 될 수 있다.(溫故而知新, 可以爲師矣.)"고 말하면서, "세 사람이 함께 가면 반드시 나의 스승이 있으니, 善을 가려 따르고 不善은 고친다.(三人行, 必有我師焉. 擇其善者而從之, 其不善者而改之.)"고 강조하였다. 또 老子는 "善人은 不善人의 스승이며, 不善人은 善人의 자아수양에 거울(귀감: 밑천)이 된다.(善人者, 不善人之師 不善人者, 善人之資.)"고 하였다. 선인은 실물교수가 되고, 악인은 반면교사가 된다.

그런데 나의 스승이 어찌 시간과 공간을 같이하는 착한 사람 뿐이겠는가? 역사 속의 무수한 善人과 惡人 및 그들의 행적 또한, 나와 동행하는 훌륭한 스승이 될 수 있으리라. 역사만큼 진귀하고 무진장한 스승의 보물창고도 없다. 그리고 인간의 수천 년 역사보다 더 장수하는 거북이(龜)와 더 밝은 거울(鑑)이 또 어디 있겠는가? 그 역사를 스승 삼을 수 없다면, 제아무리 신령스러운 거북이와 明鏡止水인들 무슨 귀감이 될 수 있으랴! 우리가 역사 傳統을 중시하는 까닭과, 본인이 전통 역사를 연구하는 목적도 바로 이러한 연유에서다.

훌륭하지 않은 스승은 없으나, 훌륭한 학생이 드물 뿐이라고 한다. 바로 역사를 두고 일컫는 말이 아닐까? 善이건 惡이건 역사 자체는 항상 훌륭한 스승으로서 귀감과 교훈을 드리운다. 善을 본받아 따르고 惡을 징계하여 고쳐 나가는, 주체성 있는 인간의 실천의지와 學習행동만이 善惡의 역사 모두를 훌륭한 스승으로 모실 수 있다.

우리 동아시아 문화권의 가장 큰 특징의 하나는, 선비정신의 핵심으로 꼽힐 수 있는 '역사정신'이다. 역사의 제1차 생명은 史料의 事實性, 즉 眞實性에 있다. 그래서 역사 기록은 實錄이라고 일컫는다. 근거 없이 찬미하지도 않을 뿐만 아니라, 奸惡을 거리끼거나 숨기지 않기 때문이다. 史官은 天子나 太子의 허물도 기록할 직책과 의무를 지니며, 이를 위반하는 경우에는 그 죄가 사형에 해당한다. 훌륭한 史官이란 귀천을 가리지 않고 선악을 숨기지 않으며, 심지어 事實의 기록을 위해 목숨을 바치는 한이 있어도 붓을 굽히거나 꺾지 않는다.

반면, 사관 직책의 독립성은 지금의 사법부보다 훨씬 확실하고 완벽하게 보장되었다. 周代 이래로, 왕의 말을 기록하는 右史와 행동을 기록하는 左史가 왕의 그림자처럼 따라다니며, 일거수일투족과 일언반구까지 빠짐없이 사실대로 기록한다. 동서고금의 인류역사에서 최고 권력에 대해 그보다 더 엄격한 견제와 감독이 행해진 적이 있을까? 게다가 왕이나 천자라도 사관이 기록한 史草를 절대 열람할 수 없다. 그리고 당대의 황제나 왕이 타계한 뒤, 그 다음 대에 비로소 사관들이 사초를 기초로 先王의 실록을 편수한다. (마치 현대 미국에서 국무성의 국가문서가 기밀로 봉해져 있다가 수십 년 지난 뒤 기밀해제 되어 일반에 공개되는 이치와 비슷하다.) 연산군 같은 폭군이 이 역사기록의 기본 원칙을 어기고 사초를 열람하면서, 暴政과 士禍로 이어지는 그 엄청난 비극이 시작되었고, 결국 中宗反正으로 쫓겨나 병사하고, '宗'이나 '朝'의 廟號를 받지 못한 채, 끝내 '君'이란 악명을 얻게 되었다.

한반도의 지리상 특수 여건에도 불구하고, 우리나라 역대 왕조가 세계사에 유례가 드물게 보통 5백년씩 장수한 요인이 과연 무얼까? 꼭 역사학자가 아니라도 누구나 한번쯤 의문을 가질 것이다. 다각도에서 여러 요인들이 복합되어 이루어진 미묘한 인과관계기 때문에 一義로 단정할 수는 없지만, 不慧의 鄙見으로는 바로 칼보다 곧고 굳센 붓의 정신, 즉 선비정신과 특히 '역사정신'을 우선 꼽고 싶다.

그런데 불행히도 근대문명을 받아들여 개화된 이래로, 우리는 그 역사정신과 역사기록을 거의 상실하고 말았다. 일제 때는 일본인들이 일제식민사관의 입장에서 모든 사실을 기록했기 때문에, 기본 정신과 관점 자체가 왜곡되어 문제가 많다. (다만, 기록의 온전한 보존 상태는 옛 역사정신을 방불케 할 만큼 철저한 편이라 귀감이 되고 감탄스럽기까지 하다고 한다.) 특히 해방과 건국 후 혼란한 정치사회 속에서 독재와 부패, 군부독재가 장기화되면서, 자신들의 치욕과 죄악이 세상과 후세에 알려지는 것을 두려워한 절대 권력은, 무지몽매하고 비겁한 심리감정에서 사실을 은폐하고 증거를 인멸하기 위해서, 사초를 아예 기록하지도 않았거나 모두 폐기처분해 버린 것이다.

군부독재를 이어 문민정부로 자처하며 청와대에 입성한 김영삼이 본 것은 텅 빈 금고뿐이었다고 하거니와, 선거를 통한 진정한 정권교체로 국민정부를 자처한 김대중이 본 것은 한국은행의 텅 빈 외화금고(IMF)와 정부기록문서가 하나도 남김없이 폐기된 '역사의 공백' 뿐이었다고 한다. 텅 빈 금고는 국민들의 헌신과 忍苦로 다시 채울 수 있었지만, 한번 비어버린 '역사의 공백'은 어떻게 채울 것인가?!

외교관계 사료는 그나마 상대국의 정부문서가 기밀해제 되길 기다려 간접 확인할 수도 있겠지만, 국내정치와 사회경제에 관한 공식기록은 어디서 찾을까? 경제파탄이야 회생할 수 있기에 원망스럽지만 오히려 덜 참혹하다. 가장 엄청나고 비참한 千秋의 痛恨과 萬古의 逆賊은 바로 '역사의 공백'이기에, 실로 참담한 심정을 가눌 수 없다. 더 심각한 문제는, 개인의 현실과 직접 이해관계가 별로 없다는 이유 때문인지, 아니면 민족의 共業운명으로 체념하고 이미 달관해서 인지, 국민 대부분이 이 문제를 그리 심각하게 여기지 않는 데 있다.

不慧는 현대사를 전공하지도 않고, 세상 정치사회경제의 물정을 도시 잘 모르기 때문에, 참으로 더 답답한 심정만 앞선다. 그래서 본래 전공분야에서나마 전통법의 역사철학을 정성들여 공부하여 소개하고, 그 인연으로 우리의 위대한 '역사정신'의 전통을 조금이나마 널리 宣揚하여, 그 顯現과 계승발전이 이루어지도록 기도 염원할 따름이다.

이 책에 실은 다섯 편의 논문은, 필자의 이러한 역사편력의 과정에서 일종의 답사보고서로 작성된 글들인 셈이다. 역사과학의 객관성을 추구하면서도 주관성의 체험소감이 다분히 융합된 느낌이다. 꼭 20년 전 석사학위논문으로 "朝鮮朝 全家徙邊律"을 집필하기 시작한 이래, 16년 전 지도교수환갑기념으로 "受教와 條例"를 작성하였고, 그 뒤

세 편은 박사학위 취득 후에, 지금부터 약 10년 전쯤 집필하였다. 모두 손으로 직접 썼었는데, 처음에는 공타로 인쇄하고 활자로 출판하다가, 나중에 학생들의 도움으로 컴퓨터 타자로 기고했던 다양한 경험의 변화가 생생히 기억난다.

10~20년 간 제법 긴 숙성의 세월이 지난 뒤, 이제사 한 책으로 묶으면서 감회가 새롭다. 돌이켜보면, 헐벗고 굶주리기까지 하진 않았지만, 춥고 배고픈 어려운 여건에서, 피를 말려가며 공부했던 나 자신이 한편으론 조금 대견스럽기도 하다. 이제는 예전처럼 漢文 원전사료의 閱讀·연구에 몰두하고 천착하기가 주객관상 여러 모로 어려운 상황이 되고 보니, 당시의 치열했던 열정과 구도정신이 오히려 그립고, 다른 한편으로는 그때의 젊음이 스스로 부러워진다.

지난 1학기 중에 틈틈이 정리하고 편집한 글을, 이번 방학 장마 중에, 정확히 小暑(7.7. 金)부터 大暑(7.23. 日)까지 걸쳐, 다시 꼼꼼히 校正·潤文 작업을 직접 타자로 했다. 작업 중간에, 모처럼 慈親을 모시고 시원한 소낙비를 맞으며 신비한 운무 속에 조계산 장군봉 884m 정상에 오르내리기도 하였고, 또 호젓이 무등산 중봉과 서석대를 역시 시원스레 비 맞으며 여러 차례 거닐기도 하였다.

근래 드물게 일찍 찾아온 제3호 태풍이 빛고을을 지나는 시각에는, 홀로 중봉에 올라 태풍신께 진노를 푸시라고 큰 소리로 기도를 사뢰기도 하였다. 특히, 제법 긴 장마기간 중간에 故 盧龍愚 교수의 49齋日을 전후해서 독경염불로 解怨消業의 冥福을 기도·염원할 무렵에는, 서울중부에 3백㎜가 넘는 집중호우로 많은 인명재산피해가 발생하여 안타까움이 컸다. 또 "인적 손해에 대한 민사배상 책임" 부분을 손질하는 날엔, 장마전선이 남하해 빛고을에도 상당한 호우가 쏟아져, 정신상의 미묘한 天人感應을 그윽이 느끼기도 했다. 하늘(自然)과 인간 사이뿐만 아니라, 지금의 나와 고대 典籍(史料) 속의 수많은 역사인물의 정신 사이에도, 글을 매개로 한 나의 一念을 통해 순간 하나로 이어지는 신비스런 線을 실감하는 산 수행체험이 되기도 했다.

엊그제 칠월 초하루·이틀에는 百中 우란분절을 맞이하러 한꺼번에 밀려나와 雲集하는 有緣求渡 영혼들의 灌浴 인연 때문인지, 마지막 장마 비가 한바탕 세차게 쏟아지더니, 마지막 서문 쓰는 오늘은 서울 중부에 또 폭우세례가 한창이라고 한다. 천재지변도 결국은 자업자득이며, 우리 인간세상이 너무 혼탁하게 오염된 탓에, 잠시 조금이나마 맑고 차분히 정화시켜 주시는 하늘의 섭리요 자연의 조화로 믿는다.

교정·윤문을 매듭지은 이튿날, 유월 그믐날(7.24. 月)에는 無等山 瑞石臺에 올라 손수 말끔히 削髮하였다. 臺灣 유학 기간 막바지에 죽지 않고 살려고 도량에 입산·수도하러 출가하던 때 허름한 이발소에 가서 삭발을 청한 이래, 17년 만에 처음으로 다시 初發心을 그리워하며 스스로 다잡기 위해서! 이번에는 최근 천연기념물 제465호로 지정된 瑞石臺 약1,100m 병풍바위 봉우리에 올라 몸소 落髮하였다. 無名草를 싹둑싹둑 잘라 버린 상쾌한 기분은 비할 데 없고 말할 나위 없다.

이제 또 다른 새로운 역사가 시작된다!

끝으로, 조선의 全家徙邊律 시행부터 5.18 光州反正에 이르기까지, 이 책의 역사내용과 관련되어 伸冤과 解脫을 갈구하는 인연 있는 영혼들께서, 도덕진리의 지혜광명과 하느님·부처님 자비복덕의 加被를 받아, 얽히었던 인연 놓고 解冤消業하여 암흑과 고통의 굴레에서 벗어나, 安心立命하고 극락정토 왕생하길 간절히 기도·염원한다. 그리고 예전부터 지금까지 저를 있게 해 주신 부모·조상·친지·스승·벗님들께 지심으로 감사드리며, 이 글들을 쓰기 시작할 때부터 이 책이 나오기까지 음으로 양으로 도와주신 모든 인연께도 정중히 감사 올린다.

조국광복과 민족해방 8.15 제61주년 進甲을 맞이하며
남북한 자주평화통일의 조속한 원만성취를 기도염원하면서
丙戌年 七月 초사흘 2006.7.27. 木. 한낮 娑婆苦海 빛고을 淵靜齋에서
蓮華淨土 極樂往生을 念願하는 글쓴이 寶積 공경합장

목 차

제 3 편 傳統法상 取得時效의 法源과 그 性格

제 4 편 전통법의 民事賠償 책임

제 5 편 5·18 起訴의 法制史적 意義와 光州反正 …… 341

제 1 편

受教와 條例의 法的 性格과 理念*

祝頌瀛山恩師花甲華誕

世罕問津法史河　세간에 나루터조차 묻는 이 드문 法의 歷史大河,
夫子孤行逢五紀　스승님께서 외길 헤쳐 어언 回甲을 맞으시네.
抱朴守拙平常心　질박하고 소탈하신 성품엔 평상의 마음이 서려 있고,
揮毫凝神非凡氣　정신 모아 절로 긋는 붓끝엔 비범한 기개가 휘날리네.
格物慈祥盡人情　사람을 대하매 자상스럽게 인정을 다하시고,
致知周詳窮天理　사물을 다루매 주도면밀히 천리를 궁구하시네.
昔聞瀛洲少一仙　엊그제 영주(瀛洲)섬에 한 神仙이 줄었다고 들었더니,
疑是謫降紅塵裏　아마도 이 娑婆紅塵 속에 귀양 내려오신 모양일세.

1. 受教와 條例의 개념

受教와 條例란 무엇인가? 우선 그 語源과 文字상의 개념부터 살펴보자. 受教란 문자상 제일차로 臣民(형식상 엄격히 말하면 조정의 각 해당관청)이 국왕의 '教'(旨)를 '받아[受]' 遵行한다는 의미를 지닌 용어다. 나아가서 臣民이 국왕으로부터 받은 바의 '教'(旨) 그 자체를 지칭하는 개념으로까지 확장된다. 즉, 受教는 주체의 입장에서 보면 국왕의 受(旨·令)를 '받는 행위[受]'가 '중심이 되고, 객체의 관점에서 보면 臣民이 받은 '국왕의 受'에 초점이 맞추어진다. 이러한 重義 개념은 물론 漢文의 어법 구조상 특성의 표현이다.

* 이 글은 본디 朴秉濠教授還甲紀念(Ⅱ) 韓國法史學論叢, 博英社, 1991.10에 실렸음.

여기에서 '受'란 본디 周代 이래로 전통 봉건통치 체제 아래서 왕이 德과 禮를 바탕으로 백성에게 행하는 이상 정치의 발현으로서 '教化' 또는 '教令'이라는 의미를 내포하는 개념이다[1]. 이는 도덕적인 王道政治의 이념을 다분히 함축하며, 法이나 刑에 의한 覇權政治를 지양하려는 관념까지 곁들이고 있다. 朝鮮은 정치 현실로는 明에 朝貢貿易을 행하고, 통치이념으로는 儒教를 國是로 삼았으며, 법적으로도 大明律을 직접 포괄 계수하여 적용하였다. 이러한 朝鮮이 이상과 같은 의미에서 '教'라는 개념을 그대로 습용한 것은 당연하다.[2]

즉, 일반으로 말하면, 王室이나 官府 및 私人 등 대상 여하를 막론하고, 국왕이 국가의 大小政事에 관련하여 내린 통치행위의 표현형식은 모두 教化 또는 教令이라는 넓은 의미에서 '教'에 포함될 수 있다. 예컨대 教命·遺教·教書·密教·教旨·教牒 등과 같이 '教'字를 지니고 있는 國王文書가 모두 여기에 해당된다.[3] 그러나 여기서 말하는 受教의 '教'는 이들 중에서 특히 관청을 통하여 백성 일반에게 시행되도록 내려진 법적 성격을 지닌 국왕의 명령으로서, 좁은 의미의 教·教旨·教命을 지칭하는 것으로 이해된다.

물론 실질 의미상 受教에는 반드시 '教' 字를 지닌 용어만 포함되는 것은 아니다. 국왕명령의 내용상 경중에 따라서는 세부 사항을 '傳旨' 라는 용어로 別稱하기도 하였다. 또한 教(旨)가 원칙상 국왕의 자발적 명령을 뜻하는 데 반해, 해당관청의 上申에 대한 국왕의 裁決

---

1) 教化·教令이라는 개념은 군주의 국가통치에만 사용된 것이 아니고, 君父一體와 忠孝一致의 전통 家父長制 통치이념 아래, 부모의 자녀에 대한 인격 지배에도 법률상 그대로 채용되고 있다. 예컨대, 大明律·刑律·訴訟篇 子孫違犯教令 條에는, "子孫이 祖父母나 父母의 教令을 위배하거나 범한 경우에 杖一百에 처한다." 는 親告罪를 규정하고 있으며, 역대 왕조의 律典이 모두 한결같이 같은 내용의 규정을 두고 있다.

2) 大典續錄과 受教輯錄의 序文에서도 受教를 教令이라는 용어로 표현한다. "其取大典後教令可爲恒法者."; "中外官府所受列聖教令."

3) 崔承熙, 韓國古文書研究, 韓國精神文化研究院, 1981, 41-48면 참조.

을 통하여 이루어지는 王旨는 判旨라고 하여 용어상 敎旨와 구별하고, 이를 받아 시행하는 해당관청의 입장에서는 受判이라고 하였다. 이와 같은 傳旨나 判旨·受判 등도 법적 의미에서 실질상 (受)敎로 汎稱되었는데, 이러한 개별·구체의 受敎가 일반 法條文化되면 條例·條令·條件 등의 명칭으로 불리어졌다.[4] 條例·條令·條件 등의 용어는 조선 초기에는 受敎와 함께 王朝實錄에 자주 등장하지만, 中期 이후에는 거의 자취를 감추며 '受敎'가 일반용어로 널리 쓰였으므로, 여기서는 편의상 전형적인 '受敎'를 대표개념으로 삼아 논의를 전개한다.

條例란 본디 중국 전통법체계에 등장하는 개념으로, 條理있게 분류되어 체계화되고 '條文化된 (判)例'를 지칭한다. 처음에는 단순히 '例'로 일컬어지다가, 明淸代에 이르러 律과 並稱되고 共載되면서 본격적으로 條例 또는 附例라고 통용되었다. 여기서 '例'란 唐代 이후 개별·구체의 事案으로부터 통치권의 법적 판단과 결정의 절차를 거쳐 형성된 법규범으로, 事例·案例·斷例 등을 뜻한다. 특히 訟獄을 審判決斷한 事例라는 의미의 '斷例'는 그 語意에서 현재의 判例 라는 개념에 아주 접근하는데, 이후 비슷한 事案에 대한 판단기준으로 작용한 법적 성격과 기능은 오히려 英美法상의 先例·判例 못지않게 강하였다.

그러나 특히 주의할 점은, 중국 전통법상의 條例 개념은 근대 서양법상 행정법 영역에서 지방자치단체가 법령의 범위 안에서 그 권한에 속하는 사무에 관하여 지방의회의 의결로써 제정하는 自治立法인 條例(Satzung, bylaw)와 엄격히 구별된다는 사실이다(지방자치법 제15-21조 참조). 또한 현행 中華民國 및 中國의 법체계에서 '法律'의 명명형식 중의 하나로 채택되고 있는 '條例'도 여기의 條例와 同名異義의 개념이므로, 역시 엄격히 구분되어야 한다.[5]

---

4) 朴秉濠, 韓國法制史攷, 法文社, 1974, 406면 참조.

5) 中華民國, 中央法規標準法, 第二條: "法律은 法·律·條例 또는 通則으로 命名될 수 있다."

朝鮮에서 국왕이 백성을 敎化하는 명령이라는 의미의 敎·受敎를 사용한 점과 관련하여, 중국에서는 황제가 천하의 인민을 敎化하고 통치하는 명령이라는 의미의 '詔(令)' 또는 敕(令)'이 통용되었다. 여기서 (受)敎와 詔(令)敕(令)은 비록 명칭상 용어는 다르지만, 그 실질 의미는 거의 부합하는 것으로 대비될 수 있다. 詔敕은 秦漢代부터 통용되기 시작하여 唐代에는 '律令格式'이라는 전형적인 법형식의 범주에 포섭되기에 이른다. 그리고 宋代에는, 비록 令이라는 법형식이 없었던 것은 아니지만, 실제로는 敕에 가려 대체되다시피 했다. 明代에도 왕조 초기에 大明令이 공포되긴 하였지만, 법제가 정비되면서 사실상 (條)例에 의해 대체되었다. 이러한 史實에 주목한다면, 唐代까지의 令이나 宋代의 敕 및 明淸代의 條例는 실질상 律에 직속하는 하위 법규범이라는 同價 내지 同位의 속성을 지닌다고 평가될 수 있다. 여기서 經國大典이라는 근본 법규범 아래서 필요에 따라 수시로 내려진 국왕의 '敎化之令'으로서 受敎도, 중국 전통법상 詔敕이나 그와 同位인 條例에 상응하는 개념으로 대비될 수 있는 가능성이 충분하다.[6] 아울러 중국 전통법상 條例를 대표개념으로 제시하여 受敎와 대비하는 것은, 條例가 앞서 언급한 것처럼 중국 법제사상 발달변화를 거친 최후의 법형식 명칭이며, 특히 朝鮮과 시대상으로 대응하는 중국의 明淸代에 거의 전적으로 보편화된 史實에 근거하기 때문임을 밝혀 둔다.

2. 傳統 中國法制史上의 條例

중국 법제사에서 통치의 근본이 되는 最高의 법체계는 시대와 함께 진화·변화하면서, 그 법형식의 명칭도 변해 왔다. 春秋時代 鄭國

6) 肅宗實錄 卷28, 숙종21년 乙亥 正月 初3일 乙丑條. 國史編纂委員會編 影印本 朝鮮王朝實錄 제39책 365면(이하 39-365의 방식으로 略記함) 참조. 南九萬이 受敎續錄을 大明律附例처럼 간행하자고 건의하는데, 여기서도 受敎가 중국의 條例와 대비됨이 확인된다.

의 子產이 주조한 刑鼎이 '刑'이라는 이름을 취하면서 最古의 성문법으로 전해진다. 그런데 戰國時代 李悝의 '法經'에서는 '刑'이 '法'으로 바뀌고, 다시 戰國 말엽 秦의 商鞅變法에 이르러서는 法經의 '六法'을 '六律'로 개칭되면서, 秦의 천하통일과 함께 '律'이 중국 역대왕조를 일관하여 국가의 최고 법규범의 명칭으로 굳어졌다. 뿐만 아니라 秦律이 春秋戰國 시기의 정치·사회·경제적 문물제도를 통합·정비한 文化 結晶으로 탄생한 이래, 漢律 이하 각 왕조의 律은 前代까지 축적된 모든 역사 전통과 경험을 바탕으로, 당시의 새로운 사회상황과 정치이념을 참작하여 계승·발전시킨 산물로서 기본성격을 유지하였다. 특히 唐律에 이르러서 중국 전통법이 정교한 체계로 집대성된 이래, 律의 실질 내용은 혁신적 변화 없이 清律까지 이어졌다.

이처럼 秦의 통일과 함께 근본법인 律의 체계가 확립되고 이것이 전통으로 계승됨으로써, 그 실질상 최고규범성의 다른 한편에는 律 자체의 형식적 권위성이 싹터 확고해지기 시작하였다. 그리하여 秦始皇 때에 이미 황제의 命을 '制'라 하고 令을 '詔'라 하여 律 밖의 法으로서 시행되었다. 그리고 漢代에는 앞 君主의 법을 律이라 하고 뒤 君主의 법을 令이라 하여, 天子가 律 밖에 制나 詔로써 규율하는 법형식이 '令'이라는 명칭으로 굳어졌다.[7] 주지하듯이 唐代에 이르러 律令格式이 법형식의 전형으로 정착되면서, 令은 律과 並稱되어 律令體系의 근간이 되었는데, 唐律이 네 차례 修纂될 때마다 令도 함께 改修되어 武德令·貞觀令·永徽令·開元令이 차례로 頒行되었다.

宋代 法의 특징은, 唐律을 거의 그대로 베낀 宋刑統이 형식상 최고법규범으로 명목만 유지한 채, 현실로는 황제의 수시 명령이 실질상 최고의 권위와 효력을 가진 데에 있다. 특히 勅'이라는 명칭의 황제 명령이 공식 법형식으로 등장하여, 唐代의 律令格式이라는 용어가 勅

7) 漢書, 杜周傳 : "前主所是著爲律, 後主所是疏爲令."; 漢書, 宣帝紀, 文穎注 : "天子詔所增損, 不在律上者, 爲令."

令格式으로 대체될 정도로 敕이 실질상 律의 지위를 차지하였다. 뿐만 아니라 令 또한 敕에 흡수되다시피 했다. 神宗은 "律이 事情을 모두 주도면밀하게 포용할 수 없으므로, 律에 규정되지 않은 바는 일률로 敕에 의해 決斷한다."[8]고 생각하였다. 宋代의 敕은 唐代까지의 令이 수행하던 기능까지도 사실상 대신한 셈이다. 그리하여 이러한 敕은 일반보편의 명칭인 敕令格式 외에도, 초기에는 編敕, 후기에는 條法(事類)이라는 명칭의 법전으로 편찬되었다. 여기서 條式·條貫 등의 명칭과 함께 '條例'라는 용어도 등장하는데, 熙寧 8년에 편찬된 禮房條例가 그것이다.

이렇듯 황제가 수시로 敕令을 내려 통치하다 보니, 필연의 결과로 입법의 범람을 초래하였다. 매 관청마다, 또는 매 州마다, 심지어 매 縣마다 별도의 敕令이 있는 정도였다.[9] 뿐만 아니라, 황제가 바뀔 때마다 반드시 敕令을 편찬하고, 심지어는 한 황제라도 年號가 바뀔 때마다 법전편찬을 시행하여, 宋朝가 망하도록 법전편찬 작업에 종사하지 않은 적이 한 해도 없을 지경이었다.[10]

이는 정치상으로 보면 지나친 崇文主義로 불안과 혼란을 꾸준히 수반한 산물이요, 사회경제상으로는 수공업 및 상업, 특히 국제무역이 상당히 발달한 唐宋 變革期의 시대요청에 부응하는 법현상으로 평가될 수 있다.

이민족으로서 中原을 통치한 金과 元의 경우, 唐宋까지 누적되어 온 수준 높은 체계화된 법전을 계승하지 않고서, 각기 자신의 고유한 법문화를 중시하였다. 그래서 황제의 詔制와 敕令으로 통치하면서 이

---

8) 宋史, 刑法志, 羣衆出版社編, 歷代刑法誌, 1984, 333면(이하 中國의 各 史書 刑法志의 原文은 인용의 편의상 이 책의 면수만을 밝힘) 참조. "神宗以律不足以周事情, 凡律所不載者, 一斷以敕, 乃更其名目曰: 敕令格式, 而律恒存乎敕之外."

9) 宋史, 刑法志(335면), "其餘一司一路一州一縣敕, 前後時有增損, 不可勝紀云."

10) 梁啓超, "論中國成文法編制之沿革得失" 飮冰室文集之十六, 臺灣商務印書館 발행본, 제3책 27면 이하 참조. 이 논문이 정리한 도표에 의하면, 宋朝때 편찬·개수된 법전이 무려 100여 종에 이른다.

들을 편수하여 법전을 이루었는데,[11] 金代의 權宜條理나 重修制條, 元代의 至元新格과 大元通制 등이 대표 법전이다. 大元通制를 예로 들면, 크게 詔制·條格·斷例의 세 법형식으로 분류된다. 條格은 획일의 기본법에 해당하고(1151조), 斷例는 구체 사건에 임해서 決斷하여 입법되는 判例에 해당하며(717조), 詔制는 條格이나 斷例에 의하지 않고 임시로 황제의 특별 裁決을 통해 이루어진 것인데,(94조) 대개 元世祖 이래의 법제와 사례를 찬집한 것에 불과하다.[12] 여기서 특히 주목되는 사실은, 우리가 주 탐구대상으로 삼고 있는 明淸代 (條)例의 직접 어원과 그 법형식의 원형이 바로 이 시기의 법제, 특히 斷例로부터 비롯되지 않는가 추측되는 점이다.

漢族의 中原회복을 이룩한 明은 法文化에서도 金·元을 지양하고 唐律 체계로 복고하였다. 太祖는 武昌을 평정하면서부터 律令의 정비를 의론하여, 吳王 元年(1367)에 律 285條와 令 145條를 제정하고, 洪武 6년(1373)에 다시 大明律 606條 30卷을 唐律의 篇目에 따라 更定하였는데, 그 중 36條는 앞의 令을 律로 개정한 것이었다. 주목할 만한 사실은, 바로 여기서 전통 律令格式의 법체계가 律例의 체제로 실질상 대전환을 이룬다는 점이다. 즉, 明代의 令은 吳王 元年에 律과 함께 제정된 大明令이 유일한데, 이미 그 중 일부가 洪武 6년 大明律로 통합·흡수되면서, 그 실질 존재가 條例로 대체되어 소멸한 것이다.[13]

예컨대, 洪武 22년에 大明律을 현전하는 체제와 篇目으로 改修할

---

11) 明史, 刑法志(509면) "元制, 取所行一時之例, 爲條格而已."

12) 元史, 刑法(413면) : "大元通制, 其書之大綱有三: '一日詔制, 二曰條格, 三曰斷例.' 凡詔制爲條九十有四, 條格爲條一千一百五十有一, 斷例爲條七百十有七, 大槪纂集世祖以來法制事例而已."; 新元史, 刑法志(497면) : "刑律之條格, 畫一代之法也; 斷例則因事立法, 斷一事而爲一例者也; 詔制則不依格例而裁之自上者也."

13) 明初 令의 특수한 형식으로, 洪武 18-20년 사이에 頒行된 「明大誥」라는 특별형법이 있다. 이도 大明令과 함께 건국 초 통치기강 확립을 위해 행한 임시법으로, 洪武 30년 大明律에 흡수·편입되었다.

당시, “근래 條例의 增損이 일치하지 못해 재판의 타당성이 상실된다.”는 이유로, 최근 증가된 條例 가운데 중요한 것을 뽑아 분류하여 律에 새로 편입시킨 사실이 있다. 또 25년에는 刑部에서 律과 條例가 같지 않은 것을 다시 更定해야 한다고 건의했는데, 條例는 일시의 權宜에서 시행된다는 이유로 이 건의가 받아들여지지 못하였다. 令이 條例로 대체되는 과정은 이러한 史實에서도 분명히 확인된다.[14)]

그러나 물론 律文상 令의 형식적 존재근거는 여전히 보류되었다. 예컨대 <刑律·雜犯>에는 唐律과 마찬가지로 <違令> 條가 있어서, 律에는 죄명이 없지만 令에서 금지하는 사항을 위반하는 자는 笞 50에 처하도록 규정하는데, 明初 大明令이 그 주요한 근거 法源으로 전제되고 있음이 분명하다.[15)] 또한 중국 전통법상의 罪刑法定主義를 선언하고 있는<刑律·斷獄>의 <斷罪引律令> 條에서도 명문으로 ‘律令’을 병칭하고 있다. 그런데 이에 상응하는 唐律의 해당조문에서는 본디 律令과 함께 格式도 적용 가능한 法源으로 명시하였었다. 이러한 점에 비추어 보면, 우선 明律에서는 ‘格式’의 법형식이 이미 소멸한 반면, 적어도 明律 제정 당시에는 大明令의 법적 효력이 상존하고 있었던 것으로 추측된다.

특히 주목할 만한 사실은, 明律을 거의 그대로 襲用한 淸律의 해당 조문에서는 ‘律令’이 분명하게 ‘律例’로 바뀌어 규정된 사실이다. 즉, 淸律에 이르러서는 법전의 형식 조문상으로도 ‘律令’체계가 ‘律例’체계로 완전히 탈바꿈한 것이다. 그러나 그 실질상의 체계전환은 大明律이 공포된 후 바로 이루어지고 있었던 것으로 보인다.

---

14) 明史, 刑法 (511면): “二十二年, 刑部言: ‘比年條例增損不一, 以致斷獄失當. 請編類頒行, 俾中外知所遵守.’ 遂命翰林院同刑部官, 取比年所增者, 以類附入.”…
(513면): “二十五年, 刑部言, ‘律條與條例不同者宜更定.’ 太祖以條例特一時之權宜, 定律不可改, 不從.”

15) 明史, 刑法 (514면): “其洪武元年之令, 有律不載而具於令者, 法司得援以爲證, 請於上而後行焉. 凡違令者罪笞, 特旨臨時決罪, 不著爲律令者, 不在此例.”

大明律이 공포된 뒤 얼마간은 律이 실효성 있는 근본법으로 시행되어, 永樂·成化 연간에는 斷獄시에 한결같이 大明律의 正文에 의하라는 명령이 내려졌다. 條例는 함부로 인용하지 못하도록 申飭(신칙)하였는데, 심지어 모든 條例를 폐지하기도 하였다.[16] 그러나 大明律이 시행된 지 100여 년이 지난 弘治 때에 이르러서는, 明律의 실효성이 떨어지고 법기강이 해이해지면서, 5년(1492)에 너무 번잡하게 많아져 경중의 타당성을 상실하고 있는 問刑事例들을 정선하고 분류·편집하여 大明律과 병용하자는 건의가 수용되었다. 그리하여 13년(1500)에는 당시까지의 事例 중 오랫동안 시행할 만한 297조를 뽑아 <問刑條例>를 刪定함으로써, 비로소 律例가 정식으로 병행되기 시작하였다. 그 후 世宗 嘉靖 28년(1549)에 249條의 問刑條例를 추가로 선정하고, 34년(1555) 다시 9條의 事例를 첨가하였다. 神宗 萬曆 13년(1585)에는 또 嘉靖 34년 이후의 詔令·條例·條格 중 382條를 선정하여, 律을 正文으로 하고 條例를 附注로 병기함으로써, 條例가 正律과 함께 한 法典에 통일된 체계로 수록되기에 이르렀다. 崇禎 14년에 다시 問刑條例의 후속 증보편수가 건의되었으나, 왕조의 정치사회적 위기로 끝내 시행되지 못하였다.

清의 太祖·太宗 연간에는 아직 개별·구체의 수시 입법의 단계에 머물렀는데, 世祖 順治 때에 中原을 통일하면서 明律을 차용하지 않을 수 없게 되었다. 이어 明律을 근간으로 하고 滿漢의 條例를 참작하여 통일된 법제정비에 착수하였다. 世祖 3년(1646)에 大清律集解附例를 공포하고 13년에는 滿文大清律도 반포하였는데, 형식 체제나 실질 내용 모두 大明律集解附例를 거의 그대로 답습·계승한 형편이었다. 清朝 독자의 고유 法文化는 康熙 18년(1679) 모든 條例를 刪削更定하여 '現行則例'라는 별도의 책으로 편찬한 데서 정식으로 꽃피기

16) 明史, 刑法(515면) : "成祖詔法司問囚, 一依大明律擬議, 毋妄引榜文條例爲深文. … 成化元年, 又令讞囚者一依正律, 盡革所有條例."

시작한다. 이어 23년에는 明會典의 체제를 본받아 大清律과 現行則例를 포함한 각종 행정법규를 망라하여 康熙會典을 편찬하여 29년에 완성하고, 이와 함께 28년에는 現行則例를 刪削更定하여 大淸律例에 편입하는 작업을 진행하여, 46년 완성하였으나 공포하지는 않았다.

世宗 雍正朝에 들어서면서 다시 現行則例의 경중을 형량하고 그 이전의 모든 條例와 大淸會典을 모아 逐條 방식으로 改修編纂하여, 3년(1725)에 총 30門 436條의 律과 824條의 附例를 망라하는 大淸律集解를 완성하였는데, 이후 律例編修에서는 附例의 續增만 있었을 뿐 律文은 변동이 없었다. 그리고 附例는 康熙 초에 321條에 불과하던 것이 康熙 말년에 115條가 증가하였는데, 雍正律의 附例에서는 康熙 이전까지의 原例 321條와 康熙年間의 現行例 290條 및 雍正朝에 諭旨나 奏請으로 정해진 欽定例 204條를 합하여 815條에 이르렀다.[17)]

高宗 乾隆 이후의 법전편찬은 곧 條例의 개수를 의미한다. 元年에 매 3년마다 한 번씩 개수하기로 원칙을 정하였는데, 동 11년에 이르러 매 5년마다로 완화하였다. 乾隆朝의 법전 편찬에서 특기할 만한 점은, 則例를 본래 會典에 附載하던 일원화된 체제로부터, 이를 會典과 분리하여 「會典則例」라는 별도의 법전으로 편찬하는 이원 체제로 전환한 사실이다. 이와 함께 41년에는 戶部則例를 편수하기도 하였다. 乾隆 이후로는 條例의 편수가 '五年一小修, 十年一大修'의 成語처럼 관례화되었다. 그리하여 嘉慶 이래 道光·成豊·同治를 거치면서 정기로 條例編修館을 열어 증수를 계속한 결과, 同治年間에는 1892條에 이르렀다.[18)]

清代 법전편찬의 특징은 한마디로 條例의 編修이다. 宋이 唐律을 거의 그대로 답습하여 근본법으로 표방하였지만, 敕(令)이 律을 대체

---

17) 이는 淸史稿, 刑法志(566-567면)에 근거한 자료이며, 楊鴻烈의 中國法律發達史(881면)에 의하면 824條라고 하는데, 그 出典을 알 수 없다.

18) 이상의 論述은 淸史稿, 刑法志(563-568면)의 기록을 근거로 정리한 것임.

하여 실질상 통치법규범의 기능을 수행한 것처럼; 淸도 明律을 거의 그대로 沿用하여 형식상 최고법규범으로 표방하였지만, 실질상으로는 條例·則例가 律을 대신하여 통치의 기본법규범이 되었다. 그리하여 淸代의 條例編修는 宋代의 敕令編纂과 비슷하였으며, 條例가 律에 우선 적용됨으로써 律은 空文이 되고 條例는 갈수록 번잡해졌다. 따라서 條例가 律外加重의 성격을 띰은 물론이고, 전후의 條例가 상호 모순·저촉되거나 심지어 條例로써 律을 깨뜨리는 경우도 있었으며, 사건마다 혹은 한 省이나 한 지방마다 전문 條例를 낳기도 하였다.

이토록 융성한 淸代 條例의 法文化는 중요한 刑事案例를 律의 編目에 의해 분류·편집한 刑案滙覽의 탄생으로 극치에 이르렀다. 條例가 본래 비중 높은 구체 사례나 판례를 근거로 하여 약간의 일반추상화 과정을 거쳐 형성된 時宜性 立法인데, 그 條例의 모태가 되는 개별·구체의 사례(案例) 자체를 律例의 체계에 맞추어 判例集으로 편집한 것이다. 이는 확실히 淸代의 법문화가 낳을 수 있는 독특한 精華임에 틀림없다. 아울러 淸末 薛允升(설윤승)이 방대하고 번잡한 條例를 法理 관점에서 체계 있게 평석한 「讀例存疑」도 이러한 법문화의 결정으로 평가될 것이다.

이상에서 중국 전통법상 條例의 지위 및 그 형성·발전과정을 대략 살펴보았다. 中原의 통일과 함께 律이 법규범체계의 정점에서 최고의 근본법으로 확고한 지위를 잡음과 동시에, 형식체계상 그 하위법으로서 수시변통의 詔·制·令 등이 형성되면서 唐代에 律令體制를 집대성하였다. 宋代에는 令 대신 敕이라는 명칭의 법형식이, 그리고 金·元을 거치면서 條例라는 법형식의 명칭이 정식화되고, 마침내 明代에는 條例가 令의 지위를 대체함으로써 律令체계가 律例체계로 전환되기에 이르렀다. 淸代에는 條例라는 법문화가 더욱 번창하여 欽定의 法典 외에 私纂의 判例集인 刑案滙覽과 條例에 대한 비판적 評釋인 讀例存疑까지 등장하게 되었다. 그러나 光緖 때에 본격화된 서양열강의 침입과 함께 서양 근대법이 침투하면서, 淸도 沈家本을 주축으로 한 修訂法律館을 설립하고 법률을 대폭 개혁하지 않을 수 없었다. 그 작업의 결과 大淸現行刑律을 비롯한 각종 근대입법이 등장하였다. 이로써 중국 전통법체계는 획기 변화를 겪게 되었다.

3. 朝鮮의 法典 편찬과 受敎

기존의 연구성과에서 밝혀진 바와 같이,[19] 태조는 조선건국과 함께 우선 잠시 高麗의 儀章法制를 따르며 大明律을 그대로 채용할 뜻을 선포하고, 곧 이어 都評議使의 부속기관으로 檢詳條例司를 설치하여 독자성의 법제정비에 착수하였다. 정치 혁명에 의한 한 왕조나 국가의 창업은 바로 후속하는 법제의 재정비를 통하여 완성되는 것이 동서고금의 공통된 史實이다. 로마가 지중해를 제패한 후 萬世不朽의 로마법으로 그 통일을 완성한 것이나, 秦始皇이 中原을 통일한 후 焚書坑儒를 통한 사상통제와 함께 度量衡 및 제반 文物法制를 통일·정비한 사실은 물론, 나폴레옹이 유럽대륙을 정복한 후 그 유명한 나폴레옹법전을 편찬하고, 앞서 살핀 바와 같이 明太祖가 개국 후 곧 法典編纂에 전심진력한 사실 등이 대표 사례다.

이러한 맥락에서 朝鮮 太祖의 법전편찬 작업은 역사적 당위성과 논리 필연성이 자명한데, 태조 6년(1397)에 완성·공포된 최초의 成文統一法典인 經濟六典은 그 편찬방식과 성격이 상당히 주목할 만하다. 즉, 그 主管機關격인 檢詳條例司의 명칭에서도 그 특성이 잘 드러나듯이, 經濟六典은 麗末 禑王(1388) 이후 당시까지의 10년간에 걸쳐 공포된 법령으로서, 현행되고 있거나 앞으로 준행할 만한 법령을 수집·분류하여 이루어진 것이다. 高麗의 法制와 특히 大明律을 직접 포괄

19) 이하 經國大典의 편찬까지 법제사의 전개 경과는 기본상 朴秉濠 恩師의 연구논문을 요약·정리하고, 拙見을 덧붙인 것임. 자세한 내용은 朴秉濠, 앞의 책, 397-421면 참조.

채용한 것이 외국의 선진 법체제를 주체성 있는 소화흡수과정 없이 무비판으로 그대로 빌린 繼受라고 한다면, 當時當地에서 시행되던 法令·條例를 재정비한 經濟六典은 자신의 구체 경험을 축적·精化하여 만들어 낸 고유한 법제도의 결정으로서, 독자성 法文化 형성의 萌芽라고 평가될 수 있겠다.

이어 定宗원년 條例詳定都監을 설치하여 시도된 법전의 개수작업이나, 太宗 때 續六典修撰所를 설치하여 실행된 元·績六典의 편찬작업도, 그 기본방향은 太祖의 經濟六典 이후에 공포된 法令, 즉 條例나 受敎·判旨로서 만세의 법으로 삼아 준행할 것을 撰集하는 성격을 띠었다. 또한 世宗朝 六典修撰色에 의해서 계속된 法典修撰方法도, 元·續六典에 누락되었거나 그 이후 시행된 受敎·條例를 수집하여, 그 중複雜多岐함을 삭제·정비하고 분류한 뒤, 영구히 시행할 만한 법규는 元·續六典의 해당조문 밑에 각주로 증보하고 受敎年月 및 官廳名을 부기하며, 일시의 편의를 위해 시행되는 受敎條例는 따로 輯錄하여 元典謄錄이라 이름 지었다. 이는 이후 조선왕조 법전편찬의 근본원칙이 된 '典'과 '錄'의 구별이 확립된 점에서 특기할 만하다.

世祖부터 成宗까지 三代에 걸쳐 네 차례나 계속되는 改修와 頒布를 통해 朝鮮의 근본통치규범으로 완성된 經國大典도, 그 기본 편찬방법은 經濟六典 및 元·續六典을 일관되게 계승한 것이었다. 즉, 元·續六典 및 謄錄을 비롯하여 방대하고 혼잡스러운 역대의 受敎條例를 損益斟酌하여 통일 체계로 會通整理함으로써 萬世成法을 정립하려는 이념 아래, 개수에 개수를 거듭하는 대장정을 펼친 것이다. 이렇듯 經國大典은 麗末 이래 鮮初에 시행된 受敎·條例를 수찬하여 집대성한 독자의 법전으로서, 고유한 判例法·慣習法의 成文化 과정이자, 자신의 경험에서 체득된 良法美意의 발견 및 체계화 작업으로 평가된다. 이는 곧 포괄 계수된 大明律과 함께 조선왕조 법체계의 쌍벽을 이루는 근간이다.

成宗 16년(1485) 乙巳大典으로 經國大典이 최종 완성·시행됨으로써, 조선왕조의 근본통치규범은 일단 확립되었다. 하지만 10년도 채 안된 成宗 23년(1492)에 이르러서, 時事의 변화로 쏟아진 새로운 受教條例가 서로 저촉되어 그 시행상 혼란을 빚게 되었다. 그러한 이유로, 大典 시행 후의 教令 중 항구 법[恒法]으로 삼을 만한 것을 골라 大典續錄을 수찬하여 간행하였다.[20] 그런데, 燕山君의 暴政을 거치면서 문란해진 법제기강을 中宗反正으로 바로잡은 뒤 한 동안 昇平治世가 계속되자, 그 폐습으로 관리들의 안일과 간교가 홍성해지고 獄訟이 번잡해졌다. 그래서 中宗 38년(1543)에는, 大典續錄 이후에 축적된 受教 중 中庸을 짐작하여 恒法으로 삼을 것을 大典後續錄이라는 이름으로 간행하였다.[21]

이 大典續錄과 後續錄의 修撰은 정식으로 간행하여 현전하는 법령집을 두고 일컫는 것이며, 실제로는 經國大典과 大典續錄 이후의 受教 중 중요한 것들은 평소에 「續錄」集이나 「後續錄」集에 그때그때 追錄하여 수시로 적용하고 참고한 것으로 보인다. 成宗 5년(1474) 세 번째 경국대전인 甲午大典을 수찬하여 시행할 때, 大典에 수록되지 않고 누락된 새로운 法令 72조문을 이미 「續錄」이라는 이름으로 함께 반포하였고, 그 후로 공포된 필요한 受教는 王의 재결을 얻어 이 續錄에 添錄하였다.[22] 또 中宗 38년 大典後續錄이 정식으로 집대성되어 간행되기 이전에, 이미 「後續錄」이라는 이름이 조정에서 빈번히 거론된 사실기록 등을 보아도 이 점은 명백해진다.

특히 「後續錄」이라는 법령집은 中宗 9년(1514)에 이미 거기에 수록

20) 大典續錄序 : "第緣時異事殊, 近來新科別條, 或相牴牾, 官吏眩於奉行. 其取大典後教令可爲恒法者, 裒集以進.'

21) 後續錄序 : "我殿下撫運中興, 臨御大寶, 至今三十八年之間, 憂勤庶政, 夙夜圖治, 競業欽恤之念愈久愈深, 救時恤刑之教溢於圜閣. 第緣官吏狃於昇平, 玩愒莫施, 狙詐日興, 殿下深慮科條浩繁, 治效難期, 務欲酌中, 立爲恒法."

22) 朴秉濠, 앞의 책, 412-413면 참조.

된 법조문이 大典에 모순·저촉된다는 지적과 함께 이를 개수해야 한다는 주장이 거론되는데,[23] 삭제를 거듭한 결과 붓질로 말미암아 그 절반이 먹칠되어 더 이상 법령집으로 시행할 수 없는 지경에까지 이르렀다는 사실이 확인된다.[24] 大典 외에 續錄이 있는데, 續錄 외에 다시 後續錄(新續錄이라고 일컬은 곳도 있음)을 편찬한다면, 後續錄 후에 필연코 속출할 受教까지 어우러져 상호 모순과 저촉으로 법시행이 복잡하고 혼란스러워질 것이라고 大臣들이 끈질기게 반대한 것이다.

그러한 의론에 못 이겨, 中宗은 마침내 後續錄을 「錄」의 이름으로 大典 및 續錄에 並稱하는 것을 포기하고, 단지 '受教'의 명분으로 참작·시행하기로 종결한 것이다.[25] 여기서 현전하는 中宗 38년 간행본 後續錄 이전에 이미 續錄 이후의 受教들을 「後續錄」이라는 이름의 법령집으로 분류·수록하여 시행해 온 사실이 확인된다. 이와 함께 中宗 9년과 10년을 전후하여 大典續錄과 동등한 지위의 「後續錄」을 정식 편찬·간행하여 시행하려고 했던 경위도 분명히 밝혀지고 있다.

또한 後續錄이 편찬·간행되기 1년 전인 中宗 37년에는, 당시 속출하는 天災地異 및 人倫之變의 근원과 관련하여, 조정의 정치가 근본에는 힘쓰지 않고 새로운 法條의 제정만을 좋아하여 受教가 책을 이

---

23) 中宗實錄 卷20, 중종 9年 甲戌 2월 22일. 丙辰條(15-5 右下): "臣觀後續錄, 非金科玉條. 祖宗朝大典續錄, 至詳且密. …不宜復有增加. 請以受教用之. 持平任權亦論後續錄事." ; 同年 4월 初6일 己亥條(15-10 左下): "史臣曰 : 後續錄牴牾於大典, 妨害於治道, 法官眩於奉行, 民庶莫適所從, 中外咸稱未便, 而大臣必欲行用, 議者非之." ; 同年 6월 10일 辛丑條(15-17 右上): "上曰: 後續錄妨碍處, 已令抄啓議改."; 同月 21일 壬子條(15-18 左下): "後續錄妨碍條件可改者, 付標以啓, 凡數十餘條. 傳曰: 竝依所啓." ; 同年 9월 29일 戊子條(15-31 右下) "諫院啓曰: 後續錄, 命署經而刊行, 竊爲未便. 立法雖多, 無益於治道, 今後續錄, 多有妨害處, 決不刊行."

24) 中宗實錄 卷22, 중종 10年 乙亥 閏4월 24일 辛巳條(15-75 左下) "大司諫上疏曰: …國家大典之外, 又有續錄, 續錄之外, 又有後續錄, 則刪去居半, 已爲黑冊, 不可行矣."

25) 中宗實錄 卷22, 중종 10년 乙亥 6월 初8일 癸亥條(15-85 右上) 참조. 同月 15日 壬申條(15-86 左下): "議不用後續錄事. …後續錄所載, 可去者去之, 餘存者少, 而後受教亦多, 不可更成續典. 依臺諫所啓, 令各該司, 稱受教行用爲當. …上從議."

루는 상황을 지적하는 기록이 실려 있다. 그 법을 백성이 준수할 줄 모름은 물론, 관리들조차도 시행할 줄 모르는 지경이라고 현실을 통탄하고 있다.[26] 여기서도 평소에 공포되는 受教들이 비록 「錄」이라는 공식 법전형식으로 편찬되지는 않았을지라도, 적어도 '受教'集의 형태로 편제되어 실질상 법령집으로 참고 되고 적용되었을 가능성이 높은 것으로 짐작된다. 사실 이듬해 大典後續錄을 편찬·간행할 때에도, '後續錄'이라는 이름이 아닌 '受教'의 이름으로 頒行하자는 강력한 반론이 대두하여, 議政府의 衆議에 의해 결국 현전하는 명칭으로 정해졌는데, 그 始末은 다음과 같다.

> "근래 여러 관청이 각기 教旨(受教)를 받아 시행하여 法條가 혼잡하므로, 중앙과 지방에서 법을 적용함이 각기 다르고 그 폐단이 몹시 심합니다. 고로 各司에 있는 承傳과 受教를 빠짐없이 수합하여 서로 참고하고 거듭 商量하며 損益을 斟酌하여, 시행할 만한 것은 존치하고 뺄 만한 것은 삭제한 다음 책으로 편집하였습니다. 이에 聖王의 뜻을 받들어 兩司에 이송한 후 署經을 거쳐 「後續錄」이라는 이름으로 序文까지 짓고 지금 바야흐로 간행하여 널리 반포하려는 참입니다. 그런데 갑작스럽게 「(後)續錄」이라는 이름을 바꾸어 「受教」로 일컫자고 한다면, 이는 법령이 비로소 반포되는 마당에 먼저 오래 시행할 수 없는 법령이라는 취지를 스스로 보이는 격입니다. 그러니 조정과 지방의 관리들은 朝夕간에 또 변경될 것이라고 생각하여, 이를 신뢰하지 않으려고 할 것입니다. (經國)大典과 같은 祖宗成憲은 永世토록 준수해야 할 것이지만, 古今의 時宜가 다르므로 이도 지금 시행할 수 없는 조문이 오히려 많습니다. 지금이 법령집을 비록 (後)續錄이라고 일컫는다 할지라도, 나중에 만약 王政에 방해가 되는 조문이 생긴다면 폐지하여 시행하지 않을 수 있으므로, 반드시 受教라고 칭할 필요는 없습니다. 또 뒤에 변경되는 바가 있어도, 「後續錄」으로 일컬으면 무방할 것 같습니다."[27]

---

26) 中宗實錄, 卷99, 중종 37년 壬寅 10월 朔 丁丑條(18-623 左上): "…風俗薄惡, 則宜務根本, 而每立科條. 徒法不能自行, 近來不務講此, 而勤於立法, 受教成冊, 下民莫適所從, 非徒百姓爲然, 官吏亦不知某法可遵也."

中宗 말년에 大典後續錄이 반포 시행된 이후, 조선 중기에는 거듭되는 內憂外患으로 새로운 法令集을 정비 편찬할 여유가 없었던 것으로 보인다. 이는 仁祖反正으로 정치사회상 소강국면을 회복하면서 다시 일기 시작하는 법제정비의 논의 속에 비치는 기록으로 간접 확인할 수 있다. 즉, 仁祖 3년(1625)에 承旨 徐景雨가 "지금 적용하고 있는 法律은 大明律과 大典 및 前後續錄이다."라고 언급한 걸 보면, 後續錄 이후 별도의 법령집 수찬작업이 전혀 없었음을 짐작할 수 있다.

이를 전제로 徐景雨는 법률 적용 시 受敎를 인용하는 경우도 적지 않음을 지적하면서, 더 이상 왕조 초기처럼 律官의 袖(옷소매)中에 謄本으로 방치할 수 없다며, 受敎를 校正分類하여 간행하도록 건의하였다. 두 차례의 兵亂을 거치면서, 다른 많은 文書와 함께 祖宗의 受敎도 燒失分散되어, 疏漏한 片鱗만이 律官의 袖中에 있을 뿐이므로, 빨리 정리 편찬하여야 한다고 주장한 것이다. 그러나 그러한 당위성은 충분한데도 불구하고, 매년 새로 내려지는 受敎의 분량이 방대하고 조목도 번잡하여, 이를 삭제 정비하여 간행하기에는 막대한 인력과 경비·시간 등이 소요되기 때문에, 法典化작업은 잠시 연기하고 우선 잘 책자화해서 각 관청에 보관·참고하는 데 그치기로 하였다.[28)]

---

27) 中宗實錄, 卷101, 중종 38년 癸卯 9월 23일 甲子條(19-14 左下) : "政府議啓曰 : 近來諸司, 各自受敎, 法條紛擾, 中外用法各異, 弊甚不貲. 故各司所在承傳受敎, 無遺搜聚, 彼此參考, 反覆商確, 斟酌損益, 可行者存之, 可祛者刪之, 裒集成書. 啓奉聖兪(諭의 誤字인 듯함), 遂移兩司, 查勘署經, 請名之曰 **'後續錄'**. 至序卷編, 今方印出, 期在廣布, 而遽改續錄之號, 稱爲受敎, 則是法條始頒, 而先示以不可久之意, 中外官員擬爲, 更變只在朝夕, 莫之信也. 如大典乃祖宗成憲所在, 永世遵守, 而古今異宜, 猶有不可行者多矣. 今立此法條, 雖稱續錄, 後若有妨政之條, 則自可廢不擧行, 不必稱爲受敎, 而後有所更, 爲後續錄稱號, 恐爲無妨."

28) 仁祖實錄 卷10, 인조 3년 乙丑 9월 19일 甲子條(34-32上) :"承旨徐景雨曰 : 方今所用法律, 大明律·大典及前後續錄也. 照律之際, 或用受敎, 而國初不爲開刊, 故檢律輩謄書而置之. 不用受敎則已, 用之則不可如是苟簡. 速令刑曹校正分類印出宜當." 上曰 : "速令刑曹開刊." 刑曹覆啓曰 : "凡祖宗朝受敎, 毋論已署經未署經, 擬以照律, 則所關甚重. 而殘編斷簡, 荒雜亂書, 在於律官等袖中, 不似官府文書, 極爲虛疎, 所當依經筵官所啓, 編次勘定, 卽爲刊行. 但窃考, 各年受敎, 則科條浩穰, 節

그러다가 仁祖 17년(1639)에 이르러 崔鳴吉의 건의가 채택되었다. 즉, 成宗 말년에 前續錄을 頒行하고 中宗 말년에 後續錄을 頒行한 후, 明宗朝부터 宣祖朝까지는 受教로써만 시행하여, 律官들이 법을 의론함에 私意에 따라 낮추거나 높이는 폐단이 많았으므로, 각 관청에 산재해 있는 受教와 承傳을 베껴 모아서 편집·간행하자고 주장한 것이다.[29] 이렇게 하여 이루어진 것이 현전하는 「各司受教」인 것으로 보인다. 왜냐하면 현전의 「各司受教」가 수록하고 있는 受教는 시기상 明宗元年(1546)부터 仁祖 14년(1636)까지 걸쳐 있는데, 이는 後續錄 頒行 3년 후부터 崔鳴吉의 건의가 받아들여진 3년 전까지에 해당하므로, 그 내용상 시기가 거의 완전히 일치하고 있기 때문이다.

다만 현전하는 「各司受教」는 활자인쇄본이 아닌 筆寫本인데, 이는 崔鳴吉이 주장한 「刊行」이 「印行」까지 의미한 것은 아니었던 까닭인 듯하다.[30] 또 序文조차 없는 점으로 미루어 보아도, 「典」이나 「錄」과 같은 공식 법령집으로 편찬한 것은 아님을 반영하는 含意로 생각된다. 各司受教의 간행은 後續錄이 頒行된 지 근 백여 년만의 일로서, 조선의 법전편찬사에서 보면 실로 긴 공백이 아닐 수 없다.

그 후로는 肅宗 8년 이르러 受教의 편집이 다시 거론되기 시작하였다.[31] 숙종 21년(1695)에 「受教續錄」을 간행하자는 南九萬의 건의에

目繁多, 必須删繁就簡, 詳略得宜, 然後可以刊行, 決非臣數三人所可勾管. 臣等之意, 姑勿開刊, 宜先精造冊子, 印札楷書, 張背踏印, 分藏於六曹及政院·憲府·禁府等處, 以爲參考之資. 等待國家事定, 依祖宗朝舊事, 另差曉法律識時務之臣, 與大臣從容議勘開刊宜當. 上從之."

29) 仁祖實錄, 卷38, 인조 17년 己卯 4월 21일 戊申條(35-55 右下) : "鳴吉又曰 : 當代受教中, 可爲後世法者多有之, 而散在各司, 以致遺忘. 癸亥以後受教及承傳謄出, 裒集編次刊行, 何如? 成廟末年頒前續錄, 中廟朝頒後續錄. 自明廟至宣祖朝則有受教. 而律官議法, 隨意低昴. …上曰 : 依啓."

30) 실제로 續錄이나 後續錄을 頒行할 때는 "今聞當印續錄"이나 "今方印出"과 같이 직접 '印'字를 사용하여 표현하고 있다. 成宗實錄 卷268, 성종 23년 壬子 8월 初6일 甲辰條(12-213 左上) 및 앞의 註 27)을 참조.

31) 肅宗實錄, 卷14 下, 숙종 9년 癸亥5월 初5일 丙午條(38-644 右上)에는 「受教裒集」의 명칭으로 편집중임을 알려주는 記事가 있다.

따라, 後續錄 이후 150년간에 걸친 受敎를 집대성하는 편찬작업이 마무리되어 숙종 24년에 간행하였다. 이는 우선 仁祖朝에 보류한 작업의 계승·완성으로 평가된다. 비록 「大典」이라는 이름을 거론하진 않지만, 「錄」이라는 명칭을 취하고 조목의 분류편찬방식도 완전히 前後續錄에 따르고 있다. 그리고 序文에서도, "續錄이 편찬됨으로써 大典이 더욱 빛나고, (受敎)輯錄이 이어짐으로써 續錄이 더욱 완비된다."(續錄作而大典爲益明, 輯錄繼而續錄爲益備.)라고 스스로 자부심을 피력하고 있는 것처럼, 受敎輯錄은 분명히 經國大典과 前後續錄의 정신맥락을 계승하는 법제사적 의의를 지니고 있다.

또한 정치사회상으로는 조선 중기의 격심한 內憂外患을 거치면서 해이해진 국가의 법제와 기강을 재정비하여 중흥을 꾀하려는 雄志의 발로라고 평가될 수 있다. 그 이유는 대략 이러하다. 즉, 受敎輯錄이 간행되기 10년 전인 숙종 14년(1688)에 이미 朴世采가 辭職疏를 올려 時務十二條를 논하는 가운데, 李珥의 變法論을 계승하여 經濟司를 설치하고 經國大典 이후의 모든 法令을 斟酌損益하여, 시행할 것은 지키고 시행할 수 없는 것은 變通하며 보충할 것은 추가하여, 「續大典」이라는 이름의 법전을 편찬하자는 아주 참신한 變法維新論을 주장하였다.[32] 이 건의는 비록 당장 수용되지는 못했지만, 숙종조의 受敎輯錄의 간행을 거치면서, 英祖朝에 이르러 新補受敎輯錄이 편집되고, 마침내 續大典이 편찬되는 결실을 낳게 되었기 때문이다.

그런데 新補受數輯錄도 各司受敎와 마찬가지로 인쇄·출판되지 않고, 序文도 없는 筆寫本으로만 전할 뿐이어서, 정확한 편집완성시기를 확인하기 어렵다. 다만 受敎輯錄 이후부터 영조14년(乾隆戊午 1738년)[33]까지 受敎와 承傳을 망라한 점[34]과, 영조16년(1740)에 이미 續大

32) 肅宗實錄補闕正誤 卷19, 숙종 14년 戊辰 6월 24일 乙卯條(39-144 이하, 특히 147면) 참조.

33) 예컨대, <刑典·推斷>條의 마지막 두 번째 조목이나 <刑典·奸犯>條의 여섯 번째 조목이 이에 해당함.

典의 편찬이 본격 진행된 사실[35]에 비추어 보면, 대개 이 무렵에 그 편집이 완성된 것으로 추정된다. 그리고 영조 20년(1744)에 增修大典續錄纂輯廳을 설치하여 續大典 편찬에 박차를 가하는데, 그 한해 전인 영조 19년에 다시 受教輯錄의 후속편찬을 완성하지 않을 수 없다는 教旨가 내려졌다.[36] 이러한 사실로 판단하건대, 新補受教輯錄이 본래 續大典 편찬을 위한 기초자료 정비의 의도로 편집되었는지 그 목적성은 불분명하나, 적어도 그 편집이 곧 바로 續大典 편찬의 연속선상에 흡수되어, 실제로 그 기초 작업이 되었다는 사실은 부인하기 어렵겠다. 그리하여 마침내 잔인한 肉刑과 全家徙邊律 등 가혹한 법을 폐지하고, 經國大典 이후의 前後續錄과 前後受教輯錄 및 典律通考 등을 종합 망라하여, 번잡하고 중복되는 조목은 삭제하고 상호 모순·저촉되는 바는 정리함으로써, 명실상부하게 經國大典을 이어 그와 並行할 續大典을 편찬하기에 이르렀다.[37]

그 후 正祖 9년(1785)에는 經國大典과 續大典을 합편하고 續大典 이후의 중요한 受教를 추록하여 大典通編을 완성·간행하였으며, 高宗 2년(1865)에는 大典通編에다 그 후 80년간의 각종 受教를 다시 보충하여 大典會通을 완성하였다.[38] 이상이 조선왕조 법전편찬사의 主脈

---

34) 그러나 受教輯錄에서 누락된 것은 그 이전 것이라도 수록된 것이 적지 않다. 예컨대, <刑典·濫刑>條 첫 조목은 明宗 2년(1548)의 것이며, <刑典·奸犯>條의 아홉 번째 조목은 中宗 38년(1453)의 것이다.

35) 英祖實錄, 卷51, 영조 16년 庚申 4월 17일 丁亥條(42-659 左下) : "時方修續大典." ; 同年 5월 初6일 乙巳條(42-661 左上) "令儒臣及大臣, 抄定律令, 入侍稟處, 盖方修續大典也."

36) 英祖實錄, 卷57, 영조 19년 癸亥 3월 初5일 己未條(43-88 左下) : "教曰: 受教輯錄不可不續成. …其令載之受教, 使兩館提學主管刊印."

37) 英祖實錄, 卷59, 영조 20년 甲子 6월 26일 壬申條 및 7월 初6일 辛巳條(43-140) 참조.

38) 經國大典 이후 大典會通까지의 受教를 근본재료로 한 법전편찬과정은 기본상 朴秉濠 恩師의 연구성과를 참고하고, 本稿의 관점에서 약간의 史料를 보충하고 아울러 拙見을 덧붙인 것임. 朴秉濠, 앞의 책 421면 및 韓國法制史, 韓國放送通信大學, 1986, 17-24면 참조.

이라고 할 수 있다. 이 밖에도 법의 적용 및 행정편의를 위해 참고서로 편집된 旁系支脈으로는, 前後續錄과 受教輯錄을 분류·통합한 典錄通考(숙종 32년, 1706) 및 그 증보판인 增補典錄通考(영조 20년경), 正祖 10년 具允明이 편집한 典律通補, 高宗 3년(1866)에 완성한 六典條例, 그리고 詞訟 및 獄訟 처리의 참고지침을 위한 각종 法書가 있다.[39]

이상에서 살핀 바와 같이 조선왕조 법전편찬사업의 방향 및 성격은 受教와 밀접한 불가분의 관계 속에서 전개되었음을 알 수 있다. 즉, 경국대전 이전의 經濟六典과 元續六典이나, 경국대전 이후 속대전 이전까지의 前後續錄과 前後受教輯錄이 모두 당시에 공포·시행되던 受教·條例들을 직접 취사선택하여 정리·편찬된 법령집이다. 뿐만 아니라, 조선왕조 근본통치규범인 經國大典과 續大典 및 大典通編·大典會通도 이들 법령집의 精華만을 추출하여 완성된 것이다. 따라서 受教는 그 자체가 卽時에 시행된 개별구체의 법령이면서, 나아가서는 「錄」의 재료가 되고 또 「錄」을 거쳐서 「典」의 직접 素材가 되었다. 따라서 受教는 조선왕조 법전편찬에서 제1차의 기초 法源이라고 평가된다.

4. 중국 條例의 법적 성격

受教와 條例의 법적 성격은 앞서 살펴본 그 법전편찬의 과정에 이미 그 대강의 윤곽이 나타나고 있다. 우선 조선의 受教나 중국의 條例 모두가 法으로서 實質을 가진 점은 의심의 여지가 없다. 그러나 그 구체 성격 및 법적 지위 문제는 그리 단순하지만은 않아서, 受教의 경우 典·錄과의 관계가, 條例의 경우 律과의 관계가 구체로 검토·규명되어야 한다. 우선 서양 근대법의 이른바 형식적 효력단계설의 관점에서 순수하게 일반원칙의 관계로 파악한다면, 受教는 典과 錄의 하위규범이며, 條例 또한 律에 부수하는 종속규범에 불과하다. 마치

---

39) 이러한 참고법전 및 법률지침서에 관하여는, 朴秉濠, 韓國法制史, 24-35면 참조.

근대법에서 명령이나 규칙이 법률에 종속하는 하위규범인 것과 같은 수직관계가 성립한다.

이 점은 중국 전통법체계의 성격을 특징짓는 '律令格式'이나 '律例'의 명칭에서도 그 법적 권위 및 효력의 우선순위가 명확히 표현되고 있다. 사실 일찍이 杜預는 <律序> 에서 "律은 죄명과 형벌이라는 기본 법규범을 규정하는 것이고, 令은 구체 政事에 따라 제도를 세우는 것이다."[40]고 정의했다. 또 唐書 刑法志는 "尊卑貴賤의 등급과 같은 국가제도인 令과 百官·萬民이 항상 시행하고 지켜야 할 格式에 따라 모든 국가의 政事가 행해지며, 律은 이들 政事制度를 위반하거나 죄악을 범하는 자를 처단하는 규범적 기준이 된다."고 규정했다.[41]

이러한 공식 정의에서도 律과 令格式의 실질관계와 그 우선순위가 확인된다. 국가의 政事와 제도라는 것은 구체상황과 사회요청에 따라 수시로 변화할 수 있으며, 그러한 政事制度를 위반하는 행정적 '犯罪'의 구체 구성요건도 令의 내용에 따라 수시로 변화할 수 있다. 이에 반하여, 인간의 본질과 사회의 보편성에 근거하여 규정되는 범죄 및 형벌에 관한 법규범이나, 수시로 변하는 행정적 범죄라도 그에 대한 원칙상의 처벌규정은,[42] 이러한 政事制度의 구체 내용상 변동에 관계없이 그 위에 대전제로 위치할 수 있기 때문이다.

宋 徽宗(휘종) 代에는 비슷한 원칙론을 내세워, 당시 적용되던 例를 취합하여 法에 저촉되는 것은 모두 제거한 사실이 있다. 즉, "관리가 준수하여야 하는 것은 法이며, 法에 규정되어 있지 않는 경우에 한하여 (보충으로) 例를 적용하여야 하는데, 지금 例를 인용하여 法을 파괴

---

40) 杜預 <律序>: 律以正罪名, 令以存事制.(太平御覽, 卷638).

41) 唐書, 刑法(307면) : "唐之刑書有四, 曰: 律令格式. 令者, 尊卑貴賤之等數, 國家之制度也; 格者, 百官有司之所常行之事也; 式者, 其所常守之法也. 凡邦國之政, 必從事於此三者. 其有所違及人之爲惡而入于罪戾者, 一斷以律."

42) 예컨대, 唐律 卷27, 雜律, 違令條에는, "諸違令者, 笞五十. (謂令有禁制, 而律無罪名者.) 別式減一等."이라는 규정이 있는데, 明淸律도 違令者에 대한 笞五十의 처벌을 그대로 계승하고 있다.

하고 있으니, 이는 法理에 맞지 않다."는 것이었다.[43] 여기에서는 비록 法과 例라는 용어로 표현되고 있지만, 역시 律과 令(條例)의 법적인 관계를 단적으로 드러내고 있다. 元代에는 획일의 근본 刑律로서 條格이 있었고, 개별·구체의 事案에 대한 임시 立法으로서 斷例나, 條格·斷例에 의하지 않고 특별히 황제의 裁決로 형성되는 詔制가 있었다. 즉, 元代에는 條格과 斷例·詔制의 관계가 律과 令·例의 관계로서 파악된다. 明清代의 律과 例의 관계도 마찬가지임은 물론이다.

특히, 明太祖는 大明律의 편찬과 함께 法理상의 근거를 제시하면서 律과 例의 원칙 관계를 강조하고 신칙함으로써, 大明律의 신성한 권위와 영원한 존엄성을 확립하려고 하였다. 즉, 律은 萬世에 영구히 준행할 常法이고, 例는 일시의 權宜에서 시행하는 變法이므로, 例로써 律을 바꿀 수 없다는 이론이었다. 이러한 法理상의 원칙성은 清代에도 계승되었다.[44] 특히 清 乾隆때부터 會典과 則例를 구분하여 별도의 법전으로 편찬하기 시작하면서, 典과 例의 관계에 대해서도 비슷한 정의를 내리고 있다.

즉, 乾隆會典은 御製序에서 典과 例의 원칙 관계를 다음과 같이 천명하였다. "무릇 例는 변통할 수 있지만, 典은 변경할 수 없다. 이제 典을 근거로 하여 例를 제정·시행하는데, 후세에 혹시라도 例을 원용하여 典을 어지럽힌다면 되겠는가?"[45] 이러한 원칙은 또한 그 凡例에서도 거듭 확인하고 있다. "會典이라 함은 典章會要의 뜻이니, 수록하는 바는 모두 오래도록 항상 시행하여야 할 法制이다. 이에 국가의

43) 宋史, 刑法(334면) : "崇寧元年, 臣僚言: '有司所守者法, 法所不載, 然後用例. 今引例破法, 非理也.' 乃令各曹取前後所用例, 以類編修, 與法妨者去之. 尋下詔追復元豐法制, 凡元祐條例悉燬之."

44) 王凱奏, 重修律例統纂集序 : "斷法有律, 而準情有例. 律守一定, 而例則因時爲變通."; 祁塤, 新修律例統纂集成序 : "律一成而不易, 例則逐年增刪." 梁啓超, 앞의 글, 37면에서 재인용.

45) 乾隆御製會典序: "夫例可通, 典不可變. 今將緣典而傳例, 後或摭例以淆典, 其可乎? 於是, 區會典則例, 各爲之部, 而相輔以行." 楊鴻烈, 앞의 책, 883면에서 재인용.

大經大法으로 편찬하여, 朝野의 百官이 준수할 바의 綱領을 모두 총괄하는 완전한 책으로 만든다. 각 관청의 事例는 수시로 증감·변동하는 것이니, 한결같이 典을 大綱으로 삼고 則例로 細目으로 삼아, 그 상세함과 간략함에 체계가 서도록 한다."[46)]

요컨대, 律은 綱領인 기본법으로서 중국 전통법체계의 근간이 되고, 令과 條例는 細目인 부수법으로서 枝葉을 이룸으로써, 전체 律令 및 律例 체계가 형성되는 것이다. 律과 令·例는 형식 관계에서 보면 법적 존재근거나 효력순위에서 수직관계의 主從지위에 있었다. 그러나 실질적인 법의 시행·적용이라는 규범현실에서 본다면, 오히려 수평의 상호보완관계를 유지한 것으로 평가된다. 왜냐하면, 구체 사실은 시간·공간의 상황에 따라서 천차만별하여, 大綱의 몇 백 조문에 불과한 律만으로는 완전히 규율할 수 없기 때문이다.[47)] 이는 동서고금의 모든 법제도가 공통으로 안고 있는 본질상의 문제로서, 인간사회의 성문화된 실정법체계가 지니는 내재 한계이기도 하다.

法(律)에 규정되어 있지 않는 경우에 한하여 (보충으로) 例(令)를 적용한다."는 宋代의 원칙론은, 바로 律의 우선 지위를 천명하고 있다. 하지만 다른 한편으로는, 律의 불완전성·불충분성을 당연한 法理로 전제한 뒤, 例(令)에 그 보완 기능과 보충 지위를 명백히 부여하고 있는 것이다. 이는 漢代에 앞 군주의 法을 律이라 하고 뒤 군주의 법을 令이라고 정의하거나, 天子가 詔制로써 增損한 법으로서 律에 없는 것을 令이라고 규정한[48)] 데서도 이미 확인된다. 즉, 시간의 전후 차이에 의해 법형식상 律과 令이라는 구분이 생기고, 令이 시간상의 後發性으로 말미암아 律에 대한 보충 기능을 수행하지만, 그 법적 성질에

46) 乾隆會典凡例 : "會典以典章會要爲義, 所載必經久常行之制. 玆編於國家大經大法, 官司所守, 朝野所遵, 皆總括綱領, 勒爲完書, 其諸司事例, 隨時損益, 一以典爲綱, 以則爲目, 庶詳略有體." 楊鴻烈, 앞의 책, 883면 참조.

47) 앞의 각주 8)에서 인용한 宋史, 刑法志(333면) 참조.

48) 앞의 각주 7)에서 인용한 漢書, 杜周傳 참조.

서는 오히려 근본상 별 큰 차이가 없음을 암시하고도 있다.

실제로 宋代에는 律을 형식상 최고규범으로 법전에 모셔 둔 채, 모든 政事와 法制를 거의 전적으로 敕에 의해 처리하였는데, 이러한 관계를 입증하기에 충분한 사실로 보인다. 明代에도 大明律의 시행 이후 누적되는 사회변화의 수요에 의해 條例가 증가함은 필연의 추세였는데, 그러한 법현실에서 律과 例의 法理 관계가 균형을 이루지 못하고 폐단이 속출하였다. 즉, 律에 근거하여 例가 규정되는데, 더 나아가 例로 말미암아 새로운 例가 생겨나면서, 條例가 갈수록 복잡스러워지고 그 폐단도 더욱 심해진 것이다. 심지어는 "法(律) 밖에 奸惡한 무리를 놓치므로, 역대의 聖王들이 時宜에 맞춰 법을 발전시키면서 條例를 사용하게 되었으니, 본디 條例는 律을 보조하는 것이지 律을 파기하는 것이 아니다. 그럼에도 불구하고, 中外의 간교한 法吏들이 條例의 방편을 빌어 사리사욕을 행하는 까닭에, 律이 방치되어 시행되지 못하는" 지경에까지 이르기도 하였다.[49]

물론 律과 例의 원칙론상 法理關係에서 보면, 이러한 현상은 어쩌면 현실상의 폐단으로 지적될 수 있다. 하지만 한편으로 법의 역사현실에서 보면, 분명히 律과 例의 수평적 상호보완 기능이 지나치게 활성화되고 부각되면서 말미암은 실질 기능의 대등화를 의미한다고도 볼 수 있다. 개별구체의 법적 사실관계에 대하여, 더러는 律文 규정의 흠결로 인하여, 더러는 律官의 不知나 기타 정치적 사유로 말미암아, 律 대신 새로운 條例가 만들어질 수 있다. 그리고 이 條例가 당해 사안에 대하여 일시로 적용되거나 또는 그 이후 지속 시행되는 경우에, 단순히 평면상으로 고찰하면 條例로써 律文을 잠정 失效시키거나 계속 파기하는 것으로 판단되기 때문에, 條例가 律보다 우월한 법적 효력을 지니는 것으로 평가될 수도 있다. 그러면 이는 형식 관

---

49) 明史, 刑法(515면) : "其法外遺姦, 列聖因時推廣之而有例, 例以輔律, 非以破律也. 乃中外巧法吏或借便己私, 律浸格不用."

점의 수직적 종속관계와 실질 관점의 수평적 보충기능을 모두 질적으로 깨뜨리고 변화시키는, 현실 효력상의 수직적 逆位가 될 것이다.

그러나 법의 효력에 관한 일반이론에서 新法이 舊法에 우월하고, 後法이 前法에 우선하는 時間性의 개념을 도입한다면, 이 경우에 律과 例가 그 법적 효력과 지위에 있어 실질상 대등한 관계까지 부상한 것으로 파악하는 것이 합리적이고 공정할 것이다. 물론 이러한 상황에서 정치상으로 執權在位의 황제가 先王에 대해 우선하는 권위적 우월성이 법규범에도 삼투할 것이나, 여기에서는 잠시 논외로 한다.

淸代에도 條例의 법적 성격 및 지위와 그의 律에 대한 관계가, 형식적 法理上의 표방과는 달리 질적인 변화를 일으켜, 양자가 실질상 거의 대등한 상황을 유지한 것으로 보인다. 앞서 언급한 바와 같이, 淸代에는 大淸律이 시행된 후 정기로 條例를 편찬하여 同治 때에는 律文 436條의 네 배가 넘는 1892條에 이르렀다고 하니, 영구히 준행할 만하지 못하여 이들 법전편수에서 제외된 일시의 條例는 또한 얼마나 되는지 알 수 없다.

> "무릇 淸代의 條例 제정은 宋代의 勅令 편수와 같아서, 해당 條例가 있으면 律은 대부분 공허한 法文이 되고 말았으며, 이에 條例가 더욱 늘어나 아주 번잡해졌다. 그 중에는 전후로 저촉되기도 하고, 律보다 더욱 가중하기도 하며, 혹은 條例로 인하여 律을 파기하고, 혹은 한 事案에 한 條例를 세우며, 혹은 한 省이나 한 지방에 전속하는 條例를 제정하고, 심지어는 이 條例로 말미암아 저 條例를 낳기도 하였으니, 단지 다른 部의 則例와 서로 일치하지 않을 뿐만 아니라, 한 條例를 各部門에 나누어 기록한 것도 서로 다른 경우가 있었다."[50]

이러한 역사기록은 條例의 실질 성격 및 법적 지위를 잘 반영해

---

50) 淸史稿, 刑法(567면) : "蓋淸代定例, 一如宋時之編敕, 有例不用律, 律旣多成虛文, 而例遂愈滋繁碎. 其間前後牴觸, 或律外加重, 或因例破律, 或一事設一例, 或一省一地方專一例, 甚且因此例而生彼例, 不惟與他部則例參差, 卽一例分載各門者, 亦不無歧異, 輾轉糾紛, 易滋高下."

준다. 일찍이 梁啓超도 明 成化이래 律例가 並行되고 淸 乾隆時에 例가 律과 함께 法典에 並載된 점을 들어, 律과 例의 동등한 효력을 인정하였다. 嘉慶會典에는 "條例가 있으면 律을 방치하고, 새로운 條例가 생기면 옛 條例를 방치한다."거나, "刑獄을 판단함에는 마땅히 개정된 條例를 표준으로 삼으며, 律文에 구애될 필요가 없다."는 기재가 있다. 刑案滙覽에는, "살피건대, 律은 한번 공포되면 바뀌지 않고 條例는 수시로 변동하는 까닭에, 律은 본디 가벼운데 條例가 가중하는 경우도 있고, 또한 律은 본디 무거운데 條例가 감경시킨 경우도 있다."는 기록도 있다. 梁啓超는 이러한 기록들을 근거로, 律과 例가 상호 모순되고 충돌할 때, 條例가 律文을 改廢하는 효력까지 가진 다고 인정하였다. 그래서 그는 律과 條例의 법적 성격을 근대 서양법상 法律과 命令의 형식관계가 아니라, 舊法과 新法의 실질관계로 규정하였다.[51] 이러한 지적은 상당히 의미 깊은 평가로 참고할 만하다.

5. 조선시대 受敎의 법적 성격

조선시대의 受敎도 대체로 중국 전통법상의 條例와 그 성격 및 지위가 비슷한데, 다만 두 法文化의 不同으로 인해 미소한 차이가 발견된다. 우선 明淸代의 경우, 例 특히 條例라고 하면, 영구히 시행할 만한 常法으로 정선된 것을 한정하여 지칭함이 일반이다. 특히 問刑條例와 같이 별도의 法書로 편집되거나, 大明律集解附例나 大淸律例와 같이 律의 조목에 따라 분류되어 律에 附載·병행된 경우가 그러하다. 그리고 개별구체의 사안에 대한 판결례는 아직 정식 條例로 정선·편수되기 전에는, 단순히 事例·刑案·案例로 일컬어져, 그 개념이나 법적 지위상 일단 條例와 구분되었다.

그런데 조선시대의 受敎라 함은 개별·구체의 政事에 관하여 국왕

51) 梁啓超, 앞의 글, 37-38면 참조.

이 내린 특정 敎令·敎旨 자체를 제1차로 뜻한다. 그 중에서 나중에 영구히 시행할 만한 것으로 정선되어 錄(大典續錄·後續錄·受敎輯錄 등)으로 편찬된 것은, 비록 그 출신이 受敎지만, 개념상으로는 더 이상 '受敎'라는 명칭을 사용하지 않는 것이 보통이다. 더구나 受敎나 錄을 다시 발췌·정선하여 典(續大典·大典通編·大典會通)으로 편찬하면, 그 법적 권위와 지위는 형식상으로도 중국의 律과 같은 최고법규범으로 확고해지는 것이다. 따라서 그 시초의 法源은 受敎나 錄·典이 모두 한결같은 뿌리지만, 그 형식상 법적 지위와 성격은 이처럼 확연히 구분된다.

예컨대, 中宗 38년(1543) 大典後續錄의 편수가 진행되던 중에, 이미 婚書를 받고 定婚한 자가 다시 타인에게 許婚하고 成婚까지 한 사건이 발생하였다. 그런데 그 治罪를 논하는 가운데, 大明律과 經國大典·大典續錄 및 受敎의 명칭이나 법적 지위 및 상호관계가 전형으로 드러나고 있다. 이 경우, 우선 大明律은 "杖八十에 처하고 여자를 前夫(먼저 定婚한 신랑감)가 원하는 경우 그에게 강제로 귀속시킨다." 라고 규정하였다. 그리고 世祖 7년(1461)에 공포·시행된 經國大典 刑典 <禁制> 條에는 단지 "그 主婚者를 論罪하고 강제로 이혼시킨다."라고만 규정하고 있다. 그런데 최종 經國大典이 정식으로 頒行(成宗 16년, 乙巳, 1485)되기 전인 成宗 10년(1479)의 承傳(受敎)에서는, 大明律의 이 조문을 인용하면서 조금 다른 논지를 편다. "婚書를 받고서 이를 위반한 것은 主婚者의 허물인데, 여자를 前夫에게 귀속시킨다면 婦道에 어긋나니, 어찌 王政의 본체에 합당하겠는가?"라고 반문하면서, 형식상 婦德의 관철 및 이념상 혼인의 일관성보다는, 내용상 혼인의 순결과 실질적 婦道의 보전을 추구하는 듯하였다. 이러한 논거에서 "이후로 主婚者는 本律에 二等을 가중(杖一百)하여 처벌하되, 여자는 前夫에게 귀속시키지 말라."고 신칙하였다. 이러한 법적 상황에서 해당 사건의 包攝(Subsumption)은 法理상 상당히 精緻할 뿐만 아니라, 大典과 續錄 및 受敎의 법적 관계를 명확하게 설정하고 있다.

> “이는(女則勿歸前夫의 承傳 내용) 단지 여자를 前夫에 귀속시키는 것이 곤란하기 때문에 그렇게 한 것이지, 달리 ‘이혼시키지 말라’는 뜻까지는 없습니다. 大典의 ‘이혼시키라’는 법은 마땅히 준행하여야 하는데, 근래 律官들이 承傳의 본뜻을 잘 알지 못하고, ‘여자는 前夫에게 귀속시키지 말라’는 말을 핑계 삼아, ‘이혼시키라’는 大典의 법을 도대체 시행하지 않습니다. 그러므로 婚姻에서 비록 이미 폐물을 받았더라도, 갑자기 혼약을 위배하여 폐물을 되 물리고 다시 타인에게 혼인을 허락하는 경우가 파다하므로, 退婚을 당한 자가 소란스럽게 소송을 제기하는 실정입니다. 明文의 법을 두고도 시행·적용하지 않아 간악한 자를 징벌하지 못하는 것은, 지극히 온당치 못한 일입니다. 하물며 弘治 5년(成宗 23년, 1492)에 續錄을 간행할 때에, 매 해의 受敎 중 계속 시행할 만한 조목들은 일일이 가려 실으면서 오직 이 承傳만은 빠뜨렸는데, 이로 본다면 이 承傳은 그 때에 이미 더 이상 적용하지 않겠다는 취지였습니다. 그렇다면 大典의 ‘이혼시키라’는 法을 받들어 시행하라는 뜻이 매우 분명하오니, 청컨대 大典의 法을 申明하시어 서울과 지방에 두루 통용·시행토록 하십시오.”[52]

이상의 법적용 논의에서 다음과 같은 사실들을 확인할 수 있다. 첫째, 受敎와 續錄 및 大典의 법적 명칭과 지위가 명확히 구분되었다. 둘째, 법이념의 원칙상으로 大典의 최고규범성을 확고히 유지하려고 하였으며, 법효력상의 우선순위도 大典·續錄·受敎의 단계성을 강하게 인정하였다. 셋째, 일시의 예외이긴 하지만 受敎가 大典의 내용을 가중하거나 감경하는 임시權宜의 구속성을 지니기도 하고, 영구적·전면적이진 않지만 大典의 法條를 일부분 잠정 개폐하는 현실상 효력도 가지는 경우가 있었다. 특히 위 내용의 단순한 반대해석에 의하면,

52) 中宗實錄, 卷100, 중종 38년 癸卯 正月 20일 乙丑條(18-654 上) : “…此只以女歸前夫爲難, 別無勿令離異之意, 大典離異之法, 所當遵行, 而近來律官等, 不曉承傳本意, 諉諸女勿歸前夫之語, 離異之法, 並不擧行. 故婚姻者雖已納幣, 而輒背約退采, 再許他人者頗多, 見退者紛紜呈訴. 立法不用, 殊無懲艾, 至爲未便. 況弘治五年續錄刊正時, 各年受敎可行條件, 一一採錄, 而獨遺此承傳. 以此觀之, 此承傳當其時不用, 而大典離異之法所當擧行, 明甚. 請申明大典之法, 使京外通行.”

大典의 내용과 차이가 나는 受敎가 續錄에 편입·수록되는 경우, 大典에 대한 우선 효력이 지속될 수 있는 가능성도 시사된다. 그러나 이 경우에도 두 법의 내용이 상호 모순·충돌하지 않는 범위 내에서, 大典의 내용을 최대한 유지시키면서 그 효력의 확보를 위해 섬세하고 정밀한 법이론을 전개하기도 하였다. 넷째, 조선시대 일반 형률로 계수·적용된 大明律과 고유법인 經國大典의 관계에서, 비록 大明律이 규정하고 있는 내용이더라도 우리의 규범현실에 적합하지 않는 경우, 그와 다른 내용의 독자 규정을 經國大典에 실음으로써, 고유법문화의 생성발전 가능성을 열어 놓고 있다. 이 점에서 大明律을 일반형법으로, 經國大典을 이에 대한 특별형법으로 평가하여, 經國大典의 규정이 우선 적용되고 大明律은 고유법이 흠결된 경우에 보충 적용된다고 파악하는 일반 견해가 타당한 것으로 확인된다.

이상 네 가지 점은 조선시대 여러 法形式의 법적 성격 및 지위, 그리고 그 효력관계의 대강을 보여준다. 이에 관해 다른 예를 들어 좀 더 부연·보충해 보자. 우선 經國大典에 대한 大明律의 일반보편성은 다음 사실에서도 확인된다. 成宗이 '사사로이 스스로 머리를 깎고 僧이 된 자의 師僧(은사스님)을 처벌하는 법'이 왜 經國大典에 실리지 않았는지 이유를 물은 적이 있었다. 그런데 이에 대해 大明律 〈私度僧道〉 條에 이미 그 처벌규정이 존재하기 때문이라는 법적 근거가 제시되었다.[53]

그러나 한편 文廟의 聖賢位次에 관한 禮制가 논란이 되어, 중국의 제도를 상세히 詢問하자는 견해가 대두한 적이 있었다. 그런데 中宗은, 비록 조선의 禮制가 한결같이 中華를 따라왔기 때문에 그와 저촉되는 부분이 있다면 마땅히 개혁하여야 하겠지만, 祖宗의 제도도 그 유래가 이미 오래 되었으니, 구태여 중국에 문의할 필요 없이 고유한

53) 成宗實錄, 卷46, 성종 5년 甲午 10월 19일 辛丑條(9-157 左上) : 今朝傳敎: "私自剃髮爲僧者, 其罪師僧之法, 不載大典, 何也?" 臣未及對, 退而考大明律<私度僧道>條, "…然則, 其罪師僧在大明律, 故於大典不錄焉."

舊例를 그대로 시행하라고 결단하였다.54) 이러한 사실은 중국법제에 대한 고유법의 주체성이 그 독자 영역을 나름대로 확보하고 있었음을 증명해 준다. 또 英祖 때 후속 受敎輯錄 편수를 건의하는 가운데, "우리 조선이 明律을 전폭 계수 적용하고 있지만, 中國과 조선은 路程의 원근이나 형벌의 경중에서 진실로 많이 다르다."며, 역대 조선의 고유법전 편찬의 이념적 당위성을 강하게 피력하기도 하였다.55)

다음으로 大典과 續錄 및 受敎의 원칙관계와 우선순위의 관철은 中宗 9년(1514) 後續錄을 편수하려는 계획을 반대하는 비판에서도 명확히 드러난다. 즉, 後續錄으로 편집된 내용이 金科玉條가 아님을 지적하면서, 祖宗朝의 大典과 續錄이 이미 상세하고 세밀하게 규정되어 있으니, 다시 後續錄을 추가 편찬할 것이 아니라, 단지 '受敎'로써 시행적용하자는 것이었다. 그러나 各年의 受敎가 煩多하여 지방 관리들이 두루 알지 못하므로, 이미 간행한 後續錄을 고치지 말고 시행하자는 주장도 강하였다. 이에 대해 史臣은 "後續錄이 大典에 저촉되어 治道에 방해가 심하고, 法官이 奉行하기에 현혹될 뿐만 아니라, 백성들도 따를 바를 몰라 朝野가 모두 불편하게 여기는데, 大臣들이 기필 시행하려고 한다." 고 준엄하게 비평하고 있다.56)

大典과 錄·受敎가 이렇듯 上下法의 기본관계를 유지하였지만, 이것이 단순한 수직적 종속관계가 아니라, 수평적 보충법의 기능도 함께 가졌다. 이는 전술한 중국법상 律과 例의 관계나 마찬가지였다. 이는 受敎輯錄의 序文에서 간명하게 확인된다. "續錄이 편찬됨으로써 大典이 더욱 빛나고, (受敎)輯錄이 이어짐으로써 續錄이 더욱 완비된다."

---

54) 中宗實錄, 卷99, 중종 37년 壬寅 12월 25일 庚子條(18-644 上) : 傳曰 : "我國之禮, 固欲一遵華制, 聖賢位次, 若相牴牾不合, 則所當革舊而從之. 但遵守祖宗之制, 其來已久, 而聞見於中朝, 亦豈必其的否? 不須更問于華人, 而依舊例行之."

55) 英祖實錄, 卷32, 영조 8년 壬子 11월 24일 戊寅條(42-322 上) : "我朝專用明律, 而中朝與我國, 道里遠近, 刑罰輕重, 固多不同."

56) 앞의 주 23) 참조.

"이 受敎輯錄의 편수는 처음부터 制作으로서 이루어진 것이 아니고, 다만 관청에서 잘 보관하여 법 적용에 미혹됨이 없도록 참고용으로 갖추는 것이어서, 續錄의 편찬과는 달리 삼가고 신중히 여긴다."

그러나 정치사회의 상황변화에 따른 시대요청에 부응하기 위해, 續錄이나 受敎의 규정이 大典보다 가중되는 경우가 많았는데, 그 실질 내용상 잠정이나마 大典의 효력을 改廢하는 셈이었다. 이를 대표하는 법 영역이 조선 초기 이래 徙民實邊政策의 수행과 관련하여 형성되기 시작한 全家徙邊(전가사변)罪이다. 經國大典에는 이에 관해 세 조문 밖에 없던 것이, 그 뒤 續錄·後續錄뿐만 아니라 受敎輯錄·新補受敎輯錄에 이르기까지 全家徙邊罪를 규정한 受敎가 꾸준히 대량으로 증가한 것이다.[57] 영조 때 續大典을 편찬하면서 모두 폐지되기까지 300여 년 동안 광범위한 영역에 걸쳐 그 위력을 발휘한 全家徙邊律은, 受敎의 법적 지위와 현실상 효력을 증명하기에 족하다.

全家徙邊罪에 관한 受敎의 준엄성은 中宗초 後續錄 편수 논의과정에서 집정자들조차 자인할 정도였다. 大典의 원 규정에 의하면, 徙民逃亡者는 初犯을 바로 處斬하고, 定屬逃亡者는 三犯한 후에 비로소 처참하였다. 그 후 徙民實邊이라는 정책상 고려에서 定屬逃亡者도 徙民逃亡者와 마찬가지로 初犯을 처참하는 受敎로 오랫동안 시행해 왔다. 그러다가 中宗 9년 後續錄 편수에 이 受敎를 수록하기로 일단 결정하였는데, 大典에 비해 지나치게 엄중한 형벌이라는 이유와 大典을 가벼이 바꿀 수 없다는 논거로 결국 삭제한 것이다.[58] 뿐만 아니라, 徒流罪와 같이 석방될 刑期가 있는 것도 아니면서, 한 사람의 죄로 전 가족이 연좌되는 全家入居罪가 지나치게 많은 것을 자탄하면서, 大典과 續錄 안에 규정되어 손댈 수 없는 조목만 그대로 두고 受敎

57) 김지수, "朝鮮朝 全家徙邊律에 관한 硏究" 1987, 서울대학교 석사학위논문(本書 제2편) 참조. 각 法典에 공식으로 기록된 罪目만도 무려 130條 가량이나 된다.
58) 中宗實錄, 卷20, 중종 9년 甲戌 6월 23일 甲寅條(15-17 左上) 참조.

에 있는 罪目은 모두 삭제하기도 하였다.[59]

또한 部民이 守令 등을 告訴하는 罪를 經國大典에서는 杖一百徒三年으로 규정했는데, 中宗 19년에 역시 徙民實邊政策의 배려에서 全家徙邊罪에 포함시키고, 이어 後續錄 〈刑典 禁制〉 條에 수록하였다. 그런데 明宗 6년에 이 법이 大典에는 가벼운데 後續·受敎에서 가중된 점이 크게 논란되었다. 部民이 守令 등을 고소하는 죄를 全家徙邊에 처하는 법은 經國大典에는 없으며, 특별히 救弊의 임기방편으로 일시 시행한 것인데, 오히려 그 폐단이 더 심해졌다. 또 大典은 단순한 空法이 아니라 萬世에 영구히 시행할 祖宗成憲이므로, 마땅히 大典의 규정을 따라야 한다. 이러한 원칙론상의 이유를 내세워 반대가 강하게 일었던 것이다. 그런데 결국 守令을 王權(君主)의 대리인으로서 파악하는 統治이념의 명분 아래, 守令의 部民에 대한 관계를 君民과 父子간의 지배복종 관계의 연장선상에 설정하는 정치논리가 法理 논거로 승리하였다. "受敎의 法이 비록 일시의 救弊 방편이긴 하지만, 이것이 아니고서는 다른 방도가 없어서 이미 後續錄에도 수록되어 있으므로, 그 자체가 벌써 祖宗成憲이 되었다."는 것이었다.[60] 즉, 시대요청에 부응하는 통치이념은 일시의 하위법이 영구의 상위법(祖宗成憲인 大典)보다 우선하는 특별효력을 부여할 수도 있었다.

뿐만 아니라, 大典과 受敎의 해석적용상 효력문제는 정치 입장을 달리하는 이해관계에 따라 그 논쟁의 근거와 방편이 되기도 하였다. 인재등용문인 과거제도는 정치권력의 확보와 유지에 직결되는 만큼, 시종 비상한 관심과 첨예한 이해대립의 목표였고, 특히 조선중기 이후에는 사회경제의 붕괴와 정치상 당쟁의 혼란 속에서 그 제도 자체

59) 中宗實錄, 卷21, 중종 9년 甲戌 10월 20일 己酉條(15-36 左下·37 右上) : "傳于政院曰 : 近觀全家入居之罪, 比古爲多. 非如徙流之或還, 是亞於死罪, 以一人之罪, 擧家入居, 豈不重哉? ……大典及續錄內, 不得已所著之條, 今不可改, 至於受敎, 恐有罪輕而濫蒙入居者, 其令議而刪定."

60) 明宗實錄, 卷11, 명종 6년 辛亥 7월 12일 戊戌條(20-31·32) 참조.

가 극심하게 문란해졌다.[61] 과거의 公正性 확보를 위해 법은 소극의 相避制度와 함께 적극의 不正防止를 엄하게 규정하고 있었다.

예컨대, 科擧不正의 대표 유형으로, 大典은 답안을 보고 보여주는 '借述·代述者'를 杖一百流三千里에 처하고, 受教輯錄에서는 "글을 써 주는 書吏로서 남의 답안을 대신 써 주는 代寫者를 全家徙邊에 처한다."는 규정이 있었다. 그런데 肅宗 때 남에게 답안을 대신 써 달라고 借書한 자를 합격자 榜에서 삭제한 일이 발단이 되어, 그 법적 근거가 논란이 되었다. 실질 正義와 衡平의 관점에서 右議政 李世白은 "代寫者가 全家徙邊의 重罪를 받는데, 借書人만 편안할 수 있느냐?"고 반문했다. 事目에서 '科罪' 한다고만 규정하고 구체 처벌을 규정하지 않은 것은 수시로(상황에 따라) 처분한다는 의미이므로, 榜에서 삭제하는 외에 별도로 律文을 적용하여 처벌하여야 할 것이라고 주장하였다. 이에 대해 左議政 崔錫鼎은 형식상의 法論理를 들어 옹호했다. 法典에 단지 借述과 代寫만 금지할 뿐, 借書者에 대해서는 적용할 律文이 없으므로, 그에 대한 형벌은 고사하고 榜에서 삭제한 것조차 억울하다는 변론을 피력하여, 마침내 왕에게 채택되었다.[62]

그러나 借書人의 違法性이 명약관화한 상황에서, 그를 처벌하기로 한다면, 어찌 적용할 근거법규정을 찾지 못하겠는가? 大典과 受教의 法文에 대한 형식논리상의 해석이 세력 있는 정치집단의 입장을 관철하는 데 그럴듯하고 유력한 명분을 제공해 준 셈이다.

6. 受教와 條例의 法的 理念

이상에서 條例와 受教의 법제사적 연혁 및 법적 성격, 그리고 律에 대한 條例의 관계와 典·錄에 대한 受教의 관계를 대략 살펴보았다.

---

61) 肅宗實錄, 卷33, 숙종 25년 己卯 3월 11일 庚辰條(39-524 左下·525 右上)에 실린 禮曹參議 朴權의 上疏에 당시 과거제도의 紊亂相이 생생하게 기록되어 있다.

62) 肅宗實錄, 卷33, 숙종 25년 己卯 3월 23일 壬辰條(39-525 下) 참조.

주지하듯이, 근대 서양법 체계는 憲法이 法律에, 그리고 法律이 다시 命令과 規則에 그 立法權限 및 효력근거를 명문으로 위임하는 논리구조를 지닌다. 비교적 고정 불변하는 法의 大綱은 헌법이나 법률로써 立法府가 직접 제정하고, 사회 및 시대 상황에 따라 융통변화가 요청되는 法의 細目은 命令이나 規則으로써 해당 행정기관이 일정한 자유재량권의 범위 안에서 탄력 있게 시행하도록 위임한다.

그에 비하면, 분명히 朝鮮과 중국의 전통법은 그러한 효력단계를 지닌 분업화된 법체계를 아직 제대로 갖추지는 못하였다. 즉, 受敎나 條例는 典이나 律이 본래 그 자체로 입법권과 효력근거를 위임해 주도록 예정된 하위의 법형식은 아니었던 것이다.

사실 한 王朝의 개국과 함께 법제가 새로이 통일·정비되고 나면, 통치자는 그 법전에 체계 완결성과 존엄한 권위를 부여하기 마련이다. 그래서 자신의 법이 자기가 창업한 국가의 통치권과 함께 영구히 변함없이 충실히 시행되기를 바랐고, 또한 子孫臣民에게 철저히 준수하도록 명령하고 신신당부하는 것이 일반이었다.

秦始皇이 中原의 통일과 함께 제반 文物法制도 통일시켜 정비한 다음, 焚書坑儒를 통해 사상의 획일화를 꾀하면서 모든 논설을 이단시하고, 오직 법을 준수하고 그 법을 시행하는 관리를 스승 삼아 그에 복종하도록 명령한 사실이 그 전형이다. 일찍이 로마의 유스티니아누스 황제도 유명한 그의 법전편찬을 완성한 다음, 529년의 한 勅令에서 "先例에 의해서가 아니라 法律에 의해서 재판하여야 한다."(Non exemplis sed legibus iudicandum est)고 명령한 적이 있다.[63]

또, 明太祖가 大明律을 공포한 후 자손들로 하여금 엄격히 준수하도록 諭示하며, 조금이라도 그 更改를 의론하는 신하가 있으면 祖宗의 法制를 變亂시킨 죄로써 엄히 다스리도록 명령했던 사실도 역시

63) 로마법大全, 勅法集, 제7권, 제45장, 제13절 (C.7.45.13.). Caemmerer, Ernst의 "Verwirklichung und Fortbildung des Rechts durch den Bundesgerichtshof" 각주 60에서 재인용함. 서울대학원 강독자료를 번역한 것인데, 원문을 찾을 수 없음.

그러하다.[64] 朝鮮도 결코 예외는 아니다. 成宗 때에 經國大典을 공포하면서, 그 序文과 箋文에서 스스로 영원히 닳아 없어지지 않을 '不刊之典'으로 칭송하며, 자손들로 하여금 오직 이 祖宗成憲을 충실히 준행하여 어기거나 잊지 말도록 申飭하고 있다.

법은 정치의 산물이자 통치의 수단방편인데, 집권자 특히 開國創業君主는 통치권이 영구히 유지되길 바라며, 또 그를 위해 법제가 충실한 계승·시행되길 강력히 원한다. 이는 자신의 功名에 대한 본능적인 애착의 발로이며, 인간 명예욕의 극치다. 다시 말하자면, 이는 곧 自己完結을 지향하고 추구하는 절대 권력의 自尊心이 法의 권위를 빌어 표현된 것이다. 朝鮮과 중국의 전통법에서 '祖制' 또는 '祖宗成憲'에 대한 이념상의 절대 복종은 바로 이러한 법의 정치 본질을 나타내는 것이다. 그러나 이를 비교적 순수한 법이념의 관점에서 파악하면, 법의 기본 이념이자 첫째 사명인 法的 安定性으로 표현된다.[65]

---

64) 明史, 刑法(509면) : "…至三十年始申畫一之制, 所以斟酌損益之者, 至纖至悉, 令子孫守之. 羣臣有稍議更改, 卽坐以變亂祖制之罪."

65) 근대 서양의 法哲學에서 논의되는 法的 安定性은 상당히 광범한 내포를 지니는 포괄 개념이다. 우선 법적 안정성은, 상호 제약하면서도 상호 보충하는 관계를 지니는 '定向上의 安定性'과 '實現上의 安定性'이라는 두 차원에서 파악된다. 그 구체 개념내용으로는, 첫째 내용상의 확정성, 둘째 法保障의 安定, 즉 법의 불가침성과 실현가능성, 셋째 법의 계속성·지속성·확고성, 넷째 법적 결정, 특히 법원의 판결과 관청의 행정행위에서의 예견가능성·확고성(신뢰성)·통일성 및 계속성, 다섯째 법적으로 중요한 사실에 대한 안정성 등이 열거될 수 있다고 한다. 그런데 여기서 언급하는 법적 안정성은, 우리의 전통 법제사를 중심으로 법의 恒常性과 變化性이라는 이념을 논의하는 데 편의상 원용하는 개념범주로서, 근대 법철학에서와 같은 개념상의 엄밀성과 정확성을 지니지 않는다. 왜냐하면, 古今의 시간 차이와 東西洋이라는 法文化의 不同으로 말미암아 개념 자체가 현저히 다르고, 따라서 엄밀한 의미에서 비교란 본디 매우 어려울 수밖에 없기 때문이다. 전통 법이념상의 恒常性이라는 범주에 상응하는 法的 安定性은, 구태여 개념대비를 시도한다면, 앞에 말한 세 번째의 '法의 繼續性·持續性·確固性'에 근사할 것이다. 그러나 이러한 개념파악도 정확하지 못함은 물론이다. 우리 전통법에서는 立法·執法(行政)·司法의 기능이 군주의 통치권에 통일 포섭되어 있었다. 그러므로, 군주의 통치방편으로 실현되는 法의 恒常性, 즉 法的 安定性이란, 다소간의 出入은 있을지 몰라도, 위의 다섯 가지 개념내용을 함께 포괄한다고 파악

이른바 既得權의 보호라는 법의 목적도 바로 여기에 근원한다. 그리고 이 법적 안정성이라는 이념을 전통 철학의 관점에서 순수한 (법)철학적 범주로 표현하면, 곧 常(恒常性)의 문제가 된다. 이 常(항상성)의 개념에는 항상 變(變化性)이라는 상대 개념이 대응하여, 常과 變이라는 한 쌍의 독립한 (법)철학상의 범주를 이루게 된다.

그러나 變化性이 恒常性에 대응하는 법철학의 범주가 이념상으로 체계화되기 이전에도, 法은 법적 안정성 외에 구체적 타당성·實效性이라는 또 하나의 이념상 대응축을 필요로 한다. 또한 法의 理念이 安定性과 妥當性이라는 상호대응의 개념을 요구하기 전에, 구체의 법현실은 守株待兎나 膠柱鼓瑟과 같은 法의 고정불변성을 허용하지 못하고 스스로 변화·발전해 나간다.

그리하여 창업군주들이 자기 자손에게 절대 복종하도록 명령한 祖宗成憲은 바로 그 受命者에 의해 사실상 改廢되고, 절대 권력자들이 후계자에 대해 기대한 입법권의 자아독점도 바로 그 상속인에 의해 배신당하기 마련이다. 이러한 역설현상은 법의 역사현실에서 숱하게 증명된다. 앞에서 이미 살펴본 바와 같이, 受敎와 條例도 바로 그러한 實證의 전형으로 형성·발전된 法制史의 산물이다. 이제 여기서는 법적 안정성(항상성)과 구체적 타당성(변화성)이라는 법이념의 관점에서 간략한 서술로 결론을 내리기로 한다.

經國大典이 공포되기 전이나 공포된 이후의 정치사회 현실은, 사실 시간의 흐름 자체와 마찬가지로 부단히 변화하기 때문에, 시대 요청에 부응하는 法이 受敎의 명목으로 꾸준히 새로 형성되었다. 그런데 이러한 受敎의 내용은 祖宗成憲인 大典의 규정을 보충·부연하는 경우도 있지만, 때로는 가중하거나 감경하기도 하고, 심지어는 잠시 改廢하기도 하였다. 새로운 受敎에 의해 大典의 규정이 사실상 변경되거

되기 때문이다. 근대 법철학상의 法的 安定性에 관하여는, 沈憲燮, "法的 安定性에 관한 硏究" 서울대학교 「法學」, 제25권 2·3호(1984), 133-152면 참조.

나 改廢되는 것은, 곧 구체 현실의 상황변화에 적응하여 규범과 현실의 일치성을 유지하고자 하는 법의 구체적 타당성·實效性의 본질 요청인데, 그 법리상 근거로 제시되는 것이 곧 '變化性'이었다.

中宗 때 良民이 취한 賤妻妾의 소생자녀에 대한 身役과 관련하여, 官吏의 경우와 마찬가지로 補充隊에 등록할 것인지가 논란이 되었다. 본래 成宗 때 大典을 更定하면서 처음에는 양민을 포함했다가, 다시 삭제하여 결국 그 천첩소생자녀는 賤人으로 규정하였는데, 賦役의 대상인 良人의 문이 너무 좁다는 사회경제상의 이유로 재개정이 논의된 것이다. 여기서 찬성론의 법리 근거가 바로 "大典의 법은 가벼이 개정할 수 없지만, 法은 時務를 구제하는 정치의 방편이므로, 마땅히 斟酌損益하여 時宜에 적합하여야 한다."는 損益說의 변법론이었다.[66]

그래서 大典續錄은 그 서문에서 變法論으로 續錄 편찬의 당위성을 피력하고 있다. "창업주가 국가의 근본기강을 세워 祖宗成憲을 완성하였지만, 법이 오래되면 폐해가 생기기 마련이므로, 단지 옛 법만 지켜 변통할 줄 모르는 것은 숭상할 만한 것이 못된다. 고금의 모든 聖人이 天地自然의 道를 법 삼아 '損益更張'으로 다스린 것처럼, 마땅히 時宜에 따라 '損益變通'하여야 한다."

여기서 損益更張의 變通論이 祖宗成憲에 대한 續錄 및 受敎의 법리적 정당성과 효력근거로 거론된다. 이는 後續錄과 受敎輯錄 뿐 아니라 續大典을 포함한 모든 法典의 당위성을 부여하는 법이념이다. 사실 經國大典 자체도, 서문에서 "太祖 이래의 元續六典·謄錄 및 당시까지의 敎旨를 '斟酌損益하고 刪定會通'하여 萬世成法을 이루었다."고 자부하듯이, 時宜에 맞춰 損益說에 근거해 편찬한 법전이다. 따라서 經國大典을 최종 완성·공포한 成宗이 다시 7년 만에 續錄을 간행한 사실은 법리로나 현실로나 전혀 희귀하거나 기이한 일이 아니다.

---

66) 中宗實錄, 卷22, 중종 10년 乙亥 6월 初6일 辛酉條(15-84 左上) 참조. 여기에서 中宗은 일단 반대론을 따랐는데, 後續錄刑典 <賤妾子女>條에서는 개정된 내용의 受敎가 수록되어 있는 점으로 미루어 보아, 이후 다시 변경된 듯하다.

더구나 續錄序文에서는 다른 한편으로 자손들에게 "先王의 마음, 즉 立法의 본래 정신을 궁구하지 못하고, 단지 法令條目의 말단에만 얽매어 朝令暮改한다면, 祖宗의 良法美意가 남김없이 모두 사라질 것이다."고 경계하고 있다. 이러한 표현을 표면상으로 보면, 자기네는 續錄으로 大典을 개정하면서 다시 후손들한테는 조종성헌을 자의로 변경하지 못하게 금지한 것은, 이론상 자가당착의 모순일 수도 있다. 그러나 여기서 주목해야 할 중요한 내용은, 바로 損益變通의 핵심 기준이 제시된 사실이다. 즉, **先王의 立法精神인 良法美意**는 법의 본질 핵심으로서 변경할 수 없으며, 말단지엽인 법령조목은 사회변화와 시대요청에 따라 損益變通할 수 있다는 法理가 명확히 선언되고 있는 것이다. 이러한 變法更張의 이념상 기준은 이후의 법전편찬에도 시종일관 표방된다. 受敎輯錄의 序文에서도 "先王의 法을 준행하려면 **先王의 마음**(立法精神)을 얻어야 한다."고 강조한다. 그 본질 마음만 체득하면 政事와 法制는 저절로 거행될 것이며, 구체 條目의 수시 改變은 政法의 통일성에 장애가 되지 않을 것이라고 단언하였다.

한편 變法更張이 거론될 때면 의례히 그와 대응하여, 法的 安定性과 公信性을 바탕으로 하는 祖宗成憲尊重主義의 대원칙론이 나란히 제기되었다. 大典의 法을 金石과 같이 견고하고 四時와 같이 미덥게 준수하여야만 백성이 信服할 수 있다는 논지다.[67] 법은 왕이 국가와 함께 하는 公共之器인데, 법에 公信性이 없어 백성이 어찌할 줄 모른다면 나라를 어떻게 다스릴 수 있겠느냐는 것이었다.[68] 이는 단순히 법적 안정성이나 公信性만의 문제가 아니라, 바로 법의 實效性과도 직결되는 중대한 문제였다. 특히 中宗朝에 빈번한 受敎의 제정과 관련하여, '朝鮮의 法은 三日'이라는 속담을 누차 인용하면서 법의 변화

67) 中宗實錄, 卷21, 중종 9년 甲戌 11월 15일 癸酉條(15-42 左上) : "須遵守大典之法, 堅如金石, 信如四時, 則民皆信之矣."

68) 中宗實錄, 卷22, 중종 10년 乙亥 閏4월 24일 辛巳條(15-75 左下) : "法者, 王者與國公共之器也, 法不信於民, 民無所措手足, 何足爲治?"

무쌍함을 비판하는 논변도 매우 드높았다.

中宗 자신도 국가의 법이 朝令夕改로 쉽게 변경되어 백성에게 몹시 불신 당하고 있음을 개탄하면서, 입법할 때에는 오래 시행해도 폐단이 없을지 심사숙고해 신중을 기하라고 당부할 정도였다.[69] 심지어는 受敎로써 舊法을 개정하고 新法을 제정함에, 六曹와 各司가 각기 자기 입장에 따라 受敎立法하는 것이 常例여서, 손발이 따로 노는 部處 개별주의가 성행했다. 여기에 편리하면 저기에 방해가 되며, 오늘 敎旨를 받아 법을 제정하면 내일 他司에서 다시 稟啓하여 政令이 통일되지 못하고, 오래 시행할 만하지 못한 법도 '受敎'라는 명칭으로 시행하는 경우가 허다했다. 그래서 三政丞이 百官을 통솔하여 통일로 受敎立法하여야 政事에 체통이 서겠다고 자성할 정도였다.[70]

---

69) 燕山君日記, 卷57, 연산군 11년 乙丑 정월 初4일 庚寅條(13-682) : "諺云: **朝鮮之法, 不還**三日. 夫法之行, 當信如四時." ; 中宗實錄, 卷20, 중종 9년 甲戌 4월 25일 戊午條(15-13 左上) : "法令固當堅如金石, 而我國家法令紛更不一, 故俗語云: **朝鮮之法**三日 此言可畏." ; 同, 卷22, 중종 10년 乙亥 閏4월 24일 辛巳條(15-75 左下): "朝立暮更, 彼是此非, 莫敢取定, 亦莫敢奉行. 諺曰: **朝鮮之法**三日**而已**. 如是而使民信之, 不亦難乎? 自古天下國家, 不患無法, 患於奉行之無其人耳. 自今使法令畫一, 勿務紛更, 必於奉行." ; 同, 卷40, 중종 15년 庚辰 閏8월 17일 壬寅條(15-684 左上): "信之於人, 大矣. 古之人無信不立, 今者, 法不信於民, 號令朝立夕變, 國家法章易爲變更. 自古云: **朝鮮之法只**三日. 其不信甚矣. ……立法之際, 當遠慮傳久無弊而後爲之. 有司立法之際, 所當愼重也. ……俗語云臣: **朝鮮之法**三日, 此數變之謂也. 立法之際, 令大臣商論於下, 而上亦堅定, 則法可久也. 今則此人立之未幾, 而他人輒改之, 變更不常, 莫適所從也. 大抵大綱已定於前聖, 若事之大者, 當依祖宗立法之意, 而今者有所事, 以爲有弊, 更立他法, 而未幾還毁, 故民不信也."; 同, 卷94, 중종 36년 辛丑 2월 初6일 癸亥條(18-441 左上): "百司之中, 或有廢置舊法者, 而有弊者亦多. ……俗語云: **朝鮮之法**三日. 其無悠久之意如此, 故奉行者亦以爲: '此法不久還廢,' 而無用意遵守者. 許多之法, 不可每爲申明, 而申明之事, 反爲文具."

70) 中宗實錄, 卷24, 중종 11년 丙子 4월 24일 乙亥條(15-163 上): "'新法之立, 舊法之改, 令政府擬議以聞, 亦法也. 今新立科條, 則與大臣議之. 然六曹與各司, 輒以己意受敎立法, 或便於此, 而有妨於彼; 今日受敎, 明日則他司啓之, 政令不一, 雖非經久可行之法, 亦稱受敎而用之. 此亦新法之立也, 該曹必先報政府, 政府斟酌事宜, 使之受敎, 則庶無紛紜之弊.' ……上曰: '一司受敎立法, 而一司改之, 至爲紛擾. 大抵三公統率百官, 然後事有體統矣.'"

그래서 "變法이 잘 되지 않으면 차라리 不變한 것만 못하다."는 주장까지 일었다.71) 이러한 주장은 잦고 졸속한 新法제정에 대한 신중성을 각성시키는 동시에, 변법론 자체에 대한 반대·비판의 논거가 되기도 하였다. 續大典 편찬의 동기에 관한 다음의 역사기록은 受敎를 일시의 限時法으로 규정하면서, 그 시행과 적용상의 변화무상함을 간결하게 보여준다.

"대저 우리나라에서 적용하는 법은 大明律과 大典이 있고, 그 후에 더러 일시의 受敎가 있었다. 그런데 法司에서는 여전히 受敎를 시행·적용하고, 律官도 이를 빌미로 法을 높이거나 낮춤으로써, 公과 私나 넓고 좁음이 한결같이 관리의 수중에 달려 있었다. 권세가 있는 자는 비록 죄가 무겁더라도 빠져나가며, 세력이 없는 자는 비록 죄가 가볍더라도 법에 걸려들었다. 이른바 續大典(經國大典을 잇는 法典)은 이러한 연유에서 이루어진 것이다."72)

물론 續錄 이하 여러 법전의 편찬은, 그 기본 성격상 시대요청에 상응하여 구체적 타당성을 기하려는 '變法'의 결실인 것이 사실이다. 하지만 다른 한편으로는, 각 시대의 구체적 법현실을 바탕으로 분출된 수많은 일시적 受敎들이 안고 있는 상호 모순충돌을, 祖宗成憲의 立法精神과 先王의 마음에 근거하여 분류·정비함으로써, 동시에 법적 안정성까지 확립하려고 한 항상성의 산물이기도 하였다. 그리고 비록 추상적인 이념상의 역설이긴 하지만, 受敎와 諸法典으로 실현되는 變法이, 바로 祖宗成憲의 정신과 先王의 마음 자체를 자기정당성의 근거로 삼고, 또한 거기서 자기한계까지 구한 사실은 참으로 흥미롭다. 전통법의 역사에서도 법적 안정성과 구체적 타당성의 법이념, 다시

---

71) 肅宗實錄, 卷32上, 숙종 24년 戊寅 3월 初6일 辛巳條(39-487 右上): "變法而不善, 不如不變."

72) 英祖實錄, 卷94, 영조 35년 己卯 8월 19일 丙申條(44-18 右下): "大抵我國用法, 一則大明律, 一則大典, 而其後或有一時受敎者, 而法司仍以爲用. 律官因此低昻, 公私濶狹, 一任在下, 有勢者雖重能免, 無勢者雖輕被律. 所謂續大典, 由此而成也."

말해 법의 항상성과 변화성은 상호 균형을 이루기 위해 끊임없이 진동하는 한 쌍의 상대 범주였음을 확인할 수 있다.

여하튼, 이상에서 언급되고 있는 변법론의 법리 근거는 크게 '損益說'과 '變通論' 및 '弛張論(更張論)'의 셋으로 분류될 수 있는데, 잠시 그 이론상의 역사 연원을 살펴보기로 한다.

주지하듯이, **損益說**은 孔子의 역사발전관에 근거한다. 夏·殷·周 三代의 禮制는 각기 前代의 예제를 바탕으로 損益 가감을 통해 상호 계승 발전한 역사산물이다. 그래서 공자는 百世 이후의 典章制度도 損益을 반복해 나갈 것이므로 미루어 알 수 있다고 예견한 것이다.[73)] **變通論**은 周易 繫辭傳의 "困窮하면 變化하고, 變化하면 通達하며, 通達하면 恒久로워진다."(窮則變, 變則通, 通則久)는 유명한 명제에 연원한다. 그리고 **弛張論**(**更張論**)은 禮記에 나오는 철학사상에 근거한다. "緊張만 하고 弛緩하지 않는 일은 文王·武王과 같은 聖人도 할 수 없고, 이완만 하고 긴장하지 않는 일은 文王·武王과 같은 聖人이 행하지 않았다. 한번 긴장하고 한번 이완하는 것이 곧 文王과 武王의 道다."[74)]

요컨대, 늘 팽팽하게 긴장할 수만은 없으므로, 때로는 느슨하게 풀어 주기도 하여야 하며; 또 느슨하게 풀려 있기만 해서는 안 되므로, 때로는 바짝 죄어 긴장시킬 필요가 있다. 마찬가지로 해이해진 국가 기강과 문란해진 법제를 시대 상황에 따라서 損益·更張하여야 하고, 또한 그렇게 변통함으로써 국가사회가 직면한 곤궁을 벗어나 새로운 安定性(恒久性)을 확립할 수 있다는 것이 變法論의 핵심이었다.

물론 損益과 變通·弛張(更張)의 개념은 본질상 차이가 있는 것도 아니며, 어떤 변법시기에 한 특정의 법리 논거만 특별히 제시되는 것도 아니었다. 예컨대, 續錄 서문에서도 세 개념이 함께 등장하고 있다.

73) 論語, 爲政篇: "殷因於夏禮, 所損益可知也 ; 周因於殷禮, 所損益可知也. 其或繼周者, 雖百世可知也."

74) 禮記, 雜記: "張而不弛, 文武弗能也 ; 弛而不張, 文武弗爲也. 一張一弛, 文武之道也."

그러나 法制史 대강을 살펴보면, 초기에는 일반 損益의 개념이 주로 언급되다가, 조선 중기 兩亂을 통해 정치기강과 사회경제의 기반이 뿌리째 흔들리면서, 좀더 근본상의 강력한 법제개혁이 '變通'이라는 명칭으로 본격 대두한 듯하다.

이미 선조 때 李珥가 본격 變法論을 주장한 이래로, 인조 때 崔鳴吉도 先王의 大綱大法은 마땅히 준수하되 변통할 수 있는 법령은 수시로 更張해야 한다는 '變通論'을 제기하였다. 이에 대해 仁祖가 스스로 총명한 체 舊章을 변경하여 비난받지 않겠느냐는 우려를 제기하였다. 그러자 그는 智慮가 미치지 못하는 어리석은 자들이 단순히 改法하는 것과 어찌 비교할 수 있겠느냐고 반박하면서, 시대변화로 야기된 법의 폐단을 반드시 更張하여야 한다고 주장하였다.[75] 또한 전술한 바와 같이 숙종 때 朴世彩도 栗谷의 變法論을 계승하여, 祖宗의 뜻을 법 삼고 大典의 미진한 부분을 보완하자는 '變通治法'을 강조하면서, 續大典의 편찬을 본격 거론하였다. 그리하여 受教輯錄도 '裁酌變通'이라고 自言하고, 획기적 중흥을 시도한 英祖의 續大典 편찬에서 그의 變通論이 실질상 결실을 이룬 셈이다.

그리고 조선왕조 말엽에 시행된 최후의 변법이 甲午 '更張'이라는 명칭을 취한 것도 제법 흥미로운 사실로 보인다. 여하튼, 조선조 법전편찬에서 구체적 타당성을 강조하는 變法의 당위성은 항상 儒家의 전통적인 損益·變通·弛張의 論說을 권위 있는 법리 근거로 삼았다.

중국 전통법상의 敕令이나 條例의 법적 이념도 바로 受教와 마찬가지로, 律의 고정 불변성을 구제하고 사회 변화에 적응하여 구체적 타당성을 실현하기 위한 損益·變通·弛張이었음은 재론할 나위가 없다. 梁啓超가 일찍이 중국 전통법은 일반론으로 '固定性'이 지나치게 심했다고 비평하면서도, 宋代의 빈번한 敕令編纂에 대해서는 得失이

75) 仁祖實錄, 卷38, 인조 17년 己卯 4월 21일 戊申條(35-55): "上曰: '自作聰明, 更變舊章, 自古非之.' 鳴吉曰: '不然, 智慮不逮, 而徒欲更張之謂也. 若使祖宗當後世之弊, 則必有更張之事矣.'"

절반이라고 평가한 사실은 주목된다. 수시로 敕令을 내려 법이 사회현상에 상응하여 空文이 되지 않은 점은 得이고, 지나치게 잦은 法의 변경으로 법적 안정성이 동요되고 백성의 행위규범이 상실됨으로써 관리농간의 원인이 된 점은 失이라고 지적한 것이다.[76] 이는 明清代의 條例에 대해서뿐만 아니라, 조선시대의 受教에서도 마찬가지로 타당한 평가이다. 전체 법체계가 지나친 안정성으로 경직·정체되는 전통 법문화 속에서, 변화하는 사회현실을 반영하는 부분 變通의 이념을 바로 受教나 條例가 실현하지 않을 수 없었던 것이다.

老子는 일찍이 큰 나라의 政治는 조그만 생선 굽는 것과 같다고 비유한 적이 있다.(治大國者, 若烹小鮮.) 너무 오래 그대로 두면 새까맣게 타 버리고, 그렇다고 자주 뒤집으면 신선한 윤택이 상할 뿐만 아니라 살까지 부스러지고 만다. 바로 이러한 이율배반의 고민이, 나라를 다스리는 政治의 方便手段인 法에도 똑같이 내재한다. 법적 안정성과 구체적 타당성, 항상성과 변화성이라는 상호대립의 법이념이 그것이다. 道에 가장 가깝다는 물도 오래 고이면 썩기 마련이고, 지나치게 흐르면 흐려지기 쉽다. 썩지 않고 흐려지지도 않으면서 언제나 清淨함을 간직하고자 하는 常變平衡이야말로 곧 法의 궁극이념이리라.

유난히 變法無常했던 宋代에 神宗의 말이다. "法은 道로부터 나오므로, 사람(君主)이 道를 체득하면 立法으로 政事를 충분히 다스릴 수 있다."[77] 이는 條例 및 受教의 變法理念과 관련해 매우 의미심장한 시사임에 틀림없다. 이는 荀子가 말한 道論과도 직결되는 變法論으로 보인다. "道란 本體는 恒常이면서 作用은 變化를 다한다."[78] 法의 恒常性이 중시되느냐, 變化性이 우선하느냐는 문제는, 어쩌면 바로 인간사회의 구체 시대상황에 상응하는 역사요청일 뿐인지도 모른다.

---

76) 梁啓超, 앞의 글, 54-56면 및 35면 참조.

77) 宋史, 刑法(333면): "神宗……嘗謂: '法出於道, 人能體道, 則立法足以盡事.'"

78) 荀子, 解蔽篇 : "道, 體常而盡變."

제 2 편

朝鮮朝 全家徙邊律의 역사와 법적 성격*

〈국문초록〉

徙民政策과 '徙邊'刑은 秦漢代부터 상당한 규모로 시행되었지만, '전 가족을 변방으로 옮긴다'는 의미의 刑律로서 全家徙邊律(전가사변률)은 시작과 끝이 비교적 분명한 조선 특유의 법이며, 세종 때 본격화된 徙民實邊政策을 역사 배경에서 邊境을 자국민으로 채워 영유권을 확립하고 유사시 군사수요에 부응하려는 고유 목적에서 시작되었다. 經國大典을 통해 一般刑律로 적용된 明律상 五刑의 하나인 流刑과는 별도로, '全家徙邊'이 독자의 刑律로까지 발전하여 鮮初 이래로 300여 년간 지속되었다가, 영조 때 續大典을 편찬하면서 欽恤精神을 바탕으로 역사에서 완전히 폐지될 때까지의 역사변천 과정은 法制史의 관점에서 무척 흥미롭고 주목할 만하다.

全家徙邊律은 보통 死刑의 특별 감형으로 시행되거나, 流刑의 특별 가중형으로 시행되기도 했다. 徙民實邊 목적을 위해 형벌 고유의 '除害懲惡' 목적·기능을 더욱 강화하여 加重처벌한 必要惡法이라는 성격이 강했지만, 漢代의 '徙邊'刑처럼 통치권에 위험한 요주의 인물들을 멀리하던 통치술의 목적·기능은 별로 없었다. 그 법적 성격은 流刑과 緣坐刑이 결합된 형태로서 독특성을 띠고, 오히려 일반범죄를 특별히 가중하여 사민 대상을 확충한 경우도 많았다. 또 그 이념상 특징은 전통법의 일반 특색을 공유하면서 徙民實邊政策의 충실한 수행을 위해 아전이

* 本 論文은 筆者가 1986학년도 國立서울대학교 대학원 법학석사학위청구논문으로 작성한 것인데, 마침내 19년 만에 시절인연이 도래하여, 논문 전반에 걸쳐 修正潤文을 하고 앞부분의 중국고대 徙邊의 역사와 결론 부분을 약간 추가 보충하여 법사학연구 제32호(2005년 10월 발행)에 공개 발표한 것이다.

나 향리 등의 일반 범죄를 광범위하게 가중 처벌한 점이 특이하다.

전가사변률이 徙民實邊과 除害懲惡의 목적성을 지닌 민족의 역사 과업에 크게 공헌한 사실은 긍정하더라도, 역사평가에는 그 수단의 苛酷性과 시행과정의 부작용 및 末弊도 함께 고려해야 할 것이다.

〈주제어: key words〉: 全家徙邊, 徙民實邊政策, 流刑, 緣坐刑, 除害懲惡, 欽恤精神.

1. 緖　言

經國大典 이후 續大典 편찬 이전에 頒行된 朝鮮 왕조의 法令集인 前後續錄 및 受敎輯錄에는 '全家徙邊(전가사변)' 이라는 독립의 刑律이 적지 않게 등장하고 있다. 특히 新補受敎輯錄에는 상당히 빈번하게 발견된다. 조선왕조 전 기간을 통해 一般刑律로 적용된 明律에 五刑의 하나로 규정되어 있는 流刑과는 별도로, '全家徙邊'이라는 형벌이 續大典에서 완전히 폐지될 때까지 鮮初 이래로 300여 년간 지속되었다는 사실은, 法制史의 관점에서 무척 흥미롭고 주목할 만한 일이라고 생각된다. 특히 조선조 특유의 '全家徙邊'이 세종조에 본격화된 徙民實邊政策을 역사 배경으로 하여 시작된 점은 학문연구의 관심을 더욱 촉발시킨다.

그런데 全家徙邊에 관하여는 몇 편의 徙民政策 연구[1)]가 徙民政策의 일환으로 논의된 犯罪人徙邊을 간략히 언급하는 데 그치고 있다. 또 法制史의 관점에서도 緣坐刑이나 流刑과 관련하여 대략 소개한 두

1) 徙民政策에 관한 연구로는 다음과 같은 것이 있다. 李仁榮, 「李氏朝鮮 世祖때의 北方移民政策」, 韓國滿州關係史의 硏究 所收, 1954. 深谷敏鐵, 「朝鮮世宗祖にねける東北邊疆への第一次の徙民入居について」, 朝鮮學報 第9輯, 1956 ; 第二次, 第14輯, 1959 ; 第三次, 第19輯, 1961 ; 第四次, 第21·22 合併特輯號, 1961. 宋炳基, 「世宗朝의 平安道 移民에 對하여」, 史叢 第8輯, 1963. 李樹健, 「朝鮮 成宗朝의 北方移民政策 (上)」, 亞細亞學報 第7輯, 1970 ; (下), 同 第8輯, 1970. 金錫禧, 「世祖朝의 徙民에 關한 考察」, 釜大史學 第2輯, 1971.

어 편의 글[2)]이 고작이며, 그밖에는 전문 연구가 거의 없는 실정이다.

본 논문은 全家徙邊律이 徙民實邊政策과 관련하여 시작된 朝鮮前期의 역사 배경과 그 변화과정을 고찰하고, 아울러 明律에 없는 이 형벌의 법적 성격 및 이념상 특징을 분석해 보고자 한다. 그러나 全家徙邊律이 세종조부터 영조조까지 300여 년간에 걸쳐 존재한 까닭에, 그 전 과정을 고찰하기란 실로 어려운 문제가 아닐 수 없다. 따라서 역사 고찰은 朝鮮王朝實錄과 諸 法典을 중심으로, 全家徙邊이 徙民實邊政策의 배경 아래서 독자의 刑律로 형성되는 과정 및 그 폐지 과정에 초점을 맞추려 한다.

2. 全家徙邊(전가사변) 개념의 형성

(1) 중국 고대의 徙民實邊 역사

본론으로 들어가기에 앞서, '전 가족을 변방으로 옮긴다'는 의미를 지닌 '全家徙邊' 개념의 歷史的 範疇를 살펴볼 필요가 있다. 中國의 경우 '全家徙邊'이라는 독립된 刑名은 없었던 것 같지만, 그에 상응하는 실질상의 형벌은 없었다고 할 수 없다. 先秦시대는 놔두고라도, 漢代에는 流刑이 없고 '徙'刑이 시행되었다고 한다. '徙'刑은 '遷'이라고도 하며, 나중에 '流徙'로도 불리어졌는데, 요즘 법제사에서는 '徙邊'刑으로 命名하기도 한다.[3)] 彭越이 모반죄로 발각되었는데, 황제가 특별히 사면해 서민으로 만든 뒤 蜀으로 이사시켜 푸른 옷을 입힌

---

2) 金斗憲, 韓國家族制度研究, 서울大學校出版部, 1985, 제4쇄, 151-155면 및 池哲瑚, 「朝鮮前期의 流刑에 관한 研究」, 1984년 서울大學校 法學碩士學位請求論文, 35-7면 참조. 또한 朴秉濠, 韓國의 傳統社會와 法, 서울大學校出版部, 1985, 302면 참조.

3) 沈家本, 漢律摭遺, 권10, 具律2, '遷徙'條 : 歷代刑法考, 鄧經元·駢宇騫 點校, 中華書局, 1985년 제1판, 1562-3면 참조. 또한 肖永清 主編, 中國法制史簡編(上), 山西人民出版社, 1981년 제1판, 231-2면 ; 張晉藩 主編, 中國法制史, 群衆出版社, 1982년 제1판본, 109·153면 및 1991년 제1판본 152-3·194-5면 참조.

이래, '減死徙邊'의 개별 모반사안이 적지 않게 이어졌다.[4]

한편 徙民政策 자체도 秦代에 이미 실시된 적이 있으며, 漢代에 들어와서는 상당한 규모로 시행되었다.[5] 일찍이 한고조가 平城을 평정하고 흉노와 화친을 맺으면서, 婁敬의 건의에 따라 齊·楚의 昭氏·屈氏·景氏·懷氏·田氏의 5姓 大族을 비롯해 제후국의 호걸명가를 무려 10만 명이나 關中으로 이사시켜 전란으로 희소해진 도읍을 충실하게 하고 북방 흉노의 위협에 대비한 적이 있다. 그 뒤로 10여 차례나 계속해서 공신·부자·호걸 집안들을 長陵·茂陵·雲陵·平陵·杜陵 등에 곧잘 이사시킴으로써, 황실을 강화하고 權臣을 약화시키는 彊幹弱支의 통치술을 시행하곤 했다. 그런가 하면, 漢武帝의 고조선 정복 때처럼, 천하의 사형수들한테 대외정복 전쟁에 종군하거나, 기타 중죄수들한테 변방 국경에 주둔하여 성을 쌓고 수비하도록 종용하기도 여러 차례나 계속하였다.[6] 그 가운데, 본인의 意思에 反하여 백성의 거주를 변방으로 옮긴 '徙邊'의 대표 사례로는, 田地가 넓은 朔方之郡의 堅實策으로 재산이 50萬 이상인 豪桀·任俠 및 耐罪 이상인 자를 그 家屬과 함께 옮기도록 伍被가 淮南王安에게 건의한 일을 들 수 있다.[7]

본격적인 徙民實邊政策은 文帝 때 鼂錯(조착)이 邊防의 중요성에 대

4) 沈家本, 漢律摭遺, 권10, 具律2, '遷徙'條 : 歷代刑法考, 中華書局, 1562-3면 참조.

5) 閔斗基, 「前漢의 陵邑徙民策」. 歷史學報 第9輯, 1957, 1-37면에서 이점에 관하여 비교적 자세히 언급하고 있다. 先秦시대의 徙民策은 그 존재여부도 확인하지 못하고 있다. 다만, 左傳 魯 僖公 19년에, "梁伯이 그 나라 (영토)를 확장했으나, (백성을) 채우지 못했다.(梁伯益其國而不能實也.)" 라는 기사가 나오는 걸로 보아, 경험법칙상 先秦시대에도 변방의 영토를 확장해 徙民實邊한 政策은 당연히 시행되었을 걸로 추정된다.

6) 宋 徐天麟 撰, 西漢會要, 권49, 民政4, '徙豪族'條 및 권57, 兵2, '發謫徒'條, 臺灣世界書局, 1981년4판, 499-500면 및 569-570면 참조. 또한 沈家本, 漢律摭遺, 권10, 具律2, '謫戍'條 및 '亡命捕得戍邊'條 : 歷代刑法考, 1564-5면 참조.

7) 史記 卷118, 淮南衡山列傳, 「被曰 : '…朔方之郡, 田地廣, 水草美, 民徙者, 不足以實其地. 臣之愚計, …徙郡國豪桀任俠及有耐罪以上, 赦令除其罪, 產五十萬以上者, **皆徙其家屬朔方之郡**, …'」. 景仁文化社 영인본 774면 右上 참조. (굵은 획의 짙은 글자는 筆者가 강조하기 위해 가한 것임. 이하 같음.)

해, 병사의 1년 교대수비로는 불안하므로, 아예 상주인구를 정착시켜야 한다고 역설하면서 비롯된다. 먼저 집을 짓고 농지와 기구를 장만한 뒤, 죄인을 모집하여 이주시키되, 모자라면 장정 노비나 속죄 받은 노비나 爵位를 받으려고 바치는 노비를 이사시킨다. 그래도 부족하면 백성들 가운데 자원자를 모집해, 높은 爵位를 주고 부역을 면제하며, 의식주를 자급자족할 때까지 나라에서 공급한다는 것이었다.

옛적에는 백성을 먼 곳에 이사시킬 때는, 먼저 그 지역의 음양의 조화를 살피고 샘물의 맛을 보며 토질이 적합한지 살핀다. 그 다음에, 우선 집을 지어 대문을 달고 기물을 비치하여 주거를 마련하고 나서, 의약과 占術을 상비하여 질병을 치료하여 구제케 함으로써, 백성들로 하여금 그곳을 안락하게 여기고 정착하고 싶은 마음이 일도록 세심하게 배려했다고 한다. 그리고 점층적인 행정조직체계를 정비하고, 지형과 민심에 밝은 어진 인재를 선택하여, 평상시에는 활쏘기 등 무술을 연마하고 밖으로 외적에 대응하는 훈련을 반복하면서, 후한 상으로 권장하고 무거운 형벌로 위엄을 보여, 앞에서 쓰러져 죽어도 발걸음을 돌리는 일이 없게 했다고 한다.

그래서 文帝가 그 말을 따라 백성을 모집해 변방에 이사시켰는데, 武帝 때에도 북방에 10만 명을 모집해 이주시켰고(元朔2년: BC127년), 간사하고 교활한 관리나 백성을 변방으로 이사시켰으며(元狩5년: BC118년), 張掖·燉煌郡을 설치해 徙民實邊한(元鼎6년: BC111년) 기록이 있다.[8)]

이러한 徙邊 수비 정책의 기조는 東漢 때에도 그대로 이어진 걸로 보인다.[9)] 특히 後漢 章帝 章和원년(87년)에는, 4월 丙子일 이전 범죄자를 사면하면서, 사형죄는 한 등급 감경해 회초리질 없이 金城으로 이주시키도록 사면령을 내린 적이 있다. 그 당시 사형죄를 범하고 도

---

8) 漢書, 鼂錯傳 및 西漢會要, 권59, 兵4, '雜錄'條, 臺灣 世界書局, 1981년 4판, 596면 참조.

9) 宋 徐天麟 撰, 東漢會要, 권33, 兵中, '募罪徙戍邊'條 및 '徙民實邊'條, 臺灣 世界書局, 1971년 3판, 354-356면 참조.

망 중인 자가 무려 1만 명이나 되었는데, 이들한테만 天恩이 미치지 못함은 불공평하고 안타까우니, 사면 전에 죄를 범하고 사면 후에 붙잡히는 자까지 모두 포함시켜, 인명도 살리고 변방 수비도 보탬이 되자고 廷尉인 郭躬이 건의하여, 그대로 시행되기도 했다.[10)]

특히 흥미로운 사건으로는, 황제의 명으로 한번 폐지한 陵邑徙民을 집요하게 주장한 陳湯을 大不敬罪로 파직하여 '徙邊'시킨 일이 漢代에 있었다.[11)] 後漢代에는 孝安帝가 祆言으로 '徙邊'되었던 자들을 각자의 고향으로 돌려보냈으며,[12)] 靈帝 光和2년(서기 179년)에는 段熲(단경)을 鴆毒(짐독)으로 사형에 처하고 그 家屬을 '徙邊'시켰다가 후에 伸寃하여 本郡에 돌려보냈다[13)]는 기록도 보인다. 그 후로 魏나라의 高祖도 法과 刑에 관심을 많이 가졌는데, 즉위 8년에 刑獄을 긍휼히 여겨 천여 명의 死囚를 감형하여 '徙邊'시켰으며,[14)] 또한 唐 太宗은 14년에 流罪에 해당하는 罪囚를 거리의 원근에 관계없이 모두 要害로운 변방에 옮겨 범죄자를 점차 줄어들게 하고, 16년에는 死囚를 감형하여 서쪽 변방을 堅實케 하였다[15)]고 한다.

여기에서 우리는, 비록 단편이긴 하나 중국의 경우도 死刑에 해당하는 범죄인을 감형하거나 또는 流刑에 해당하는 罪囚까지도 '徙邊'

---

10) 後漢書, 권46, 郭躬傳 및 東漢會要, 권35, 刑法上, '卹刑'條, 臺灣 世界書局, 1971년 3판, 380면 참조.

11) 漢書 卷70, 傅常鄭甘陳段傳, 「…免湯爲庶人, **徙邊**.」 景仁文化社 영인본 758면 右下 참조. 陳湯의 徙邊은 元帝때 세운 郅支單于 토벌의 功으로 특별히 減刑된 것인데, 바로 똑같은 이유에서 변방의 반란을 염려하여 徙地를 처음 정한 敦煌에서 安定으로 옮긴 점은 흥미로운 사실이다.

12) 後漢書 卷5, 孝安帝紀, 4年 2月 乙亥條 「詔 : 自建初以來, 諸祆言它過坐**徙邊**者, 各歸本郡.」 景仁文化社 영인본 54면 左下 참조.

13) 後漢書 卷65, 段熲傳, 「(熲) 遂飮鴆死 , **家屬徙邊**. 後…追訟熲功, 靈帝詔熲妻子還本郡.」 景仁文化社 영인본 540면 右下 참조.

14) 魏書 卷111, 刑罰志. 「(高祖 太和) 至八年, 帝哀矜庶獄, 至於奏讞, 卒從降恕, **全命徙邊**, 歲以千計.」 景仁文化社 영인본 736면 左上 참조.

15) 新唐書 卷 56, 刑法志. 「(太宗) 十四年, …詔 : 流罪無遠近, **皆徙邊要州**, 後犯者寖少. 十六年, 又**徙死罪, 以實西州**, …」 景仁文化社 영인본(上) 366면 右上 참조.

시킨 史實이 있으며, 개중에는 實邊이나 나아가 懲惡의 目的性까지 지닌 경우도 있음을 확인할 수 있다. 역사비평의 관점에서는, 한편으로는 '恤刑'의 美名으로 仁政을 널리 선양하고, 다른 한편으로는 급박한 邊防의 군사수요에 부응하며, 때로는 통치권에 위험이나 불안을 조성할 수 있는 요주의 인물들을 멀리 배제하는 통치술까지 종합 기능을 발휘했다고 보인다.[16] 그러나 여하튼 용어나 개념상으로는 '全家徙邊'의 형식까지 등장하지는 않지만, '徙邊'의 대상 범위가 실질상 家屬을 단위로 했다는 점은 주목할 만하다.[17]

(2) 朝鮮의 '全家徙邊' 개념과 종류

그러면 朝鮮은 어떠한가? 朝鮮의 경우 역사상 徙民實邊政策 자체를 배경으로 출발하고 있으므로, 먼저 '徙邊'의 종류를 알아보는 것이 全家徙邊의 이해에 퍽 유익할 것이다.[18]

徙邊은 크게 '募民徙邊'과 '勒令(륵령)徙邊', 그리고 '犯罪徙邊'의 세

---

16) 肖永淸 主編, 中國法制史簡編(上), 山西人民出版社, 1981년 제1판, 219-220면 참조.

17) 閔斗基, 앞의 논문, 8-9면 참조. 이러한 실질성에도 불구하고 全家徙邊律을 朝鮮에 '特有한' 것으로 규정하는 까닭은, 중국의 경우 全家徙邊이 刑律로 一般化되지 못했을 뿐만 아니라, '全家徙邊'의 개념이나 용어조차도 형성되지 못한 것으로 보이기 때문이다.

18) 이른바 '徙民政策'에 관한 역사학의 기존 연구는, 보통 개별의 한 王代를 대상으로 하여, '移民'이니 '徙民入居'니 '徙民' 등의 다양한 개념을 사용하고 있다. 그런데 '移民'은 현대의 개념과 혼동될 소지가 있으며, '徙民入居'는 세종대에 국한되어 지나치게 특정된 역사시기라는 인상을 준다. 그리고 '徙民'이라는 개념은 비교적 무난한 일반개념으로 보이나, 너무 광범하여 조선초기의 역사 배경을 특정하지 못하는 감이 있다. 이에 필자는 鮮初 '徙民'의 주목적이 '實邊'에 있었던 점을 고려하여, '徙民實邊'의 축약형으로서 '徙邊'이라는 일반화된 개념을 쓰기로 한다. 世宗 25년 6월 5일 戊子條 (國史編纂委員會 編 朝鮮王朝實錄 영인본 제4책 481면 오른쪽 위. 이하 '4-481 右上' 방식으로 표기하기로 함). 「…且於國家**徙民實邊之策**, 庶爲兩全.」 및 中宗 25년 5월 12일 辛丑條(17-219右下) 「上曰 : …此逃之易, 而撫之難也. 守令若不能各別爲之, 則**徙民實邊之意**, 安在乎?」 참조. 世宗朝에 주로 사용된 '入居'와의 관계는 뒤에 언급함.

형태로 분류할 수 있다. 募民徙邊이란 자원자를 모집하여, 鄕驛吏의 경우 그 役을 면제해 주고, 賤民은 放良하며(私賤의 경우에는 本主人에게 公賤으로 代給함), 良民에겐 土官職을 수여하는 혜택을 주는데,[19] '自願入居' 또는 '應募入居' 등으로도 표현되었다. 漢代의 募民入塞之法을 본받은 듯한[20] 募民徙邊은 세종과 세조 때에 계속 시행되었다.[21] 그러나 부역을 면제받기 위해 응모한 徙民의 대부분이 빈궁한 자들로, 새로운 거친 환경에 적응하지 못해 정책 자체에 큰 도움을 못 주는 형편이었다. 게다가, 마침내 성종조에 이르러서는 募民에 부여하는 많은 특혜가 실질상 형평에 어긋날 뿐 아니라, 국가의 財用에 긴요한 公賤의 身貢을 함부로 감축할 수 없다는 반론이 거세어져, 이미 應募한 公賤을 제외하고는 募民徙邊을 사실상 정지하기에 이르렀다.[22]

勒令徙邊은 주로 下三道의 諸邑軍士 및 양민·鄕戶 중에서, 壯丁 셋 이상의 富實한 戶를 抄定하여 북방에 강제로 이주시키는 것이다. 徙邊에 관한 기왕의 연구가 주로 이를 대상으로, 그 필요성·방법 및 存恤(사후 정착 대책) 등에 대해 비교적 상세히 언급하고 있다.[23] 이 勒令徙邊은 중종조에 몇 차례 시도되다가 사실상 폐지되었는데, 성종조까지는 명실상부하게 徙邊政策의 주종을 이루었다.

세 번째로, 본 연구의 주 대상이 되는 犯罪徙邊은, 평민의 강제입거에서 말미암는 백성의 원성을 덜어 보자는 의도에서 건의되어, 세종조부터 勒令徙邊에 보충해 시행되다가, 중종조부터는 주로 '作罪入

---

19) 世宗 15년 11월 21일 庚子條 (3-527 右上).

20) 成宗 14년 12월 20일 己卯條 (10-533 左下). 閔斗基, 앞의 논문 5면에도 陵邑徙民의 경우이긴 하지만 '募民'의 사례가 열거되고 있다.

21) 世宗 18년 5월 16일 辛巳條 (3-676 左下) 「司憲府上疏曰 : …國家於北鄙, 新設鎭邑, **募民徙居, 以實邊圉**, 此萬世之大計也.」 및 世祖 6년 6월 14일 戊午條 (7-402 左上) 등 참조.

22) 成宗 15년 정월 4일 壬辰條 (10-556 右上) 및 成宗 22년 10월 17일 庚申條 (12-103 左上) 참조.

23) 그 구체 내용은 앞의 註1)에 소개된 논문들을 참조 바람.

居'라는 명칭으로 대체되어 徙民實邊 논의의 중심을 이루게 된다.

이제 '全家徙邊'과 함께 法典에 가끔 등장하는 '全家入居'[24]의 유래에 대해 살펴보자. 徙邊정책 시행 초기 단계인 세종조에는 '全家徙邊'이라는 용어는 등장하지 않으며,[25] '全家入居'라는 용어만 범죄인 사변과 함께 사용되고 있다. 이는 '入居'라는 용어에 거의 전적으로 의존한 세종조의 필연적 귀결이다. 세종조에도 '徙邊'이라는 개념이 전혀 등장하지 않는 것은 아니지만,[26] 본격 등장은 문종조에 비롯되는 것으로 보인다.[27] 세조조부터는 '徙邊'에 밀려 오히려 '入居'가 거의 자취를 감추게 되는데, 중종조에 다시 약간 혼용되고 있는 사실은 무척 흥미롭다. 여기서 우리는 개념의 역사적 범주성을 확인할 수 있는데, 용어가 지니고 있는 사회적 의미를 살펴봄으로써 그 변화의 성격을 추측해 볼 수 있지 않을까 한다.

주지하듯이, 영토확장정책은 新羅가 삼국을 통일한 이래 高麗朝에도 계속되었다.[28] 朝鮮朝에 들어와서는 함경도가 基業地로 중시되면서, 태조 때에 이미 孔州에 慶源府를 설치하였다가, 태종 때에 蘇多老로 옮기게 된다. 그 후 태종 10년(1410)에 防備의 잘못으로 富居站까지 후퇴해, 옛 慶源府 자리가 잡초만 무성해져 胡人의 수렵장으로 짓밟힘을 세종이 늘 마음 아파한 것을 보면,[29] 이른바 六鎭을 설치하여 본격 入居策을 시행하기 전에는 그 땅이 현실로 野人의 지배 아래

---

24) 大典續錄 刑典 公賤條, 後續錄 刑典 雜令條 및 受敎輯錄 兵典 軍制條 등 참조.

25) 구체 지방을 들어 사용한 경우는 있다. 世宗 17년 7월 26일 乙未條「各官鄕吏·監考等, 與土豪相應, 隱漏富戶, 抄定殘戶者, 依律決杖, **全家徙于會寧·慶源等處**, 永屬服役.」

26) 世宗 23년 3월 13일 庚戌條 (4-337 左上)「…**徙邊之民**, 幾至數萬, 而畜積不足, 飛輓實難.」

27) 文宗 원년 4월 17일 乙酉條 (6-376 右下)「…去年冬, 申明 冒禁者, **徙邊之法**.」 및 같은 해 7월 24일 庚申條 (6-414 右上)「…請**全家入居**于平安道邊邑.」

28) 李仁榮, 앞의 논문 140-141 면 및 宋炳基, 앞의 논문 14-17면 참조.

29) 世宗 15년 11월 21일 庚子條 (3-527 左上 · 右下) 참조.

있었던 것은 틀림없는 사실이다. 따라서 조선과 만주족의 끊임없는 긴장관계는 세종의 영토확장정책과 결코 무관할 수 없었다. 여하튼 新設鎭에 대한 領有權 의식은 세종의 다음 말에 잘 표현되어 있다.

> "…저번에 咸吉道 疆域의 경계가 혹은 龍城·鏡城, 혹은 鐵嶺이어야 한다고 의론이 분분했으나, 祖宗께서 이미 정하신 강역을 가벼이 포기할 수 없으며, 또한 강역을 축소하면 野賊이 따라 침범해 와 한갓 무익할 뿐이어서, 옛 성을 지키는 게 낫겠다고 생각했다. 또한 고려 말에도 咸吉道 강역의 경계가 혹은 龍城, 혹은 鏡城이었는데, 野賊들이 날로 방자해져 이곳을 侵虐한 까닭에 그러한 것이었다.…"[30)]

여기서 우리는, 현실로 野人의 지배 아래 있던 땅에 대해 세종이 강한 영유권 의식을 가졌으며, 영토확장 정책의 역사적 정당성 및 당위성도 굳게 확신하고 있었음을 알 수 있다. 자기의 영역을 '전제'로 당연히 '들어가 살게 한다'는 의미를 지니는 것으로 보이는 '入居'라는 구체 개념은, 정당한 영유권에 대한 당위(Sollen)의식이 현실(Sein)의 지배의식과 아직 충돌하고 있던 초기 단계의 언어표현으로 보인다.

그러던 것이 세종조의 성공적인 徙民實邊정책 수행에 힘입어 영역의 현실 지배가 정당한 영유권의식을 뒷받침해 주게 되자, 바로 다음 왕인 문종조에는 '당연한' 자기 영토의 '변방에 옮기다'는 의미의 '徙邊'이라는 일반추상 개념이 등장하여 그 지위를 대체한 것으로 볼 수 있지 않을까?! 따라서, 方向性을 나타내는 특정 지역명이 결여되어 불완전한 구체 개념인 '全家入居(于○○)'가, '全家徙邊'이라는 추상화된 완전한 개념에 섞여 계속 나타난 까닭도, 이러한 역사 과정을 살펴보면 그런대로 이해될 수 있을 것이다.

전 가족을 변방에 옮긴다는 의미의 개념이 '全家入居'에서 '全家徙邊'으로 변화하는 과정에, 희소하지만 몇 개의 다른 용어가 보인다. 入居보다 더 구체로 옮겨 보내는 '행위' 자체에 비중이 두어진 듯한

---

30) 世宗 18년 10월 16일 戊寅條 (4-35 右下).

‘全家入送’[31]이 있고, 全家徙邊의 流刑으로서의 성격을 부각한 듯한 ‘全家定配’[32]가 있다. 그리고 戶口의 편제방식과 어떤 연관이 있는지는 확실하지 않지만, 용어 변화의 과도기를 대변이라도 하듯이, ‘合戶徙邊’과 ‘合戶入居’라는 흥미로운 용어도 문종조에 보이고 있다.[33] 이외에도 ‘擧家入居’와 ‘闔家徙邊’이라는 용어가 보이지만, 이러한 다양한 표현은 뜻글자인 漢字의 특성에 말미암은 것으로 의미상에 있어 전혀 차이가 없다고 생각된다.[34] (‘合’·‘擧’·‘闔’은 모두 ‘全’體의 의미임.)

이러한 용어상의 변천을 보여 온 ‘全家徙邊’은 마침내 독립의 刑律로 발전하면서 그 개념도 고도로 일반화된다. 즉, 명종조 이후에는 특정한 범법행위를 ‘全家徙邊之罪’나 ‘全家徙邊之類’로 규정하며, 이러한 행위에 ‘全家徙邊之律’ 또는 ‘全家徙邊之法’의 적용을 논의하는 일이 적지 않게 등장한다. 그리고 이러한 경향은 마침내 ‘徙邊之法’, ‘徙邊之律’ 또는 ‘全家之律’ 같은 축약 용어까지 탄생시키고 있다.[35]

---

31) 世宗 24년 정월 14일 丙子條 (4-392 右下)「咸吉道各官, 入居人逃亡者, 請令所在守令推究, 幷容匿者, **全家入送**…」; 中宗 10년 9월 17일 庚子條 (15-108 左上) 「刑曹罪囚麻山, **全家入送于文川**, 久矣.」

32) 顯宗 14년 11월 1일 辛丑條 (36-567 右下)「命定老人及女人**全家定配之法**. 刑曹判書李慶億曰 : ‘漏籍之類, 皆**依律全家定配**, 年七十者及女人, 無定配之法, 宜只收贖.’」; 承政院日記 第450冊, 肅宗 35年 8月 20日 戊午條 (24-346左上)「…色吏朴枝昌… 嚴刑一次, 監司用搆陷土主之律, **全家定配於鐵山**, …」

33) 文宗 즉위년 7월 18일 庚申條 (6-259 左下)「…順天人安克守, 恨府使因事鞭撻, 謀欲報復, 非自己寃抑, …告訴, 雖經赦宥, 不可論治, 請**合戶徙邊**, 以警其餘.」; 같은 날 (6-260 左下)「…乞自今如前, 侵害以致流亡者, 按律科斷, **合戶入居沿邊**.」

34) 中宗 9년 10월 20일 乙酉條 (15-36 左下)「近觀**全家入居之罪**, 比古爲多. 非如徒流之或還, 是亞於死罪. 以一人之罪, **擧家入居**, 豈不重哉?」; 中宗 21년 2월 14일 丁卯條 (16-498 右下)「凡此雖皆有罪之人, 然**闔家徙邊**, 其爲寃枉, 豈少哉?」

35) 中宗 23년 6월 10일 庚戌條 (16-676 左上)「… 如此之人, 雖被杖罪, 有何懲戒, 罪之以**全家徙邊之律**, 何如?」; 같은 달 14일 甲寅條「若崔得生事, 則其時, 刑曹不得已, **以徙邊之律照之**.」; 中宗 36년 7월 13일 丁酉條,「近者, 齎銀赴京, 非買賣所現捉者, **全家徙邊之法**, 已署經, 當行用.」; 明宗 9년 6월 3일 壬申條 (20-204 右上)「… 故愚民等, 怯於**全家徙邊之罪**, …」; 明宗 15年 6월 1일 丙申條「**豈敢濫用全家之律乎**? … 不合**全家之罪**, 而敢欲**以全家罪之**, 是乃低昂其律也.」; 肅宗 10년 7월 11일 乙亥條 (38-695 右下)「… 若於三逃後, 始加一律, 則

끝으로 徙邊의 지역성 문제를 간단히 언급해 보자. 犯罪徙邊도 徙邊정책의 일환으로 추진된 까닭에, 勒令徙邊의 경우처럼 下三道에서 백성을 抄定하여 兩界지방과 황해도에 入居시키는 것이 상례였다. 특히 개별 범죄자의 경우, 평안도와 함경도의 극변에 옮기는 사례가 많았다.[36] 그러나 兩界지방은 차치하고라도, 해당 범죄가 下三道에만 있고 다른 지방에는 내내 없으리라고 보기는 경험법칙상 어렵다. 下三道가 인구나 경제력 면에서 가장 富實하여 朝鮮의 근간으로 인식된 까닭에, 거의 관행처럼 徙民抄定의 대상이 되어 온 점은 어느 정도 수긍할 수 있다. 하지만 중종조 중엽에야 지역간의 불공평성이 합리성 있게 제기되었다는 사실은 좀 때늦은 감이 없지 않다. 下三道民에게 조정이 불신 받게 될 거라는 이유에서 제기된 이의는 곧 받아들여져, 兩界를 제외한 六道로 초정의 대상지역이 확대되게 된다.[37]

또한 京中의 各司 書吏輩도, 外方鄕吏와 마찬가지로 죄를 짓는 경우에는 全家徙邊에 처해야한다는 지적이 뒤늦게 나왔으나,[38] 얼마나 공정하게 실효성을 발휘했는지는 미지수다.[39] 徙民의 주 대상지였던 兩界와 황해도도 徙邊律로부터 완전히 자유로운 것은 아니었다. 入居徙民의 도망은 徙民 자체만큼이나 대규모로 꾸준히 지속되었는데, 원래의 고향으로 돌아오기도 하지만, 극변지방에서 조금 남하하는데 그치는 경우도 많았다. 일시 부역을 피하기 위해 서로 맞바꾸어 이사한 永安道(성종조의 함경도 명칭) 五鎭民이나 또는 流移한 五鎭民을 許接한 永安南道民을 신설 美錢鎭에 徙居시키자는 논의가 종종 있었다.[40] 또

徙邊之法, 亦歸太歇. **更申徙邊之法**, 勿干赦宥. … **徙邊之**類, 切勿擧論於赦宥.」; 肅宗 36年 12月 11日 辛未條, 「**全家徙邊之類**, 多至一千二百六十餘人.」

36) 전가사변 죄인에 대한 정배지 문제는 현종과 숙종 초에 거듭 강조되고 있다. 受教輯錄 兵典 徙民條 참조.

37) 中宗 19년 8월 24일 丙辰條 (16-334 右上·左上).

38) 中宗 23년 7월 3일 壬申條 (17-2 左上).

39) 中宗 36년 6월 1일 丙辰條 (18-468 下)에 임금이 사헌부의 죄수명단을 보고, 이전에 내린 受教를 상기시키며 재차 申明하는 기사가 있다.

한 중종 말엽에는 平安道 流移民을 許接한 황해도 1,300여 戶에 대한 徙邊논의가 있었는데, 극심한 가뭄 등을 이유로 정지되기도 했다. 徙民 대상지와 관련하여 특기할 만한 용어에 '海外入居'가 보이는데, 여기에 대해서는 流刑으로서 全家徙邊을 논의할 때 언급하기로 한다.

이상에서 '全家徙邊' 개념의 언저리를 검토해 보았다. 論題에서 구태여 '全家徙邊律'이라는 용어를 채택한 나름대로의 이유도 대강은 밝혀졌으리라 믿는다. 이상의 개념 주변에 대한 검토를 바탕으로 이제 본론에 들어가기로 하자.

3. 全家徙邊律의 역사상 전개

앞서도 이미 지적하였듯이, 300년이 넘는 全家徙邊律의 역사 전개 과정을 고찰하기란 결코 쉬운 일일 수 없다. 이토록 긴 과정을 하나의 전체로 윤곽짓는다는 것은 더욱 곤란한 작업임에 틀림없다. 그렇다고 엄밀하고 객관성 있는 기준에 근거해야 할 時期區分 또한 섣불리 시도될 수 있는 성질이 아니다. 그럼에도 불구하고, 연구를 진전시키기 위해서는 부득이 피상적인 기준에 입각하여서라도 짐짓 時期를 구분해 볼 필요가 있을 것이다. 물론 이러한 시도는 전가사변이 독자의 刑律로 확립되는 과정 및 소멸하는 과정에 초점을 맞추려는 本稿의 의도에도 제법 효율적이리라고 본다.

필자는 전 과정을 네 時期로 구분해 보고자 한다. 우선 제1기는 '徙民實邊'이라는 역사 배경 아래서 '入居'라는 개념으로 처음 등장한 全家徙邊이 사변정책을 輔從하는 方便으로 시행된 세종조부터 성종조까지로 잡는다. 이 시기에는, 앞서 언급한 것처럼 募民徙邊도 시도되었지만, 勒令徙邊이 사변정책의 중심을 이룬 점이 특색이다. 제2기는

40) 成宗 15년 정월 10일 戊戌條 (10-559) ; 같은 달 21일 己酉條 (10-561 右下) ; 成宗 19년 4월 5일 戊戌條 (11-323下) 참조.

연산군조와 중종조로 한정되는데, 사변정책의 전담기구인 入居廳이 등장하는 점과 함께, 결과론의 이야기이지만 범죄인에 대한 전가사변이 사변정책 논의의 중심에서 주도 지위를 차지한 게 특징이다.

명종조 이후에는 고도로 일반화된 '全家徙邊之律' 등의 개념이 등장함과 아울러, 다량의 全家徙邊 罪目이 영조초까지 지속 受敎되고 있는데, 이 시기를 제3기로 설정한다. 이 시기에 徙民實邊 논의 자체가 거의 발견되지 않는다는 사실은, 전가사변이 이미 독립 刑律化의 길에 접어들었음을 반영해 준다고 볼 수 있다. 마지막으로 제4기는 전가사변의 폐지기를 의미한다. 제4기의 시간 범주가 제3기의 뒷부분과 다소 겹치는 것은, 계속되는 새로운 사회 갈등을 전가사변률로 규정하는 과정에서, 이미 과중해졌다고 인식된 기왕의 條目들을 숙종조에 세 차례에 걸쳐 酌量減刑했는데, 이러한 논의를 폐지의 前哨로서 언급하기 때문일 것이다.

그리고 經國大典 이후의 受敎가 성종23년(1492年)에 大典續錄으로, 다시 그 후의 受敎가 중종38년(1543年)에 大典後續錄으로 편찬된 사실을 보면, 本稿가 假設하는 時期區分이 우연히도 法典資料의 외형 분류와 일치되고 있어 매우 흥미롭다. 즉, 법전자료를 기준으로 한다면, 제1기는 經國大典과 大典續錄, 제2기는 大典後續錄, 제3기는 숙종조의 受敎輯錄과 영조조의 新補受敎輯錄, 그리고 제4기는 續大典에 각각 해당한다고 볼 수 있다.

(1) 徙邊政策 輔從期

全家徙邊의 역사 성격은 '徙民實邊'과 '除害懲惡'의 두 가지로 규정할 수 있다.[41] 바로 이러한 성격은 전가사변이 徙民實邊 정책과 밀접

---

41) 世宗 30년 5월 12일 丙申條 (5-68 左上) 「河演·皇甫仁曰 : (犯罪 : 필자보충) 入居, **所以固邊, 亦以懲惡**, 不可停也.」; 中宗 21년 2월 14일 丁卯條 (16-498 右下) **「今之犯罪入居, 爲除害實邊也.」**; 中宗 38년 10월 18일 己丑 (實錄에는 乙丑으로 잘못 표기되어 있으나 전후 干支를 살펴 바로잡음 : 필자) 條 (19-17 右下)

히 관련되어 있음을 보여준다.

① 世宗朝

실제로 범죄인에 대한 入居는, 평민들의 강제입거에서 야기되는 극심한 원성의 폐단을 줄여 보자는 의도에서, 사변정책을 본격 시행하던 초기부터 논의되고 있다. 평안도 인구가 희소해진 데 대한 사변정책을 거론한 자리에서, 右議政 孟思誠이 唐 太宗때의 史實을 들어 건의하였다. 물론 대부분의 일이 그러하듯이, 첫 논의에서 선뜻 채택되지는 못했다.[42] 그러다가 세종조 중엽 제주도에 牛馬盜殺을 생업으로 삼는 자가 부쩍 많아지면서, 이들을 모두 육지로 끌어내어 私賤은 주민에게 돌려주고, 평민과 公賤은 땅이 넓고 인구가 적은 평안도 해변에 옮기기로 논의하게 된다.[43] 나라의 세 가지 보배 중의 둘이라고 일컬어진 소와 말[44]을 盜殺한 죄인 중, 初犯은 특별히 분별 처리하여야 할 당시 상황으로 보면, 평안도 입거가 결코 우연하거나 가벼운 논의가 아니었음을 짐작할 수 있다. 그런데 남해를 건너오는 도중에 풍랑으로 익사하고 표류하는 사태가 발생하였으며, 게다가 이미 육지에 건너온 사람도 시기상으로 失農할 우려가 있어서, 각기 현재의 위치에 정착시켜야 했다.[45] 牛馬盜殺者에 대한 입거논의는 육지로 나온 두 해 뒤에 본토귀환을 논의할 정도로 실패작에 그쳤지만, 어쨌든 家長의 죄로 妻子까지 포함한 擧家가 육지로 나온 遷徙 행렬[46]은 실질상 全家徙邊의 시도라고 보아도 좋을 것이다. 바로 이어 吉州·鏡城

「諫院啓曰 : **作罪入居之擧, 一爲懲惡, 一爲實邊.**」

42) 世宗 11년 8월 21일 乙未條 (3-195 左上).

43) 世宗 16년 6월 14일 己未條 (3-572 右上).

44) 世祖 6년 5월 13일 戊子條 (7-395 右上)「傳旨議政府曰 : 國寶有三. 馬也, 牛也, 黑角也.」농경사회에서 소와 말이 이처럼 중시된 것을 보면, 중국 고대의 肉食 열거에 牛馬가 포함되지 않은 사실은 지극히 당연하게 여겨진다. 孟子 梁惠王 上에「**鷄豚狗彘之畜**, 無失其時, 七十者可以食肉矣.」라는 구절이 대표임.

45) 世宗 17년 3월 12일 甲申條 (3-618 左上·右下).

46) 世宗 18년 6월 20일 乙卯條 (3-687 右下) ; 同 23일 戊午條 (3-687 左下).

徙民때에 土豪와 상통하여 富戶를 누락시키고 殘戶를 초정한 향리·監考 등을 會寧과 慶源 등지에 全家徙居시킨 것은,[47] 이미 세종 중엽에 범죄인의 전가사변이 시작되었음을 말해 준다. 이러한 사실은 이듬해에 세종이 처자와 함께 평안도와 함길도에 옮겨진 범죄인들의 사후 정착 대책을 각별히 신칙하고 있는 것을 보아도 알 수 있다.[48]

그러나 전가사변률의 시행은 아무래도 流亡人을 許接한 戶首의 처벌과 함께 본격화된 것으로 보아야 할 것 같다. 세종 20년에 들어 避役하려고 流亡移徙한 各道의 평민과 公私賤을 전면 추쇄하게 되었다. 그 과정에서 그 실효성을 거두기 위해, 流亡人을 받아 준 戶首를 평안도에 전가입거시키도록 논의한 데[49] 이어, 곧 閭延·義州 등 평안도 변방 관아의 도망인물을 허접한 戶首도 입거시키기로 의결하게 된다.[50] 마침내 입거인물 추쇄 문제와 때를 같이하여, 入居人 도망자를 허접한 사람에 대한 全家入居는 부동의 法이 되었다.[51] 이후로도 徙民入居와 함께 元居流移民 및 입거도망인의 추쇄가 논의될 적마다, 그 許接戶首에 대한 전가입거는 빠짐없이 거론되고 있다.[52] 입거도망자의 허접인에 대한 이러한 전가입거 논의에서 우리는, 범죄사변이 그 자체 '徙民實邊'의 '목적성'을 가질 뿐 아니라, 그러한 '徙民實邊'이라는 역사 과업을 효율성 있게 보장하려는 강력한 '수단성'도 함께 지니고 있다는 사실을 알 수 있다.

徙民入居의 부정 측면은, '떠나가는 자도 죽으러 가는 것 같고, 보내는 자도 장례를 치르는 것 같다.'는 평어에 잘 함축되어 있다. 그래

---

47) 世宗 17년 7월 26일 乙未條 (3-644 右上).

48) 世宗 18년 11월 17일 戊申條 (4-41 左上).

49) 世宗 20년 2월 1일 乙卯條 (4-130 上).

50) 世宗 20년 4월 4일 丁巳條 (4-139 左上).

51) 世宗 24년 정월 14일 丙子條 (4-392 右下) ; 같은 해 4월 29일 乙未條 (4-408 左下, 409 右上).

52) 世宗 24년 11월 20일 丙子條 (4-444 上) ; 25년 4월 14일 己亥條 (4-470 右上) ; 26년 7월 14일 辛酉條 (4-570 右上).

서 入居를 피하려고 자신의 팔뚝을 자르거나,[53] 심지어 人丁을 줄여 徙邊抄定을 모면하고자 아들까지 때려죽이려던[54] 극단의 사건까지 생겨났다. 뿐만 아니라, 고향 떠나 고생 막심한 백성들의 원망이 和氣를 해쳐 天災地變이 발생하는 것으로 인식하고, 徙民入居의 정지를 상소하는[55] 대신들의 심리의식에서도 단적으로 드러난다. 富實한 戶는 매년 입거되고 빈궁한 백성마저 入居를 두려워하여 모두 率丁을 分家시키기 때문에, 人力의 미약으로 농업생산력이 저하된다는 지적[56]이 사실로 받아들여지는 것은 오히려 당연하다. 따라서 입거인의 도망은 필연의 추세여서, 세종 말년에는 평안도만 元居人을 포함한 입거인 도망자 수가 무려 13,440여 명에 이른다고 보고되고 있다.[57]

항상 徙民實邊의 한 중요한 원인 및 배경이 되어 온 兩界人物의 流亡은, 형평의 원칙과 사변정책의 실효성을 위해서도 끊임없는 도망인물 추쇄를 거론하게 한다. 도망자에 대한 고효율의 방책이 없는 徙民入居는 한갓 '밑 빠진 독에 물 붓기'일 따름이기 때문이다. 이러한 논거로 말미암아, 全家徙邊律은 도망인물 허접자를 매개로 자기 목적성을 확보하기 위한 자기 수단성을 보유하게 된다.

세종조의 全家入居 논의에 비중 있게 등장하는 문제로 奸吏의 稅糧 횡령과 喪中犯奸을 더 들 수 있다. 書員이나 色吏의 농간은 貢法 시행 이후에 특히 두드러졌다. 가뭄 등으로 흉작이 들어 작황을 踏驗할 때 私情에 의해 허위로 加減한다든지,[58] 田地를 조사함에 耕田을

---

53) 世宗 19년 정월 6일 丙申條 (4-48 左下).

54) 成宗 15년 2월 19일 丙子條 (10-570 左下·571 右上) ; 같은 달 23일 庚辰條 (10-571 左上).

55) 世宗 28년 4월 30일 丁卯條 (4-667 右下); 같은 해 5월 3일 庚午條 (4-669 右下).

56) 世宗 25년 4월 8일 癸巳條 (4-469 右上).

57) 世宗 31년 8월 27일 甲戌條 (5-144 左下) ; 世宗 25년 6월 5일 戊子條 (4-481 左上)의 記事에는, 각 도에서 '추쇄한' 流移民의 수만 1만 3천여 명이라고 보고되고 있다.

58) 世宗 24년 6월 1일 庚寅條 (4-412 左上).

陳田으로 허위 기재하여 田結數를 속이고 그 田稅를 盜用하는[59] 경우가 대표다. 이러한 奸吏가 요행히 赦宥의 恩典을 입어 겨우 전가입거하는 데 그치고 있으며,[60] 田稅횡령죄로 兩界入居하게 된 人吏들이 억울함을 호소하기 위해 거듭 擊鼓하여, 罪狀分揀을 하명할[61] 정도였다. 이러한 기록은, 국가재정의 근간인 田稅를 둘러싼 긴장관계가 전가입거 논의를 지속시키기에 충분한 요인이었음을 말해 준다.

또한 國喪 또는 父喪 중에 발생한 세종조 말엽의 각종 간음사건에 대한 일련의 全家徙邊 조치[62]는 개국 초기의 儒教 紀綱 확립과 風俗教化에 쏟은 조선왕조의 지대한 열정을 단적으로 보여주고 있다.

이밖에 전가입거 논의의 대상이 된 것으로는, 判官을 집단 구타한 謀叛사건의 隨從者에 대한 감형논의[63]와 奴婢의 쟁송에 가담한 誣證者의 처벌[64], 그리고 평양에서 집단 탈옥한 大成山賊의 捕告에 신칙된 도적 窩主(와주: 도적을 숨겨준 자)에 대한 처벌[65] 등이 있다.

세종을 이은 문종은 사민입거정책 자체를 신중히 유보하다가[66] 짧은 재위기간을 마쳤기 때문에, 특별히 거론할 만한 것은 없다. 다만, 세종 때 논의한 적이 있는[67] 丁錢不納僧에 대한 전가입거는,[68] 조선조의 抑佛政策과 관련하여 지적될 수 있을 것이다.

---

59) 世宗 27년 7월 24일 丙申條 (4-630 右上) 기사에 의하면, 탄로(綻露)한 액수만도 수백 섬이 되었다고 한다.

60) 世宗 28년 4월 12일 己酉條 (4-665 右下) 「…多年欺隱官糧, 罪惡深重, 幸蒙赦宥, 僅得入居.」

61) 世宗 27년 10월 25일 乙丑條 (4-642 左上).

62) 世宗 28년 9월 7일 壬申條 (4-700 上) 및 29년 2월 19일 辛亥條 (5-7 右上) ; 윤 4월 15일 丙子條 (5-18 左下 · 19 右上) ; 8월 2일 辛酉條 (5-32 右上) 참조.

63) 世宗 20년 5월 26일 乙亥條 (4-559 左上).

64) 世宗 29년 4월 5일 丙申條 (5-15 右上).

65) 世宗 29년 3월 19일 辛巳條 및 21일 癸未條 (5-10).

66) 文宗 원년 2월 13일 壬午條 (6-358 右下).

67) 世宗 27년 7월 15일 丁亥條 (4-626 上).

68) 文宗 원년 4월 15일 癸未條 및 17일 乙酉條 (6-376).

② 世祖朝

세종조의 '全家入居'라는 구체 용어 대신에 일반 추상화된 '全家徙邊'이 쓰이게 된 것을 제외하면, 세조의 범죄인 사변정책 자체도 그리 큰 변화를 보이지는 않는다. 다만, 범죄인 사변 논의에 등장하는 몇 가지 구체 조목이 언급될 만하다.

우선, 勒令徙邊의 徙民抄定 단계에서 富實戶를 누락시키고 貧弱戶를 초정하는 奸吏의 전가사변을 徙民敬差官에게 거듭 申明하고 있다.[69] 막심한 원성을 사면서까지 굳이 勒令徙邊을 강행하는 유일한 이유는, 사변 본래의 목적을 달성하기 위해 富實戶를 抄定하려는 데 있었다. 따라서 초정단계의 공정성과 엄밀성은 사변 자체의 성패를 좌우한다고 해도 과언이 아니다. 사민초정 奸吏에 대한 전가사변은, 세종조에 논의된 사민도망자 許接人에 대한 전가사변과 함께, 徙邊政策의 實效性을 확보하기 위한 또 다른 수단方便을 의미한다. 이는 徙民抄定官吏의 농간이 이미 상당히 보편화되었음을 반증하기도 한다.

徙邊政策 자체의 實效性과 관련하여 주목할 점도 있다. 우선 사민초정 후 入居를 피하기 위해 도망하는 자 및 그 容隱者에 대한 全家徙邊이 事目化되었다.[70] 또 사민도망자의 추쇄가 곤란한 까닭은, 土豪나 鄕吏가 이들을 사역할 의도로 은닉할 뿐 아니라, 이해관계를 염두에 둔 守令이 이들의 추쇄를 게을리 하기 때문이라고 지적되었다.[71]

세조 때에 거론된 또 하나의 중요한 논의는 도적 및 특히 그 窩主(숨겨준 자)에 대한 처벌이다. 五戶作統法과 함께 원년부터 실시된 도적

69) 世祖 6년 윤11월 2일 甲辰條 (7-434 左上·右下) ; 같은 해 12월 11일 癸未條 (7-439 右上).

70) 世祖 7년 8월 2일 庚午條 (7-478 左上) 참조. 徙民抄定 후 入居를 피하기 위해 도망하는 자들에 대한 처벌 논의는 세종조에도 있었다. 世宗 19년 정월 11일 辛丑條 (4-49 右下) 「規避入居, 逃亡人吏等, 各以所犯, 永屬驛吏.」

71) 世祖 7년 정월 20일 辛酉條 (7-442 左下) 「且流移之人, 隱於土豪及鄕吏之家, 刷出爲難.」; 6년 11월 12일 甲申條 (7-433 右上) 「比來, 徙民逃還本邑, 守令亦利其役使, 不卽刷還.」

및 그 容隱者(숨겨준 자)에 대한 전가사변[72]은, 判官에 부여된 直決權限으로 남용되는 경향을 보여, 한때 신중하게 거론되기도 하였다.[73] 그러다가 절도재범을 絞刑에 처함에도 불구하고 도적이 치성하게 되자, 이는 窩主에 대한 처벌법이 없어 소굴이 형성되기 때문이라는 논거가 설득력을 얻게 되었다. 이에 賊黨을 근절시키고자 强竊盜 窩主를 강원도에 全家徙居 시키고,[74] 아울러 牛馬賊도 초범을 絞刑에 처하도록 논의하기에 이르렀다.[75]

이밖에도 人丁을 隱占하고 자수하지 않은 巨戶는 물론, 이와 상통한 奸吏를 함께 전가사변 시키도록 戶籍軍籍事目에 규정하였다.[76] 또 열 그루 이상의 소나무를 벌채한 자에 대한 전가사변을 신칙한[77] 사실도 지적할 만하다. 무엇보다도 세조조를 뚜렷하게 특징짓는 사실은, 왕 7년 7월에 완성된 經國大典 刑典의 頒行[78]일 것이다. 경국대전이 조선조의 기본법전이라는 사실을 새삼 강조할 필요도 없이, 세종조와 세조조의 양대에 걸친 '全家徙邊' 논의도 여기에 종합 수렴되어 그 기본 지위를 확립하기 때문이다.

經國大典 刑典에 수렴된 내용을 살펴보면, 우선 逃亡條에 徙民逃亡者의 추쇄와 관련하여 그 戶首를 斬刑에 처한다는 本文規定과 함께, 사민도망자를 허접한 사람에 대한 '全家徙邊' 규정이 註文에 실려 있다. 그리고 바로 앞서도 盜賊 및 그 용은자 처벌을 살펴보았지만, 사

72) 世祖 원년 9월 14일 丙戌條 (7-88 右上).

73) 世祖 2년 5월 7일 乙亥條 (7-130 左上) 및 3년 2월 29일 癸亥條 (7-180 上).

74) 世祖 7년 5월 8일 丁未條 (7-462 左上).

75) 世祖 6년 5월 13일 戊子條 (7-395 右上).

76) 世祖 7년 7월 24일 壬戌條 (7-476 右上) ; 10년 10월 15일 乙未條 (7-657 右下) ; 11년 11월 15일 乙未條 (7-713 左下) 참조. 戶籍軍籍의 중요성은 戶口누락자를 入居之法으로 처벌하고자 건의한 梁誠之의 備邊十策에도 이미 강조되어 있다. 世宗 32년 정월 15일 辛卯條 (5-157 上) 참조.

77) 世祖 7년 4월 27일 丁酉條 (7-461 上).

78) 朴秉濠, 韓國法制史攷, 法文社, 1974, 409면 참조. 經國大典의 상세한 편찬과정은, 朝鮮社會法制史研究에 실려 있는 內藤吉之助의 「經國大典の難産」을 참조.

형에까지 이르지 않는 强盜窩主를 '强窩'라고 刺字하여 '全家徙極邊' 한다는 규정이 역시 贓盜條의 註에 수록되어 있다. 경국대전에 유일하게 本文으로 규정된 마지막 전가사변은 公賤條에서 찾을 수 있다.

奴婢의 身貢이 경제구조의 중요한 기반을 이룬 사회체제였던 만큼, 그 어느 조항 못지않게 公私賤에 관한 내용이 경국대전에 상세히 규정되어 있다. 公賤의 物故처리 절차를 엄격히 정하고 난 바로 다음에, '살아 있는 公賤을 죽었다고 고의로 처리한 해당 色吏 및 一族은, 赦宥를 만나더라도 全家徙邊한다'는 규정을 두고 있다. 이 조항은 그 설정과정을 자세히 확인할 수 없으나, 세조 년간에 구체화된 것이 거의 확실하다. 왜냐하면, 문종조에 中樞院使 金孝誠이 올린 상소에서, '官奴婢를 隱漏하거나 그 도망·生死 여부를 부실하게 시행한 三班首吏 및 色吏를 모두 入居시키자'고 건의한 조목이 議政府에서 否定으로 논의되었기 때문이다.[79]

이상 세 조항의 實體 규정에다 덧붙여, "全家徙邊이 杖一百流三千里에 준한다."[80]는 일반조항까지 둠으로써, 경국대전은 '전가사변'을 명실상부한 '刑名'으로 공인하고 새로운 형벌체계를 구성한 셈이다.

③ 成宗朝

성종 초기는 徙民政策 자체를 소극 유보하는 게 특징이다. 성종 6년에 高麗史 講을 마친 뒤, 右副承旨 玄碩圭가 史實을 들어 軍額이 현저히 감소한 평안도와 황해도의 防禦문제를 거론하였다. 이 자리서, 성종이 세조때 시행하다 정지한 徙民實邊을 가벼이 부활할 수 없다는 부정 의사를 밝히면서 논의가 시작된다. '큰일을 이루는 자는 조그만 弊害를 돌보지 않는다'던 세종의 집요한 의지[81]를 회상시키며,

---

79) 文宗 즉위년 7월 18일 庚申條 (6-260 左下·261 左上).

80) 經國大典 刑典 犯罪准計條 참조.

81) 世宗 18년 10월 16일 戊寅條 (4-35 右下)「予意以爲 : '成大事者, 不計小弊'.」; 同 23년 윤 11월 6일 己巳條 (4-371 右下)「若欲維持國體, 以爲萬世之界, 則豈可畏民之怨咨, 而不爲乎?」

萬世之利를 도모해야 한다고 끈질기게 주장했지만, 절반에 이르는 사망률 때문에 차마 하지 못하겠다는 성종의 고집으로 결국 좌절되었다.[82] 8년에 또 玄碩圭등이 남쪽의 富實戶로 평안도를 방비하자고 거론했으나, 심사숙고하겠다는 답변에 그치고 말았다.[83]

성종의 이러한 소극 태도는, 사민도망자 金得界를 大典에 의해 處斬하자는 刑曹한테 減死를 명하고,[84] 곧 徙民逃亡者論罪節目을 承政院에 논의시키면서 변화의 기미를 보인다. 이 자리서 大典대로 초범을 斬해야 한다는 의견이 지배했는데도, 성종은 아직 소수의견을 좇아 三犯을 大典에 의해 시행하도록 刑曹에 傳旨한다.[85] 뿐만 아니라 경기·황해·강원·영안도 관찰사에게 평안도 사민도망자를 발견하거든 각 관할관청에서 存恤하도록 명하면서, 凶荒을 빙자하여 도망한 이들을 처벌하지 않으면 민심이 동요할 것이라는 의론에도 불구하고, 도망이유를 확인한 뒤 처벌해도 늦지 않다고 온건한 태도를 보였다.[86]

그러나 불과 며칠 뒤, 성종 자신도 계속되는 사민도망이 법의 완화 때문이라고 판단하여, 급기야 大典대로 시행하도록 명하기에 이르렀다.[87] 徙邊政策의 중요한 이유이자 그 자체 사민도망의 직접 원인이었던 일반 시대상황에 관하여는, 기존의 사민정책 연구들이 상세히 언급하고 있으므로[88] 새삼 부연할 필요가 없겠다. 다만 성종 9년을 전후해 대규모 사민도망이 속출한 특별원인 두 가지만 더 들겠다. 즉, 세조 11년(乙酉, 1465)의 평안도 사민에 대한 10년 免稅·15년 復戶의 혜택이 성종 10년(1479) 만료되어, '죽음보다 두려운 徙邊이지만,

82) 成宗 6년 7월 18일 乙丑條 (9-243 左下·224 上).
83) 成宗 8년 2월 4일 癸酉條 (9-420 右上).
84) 成宗 6년 4월 13일 辛卯條 (9-214 左下).
85) 成宗 6년 11년 8일 癸丑條 (9-285 上).
86) 成宗 9년 7월 5일 甲子條 ; 同 6일 乙丑條 (9-621 右下 · 622 上).
87) 成宗 9년 7월 13일 壬申條 (9-623 右下).
88) 앞서 註 1)에서 소개한 논문들을 참조.

徙邊보다도 훨씬 더 무서운 館軍'에 充定될 판이었다. 게다가, 때마침 사변정책에 소극적이고 사민도망 처벌에도 온건한 성종이 도망자 處斬法을 완화한 시기가 들어맞은 점이다.89) 결국 安集할 때까지 館軍에 差定하지 않기로 임시방편을 취한 뒤, 11년부터 다시 사민 논의가 서서히 시작되어 14년에는 세조조의 入居節目을 채택하더니, 이듬해에는 下三道에 徙民抄定事目을 下達하기에 이르렀다.90)

그러나, 범죄인의 전가사변은 前代에 이어 성종 초기에도 여전히 이루어진 것 같다. 원년에 한 여인이 두 남자와 간음하여 두 奸夫 사이에 致死사건이 일어났는데, 赦宥에도 불구하고 이 여인을 全家徙他道極邊으로 논죄한 적이 있다.91) 또 4년에는 쟁송을 敎誘하여 뇌물을 받거나 이득을 나누는 일로 생업을 삼는 20여 명의 外知部를 전가사변 시킨 일이 있다.92) 12년에는 惡米 범죄에 대한 전가사변을 완화하자는 건의에 대해, 엄하게 처벌하지 않으면 奸邪함을 막기 어렵다는 이유로 성종 자신이 반대 의견을 표시하기도 하였다.93)

그러다가 사변정책 실시와 때를 맞춰 범죄인의 전가사변도 활발히 논의된다. 14년 겨울 入居事目을 논의하는 자리에서, 公私賤容隱役使者의 추쇄가 거론되었다. 그러나 소요 가능성을 이유로, 적발되는 자에 한하여 입거시키기로 하고, 아울러 朝官을 제외한 犯流罪者도 入居에 포함시켰다.94) 곧 이어 내린 徙民抄定事目에는 사민도망자 허접

---

89) 成宗 9년 9월 3일 辛酉條 (9-647 左下)「…凡人惡徙邊, 有甚於死; 惡館軍, 又甚於徙邊. 故徙民皆爲逃散之計.」및 같은 해 8월 7일 丙申條 (9-638 右上) 참조.

90) 자세한 내용은 앞에서 언급한 李樹健의 논문 참조.

91) 成宗 원년 3월 27일 丙申條 (8-481 左上).

92) 成宗 4년 정월 24일 乙卯條 (9-5 左上). '外知部'의 개념은 中宗 5년 3월 26일 辛未條 (14-417 左下) 註에 보인다.「掌隷院, 古稱都官知部. 無賴之徒, 諳誦法律, 僞造文券, 敎唆訟者, 訟而得勝, 則己取其利, 名曰 '外知部'.」또한 朴秉濠, 韓國法制史攷, 316면 참조.

93) 成宗 12년 9월 15일 丙戌條 (10-256 左下).

94) 成宗 14년 12월 19일 戊寅條 (10-552 左下·553 右上).

인 및 元惡鄕吏는 물론, 불공정하게 초정한 奸吏가 당연히 포함되었다.[95] 또한 五鎭 내 相互流移民을 허접한 자를 신설 美錢鎭에 입거하는 문제도 열띠게 거론되었다.[96]

성종 19년에 다시 永安道 穩城·美錢鎭 사변정책이 추진되면서, 下三道 富戶抄定과 함께, 北道人物을 허접한 永安南道人의 徙居가 논의되었다.[97] 같은 해 8월에는 軍籍差錯奸吏 抄出에 輕重 분간이 曖昧하다고 논란되어, 죄질이 중한 자를 분간해 입거시키기로 결정된다.[98]

무엇보다 성종조를 특징지을 만한 사실은 '犯罪人入居事目'의 의결일 것이다.[99] 처음 등장하는 듯한 범죄인입거사목의 구체내용은 확실히 알 수 없지만, 기왕의 사변정책에서 시행된 조목을 위주로 이루어졌을 가능성이 높다. 講武로 인하여 勒令徙民과 함께 減量해 분할 운송하기로 결정되지만[100], 이 사목에 의한 범죄입거 대상이 480여 戶에 2천여 명이나 되어 절반을 평안도에 나누어 입거시키기로 했던[101] 걸 보면, 그 규모나 방법이 주목할 만한 조처였음에 틀림없다. 재위 마지막 해는 전년의 南邑 범죄인 2백여 호 입거로도 부족한 慶興·三水 등지에 他道 범죄인을 추가 입거시키도록 下諭하고 있다.[102]

이상에서 全家徙邊이 사변정책을 배경으로 시행되어 사변정책 자

95) 成宗 15년 정월 7일 乙未條 (10-557 左下·558).

96) 成宗 15년 정월 10일 戊戌 ; 21일 己酉 ; 24일 壬子 ; 27일 乙卯條 (10-559·561 右下·562) 참조.

97) 成宗 19년 4월 5일 戊戌條 (11-323 下·324 右上).

98) 成宗 19년 8월 4일 乙未 ; 6일 丁酉 ; 7일 戊戌 ; 8일 己亥 ; 12일 癸卯條 (11-363·364) 참조.

99) 成宗 19년 8월 21일 壬子條 (11-368 左上).

100) 成宗 20년 7월 9일 乙丑條 (11-501 下).

101) 成宗 15년 정월 7일 乙未條 (10-557 左下·558) 참조. 20년 4월 24일 壬子條 (11-469 右上)에는 穩城으로 가던 범죄입거인 40여 호를 질병으로 인해 美錢에 入送시켰다는 기록이 보이며, 같은 해 7월 29일 乙酉條 (11-507 右上)에는 범죄인 45호를 黃州에 入送시키는 기사가 확인된다.

102) 成宗 25년 7월 30일 丙辰條 (12-568 右上).

체를 輔從하는 과정에 대해 살펴보았다. 시작의 과정답게 經國大典의 세 조항을 제외하고는 全家徙邊 시행 자체가 대부분 신중하고 개별 구체성을 띠는 게 이 시기의 특징으로 지적될 수 있겠다. 그러나 중종조 犯罪人徙邊 중심의 사변정책 논의가 성종조 후기의 '犯罪人入居事目' 시행과 그리 무관하지는 않은 것 같다.

(2) 徙邊政策 主導期

① 入居廳의 설립

辛酉年(연산군 7년, 1501)에 抄定하여 甲子年(연산군 10년)에야 入送을 논의하다가 흐지부지 보류하여 온 入居人戶의 입거문제가 중종 6년에 거론되는 것을 보면[103], 연산군조에는 실효성 있는 徙民實邊이 없었던 걸로 보인다. 물론 개별 범죄인 전가사변은 이와 별도로 행해졌을 수 있다. 사변정책의 성공적 수행과 무관하게, 연산군조를 기억할 만한 특징은 '入居廳'의 설립이다. 바로 위의 논의에서, 오랜 待期로 많은 入居抄定人戶가 사망 또는 離散하였고 凶荒마저 들어 조만 간에 入居를 실행할 수 없다는 이유로, '入居廳'마저 革罷하기로 결의한 기록을 보면, '入居廳'을 설립했던 史實을 알 수 있다. 이러한 독립한 入居廳의 설립은 중종조의 사변정책 수행에도 그대로 계승되고 있다.

사변정책에 대한 연산군조의 不發로, 중종조는 사민도망죄를 누차 신명하면서[104] 시작되는 것이 특기할 만하다. 물론, 사회적으로 문제가 될 만큼 사민도망자가 속출한 데는, 부도덕한 王權에서 反正으로 이어지는 급속한 정치 변화도 중요한 원인으로 작용했을 것이다. 이처럼 사민도망자가 속출하자, 조정에서도 前朝의 殘虐한 殺戮 여파로 民戶가 凋殘해져 인명을 아껴야 하므로, 好生之德을 베풀어 減死歸還시키자는 논의가 일긴 하였다. 하지만 法을 폐할 수 없다는 이유로

103) 中宗 6년 9월 4일 辛亥 ; 5일 壬子條 (14-530 左下·531 右上).

104) 中宗 2년 3월 28일 壬寅條 (14-128) ; 같은 해 6월 3일 乙亥條 (14-513 左下).

결국 그 논의는 좌절되고 만다.[105] 이즈음 絶島入送罪인 牛馬屠殺이 사회의 큰 문제가 되어, 推刷하여 전가사변하자는 논의가 비등했던[106] 점도 주목할 만하다.

중종조의 사민실변정책 논의는, 중종 9년에 邊防의 사정에 밝은 문무신하 14人으로 하여금 備邊策을 올리게 하면서 본격화된다.[107] 여기서 富實戶의 勒令入居와 사변죄를 지은 鄕吏의 입거 등이 논의되지만, 곧바로 구체화되지는 않고 있다. 그러나 이때를 전후하여 전가사변법은 급속도로 팽창하고 있다. 사소한 죄도 전가사변으로 규정되었고, 게다가 有蔭子弟와 功臣·元惡鄕吏를 제외하고는 啓稟 없이 觀察使가 直斷하게 되어 있었다. 이에 중종 자신이 백성들의 寃抑을 야기하고 나아가 災變까지 초래하지 않겠느냐고 염려할 정도였다.[108] 결국 近刊된 後續錄에서 21條의 전가사변률을 삭제하기에 이르렀다.[109]

그러나 다시 설립된 入居廳을 중심으로 함경도 流移民 刷還문제와 함께 입거문제가 이듬해 봄에 논의되게 된다. 納粟하면 公私賤은 免賤(신분해방)하고 범죄인은 免罪해 주는 방안과 함께, 入居事는 가을로 연기하자고 논의하는[110] 가운데, 還上不納者를 전가입거 시키자는 戶曹의 건의가 채택되기에 이른다.[111] 이 건의안은 납부기한 재조정과 함께, 대상지역을 下三道 외에 경기·강원·황해도까지 확대되었다.[112]

---

105) 中宗 4년 10월 4일 壬辰條 (14-376 左上·右下) ; 6년 12월 20일 丙申 (15-548 右下) ; 21일 丁酉條 (14-549 右上) 등 참조.

106) 中宗 5년 3월 26일 辛巳條 (14-417 左上 · 418) ; 9년 6월 10일 辛丑條 (15-17 左上).

107) 中宗 9년 10월 13일 壬寅條 (15-33·34·35·36).

108) 中宗 9년 10월 20일 己酉條 (15-36 左下·37 右上) ; 11월 13일 辛未條 (15-41 左上) 참조.

109) 中宗 9년 12월 9일 丁酉條 (15-47 右上). 現傳하는 大典後續錄에는 嘉靖 22年(중종 38년, 1543)의 序가 실려 있는데, 미루어 짐작하건대 중종9년에 간행된 後續錄이 계속 첨삭되어 結晶된 게 아닌가 한다.

110) 中宗 10년 2월 4일 壬辰 ; 6일 甲午 ; 8일 丙申條 (15-54·55·56) 참조.

111) 中宗 10년 3월 15일 壬申條 (15-65 右下).

이와 때맞춰 豪强武斷과 같은 資力 있는 有罪者를 入送시키자는 건의가 있었다.[113] 또, 災變의 원인인 民怨을 줄이고 사변정책의 실효성을 높이기 위해, 범죄사변인에게도 勒令徙邊人과 마찬가지로 給復 혜택을 주어 安着토록 하자는 상소가 제기되었다.[114] 이에 犯罪人徙邊政策은 더욱 활성화되는 듯했다. 그러나 이듬해 계속되는 가뭄으로 입거계획을 실행하지 못하고, 다음에 入送할 때 새로이 抄定할 것인지 기왕의 抄定에 의할 것인지 논란만 벌였다. 마침내, 일이년 사이에 재입송하게 되면 현재의 抄定대로 시행한다는 원칙만을 확인한 채, 入居廳마저 일단 폐지시키고 말았다.[115]

② 평안도의 전염병

바로 다음해에 入直正兵인 崔淑澄이 상소하여, 役을 피해 豪勢家에 투탁하는 자가 많음을 지적하고, 이를 公私賤容隱役使人의 예에 따라 전가사변 시킬 것을 건의하였다.[116] 이 상소는 무리한 백성의 抄出入居가 얼마나 可矜스러운가를 지적하는 한편, 徒流 이상 죄인 및 公私賤容隱役使者·良民冒占者 등 기왕의 전가사변 죄목들을 구체로 예시까지 하면서, 勒令入居를 범죄인입거로 대체하자고 건의하고 있지만, 직접 반향을 불러일으키지는 못하였다.

중종조의 획기적인 徙民實邊 논의는 19년에 전염병이 평안도를 휩쓸면서 비롯된다. 사변정책 자체가 비교적 일반으로 논의되던 당시의 역사 상황에 비추어 본다면, 전염병으로 인한 평안도의 유례없는 황폐화가 입거문제를 거론시킨 것은 오히려 당연하였다.[117] 19년 7월에

112) 中宗 10년 7월 3일 戊子條 (15-92 右上).

113) 中宗 10년 8월 10일 甲子條 (15-99 右下).

114) 中宗 10년 9월 29일 壬子條 (15-110).

115) 中宗 11년 5월 17일 丁酉 ; 18일 戊戌 ; 19일 己亥條 (15-172~175) 참조.

116) 中宗 12년 12월 17일 戊午條 (15-369).

117) 실제 통계는 확실히 알 수 없지만, 전염병에 대한 의론이 가라앉은 20년 8월 초하루 戊子條의 기록에 의하면, 사망자의 수가 무려 22,349명에 이르는 것으로 보고되고 있다. 역시 통계수치에 신빙성이 어느 정도인지 알 수 없지만, 實

이미, 전염병으로 1600여 명의 사망자를 낸 龍川·鐵山 등지에 作罪者를 抄錄하여 입거시키자는 논의가 시작되고 있다.[118] 범죄자는 숫자에 한계가 있다는 이유로, 軍籍과 量田이 끝나기를 기다려 勒令入居를 부득이 거행하자는 주장도 있었다.[119] 하지만, 전염병으로 평안·황해도가 이미 시끄러운데 勒令入居로 下三道마저 불안하게 해서는 안 된다는 이유로, 대세는 作罪入居로 기울었다. 그리하여 이전에 삭제되었던 徙邊條件까지 광범하게 포함한 '全家入居罪條'를 일단 마련하기에 이르렀다. 그 罪條는 非理好訟者, 外方貢物을 代納한 자, 流罪를 범한 자, 守令이 교체되는 틈을 타서 官物을 횡령한 자, 田稅를 수년간 납부하지 않은 자 등을 포함한 12항목으로[120], 8월 1일을 시점으로 적용하게 되었다.[121]

그러나, 전염병이 고개를 숙이기 전에 入居시키는 것은, 타고 있는 불에 장작을 얹는 결과가 되고, 입거죄목도 繁多한데 급히 抄定하면

錄에 의하면 전국의 인구가 중종 14년에는 3,745,481명이고 (中宗 14년 12월 29일 乙丑條 : 15-607 左上 참조), 중종 26년에는 3,965,253명 (中宗 26년 12월 30일 己酉條 : 17-350 左下 참조)으로 조사되었다고 하니, 전국 총인구의 0.5%가 넘는 전염병사망자는 실로 엄청난 희생이 아니었다고 할 수 없다.
이러한 객관 상황은 조정의 주관 대응책에도 여실히 반영되고 있다. '한 사람의 부덕 탓으로 만 백성이 병들게 되었다'는 창황한 심정으로, 중종이 癘疫祭文을 짓게 하고 朝官을 파견하여 設壇致祭한다. (中宗 19년 12월 11일 辛丑條 : 16-362) 그런데도 사망자 수가 연말에 4천명(총 인구수의 1%선)까지 육박하자, 다시 평안도·황해도 郡邑의 수령들에게 별도의 癘祭를 몸소 정성 들여 지내도록 명하기에 이른다. (같은 해 12월 25일 乙卯條 : 16-365). 그래도 별 효험이 없자, 이제는 宗廟社稷에 癘祭를 다시 지내고, 각종 救療策과 함께 歷代癘疫考를 啓聞케 한다. (中宗 20년 정월 20일 乙卯 ; 21일 庚辰조 : 16-371·372 右上) 급기야는 물에 빠져 지푸라기라도 붙잡으려는 사람 꼴이 되어, 設壇致祭만으로는 부족한 것이 아니냐고 立廟祭祀까지 중종 자신이 거론하지만, 결국 致誠의 문제로 종결짓고 만다. (같은 해 정월 22일 辛卯條 : 16-372 上)

118) 中宗 19년 7월 24일 丁亥條 (16-324 右上).

119) 中宗 19년 8월 8일 庚子條 (16-327 下) ; 同 24일 丙辰條 (16-334 左上).

120) 中宗 19년 7월 27일 庚寅條 (16-325 右下).

121) 中宗 19년 8월 9일 辛丑條 (16-328 右上).

민심의 동요로 재앙을 초래할 것이라는 논란으로, 결국 量田 후로 보류되었다.[122] 그 뒤 곧 평안·함경도를 제외한 六道의 作罪入居人을 抄定하였으나, 좀체 가라앉을 줄 모르는 전염병과 農時 문제로 입송 기한 연기를 논의하여야만 했다.[123] 이듬해 정월에는 三水에 우선 입송시키자는 변통론이 몇 차례 있었으나[124], 평안도의 상황이 급박하다는 이유로 10월 입송을 결정하였다.[125]

그해 12월에 입거 도중 戶首가 죽거나 도망한 범죄입거인의 妻子 存恤문제가 언급되고[126], 이듬해 계속되는 災變의 원인을 지난해의 六道 범죄인입거에서 구하고 있는[127] 것을 보면, 구체적인 실제규모는 확인하지 못했으나, 평안도입거가 실행된 것은 틀림없는 사실이다.

중종 후기에 이르러 兩界人物 流亡이 심해져 그 許接者의 治罪가 문제되었다. 그러나 법에 의한 전가사변 대상이 1,300여 호에 1만여 명이나 되어, 쉽게 논죄할 형세가 못되었다. 게다가 中國使節의 要路인 황해도에 가뭄마저 절박하여, 추수 후에 추쇄하자는 논의조차 끝내 좌절되고 말았다.[128]

38년에는 다수 軍民의 사망으로 空虛해진 慶源·慶興 지방의 범죄인 입송이 새로이 거론되어, 兵曹에서 兩界流亡人許接者와 豪强品官을 포함하여, 豪勢를 믿고 士族을 능멸한 庶賤 등 11조목의 入居人節目을 마련하기에 이른다.[129] 入居廳을 復役하여, 流移民 쇄환은 물론 勒令入居까지 논의하였다. 하지만, 勒令入居 정지로 겨우 安集한 백성

122) 中宗 19년 10월 28일 己未條 (16-350 左上·右下).

123) 中宗 19년 12월 20일 庚戌條 (16-364 右下).

124) 中宗 20년 정월 27일 丙戌 ; 29일 戊子條 (16-372 左下·373).

125) 中宗 20년 2월 4일 癸巳條 (16-374 左下) 및 7월 27일 甲申 ; 29일 丙戌條 (16-440).

126) 中宗 20년 12월 27일 辛亥條 (16-480 左上·右下).

127) 中宗 21년 2월 14일 丁卯條 (16-498).

128) 中宗 36년 6월 1일 丙辰 ; 5일 庚申 ; 10일 乙丑條 (18-469·472·473 上).

129) 中宗 38년 정월 7일 壬子條 (18-649 上) 및 2월 13일 丁亥條 (18-660 左上).

들을 離散시켜서는 안 된다는 반론이 있어, 固邊之策에 도움이 안 되는 勒令入居는 채택되지 않았다.[130] 10월 안으로 입거인을 入送키로 한 당초의 계획이, 급속한 抄發의 곤란성과 凍傷의 우려로 연기되긴 하지만, 이듬해 이른 봄에는 실현되는 듯했다.[131] 그러나 입거 대상지인 경원·경흥 지방의 극심한 凶荒으로 원주민의 구활조차 곤란해지자, 이듬해 가을까지 연기하면 적발해 놓은 입거대상자들이 逃散할 우려가 있어 入居변경이 불가피해졌다.[132]

그리하여 유사시에 대비가 편리하고 작황도 다소 나은 부근의 회령·종성 등지가 후보지로 언급되기도 했다. 그러나 實邊이라는 관점에서 보면 피차 마찬가지라는 이유로, 작황이 좋은 평안도로 결정하여, 관찰사에게 입거 및 축성에 대비해 군량미를 잘 비축하라고 傳旨를 내리기에 이르렀다.[133] 아울러 액수의 다소에 관계없이 빈약한 자가 억울하게 걸리지 않고, 죄가 중한 多丁富實戶가 빠져나가지 않도록 한다는 방침을 거듭 확인하고, 마침내 元惡鄕吏, 情節이 중한 綱常罪人, 非理好訟者 등 앞에서 언급한 11條의 入居人節目에 의해 下三道 作罪人을 抄發하여 入居實邊하였다.[134]

곧 이어 下三道에 閑丁搜括御史를 파견한다. 그 齎去事目(재거사목)의 내용은, 국법을 두려워할 줄 모르고 避役하여 투탁한 閑丁을 容隱役使하는 무엄한 豪勢家를 적발하여 決杖 전가사변하고, 閑丁을 還役시키는 것이었다. 바로 전해에 作罪人을 입거시켜 후유증이 적지 않았고, 때마침 가뭄마저 극심하여 연기하자는 논의가 거듭되었다. 하지만 閑丁이 대부분 豪强品官之家에 숨어 있어, 差使員이나 下吏들의 推刷로는 효과가 없다는 이유로, 중종은 御史파견을 고집했다.[135] 어

---

130) 中宗 38년 2월 25일 己亥條 (18-664 右下) 및 7월 5일 戊申條 (19-1 下).
131) 中宗 38년 7월 6일 己酉條 (19-3 左上·右下).
132) 中宗 38년 9월 4일 乙巳 ; 5일 丙午條 (19-13 上).
133) 中宗 38년 10월 18일 己丑條 (19-17 下) 및 12월 26일 丙申條 (19-30 下).
134) 中宗 39년 정월 초하루 庚子條 (19-33 下).

느 정도 실효를 거두었는지 알 수 없이, 그해 11월에 중종이 사망하면서 朝鮮朝의 徙民實邊 정책 자체는 사실상 그 막을 내리는 것으로 생각된다. 명종조 이후에는 全家徙邊이 刑律의 하나로 언급되는 것을 제외하고는 徙民入居 논의를 찾아보기 힘들기 때문이다.

③ 惡布 문제

범죄인입거가 徙民實邊政策의 근간을 이룬 중종조에 전가사변죄가 급증하고 있음[136]은 이미 살펴본 바와 같다. 이러한 경향을 단적으로 보여주는 두 조목의 열띤 논의가 있다. 惡布와 齎銀(재은)이 바로 그것이다. 惡布는 加重的 全家徙邊化가 좌절되고, 齎銀은 減輕的 全家徙邊化가 실현되었다는 점에서 좋은 대조를 이룬다.

惡布는 正兵의 代立 및 그 代立價의 納布化라는 폐단과 함께 이미 성종 말경부터 사회문제로 등장한다.[137] 正兵代立者는 이미 성종 초에 全家入居之法으로 규제하다가, 처벌이 과중하다고 일단 폐지된 것인데, 중종 중반에 3人이상 代立者에 한하여 全家入居시킬 것을 의결하고 있다.[138] 價値交換의 媒介物로 규격과 품질이 法定된 綿布의 惡化가 조정의 논란대상이 된 것은 지극히 당연하다. 그러나 성종조에는 품질과 규격에 따라 가격이 조절된다는 반론도 있어서, 連尺하여 사용토록 하는 데 그쳤다.[139] 惡化가 良貨를 驅逐하는 게 經濟現實의

135) 中宗 39년 8월 13일 己卯條부터 18일 甲申條까지 (19-127~129) 참조.

136) 이점은 法典에 수록되어 있는 전가사변죄목 수효의 팽창에서도 확인할 수 있다. 즉, 經國大典과 大典續錄에는 10여 조목밖에 실려 있지 않은데, 大典後續錄에는 무려 30 조목 가까이 등장한다.

137) 陸軍本部編, 韓國軍制史 (近世朝鮮前期篇), 1968, 제2장 제1절, 특히 239~249면 참조. 세종조에도 '楮貨興用之法'이 논의되어, 徵督時에 楮貨를 사용하지 않고 雜物을 받거나 바꿔치기 하는 各司使令 등을 制書有違律로 논죄하여 全家入居시키도록 한 일이 있다. 世宗 31년 3월 6일 丙戌條 (5-120 右下).

138) 中宗 18년 8월 25일 壬戌 (16-527 左上) ; 30일 丁卯條 (16-258 右上). 연산군조에도 正兵代立者를 모두 徙邊시켰다는 기록이 보인다. 中宗 5년 3월 26일 辛巳條 (14-418 右上) 참조.

139) 成宗 21년 정월 24일 丁丑條 (11-565 左下 · 566) 및 27일 庚辰條 (11-570 上).

법칙이다.[140] 근데 연산군조에 暴政으로 잦은 貢賦의 조달 및 陰性化된 正兵代立價의 등귀 등 각종 사회모순이 누적됨으로써, 정규 五升布의 절반에 불과한 三升布·二升布까지 등장하기에 이르렀다.[141]

중종조에 들어서는 급기야 漢城府가 惡布 사용자에게 全家徙邊을 擬律하자고 청하면서 논란이 시작된다.[142] 엄벌로 犯禁者가 줄어든 전례를 상기시키면서, 惡布를 전가사변으로 痛禁하자는 주장이 강했다. 하지만, 惡布라도 사회경제상 일시에 無用之物로 할 수 없는 부득이한 상황에서, 결국 '民生之弊'를 명분으로 惡布의 織造者 및 斷割者에 한하여, 初犯은 杖一百徒三年에 처하고, 再犯은 全家入居시키자는 타협점을 모색했다.[143] 그러나 織造者나 斷割者가 일일이 단속될 수도 없거니와, 경제상 이해관계에 깊이 뿌리박은 惡布의 勢力은, 발본색원의 해결책을 가지지 못한 채 단지 준엄하기만 한 몇 구절의 法條文에 의해 다스려질 수 있는 형편이 아니었다.[144]

마침내 5년 뒤인 중종 20년에는 근본에 좀더 소급한 대책으로서, 惡布를 많이 쌓아 두고 있는 富商大賈를 治罪하자는 논의가 일었다.[145] 아울러 '옛날에는 창포줄기로 채찍질해도 백성들이 부끄러워하며 法을 두려워했는데, 요즘에는 민심이 玩惡해져 엄형을 가해도 부끄러워할 줄 모른다'는 本末이 전도된 논거로, 全家徙邊之法 적용도 다시 거론되기에 이르렀다.[146] 그러나 작은 고기는 통과시키고 자

---

140) 주지하듯이, 이러한 현상은 時空을 달리하여 '그레샴의 법칙(Gresham's law)'이라고 命名된 적이 있다.

141) 中宗 24년 4월 29일 甲午條의 註 (17-116 左上) 「廢朝築瑞叢臺時, 徵斂甚苛, 始爲惡布, 名之曰 : '瑞叢臺'.」 또한 註 137) 참조

142) 中宗 15년 정월 27일 丙辰條 (15-618 左下).

143) 中宗 15년 8월 30일 乙酉 (實錄에는 '乙未'로 표기되어 있으나 전후의 干支를 확인하여 필자가 바로 잡음) 條 (15-681) 및 같은 해 윤 8월 18일 癸卯條 (15-648 下·658 右上) 참조.

144) 孟子 離婁上 : 「徒善不足以爲政, 徒法不能以自行.」

145) 中宗 20년 8월 20일 丁未條 (16-447 下).

146) 中宗 24년 4월 29일 甲午條 (17-116).

기 눈[目]보다 큰 고기만 붙잡는 漁綱의 逆機能性 때문에, 富商大賈의 처벌은 그 實效性을 기대하기 어려웠다.

또한 惡米의 경우처럼[147] 하루아침에 먹어 치울 수도 없는 惡布를 峻法으로 일절 금한다면, 백성들의 원성을 살 뿐만 아니라, 그 처치 자체도 곤란한 문제임에 틀림없다. 게다가 新法이 일시로 통쾌한 速效를 보일지는 모르지만, 반드시 後弊를 수반하기 마련이며, 잦은 法 변경은 백성들의 신뢰를 잃기 마련이다. 이러한 복합 근거로,[148] 결국 35尺에 준하여 통용을 허용하는 선에서, 惡布에 대한 전가사변법 적용 문제는 중종 자신의 집요한 반대로 좌절되었다. '政治를 잘하면 비록 惡布를 금하지 않는다고 해도 무슨 害가 있으며, 政治를 잘하지 못하면 惡布를 비록 금한다고 해도 무슨 소용이 있겠는가?'[149]라는 명분의 爲民政治思想까지 뒷받침된 사실은 주목할 만하다.

④ 齎銀(재은) 죄목

惡布 문제가 일단 잠잠해진 중종 말년에, 이른바 '齎銀의 폐해' 문제가 全家徙邊法의 무대에 논란의 대상으로 등장한다. 北京에 파견되는 使節이나 수행원이 禁物을 몰래 가져가 판 경우에는 杖一百徒三年의 형벌을 가하고, 그 禁物이 金銀·鐵物·牛馬·軍器 등과 같이 중요한 물품인 경우에는 絞刑에 처한다는 규정이 經國大典 刑典 禁制條에 실려 있다. 당시에 銀은 倭國에서 朝鮮을 거쳐 중국에 반입되고 있었다. 그런데 銀의 사사로운 채굴을 금지하고[150] 倭銀의 公貿易을 정지하면서, 중국과의 銀 밀무역이 성행하게 되었다.[151] 중종조에는 중국에

147) 成宗朝에 惡米犯禁者를 전가사변시킨 적이 있다. 註 93) 成宗 12년 9월 15일 丙戌條 (10-256 左下) 참조.

148) 中宗 24년 4월 29일 甲午條 (17-116) 및 같은 해 5월 25일 己未條 (17-124).

149) 中宗 24년 4월 29일 甲午條 (17-116) 참조. 「(執義 沈)彦光曰 : '政治之事, 安民爲先, 如此之事, 不必汲汲爲之也. 政治善, 則惡布雖不禁止, 有何害焉 ; 政治不善, 則惡布雖禁, 其何爲哉?'」

150) 受敎輯錄 刑典 禁制條 「私採銀者, 決杖一百, 全家徙邊, …」

151) 中宗 36년 6월 2일 丁巳條 (18-470 上).

사절이 갈 때마다 몰래 銀을 가져가는 자가 발각되어, 一律로 처벌하기가 好生之德에 未安할 정도였다.[152]

謀利輩들이 이익분할을 내세워 이들에게 銀을 팔거나 기탁하는 탓에, 이러한 현상은 더욱 가중되었다. 오죽이나 답답했으면, 중종 자신이 '밭에 곡식을 쌓아 두지 않으면 새가 쪼아 먹지 않을까 걱정할 필요도 없을 것'이라는 논리로, 민간에 있는 銀을 기한을 정해 모두 국가에서 사들이자는 기발한 拔本塞源之策(?)을 거론하고 있겠는가?[153]

여기에 大典의 法文해석이 문제가 되었다. 즉, 銀을 단순히 가지고 가다가 붙잡힌 경우는, 엄격한 해석상 法文의 '潛賣'가 아니라는 것이다.[154] 潛賣의 현장은 사실상 포착하기 어렵기 때문에, 風聞에 의한 심문·처벌이 관례화되어 왔다.[155] 이러한 현실을 감안한다면, 銀을 '몰래 판' 죄와 팔기 위해서 '몰래 가지고 간' 죄의 分揀은, 한편으로는 法의 實效性과 적용의 엄격성을 강화하고, 다른 한편으로는 범법자의 처벌을 실질상 감경하려는 타협의 산물이라고 할 수 있다.

마침내 賣買하다가 붙잡힌 경우 絞刑에 처하는 것과 달리, 단순히 가지고 가다 붙잡힌 경우에는, 國境의 彼我를 불문하고, 또한 功議마저 막론하여, 杖一百 후 전가사변 시킨다고 규정하기에 이르렀다. 아울러 범법행위 및 그 주체의 범위를 확장하여, 사절일행에게 銀을 판 자나 기탁한 자나 전해 준 자 등도 범인과 동일한 죄로 규정[156]함으로써, 실효성을 높이려고 꾀하였다. 심지어 70세 이상에 대한 收贖法을 악용할지도 모르는 폐단을 막기 위해, 70세 노인은 사절단에 포함시키지 말도록 조처한[157] 것을 보면, 銀의 밀무역 禁斷 문제가 중종

152) 中宗 36년 6월 10일 乙丑條 (18-473 左上).

153) 中宗 36년 6월 2일 丁巳條 (18-470 上).

154) 中宗 36년 6월 5일 庚申條 (18-471).

155) 中宗 36년 6월 14일 己巳條 (18-474 下·475 右上).

156) 中宗 36년 6월 10일 乙丑條 (18-473·474 右上) 및 大典後續錄 刑典 禁制條 참조.

조 전가사변 논의에 포함된 배경의 중대성을 짐작할 수 있다.

⑤ 民怨의 最小化

'徙民實邊'과 '除害懲惡'이라는 두 가지 기본 성격 외에, 중종조의 사변정책을 作罪入居 중심으로 실현시킨 또 다른 독특한 요소는 '民怨의 最小化'였다. 전염병으로 텅 비어 버린 평안도의 입거문제에 대한 三相 및 左右參贊 등 11人의 議啓를 보면, 이점이 잘 나타난다.

> "평안도는 인구가 본래 적은데, 전염병으로 무려 1,000여 명(초기 통계라 수치가 작음 : 역자 주)이나 죽었으니, 어찌 이런 災變이 있을 수 있겠습니까? 實邊을 하자면 徙民을 하여야 하는데, 그러자면 부득이 勒令入居를 하여야 합니다. 그러나 남쪽 백성들은 항상 徙民을 두려워하여, 심지어는 抄定된 자가 목매는 경우도 있습니다. 그렇다고 국가의 대사를 실행하면서, 조그만 民弊까지 고려할 수는 없습니다. 금번 전염병으로 텅 빈 평안도 四郡에는, 勒令入居로 할 것이 아니라, 下三道 監司로 하여금 作罪者를 抄發하여 入送시키도록 하는 것이 어떻겠습니까? 그렇게 하면 스스로 지은 죄가 있기 때문에, 勒令入居처럼 怨咨가 심하지 않으면서 實邊의 목적을 달성할 수 있습니다. 이렇게 해서도 實邊이 안되면, 勒令入居로 보충할 수 있는 문제입니다. 대개 王政의 刑罰은 혹은 가볍게 혹은 무겁게 시행할 수 있는 법인데, 實邊할 때에는 비록 가벼운 죄라도 무겁게 처벌할 수 있는 것입니다."158)

여기에서 우리는 民怨을 최소화하기 위해 作罪入居를 채택한 사실과, 그러한 權宜에서 가벼운 죄도 전가사변에 규정했다는 중요한 사실을 확인할 수 있다. 전가사변이 중종조의 사변정책을 주도하고, 이어 다음 시기에 독자의 刑律로 확립되었다고 파악하는 本稿의 견해는, 바로 이러한 사실을 그 중요한 논거의 하나로 제시하고 싶다.

여하튼 民怨의 最小化는 徙民實邊의 성과와도 직결되는 문제인데, 역시 勒令入居의 경우처럼 무엇보다도 抄定의 공정성과 엄격성이 중

157) 中宗 36년 7월 29일 癸丑條 (18-491 上).

158) 中宗 19년 7월 25일 戊子條 (16-324 左上·右下).

요한 관건이었다. 죄가 중한 豪勢家는 빠져나가고 죄가 가벼운 貧弱한 小民이 抄定되는 것은 官吏의 농간 때문이다.[159] 이러한 농간은 본질상 民怨을 수반하지 않을 수 없는 徙邊政策에다, 부수적인 民怨까지 설상가상으로 가중[160]시킴으로써, 徙民實邊의 實效性 자체를 크게 약화시키고 있다.[161]

民怨에 대한 예민한 감수성은 儒敎사상에 근거한 봉건왕조의 災變觀[162]에 특히 잘 나타난다. 일반으로 災變은 억울한 刑獄에서 유래하는 것이라고 보고 있다.[163] 바로 백성의 寃抑이 하늘이 닿아 旱災(한재)·水災는 물론 土雪이라든지 19년의 극심한 평안도 전염병까지 야기한다는 것이다.[164] 그래서 심상치 않은 재난이 있을 때마다, 혹시 있을지 모르는 刑獄의 寃抑을 풀어 주기 위해 疏放을 논의하곤 하였다.[165] 實邊을 위해 대규모의 徙民入居를 계속해 온 조선의 조정이

159) 中宗 21년 2월 23일 丙子條 (16-500 上). 惡布 禁斷 문제에서 전가사변을 반대한 중종 자신이 똑같은 문제점을 지적한 사실은 앞서 언급했다. 註148) 참조.

160) 抄定의 불공정을 이유로 세 차례나 擊錚을 하고, 東門 밖의 나무에 칼을 들고 올라가 대궐 안까지 들리도록 대성통곡한 사건이 그 대표 경우일 것이다. 中宗 20년 5월 22일 庚辰條 (16-420 下·421 上) 참조.

161) 인원수에 구애받지 말고 貧弱한 자는 풀어 주고, 죄가 중한 豪富를 抄定하여 入送하라는 중종의 申明은, 이에 대한 간접 반증이 될 수 있다. 中宗 38년 10월 18일 己丑條 (19-17 下) 참조.

162) '災變'은 흔히 '災異'라고 하는데, 이러한 災變觀은 멀리 尙書의 周書 洪範篇에 유래하는 것으로 보여진다. 洪範九疇 중 여덟째 '庶徵'으로 雨·暘·燠·寒·風의 다섯 가지가 열거되고 있는데, 君王의 性行에 따라 이들이 조화를 이루어 좋은 징험(休徵)을 보이기도 하고, 극단으로 어그러져 나쁜 징험(咎徵)을 보이기도 한다는 것이다. 예컨대, 君王이 狂暴하면 비가 많고, 참람하면 가물고, 게으르면 더위가 심하며, 성급하면 추위가 혹독하고, 어리석으면 바람이 강하다고 한다. (屈萬里, 尙書釋義, 中國文化大學出版部, 100면 참조). 물론 災變觀은 역사 전개에 따라 변모할 수 있으므로, 그 구체 모습들은 별도의 연구가 있어야 할 것이다. 本稿에서는 중종조의 상황을 중심으로 논술하기로 한다.

163) 中宗 20년 정월 29일 戊子條 (16-373) : 「且灾變, 未必不由於刑獄寃枉之間.」

164) 中宗 19년 10월 2일 癸巳條 (16-343 上) : 「…天心與民心相通. 民心不安, 則天意亦不安, 而災變因之以生. 人心不靜, 此固大事.…」

165) 中宗 20년 2월 4일 癸巳條 (16-374下) 및 24년 5월 25일 己未條 (17-124 下).

사민의 怨咨로 災變이 초래된다[166]고 믿은 것은 당연할지 모른다. 세종조부터 그런 논의는 계속되어 왔는데[167], 民怨을 줄이기 위해 범죄인사변으로 대체한 중종조라고 해서 그런 논의가 없을 수는 없었다.

오히려 역설적으로 '民怨을 줄이려는' 섬세한 배려와 감수성[168]이 조그만 災變까지 徙民의 怨抑에 연결시키도록 상승작용을 했을 가능성마저 있다. 19년에 평안도 입거를 추진할 때, 作罪人이라 할지라도 예고 없이 급히 抄定하면 민심이 동요될 뿐만 아니라, 무죄한 사람까지 억울하게 잘못 抄定되면, 和氣가 손상되어 재난이 초래될 것이라고 신중한 의론을 계속한 것도, 하나의 實例이다. 天災地變의 원인에 대한 과학적 합리성 문제와 自己存在의 기반에 대한 수단적 배려라는 의미는 둘째 치고, 국가 정책을 시행하는 과정에서 통치계급이 보인 자기반성적 '敬天謹民'의 정신은, 儒教를 통치이념으로 삼은 傳統王朝의 災變觀이 가지는 중요한 의미임에 틀림없다.

徙民實邊의 실효성과 民怨의 최소화는 범죄입거인의 存恤 문제에도 연결된다. 사민도망자 문제는 앞에서도 상세히 다루었는데, 중종조에도 여전한 문제가 아닐 수 없었다. "대개 作罪者는 單窮하고 의지할 데가 없어 곧 도망해 버리기 때문에, 명목만 實邊이지 實邊의 효과가 없다."[169] 이러한 史臣의 痛駁을 보아도 徙民實邊策의 허구성은 그 일단을 짐작할 수 있다. 성종조에도 시행된[170] 적이 있는 범죄

166) 한 사람의 寃抑도 和氣를 손상시켜 재변을 초래시킬 수 있다며, '一婦含怨, 六月飛霜'이라는 속담까지 거론하고 있다. 註 127) 中宗 21년 2월 14일 丁卯條 (16-498) 참조.

167) 世宗 23년 윤 11월 7일 庚午條 (4-371 下) ; 30년 5월 11일 乙未條 (5-67) 및 註 55) 참조.

168) 비록 만년의 이야기지만, 중종의 섬세함에 대해, '미세한 節目까지 빠뜨리지 않으려고 하는 것은 明敏하다고 할 수 있지만, 그렇다고 有司가 알아서 처리할 潛齋銀兩 문제까지 下問하는 것은 번잡스럽다'고 史臣이 評하고 있다. 中宗 39년 10월 10일 乙亥條 (19-148 左下·149 右上) 참조.

169) 中宗 19년 10월 3일 甲午條 (16-344 上).

170) 成宗 18년 7월 2일 己亥條 (11-227 右下).

입거인에 대한 給復 혜택이 중종조에도 건의되었다.[171] 하지만 그 시행여부와 효과는 그리 기대할 만한 수준이 아닌 듯하다. 중종 38년의 사민입거가 실행된 이듬해에, 徙民存恤을 소홀히 하여 도망자를 낸 수령의 罷黜 문제가 거론되었는데, 일시에 三邑을 교체할 수 없다고 논의될 정도였고,[172] 명종 초기에도 계속 사민도망자 문제가 거론되고 있기 때문이다.

⑥ 犯罪徙邊의 악영향

끝으로 지적할 점은 作罪人徙邊의 결과로 초래된 악영향이다. 성종 때 이미 大司憲 李恕長 등이 적절히 지적했듯이, "예전에는 사립문도 닫지 않고 가축도 들에 방목하던 永安道의 풍속이, 盜賊이나 牛馬屠殺者 등의 죄인을 입거시킨 후 날로 凶悍해지고 있다." 그래서 '호랑이나 이리를 양떼 속에 몰아넣는' 범죄인사변의 중지를 건의한 바 있다.[173] 作罪人入居가 중심이 된 중종조에도 이러한 부정적 효과에 대한 지적은 계속된다. 19년의 평안도 사민이 作罪入居로 기울어질 때, 知事 張順孫은 반론을 폈다. "흉포한 도적들을 사변시킨 결과 수령들도 그들을 통제하기 힘들' 뿐만 아니라, '이러한 범죄인 입송이 實邊에 도움이 되기는커녕, 오히려 풍속에 해롭기만 하다."[174] 그 후 중종 24년에는 義州에 신축한 城 안에 백성을 입송시키는 문제와 관련하여, 掌令 梁淵이 이런 문제점을 비교적 的確하게 지적하였다.

> "入居人의 부류는 대개 强窃盜 및 牛馬屠殺者들로 의지할 데가 없는 無恒產者인 까닭에, 입송시킨 지 얼마 안 되어 곧 流亡해 버리기 일쑤입니다. 아니면 恒心이 없기 때문에 서로 도적질을 일삼아, 성안이 온통 도적으로 가득 찹니다. 단지 마을 항간에서만 도적이 횡행할 뿐 아니라, 국경을 넘어 떼거리로 도적질하는 자들도 대개 이들입니다."[175]

---

171) 註 114) 中宗 10년 9월 29일 壬子條 (15-110) 참조.

172) 中宗 39년 6월 12일 己卯條 (19-103 上).

173) 成宗 5년 10월 29일 庚戌條 (9-160 右上).

174) 中宗 19년 7월 26일 己丑條 (16-325 上).

이러한 제반 상황은 중종조 범죄인사변 정책의 실효성, 나아가 朝鮮朝 徙民實邊政策 자체의 역사적 功過를 전체로 종합 평가함에 빠뜨릴 수 없는 중요한 측면임에 틀림없다.

(3) 刑律確立期

명종조에 들어와서는, 중종조에 入居시킨 徙民의 流亡 문제와 개별 전가사변죄가 논의되는 것을 제외하고는, 적극적인 徙民實邊정책 자체는 사실상 정지된다. 명종 4년에 '勸民入居'의 實邊之策을 적극 실행할 수 없는 상황 아래서, 소극 방책으로 사민도망자 처벌과 陳告者論賞 문제가 거론되었다.[176] 또한 다양하게 간교해진 流亡 형태를 방지하기 위해, 兩界지방의 元居人 및 娼妓·官奴婢의 贖身을 전혀 허용하지 말자는 논의가 있었다.[177] 개별 전가사변죄로는 部民의 守令告訴 금지와 賤人의 士族毆打 문제 등이 거론되고 있는 정도다.[178]

그 후에 적극적인 徙民實邊政策이 거의 논의되지 못한 원인과 배경은, 앞으로 좀더 깊이 연구해야 할 과제다. 다만 피상의 일반론으로는, 급격히 변화하는 주변정세 속에서 누적된 자기모순을 해결하지 못한 채, 倭亂과 胡亂을 겪어야만 했던 朝鮮王朝 자체의 限界에서 그 중요한 원인을 찾을 수 있겠다. 그러나 사민실변정책 자체와는 별로 관계없이, 이 시기에도 全家徙邊罪目이 지속 증가한[179] 사실은, 중종

175) 中宗 24년 8월 28일 辛卯條 (17-147 上).

176) 明宗 4년 2월 29일 己巳條 및 3월 2일 壬申 ; 4일 甲戌條 등 (19-627) 참조.

177) 明宗 4년 12월 14일 己酉條 (19-678).

178) 明宗 9년 6월 3일 壬申條 (20-204 上) ; 15년 6월 1일 丙申 및 2일 丁酉條 (20-557).

179) 이점은 명종조(1546)부터 숙종 24년 (1698)까지 150여 년간의 受敎를 모은 受敎輯錄과, 그 이후부터 영조 15년(1739)경까지 40여 년간의 受敎를 모은 新補受敎輯錄에 각기 실린 全家徙邊罪目의 수효가 거의 비슷하고, 이들 조목수가 중종조까지 시행된 40여 조목보다 적지 않은 사실로도 일응 짐작할 수 있다. 그리고 현종조에는 漏籍罪로 전가사변되는 자가 길에 줄이어 시름과 원망을 이기지 못하였고 (顯宗改修實錄 10년 11월 5일 甲午條 : 38-2 上), 숙종 초에도

조에 犯罪人入居事目등을 통해 이미 활성화된 全家徙邊이, 이 시기 들어 가중되는 사회갈등을 억압적으로 표출하는 과정에서, 하나의 독립된 刑律로 성숙하고 있음을 보여준다.

이 시기에 다양하게 쏟아진 전가사변죄목 또한 당시의 정치적·사회경제적 배경과 관련하여 깊이 연구되어야 함은 두말할 나위 없다. 그러나 전가사변이라는 독특한 刑罰形式으로 규정된 내용을 통하여, 당시의 사회 갈등을 거꾸로 추적해 볼 수도 있다고 생각한다. 앞서 전제한 것처럼, 본 논문은 이 시기의 상황에 대해 어떠한 깊이 있는 탐구도 시도하지 않을 것이다. 다만 두드러진 특징 몇 가지를 지적하고, 아울러 經國大典 및 大典續錄·後續錄을 포함하여 受敎輯錄과 新補受敎輯錄에 실린 全家徙邊罪目을 도표로 정리하여[180], 이 시기의 전체 윤곽을 조망하는 데 그치려고 한다.

본 편의 맨 뒤에 정리된 別表를 보면 알 수 있듯이, 가장 두드러진 특징은 兵典 軍制條에 많은 條目이 집중되어 있다는 점이다. 모든 條目의 受敎年代를 확인할 수 있는 것은 아니지만, 선조조에 쓰이기 시작한 조목이 많고, 대부분이 숙종 10년에 改定된 걸로 나타난다. 이걸 보면, 兩亂의 원인과 결과에 상호작용을 했을 軍制, 즉 身役體系의 문란이 兩亂을 전후하여 심한 상태에 이르렀음을 암시해 준다. 軍法의 특수성으로 말미암아 兵典에는 斬刑의 특수형태인 梟示刑도 상당히 규정되어 있지만, 전가사변 자체도 減死刑으로 결코 가벼운 형벌이 아님을 감안하면, 이러한 추론이 크게 빗나가지는 않을 것이다.

富寧 이북에 사변된 사람의 도망이 刷還 및 容隱者徙邊 문제를 거론시킬 정도였으며 (肅宗 7년 9월 22일 辛未條 : 38-551 下), 또한 숙종 36년에는 全家徙邊之類가 무려 1,260여 명에 달했다 (肅宗 36년 12월 12일 辛未條 : 40-380 左上)는 등의 제반 사실로 미루어 보아, 실제 전가사변도 결코 작지 않은 규모로 계속되었음을 알 수 있다.

180) 王朝實錄에 散見되는 개별 전가사변 '事例', 예를 들면 세종조의 '喪中犯奸者' (註 62) 참조)나 세조조의 '十株 이상 伐松者' (世祖 7년 4월 27일 丁酉條 : 7-461 上) 등과 같은 특별한 경우는 일일이 포함시키지 않았다.

다른 한 특징은 노비에 관한 규정이다. 公私賤에 관한 전가사변규정이 경국대전에 이미 존재하고, 성종조에는 公私賤을 容隱·役使한 자에 대한 처벌도 규정된 사실은, 노비가 조선의 신분적·사회경제적 근간임을 보여준다. 조선 후기 노비의 도망과 贖良이 급속한 사회변동과 상호상승작용을 한 점은 기존의 연구에서 어느 정도 밝혀지고 있지만,[181] 이러한 신분질서의 붕괴과정이 全家徙邊律에도 지속 반영되고 있는 점은 주목할 만하다.

끝으로 지적될 큰 특징은 租稅제도와 관련된다. 자고로 한 국가의 흥망이 그 收取체제와 밀접한 상관관계를 가진다는 점은 주지의 사실이다. 따라서 국가가 조세수취에 지대하고 세심하게 배려하는 것은 당연하다. 그러나 量田 및 田稅의 징수·운반(漕轉)에 관한 전가사변률의 규정양식은 조선 후기 조세수취체제 또한 상당히 문란해졌음을 반영하고 있다. 물론, 이러한 조선후기 법규정양식의 특징을 '全家徙邊'이라는 형벌형식에만 특유한 것으로 규정지을 수는 없을 것이다.

(4) 全家徙邊律의 廢止

全家徙邊罪目이 지나치게 번잡해졌다는 이유로, 중종 초기에 이미 21조목이나 삭제한 사실은 앞서 언급하였다.[182] 조선 후기, 특히 숙종·영종조에 들어 전가사변률이 급증하고, 실제 법집행 또한 작지 않은 규모로 이루어진 점도, 바로 앞 절에서 지적하였다. 나면 죽고, 흥성하면 또한 쇠망하는 게 事物의 理法! 조선 후기 들어 더욱 번성해진 全家徙邊律의 酌減廢止가 바로 그 번성의 연속선상에서 논의되고 있는 사실은 결코 우연일 수 없다.

물론 이러한 酌減廢止에 대한 탐구를 좀더 균형 잡히고 설득력 있게 하기 위해서는, 당시의 정치적·사상적 배경뿐만 아니라 사회경제

181) 鄭奭鍾, 朝鮮後期社會變動硏究, 一潮閣, 1983, 제2부 '社會身分制의 變化' 참조.
182) 註 109) 中宗 9년 12월 9일 丁酉條 (15-47 右上) 참조.

적 배경까지도 고려하여야 할 것이다. 그러나 사회경제적 요인들은 본 논문의 논의 과정에 직접 부각되지 않았으며, 다양한 죄목의 실체 내용에 대한 분석 검토 또한 앞 절의 경우와 마찬가지로 필자의 현재 연구 능력을 벗어난 작업임에 틀림없다. 따라서 본 탐구가 酌減廢止 논의의 표면에 부각된 지배계급의 정치사상적 고려에 치우치는 점은, 본 논문이 가지는 부득이한 한계로 지적될 것이다.

① 肅宗朝의 酌減

전가사변률의 본격 酌量減除는 숙종 10년 戶曹參判 徐文重의 상소에서 비롯된다. 즉, 鮮初부터 전가사변률이 적용되어 온 漏籍罪나 牛馬屠殺罪 등이 변화한 현실상황과는 관계없이 여전히 法條文으로 남아 있어, 부득이 전가사변에 처해야 하는 게 당시의 형편이었다. 그리고 일단 전가사변 되었다가 도망하는 이들에게 모두 一律로 徙民逃亡罪를 적용하기가 가혹하다는 이유로, 赦宥의 대상이 될 수 없는 이들 전가사변 범죄자들도 赦宥에 포함시키곤 했다.

그런데 이러한 경우에 세 번 도망한 후에 비로소 사형시키는 徒流刑과 형평이 어긋난다는 논거로, 이에 대한 시정을 건의한 것이다. 숙종 자신은 사변도망자를 첫 번째에 바로 사형시키는 것은 과중한 것 같다면서, 세 번 도망한 경우에 처형하는 게 어떻겠느냐는 의견을 제시했다. 그러나 領府事 金壽興이 祖宗朝에 徙民實邊의 목적으로 일시 전가입거 시키던 번잡한 죄목들을 酌量減除한다면, 사변도망자를 赦宥에 포함시키지 않아도 그리 과중하진 않을 것이라고 의론했다. 南九萬도 전가사변률을 減除하여 쉽게 범해지지 않도록 하는 편이 오히려 좋겠다고 同意하였다.

그래서 마침내 숙종은 전가사변죄를 赦宥에 거론하지 않도록 下敎하기에 이르렀다.[183] 이러한 조처는 곧 전가사변죄목의 酌量減除에 대한 긍정을 의미하는데, 이는 法의 實效性 및 합리적 衡平性에 대한

183) 肅宗 10년 7월 11일 乙亥條 (38-695 左上·右下).

대신들의 의견이 숙종의 소박한 欽恤精神과 결합한 소치로 보인다.

罪目을 酌減한 구체 기록이 王朝實錄에는 보이지 않는 듯하나, '같은 해(숙종 10년) 刑曹判書 朴信圭가 前後續錄에서 全家徙邊之類를 뽑아 대신과 의논하여 개정했다'는 기록이 秋官志에 보인다.[184] 또 受教輯錄 및 典錄通考에도 '康熙 甲子(숙종 10년, 1684) 9월 ○일에 의거하여 ○○로 개정한다'는 내용의 조목이 실려 있다.[185] 이러한 자료를 종합해 보면, 酌減의 폭을 추정할 수 있겠다. 秋官志에 17조목이 열거되어 있고, 典錄通考에도 秋官志와 중복되지 않는 10여 조목이 별도로 수록되어 있으므로, 도합 30여 조목에 이른 것으로 보인다.

이어 숙종 14년에는, 중종 19년에 全家入居罪條로 시행했던 10여 조목[186] 가운데, 常漢(평민)犯流者는 本律로 환원하여 시행하고, 貢物을 받아 남용한 色吏와 貢物을 代納한 者 및 公私賤犯流者 등 5조목은 杖一百流三千里로 개정하였다. 그밖에도 도망한 公私賤을 容隱하여 役使한 자를 杖一百徒三年으로 개정했다는 기록이 보인다.[187]

다시 숙종 42년에 右議政 李頤命이 荒政을 논한 箚子(차자)에서, 적체되어 있는 刑獄의 조속한 疏決과 함께, 經國大典 이후 事目에 의해 날로 증가한 전가사변률의 酌減을 건의하였다.[188] 이 건의가 받아들여져, 이듬해 정초에는 酌減한 20여 조목을 八道監司와 兩都留守에게 諭示하기에 이르렀는데[189], 그 구체 조목의 일부가 新補受教輯錄에 散見된다.[190]

---

184) 秋官志 第三篇 考律部 定制 '改定徙邊事目'條. 朝鮮總督府中樞院 活字本, 1939, 479-483면 참조.

185) 受教輯錄 戶典 諸田條, 兵典 諸科條, 刑典 推斷·禁制·公賤條 및 典錄通考 兵典 軍制條 등 참조. 구체 조목은 별표 참조.

186) 註 120) 中宗 19년 7월 27일 庚寅條 (16-325 右下) 참조.

187) 受教輯錄 刑典 推斷條 및 公賤條 참조.

188) 肅宗 42년 12월 17일 癸卯條 (40-622 上) 및 承政院日記 第499冊 같은 날 條 (26-957 上) 참조.

189) 肅宗 43년 정월 7일 壬戌條 (40-633 右上).

② 英祖의 廢止

이미 숙종조에 轉機를 마련한 전가사변률의 酌減은, 英祖의 확고한 실천의지를 만나면서 급진전을 보인다. 召對에서 대신들이 經傳의 文義에 따라 부연한 恤刑愼獄의 논의로 말미암아, 영조는 "임금 된 자가 講學을 하는 까닭은, 훌륭한 文句를 찾기 위함이 아니고, 몸소 실행하기 위함이다."고 知行合一의 실천의지를 천명하였다. 그러면서, "예전에 刑獄을 심판한 사람들은 어떻게 살릴 방도를 찾았는데, 요즘의 獄官들은 죽일 구실을 찾는다."는 공자의 말을 인용하여, 欽恤의 뜻을 각 道에 申明하기에 이른다.[191] 사흘 뒤 講學席上에서는 영조 자신이 "역대의 創業中興之君은 항상 法令을 寬大하게 하였는데, 말기에 亡國을 재촉하게 된 까닭이 가혹한 法令에 있었다."는 의견을 續大典 纂修者들에게 주지시켰다. 또한 이미 死文化된 刺字法이 단지 法文에 있다는 이유로 후세에 다시 사용될까 염려하여, 이를 삭제하도록 지시하였다. 아울러 流三千里보다 과중한 전가사변률의 酌減을 각별히 심의하여 후에 禀達하도록 명하였다.[192]

이러한 논의는 영조 20년(1744) 增修大典續錄纂輯廳을 설치하여[193] 續大典을 간행하는 과정에서 더욱 구체화된다. 전가사변 조목을 우선 정비하는 게 좋겠다는 영조의 말을 받아, 홀로 入侍한 형조판서 徐宗玉이 경국대전에 실려 있는 全家律은 비록 지금 쓸모가 없다 하더라도, 어찌 마저 폐지할 수 있겠느냐고 조심스러운 의견을 표시했다. 이에 영조도 大典 외에 受敎輯錄에도 존속시킬 만한 게 있을 것이라며, 그러나 숙종 43년의 酌減 때 존속된 조목이 많지 않음을 상기하

---

190) 新補受敎輯錄 吏典 功臣條 ; 戶典 諸田條 ; 兵典 軍制條 등 참조.

191) 英祖 16년 4월 14일 甲申條 (42-659 右上) ; 承政院日記 같은 날 條 (49-806 下부터 808까지) ; 備邊司謄錄 第106冊 英祖 16년 4월 15일條 (10-901) 참조.

192) 英祖 16년 4월 17일 丁亥條 (42-659 左下) ; 承政院日記 같은 날 條 (49-813 下·814 上) ; 備邊司謄錄 第106冊 英祖 16년 4월 18일 條 (10-902 左下·903 上) 등 참조.

193) 英祖 20년 6월 26일 壬申條 (43-140 右上).

고, 그때 別單子에서 빠뜨린 14조목은 모두 삭제토록 했다.[194] 비록 대폭이긴 하지만, 결국 酌減의 테두리를 벗어나지는 않을 것임을 의미하는 듯했다. 그러나 열흘 뒤에 續大典의 纂輯方式을, 大典은 별도로 두고 續錄·後續錄 및 受教輯錄만 분류·편입시키기로 결정하면서, 全家律을 다시 거론하기에 이르렀다. 右議政 趙顯命은 元惡鄕吏 및 豪强品官 등을 전가사변죄로 규정한 본래의 의도에 비추어 전부 삭제할 수는 없다고 주장했다. 그러나 全家律을 제거하더라도 流刑으로써 이들을 충분히 다스릴 수 있다는 이유로, 마침내 영조는 전가사변률이 이제 쓸모없다는 領議政 金在魯의 판단을 받아들이고 있다.[195]

이튿날 형조판서 徐宗玉이 전가사변률의 역사 배경에 대해 자세히 아뢰면서, 大典 이후에 시행된 것은 모두 流三千里로 감경하자는 의견을 제시했다. 이에 영조도, 漢나라 祖宗의 肉刑도 文帝가 폐지한 사실을 상기시키면서, 백성더러 범하지 말라고 시행하는 법이 준엄하기만 하다면 더욱 실행되기 어렵다고 판단했다. 뿐만 아니라, 邊方의 充實로 이미 시행 초기의 목적과 의미를 상실한 전가사변률을 그대로 둘 경우, 뒷날 이무기가 되지 않는다는 보장이 없다고 우려했다. 이러한 논거를 내세워, 그 폐지의 여파로 법질서가 문란해질 거라는 반론을 일축하였다.

마침내 大典 이외의 전가사변률은 徒流刑으로 改定하고, 大典에 실린 조항은 원문을 그대로 둔 채, 續大典에 改定內容을 싣도록 하였다. 아울러 가족이 없는 자에게 해당하는 絶島定配刑도 전가사변률에 준하여 처리하게 되었다.[196] 바로 이틀 뒤에는 몇 조목의 구체적인 減

194) 承政院日記 英祖 20년 6월 26일 壬申條 (53-283 下).

195) 承政院日記 英祖 20년 7월 5일 庚辰條 (53-297 左上·右下).

196) 承政院日記 英祖 20년 7월 6일 辛巳條 (53-299 下·300). 이에 대한 법적 근거로는 受教輯錄 兵典 徙民條의 '犯(全家徙邊)罪人中, 無家口單身者, 絶島定配.'라는 규정을 들 수 있다. 규정에는 '全家徙邊'이란 明文이 없으나, 全家徙邊과 入居逃亡者 추쇄에 관한 일반규정을 싣고 있는 '徙民'條의 성격상 '全家徙邊'죄인을 가리킴이 확실하다.

輕刑量에 대해 약간의 논의가 뒤따랐다.[197] 이로써 300여 년간 지속되어 온 朝鮮 특유의 全家徙邊律은 '너그러움과 느슨함에 힘써 한 푼의 은혜를 베푸는 마음으로 처음 (전가사변률을) 改正했다는 이름을 200년 후에 남기려는' 영조의 적극적인 欽恤의 실천意志를 만나,[198] 마침내 그 대단원의 막을 내리게 되었다.[199]

전가사변률의 본질과 당시 영조의 심정은 영조 자신의 다음 표현에 응축되어 있다.

"이번 전가사변률을 제거한 밤에는, 내가 다리를 쭉 펴고 잠을 이룰 수 있겠다."[200]

4. 全家徙邊律의 법적 성격

전가사변률의 법적 성격은 기본상 流刑과 緣坐刑의 결합 형태라고

---

197) 承政院日記 英祖 20년 7월 8일 癸未條 (53-303).

198) 英祖 20년 7월 6일 辛巳條 (43-140 左下). 이러한 영조의 欽恤意志는 앞서 언급한 刺字刑의 제거 외에, 壓膝刑(압슬형 : 주리를 트는 형) 및 烙刑(락형 : 불에 달군 쇠로 지지는 형)의 제거와, 법에 규정되지 않은 곤장의 사용금지 등으로도 표출되었다. 增補文獻備考 卷127 刑考1 (明文堂 영인본 中卷 476면 右上) 및 續大典 刑典 推斷條 참조. 欽恤思想의 본질 및 그에 대한 역사 평가는 별도의 깊은 연구를 기다려야 할 것이다.

199) 영조조의 폐지논의 과정에서는 本律로 규정된 '살아 있는 公(私)賤을 죽었다고 한 者' 및 이를 준용한 '살아 있는 軍丁을 죽었다고 한 者'의 두 조목만을 경국대전 條文으로 언급하고 있다. 그러나 註에 全家徙邊으로 규정된 '사형에까지 이르지 않는 强盜窩主'도 續大典에서 '杖一百 絶島爲奴'로 개정하고 있다. 문제는 역시 註에 규정된 '徙民逃亡許接人'이 大典通編에서 폐지되는 것으로 나타나 있는 점이다. 이는 續大典 刑典 推斷條의 '盡除全家徙邊律(以杖流施行)'이라는 一般規定으로 미루어 보아, 착오 또는 누락으로 보아도 좋을 것 같다. 다만, 祖宗成憲존중주의를 취한 조선조의 법전형식체계로 보면, 續大典은 經國大典을 보충하는 별도의 독자 법전으로 시행되어, 大典通編이나 大典會通과는 그 편찬방식이나 지위가 완전히 같지는 않기 때문에, 비록 실질상 효력은 그렇다 치더라도 과연 형식상으로도 經國大典을 개폐하는 효력까지 지녔는지 다소 의문일 수 있다. 따라서 경국대전에 규정되었던 두어 조문의 전가사변률이 속대전에 의해서 名實相符하게 폐지되었다고 단언하기도 어려운 점이 있다고 하겠다.

200) 承政院日記 英祖 20년 7월 8일 辛巳條 (53-306 右上).

규정할 수 있다. 그러나 전가사변 자체가 五刑에 규정되지 않은 朝鮮 특유의 형벌이고, 또 300여 년의 길고 다채로운 역사를 가진 까닭에, 그 법적 성격을 명쾌한 논리로 일반화시키기란 그리 쉬운 문제가 아니다. 따라서 本章에서는 이러한 기본 성격을 중심으로, 그에 부수하는 몇 가지 특수한 문제점들을 함께 검토해 보는 데 그치려고 한다.

(1) 流刑으로서 성격

經國大典은 明律의 五刑에 포함되어 있지 않는 邊遠充軍·爲奴·屬殘驛吏와 함께 全家徙邊을 杖一百流三千里에 준하는 것으로 규정하고 있다.[201] 이는 전가사변이 본질상 특수한 '流刑'임을 말해 준다. 또한 이러한 규정은, 정치적 이유나 法理的 근거 여부를 떠나서, 일반보통법으로 적용된 明律을 하나의 完整된 체계로 여기고, 그에 대한 예외를 적절한 위치에 편입시키려는 생각에서 말미암은 것으로 보인다. 따라서 法理로는 流三千里나 全家徙邊 모두 絞刑보다 한 等級 낮은 형벌로 파악된다. 그러나 실질상 전가사변이 流三千里보다 무거운 형벌임은 새삼 설명할 필요가 없을 것이다.[202] 세종조에 이미 사형에 해당하는 謀叛이나 干名犯義 죄인을 특별히 감형하여 전가입거시킨[203] 일이나, 앞서 언급했듯이 중종조에 齎銀을 賣銀과 분간하여 전가사변률로 논의한 사실 등은, 전가사변이 실질상 減死一等의 형벌임을 말해 준다.

여기서 문제가 되는 점은, 流刑에 필수로 부가되는 決杖一百이다. 중종조에 전가사변을 照律하는 자리에서, '決杖'의 문구가 없으면 律文을 중시하여 決杖은 하지 말라는 지시가 있었는데,[204] 실제로 전가

---

201) 經國大典 刑典 罪犯准計條 참조.

202) 備邊司謄錄 英祖 16년 4월 18일條 (10-903 右上) 참조. 「右議政 兪(拓基) 曰 : **'全家之律, …然而, 其律甚重, 過於流三千里.'**」

203) 世宗 26년 5월 26일 乙亥條 (4-559 左上) 및 29년 8월 2일 辛酉條 (5-32 右上).

204) 中宗 21년 11월 2일 辛巳條 (16-537).

사변 죄목에 決杖一百이 부가되어 있는 경우가 많지 않기 때문이다. 居喪 중의 犯奸罪[205]나 亂言罪[206] 등 개별 사안의 처벌논의에서 사형을 감경하는 경우에는 決杖一百을 부가하는 것이 상례였다. 그런데 徙民實邊의 목적을 위해 가벼운 죄도 부득이 무겁게 처벌해야 하는[207] 과정에서, 決杖一百을 부가하는 것은 지나치게 가혹한 것으로 받아들여졌을 가능성이 크다.

특히 犯罪人入居事目에 의해 抄定이 실시된 성종·중종조의 사정은 더욱 그러하다. 특별히 減死 논의된 齎銀者나 사사로이 銀을 채굴한 者,[208] 그리고 官家에서 作變한 土豪武斷이나 5명 이상 實貢奴婢를 누락시킨 色吏 및 대궐마당에 모여 운 민간인[209] 등을 제외하면, 특별히 決杖一百이 부가되어 있는 조목은 거의 없는 편이다. 이와 별도로, '嚴刑三次'나 '嚴刑' 등의 문구가 앞에 附記된 조목이 약간 있는데,[210] 여기서 말하는 嚴刑이 流刑에 부가되는 決杖과 비슷한 성격의 것일 가능성이 있으나, 확실하지는 않다.

요컨대, 전가사변률에서 決杖一百은 필수의 附加刑은 아니다. 이는 徙民實邊의 목적에서 가벼운 범죄자도 가중 처벌하는 전가사변률의 성격에 상응(相殺)하여, 決杖一百을 특별히 減刑해 준 것으로 보인다. 하물며 '徙民實邊'의 목적을 최대한 충실히 이루기 위해서도 건장한 상태로 보내야 하지 않겠는가? 곤장 1백에 반병신 된 자가 낯선 변방에 가서 제대로 적응하고 정착할 수 있을까? 바로 이러한 이유에서 전가사변이 流三千里보다 오히려 무거운 형벌로 규정되었을 것이다.

---

205) 註 62) 참조.

206) 中宗 15년 6월 6일 壬戌 및 7일 癸亥條 (15-665) 참조.

207) 註 158) 中宗 19년 7월 25일 戊子條 (16-324 左上·右下) 참조.

208) 後續錄 刑典 禁制條 및 受教輯錄 刑典 禁制條 참조.

209) 受教輯錄 刑典 推斷·公賤條 및 新補受教輯錄 刑典 推斷條 참조.

210) 受教輯錄 戶典 戶籍·漕轉條 및 新補受教輯錄 戶典 漕轉條 ; 兵典 軍制條 ; 刑典 禁制·公賤條 참조. '決杖一百'이나 '嚴刑'이 부가된 조목은 도표의 비고란에 개별로 밝혔다.

전가사변의 가장 큰 특징은, 赦宥 전에 발생했더라도 그 恩典을 받을 수 없다는 의미에서, '勿揀赦前'이라는 문구로 律文에 빈번히 보이는 점이다. 더러 '勿論經赦'나 '雖在赦前'이라는 문구로도 표현되었는데,[211] 마침내 범죄입거인 전반에 대한 일반 적용이 규정되면서,[212] '勿揀赦前'은 전가사변률의 확고한 원칙이 되었다. 중종조에는 일단 전가사변으로 定罪된 죄인을 臺諫이 減刑放送한 사실이 문제가 되어, 바로 뒤에 誤決이라는 비판과 함께 再發配를 논의한 적도 있다.[213]

한편으로, 勿揀赦前은 終身不返을 의미한다. 徒流罪人과 달리 實邊을 위한 전가사변죄인은 목적론 상으로도 放送할 수 없는 게 당연하다.[214] 한번은 광해군조에 太廟를 重建하여 祖宗의 경사라고 전가사변 이하 죄인을 석방하라는 傳旨가 있었다. 그러나 사민도망자도 일일이 추쇄하는 實邊의 목적과, 律文에 있는 '勿揀赦前'의 의미를 근거로, 承政院이 완곡하게 반론에 제기하여, 流罪 이하만 석방하고 전가사변은 끝내 赦令에서 제외하였다.[215] 또한 현종 11년에는 赦令時 전가죄인을 거론하지 말도록 거듭 신칙하고 있다.[216] 한편 文川에 全家入送된 麻山을, 그 父의 上言으로 인하여 중종이 석방해 주도록 한 일이 있었는데, 이러한 조처는 私恩을 베푼 것으로 지극히 잘못 된 것이라고 臺諫이 탄핵하였다.[217] 이러한 史實들을 보면, 전가사변의

---

211) 經國大典 刑典 公賤條 및 大典續錄 戶典 漕轉條 참조. 이밖에도 實錄에는 '雖已經赦' (世宗 27년 7월 24일 丙申條 : 4-630 左上) ; '雖經赦宥' (世祖 3년 6월 17일 己酉條 : 7-204 右下) ; '勿論會赦' (世祖 11년 11월 15일 己未條 : 7-713 下) 등이 보인다.

212) 大典續錄 刑典 公賤條 : 「凡犯罪入居當次人, 並勿揀赦前.」

213) 中宗 14년 12월 7일 丁卯 및 8일 戊辰조 (15-594). 이 사건은 己卯士禍 직후에 前臺諫 趙光祖 등의 행위를 문제삼은 것이어서 정치 색채가 농후하나, 法理의 전개에서 기본 원칙을 논거로 삼은 점이 주목할 만하다.

214) 中宗 15년 정월 26일 乙卯條 (15-618 右上).

215) 光海君日記 鼎足山本 즉위년 7월 8일 壬辰條 (31-328 左上).

216) 受敎輯錄 刑典 赦令條 참조.

217) 中宗 10년 9월 17일 庚子條 (15-108).

終身不返性이 얼마나 확고한 원칙이었는지 짐작할 수 있다.

그러다가 숙종조에 일반화된 예외가 출현하기에 이른다.[218] 현종조에 이미 전가사변자들이 석방되기를 바라는 마음으로 생업을 게을리하여 기근에 허덕인다는 지적이 있었다.[219] 그 바로 뒤에 앞서 언급한 현종의 신칙이 있었던 점은, 勿揀赦前의 파격과 전가사변률 자체의 酌減 논의를 불러일으킨 숙종조의 前夜인 조짐으로 보인다. 숙종 10년에 사민도망자 처형의 과중성과 관련하여, 酌減을 전제로 사변죄인을 赦宥에 거론하지 말도록 논의한 사실은 앞서 지적하였다.[220] 그러던 것이 자세한 경위는 알 수 없으나, 숙종 25년에는 특별한 경사로 雜犯死罪를 포함하여 '勿揀赦前'의 全家罪人을 함께 석방하라는 受教를 내리기에 이르렀다.[221] 이어 主戶가 사망한 전가죄인의 妻子를 放送하라는 受教가 숙종 28년과 38년에 거듭 내려졌다.[222]

후세의 역사 관점에서 보면, 이러한 일련의 조처는 전가사변률의 폐지가 이제 머지않았음을 암시해 주는 시대상황의 前兆라고 해석할 수 있을 것이다. 그런데 實錄에서 논의되고 있는 것처럼, 극심한 흉년을 당하여 굶주림으로 主戶가 사망한 妻子를 放送한 조치는, 결코 '행하여야 할 법규는 아니'라는 전제에서, 특별히 예외로 행한 好生之德의 일환이었다.[223] 이러한 점은 赦宥의 원칙과 예외에 대한 당시인의 의식을 적절히 보여준다. 결론으로 말하면, 전가사변죄목에 개별

---

218) 특별한 개별 예외도 전혀 없었던 것은 아니다. 세조조에 本府判官을 능욕한 죄로 전가사변된 金思禮가 함경도 節制使 李澄玉의 謀反을 평정하는 데 공을 세워, 원칙론을 내세운 兵曹의 반대에도 불구하고 특별히 고향에 귀환된 적이 있으며(世祖 2년 11월 25일 辛卯條 : 7-158 右下), 숙종조에는 軍糧을 횡령한 죄로 鐵山에 全家定配된 色吏를 徵捧 가능성이 있다는 이유로 특별히 放送한 경우가 있다.(承政院日記 肅宗 35년 8월 20일 戊午條 : 24-346 左上)

219) 顯宗改修實錄 10년 11월 4일 癸巳 및 5일 甲午條 (38-2 上).

220) 註 183) 肅宗 10년 7월 11일 乙亥條 (38-695 左上·右下) 참조.

221) 新補受教輯錄 刑典 赦令條.

222) 新補受教輯錄 兵典 徙民條.

223) 肅宗 35년 8월 20일 戊午條 (40-333 右上).

로 附記된 '勿揀赦前'은 '決杖一百' 문구와는 달리 단순한 注意규정에 불과하며, 따라서 전가사변죄의 終身不返性은 經國大典의 일반규정을 통해 通時代로 지속된, 비교적 확고한 원칙이었다고 할 수 있다.

이제 전가사변과 함께 杖一百流三千里에 준하는 것으로 규정된 '爲奴'와 '屬殘驛吏'를 살펴봄으로써,[224] 流刑으로서 전가사변을 이해하는 데 보탬이 되도록 하자. 여기서는 일반 고찰을 피하고, 전가사변과 관련하여 논란의 대상이 되는 '全家定屬殘驛吏(奴婢)'를 중심으로 그 개념을 살피는 데 그치기로 한다. 상식으로도, 주거 자체만을 옮기는 데 그치는 전가사변보다는, 주거를 옮긴 데다 특수한 身役까지 부과하는 全家定屬殘驛吏(奴婢)가[225] 무거운 형벌임에 틀림없다. 세조·성종조의 몇 가지 논의는 이러한 사실을 실제로 증명해 준다.

세조조에는 관원을 능멸하고 구타한 죄인을 강원도 殘驛吏에 全家永屬시키자는 주장에 대해, 전가를 강원도로 '옮기기만 하라'고 명한[226] 적이 있다. 바로 이어 改正戶籍軍籍事目에서는 戶口를 누락시키거나 누락된 戶口를 추쇄할 때 은닉한 色吏·勸農官·里正·統主 등을 강원도 殘驛吏에 전가정속 시키도록 규정하였다.[227] 성종조에도 평안도 館驛의 피폐와 軍額의 감소를 구제하기 위해 범죄사변인을 館驛에 정속시켜 軍役을 보충하자고 건의[228]하고, 冒名投書罪人의 捕告令에는 범인을 은닉한 양인은 천인으로 격하하여 전가사변 시키되, 천인의 경우는 極邊殘邑의 노비에 정속하도록 규정한[229] 적이 있었다. 더

---

224) 經國大典 刑典 罪犯准計條 참조.

225) 犯盜減死人을 '全家徙邊永屬爲奴'로 入啓한 實錄, 成宗 21년 2월 3일 乙酉條 (11-571) 참조.

226) 世祖 7년 7월 3일 辛丑條 (7-472 左下). 여기서는, '邊'의 범주와 관련하여 徙地가 강원도인 점이 크게 중요한 문제는 아닐 것이다.

227) 世祖 7년 7월 24일 壬戌條 (7-476 上).

228) 成宗 6년 12월 4일 己卯條 (9-289 左下·290 右上).

229) 成宗 9년 7월 초하루 庚申條 (9-621 右上). 이는 같은 범죄에 대해서도 신분의 차이로 인하여, 賤人이 良民에 비해 무거운 형벌을 받은 경우를 의미한다.

구나 사민도망자는 처형하고 그 妻子를 殘驛奴婢에 정속시킨다는 규정이나,[230] 人丁을 줄여 사민입거를 피하려고 아들을 죽이려다 미수에 그친 綱常罪人 正兵 李守生을 決杖一百하여 전가를 極邊邑奴婢에 영속케 한 사실도 있다.[231]

이들은 모두 全家定屬殘驛吏나 全家定屬殘邑奴婢가 전가사변보다 한층 가혹한 형벌임을 여실히 증명해 준다. 그럼에도 불구하고 全家定屬殘驛吏(奴婢)는 개별 특수 사건에서 전가사변에 대한 예외적 가중처벌로 적용되었을 뿐, 전가사변처럼 그 자체가 독자의 刑律로까지 성장하지는 못했다. 따라서 전가사변에 身役이 부가된 '특수한 전가사변'으로 이해하여도 무방할 것이다.

이에 덧붙여 絶島入居도 언급할 필요가 있다. 절도 재범의 경우에 처해지는 '絶島殘邑永屬爲奴' 규정[232]과 관련하여, 도적질을 하다가 珍島 등 남해안 섬 지방에 '徙邊'된 자들이 풍속을 해치는데도 수령이 통제하기 어렵다는 지적이 있었다.[233] 그런가 하면, 또한 범죄인 입거과정에서 중종은 통상의 입거죄보다 무거운 죄를 지은 자는 '海外에 입거'시키는 게 합당할 것 같다고 피력한 적도 있다.[234] 생각건대, 絶島入居는 실제로 그리 자주 거론된 편은 아닌 것 같다. 그러나 선조 11년에는 全家徙邊罪人 중 가족이 없는 홀몸인 자를 絶島定配한다는 일반조항이 受敎되었고, 또한 영조조의 전가사변률 폐지 논의에도 이러한 絶島定配刑이 포함되었다.[235] 이러한 사실을 보면, 絶島入居[定配]를 全家徙邊이나 또는 그에 준하는 형벌로 인식했을 가능성

230) 成宗 9년 7월 13일 壬申條 (9-623 右下) 및 經國大典 刑典 逃亡條 참조.

231) 註 54) 成宗 15년 2월 19일 丙子條 (10-570 左下·571 右上) ; 같은 달 23일 庚辰條 (10-571 左上) 참조.

232) 後續錄 刑典 贓盜條 참조.

233) 註 174) 中宗 19년 7월 26일 己丑條 (16-325 上) 참조.

234) 中宗 38년 12월 24일 甲午條 (19-29 右下).

235) 註 196) 承政院日記 英祖 20년 7월 6일 辛巳條 (53-299 下·300) 참조.

도 높다. 따라서 그 법적 성격을 杖一百流三千里에 준하는 전가사변의 또 다른 변형물이라고 보아도 좋을 것이다.

(2) 緣坐刑으로서 성격

緣坐刑으로서 전가사변률의 독특한 성격은, 북방개척의 선봉장이었던 右贊成 金宗瑞가 극심한 가뭄의 대책으로 범죄인에 대한 '全家' 연좌의 정지를 건의한[236] 데 대한 세종의 傳旨에 함축되어 있다.

> "妻子나 親族이 家長의 범죄로 인해 함께 입거되는 점은 나도 또한 마음 아파하고 있다. 지금 변방이 이미 견실하다면 입거시키지 않아도 좋다. 다만, 변방이 아직 견실하지 못한 까닭에, 전가입거법을 혁파할 수 없을 따름인데, 妻子와 親族을 제외하고 홀몸만을 입거시킨다면 實邊之策에 무슨 효과가 있겠는가? 또한 家長이 변방으로 멀리 옮겨가는데, 妻子된 자한테 같이 가도록 허락하지 않는다면, 이는 人情에도 합당하지 않게 된다. 간혹 家長이 멀리 옮겨가는데도, 죄 없이 따라가야 하는 것만을 원통히 여기는 자가 있겠지만, 그렇다고 이런 자들을 위해 어찌 法을 바꿀 수 있으리오?…"[237]

무릇 전형적인 緣坐의 법적 성격은, 家族主義 전통사회에서 '풀을 벨 적에는 뿌리까지 제거'하여, '타고남은 재에서 다시 불붙는 일이 없도록' 일망타진하는 威嚇的 형벌로서, 특히 국가사회에 대한 중대 범죄를 일반 예방하는 기능을 가지는 것이라고 보통 이해된다.[238] 緣坐制는, 역시 특수한 緣坐制의 일종으로 볼 수 있는 家長의 代表責任制[239]와 함께, 전통 父權家長制 사회의 가장 중요한 법적 특징이

---

236) 世宗 30년 5월 11일 乙未條 (5-67 左上).

237) 世宗 30년 5월 12일 丙申條 (5-67 左下).

238) 陳顧遠, 中國法制史概要, 三民書局, 1977年 第五版, 266면 ; 仁井田陞, 中國法制史硏究 (刑法), 東京大學出版會, 1959年 第1刷, 136-137면 ; 潘維和, '唐律上家族主義之姸究', 中國文化學術院出版部, 1965, 342-346면 등 참조.

239) 大明律 名例律 共犯罪分首從條에는 가족공범의 경우 尊長만 처벌한다는 일반

다.[240] 국가가 家長權(또는 父權)을 매개로 국민의 효율적 통제를 꾀한 점은, 가족주의 윤리를 통치이념으로 삼은 전통사회의 본질로 보나, 당시의 중앙집권 관료행정체제의 기능으로 보아도, 어느 정도 수긍이 가는 법적 제도이다.

緣坐刑의 이러한 정치·윤리상 성격은 조선초기 특유의 정책적 목적성과 함께, '徙民實邊'과 '除害懲惡'이라는 전가사변률의 역사 성격 자체를 바로 규정짓고 있다. 여기에다 妻子가 家長과 함께 가도록 '허락'하는 것이 人情에 합당한 恩典으로 평가되고, 나아가 비록 죄가 없더라고 원망하지 않고 家長을 따라가는 것이 美德 내지는 도덕적 의무로까지 은근히 칭송되고 있는 점은, '全家'緣坐의 윤리 색채를 더할 나위 없이 농후하게 만든다. 그러한 윤리성의 맥락에서, 弑母罪人 朴成根의 妻가 緣坐를 면하려고 발뺌하며 그 夫를 능욕한 사건에 대해, '뭇사람의 분노'를 씻으려고 綱常罪로 규정지어 全家徙極邊으로 논의한 적이 있다.[241] 또; 中宮侍女 朴氏의 婢夫 哲同이 전가사변죄를 지어 婢 石今도 緣坐를 면할 수 없게 되자, 朴氏가 陳訴하여 죄 자체를 減一等하게 한 사건에 대해, 婢僕의 사사로운 애원으로 임금이 어찌 私恩을 베풀 수 있느냐고 史臣은 통박하고 있다.[242]

한 가지 지적할 것은, 犯流罪人의 妻妾이 범죄인을 따라 유배지에 함께 갈 수 있도록 허락한 明律의 규정[243]도, 위와 똑같은 논리구조에서 파생한 윤리상 배려라는 점이다. 그러나 권리가 當爲로 강요되

규정이 있고, 家率이나 奴婢의 범죄에 대한 家長의 監督者 責任을 규정한 개별 조문이 산재한다. 특히 婚姻이나 戶籍 등에 관한 규정이 많다. 조선시대 法典에도 별도의 규정이 지속되고 있는데, 별도의 전문 연구를 필요로 하므로 여기서는 상세한 언급을 피한다.

240) 중국 전통사회의 가족주의와 법규범의 관계에 대한 소개는 앞의 潘維和의 논문 참조.

241) 成宗 19년 9월 초하루 辛酉條 (11-371 上).

242) 中宗 9년 10월 22일 辛亥條 (15-37 左下).

243) 大明律 名例律, 流囚家屬條 참조.

는 순간 이미 권리 아닌 의무가 되어 버리듯, 流囚家族에게 따라갈 자유가 강제된다면 그것은 또 다른 구속, 즉 형벌을 의미할 뿐이다. 전가사변률이 폐지된 이후 정조 14년에 이점이 신칙되고 있다. 근래 徒流罪人의 妻妾이 따라가는 예가 없음을 알고, 明律의 규정을 확인한 뒤, 情狀을 참작하여 따라갈 수 있는 경우에는 妻妾을 律文대로 따라가도록 하라고 欽恤의 뜻을 밝혔다. 여기에 덧붙여, 가난하여 자력으로 데려갈 수 없는 자에게도 隨從을 강요한다면, 이는 도리어 全家律이 될 것이라고 염려하면서, 강제성을 배제하도록 강조하고 있는 것이다.[244] 생각건대, 같은 상황을 주관 동기에 따라 상반되게 인식할 수 있는 섬세한 法理는, 전가사변률이라는 必要惡法을 경험한 역사 지혜의 소산이 아닌가 한다.

연좌의 범위는 개별 범죄에 따라 차이가 있을 뿐 아니라, 중국의 경우 王朝에 따라 역사상 변천을 해 왔기 때문에, 일반론으로 그 한계를 설정하기는 매우 어렵다. 중국의 경우 明淸律에서 연좌의 범위가 오히려 넓어지고 있다는 지적이 일반이다.[245]

朝鮮王朝가 일반보통법으로 적용한 明律을 중심으로 대강만 살펴보기로 하자. 우선 연좌에 관한 친족의 명칭은 律文 그대로 엄격하게 해석한다는 일반 규정[246]이 緣坐刑의 비중을 적절하게 표현해 주고 있다. 연좌의 범위가 가장 넓은 죄는 역시 謀反·大逆으로, 同籍 여부를 불문하여 직계친족의 경우 祖父에서 孫子까지 5代에 걸치고, 방계친속의 경우 형제는 물론 伯叔父 및 兄弟之子(조카)까지 3寸에 미치며, 異姓同居人까지도 포함한다. 다음은 謀叛으로 父母祖孫 및 형제까

---

244) 受敎定例 '流囚家屬依律文許從' 條 참조. 서울大學校 奎章閣圖書에 두 本이 있는데, '奎 12407' 本은 제71항에, '古 5125-23' 本은 제66항에 실려 있음.

245) 仁井田陞, 앞의 책 210면 및 戴炎輝, 中國法制史, 三民書局, 1966년, 56면 참조.

246) 大明律, 名例律 稱期親祖父母條 : 「凡稱期親及稱祖父母者, 曾高同 ; 稱孫者, 曾玄同 ; 嫡孫承祖, 與父母同. [緣坐者, 各從祖孫本法.] 其嫡母·繼母·慈母·養母, 與親母同 ; 稱子者, 男女同. [緣坐者, 女不同.]」

지 同籍 여부를 불문하여 포함하고,[247] 採生折割人 및 造畜毒殺人의 경우는 妻子와 同居家口에 머무르고 있다. 그 외에 殺一家三人條 및 吏律의 姦黨條·交結近侍官員條·上言大臣德政條 등에서는 妻子만을 규정하고 있다.[248]

경국대전은 刑典 僞造條 및 贓盜條에서, 속대전은 역시 刑典의 推斷條에서 각각 연좌죄를 규정하고 있으나, 그 범위는 妻子에 그칠 뿐이다. 朝鮮의 法例에서 특기할 만한 점이 눈에 띈다. 역적연좌 律文에 남편(夫)이 언급되지 않은 것은 자고로 역적이 모두 남자였기 때문이라는 논거로, 妻가 極逆罪를 범한 경우에 마땅히 夫도 연좌되어야 한다고 律文의 흠결을 보완한 사실이다.[249]

이제 '全家'의 범주를 고찰함으로써 전가사변의 연좌범위를 일반연좌의 경우와 대비해 보자. 그런데 '全家'라는 개념 자체가 일상 용어이고 '全家'의 범위 자체에 대한 논의가 별로 보이지 않기 때문에, 섣불리 그 범주를 논리상으로 설정할 수는 없는 일이다. 따라서 전가사변 논의에서 나타나는 단편의 언급들을 종합하여 불완전한 재구성을 시도하는 것으로 만족하여야 할 것이다.

앞서 언급한 세종의 傳旨에 '妻子親族'이라고 표현된 것으로 보아, 연좌의 최소한도 범위인 妻子는 '全家'의 개념에 당연히 포함되는 것을 알 수 있다. 또 도둑질을 한 文昭殿의 守僕奴 石屎(석시)의 죄를 刑曹가 全家徙邊永屬爲奴로 入啓한 사건에서, '全家'는 과중하다는 이유로 '妻子'만을 영구히 노비로 삼기로 논의한[250] 사실이 있는데, 역시 '全家'가 妻子를 포함하는 좀더 넓은 개념임을 확인할 수 있다. 여기서 妻의 경우 호적에 正妻로 실려 있는 자를 입거대상에 포함시키도

247) 大明律 刑律 盜賊篇 謀反大逆條 및 謀叛條 참조.

248) 大明律 해당 각 조문 참조.

249) 仁祖 10년의 일이다. 受敎定例 稽古篇 '妻犯極逆, 其夫緣坐' 條 참조.

250) 成宗 21년 2월 3일 乙酉條 (11-571) ; 14일 丙申條 (11-573 右下) ; 20일 壬寅條 (11-574 上) 참조.

록 법의 형식성(법률혼주의)을 강조한 受敎가 현종조에 내려진 점을 주의할 필요가 있다.[251]

그러면 妻子 외에 누가 또 이른바 '親族'의 범주에 포함될까? 중종 38년에 큰 문제가 되었던 황해도 허접인 1,300여 호가 인구로 계산하면 만여 명에 이른다[252]고 하니, 줄잡아도 한 호가 여덟 명이나 되는 셈이다. 그런데 이 허접인 추쇄에서 戶首와 籍을 같이하는 妻子婿弟라도 戶首가 사망한 경우에는 추쇄하지 말자는 건의가 거론되고 있다.[253] 세조 때에는 本府判官을 능욕한 죄로 金思禮가 父親을 포함하여 형제까지 함께 사변된 적이 있다.[254] 또한 선조 35년에는 허접인을 추쇄할 때, 장성하여 별도의 호적을 가진 경우만 제외하고, 동거하지 않는 아들도 포함하여 妻妾 모두 전가사변시키라는 수교가 있었다.[255] 영조조에는 전가사변률의 폐지를 논의하는 형조판서 徐宗玉의 언급 중에, 형벌이 妻子와 父母에게까지 미치는 전가사변률은 犯逆과 다를 바가 없다는 표현이 주목된다.[256] 따라서 호적을 같이하고 동거까지 하는 경우에는, 妻妾은 물론 결혼한 아들이나 동생·사위, 심지어 부모까지 일응 '全家'의 범주에 포함되는 것으로 추정된다.

그런데 後續錄에는 범죄전가사변인에게는 存留養親을 허락하지 않는다는 규정과, 범죄입거하는 戶內에 따라가려고 하지 않는 尊長이 있을 경우 입거시키지 말라는 규정이 있다.[257] 그리고 문종 즉위년에

---

251) 受敎輯錄 刑典 推斷條 참조. 한편, 唐律 名例律에는 "사람 나이를 일컫는 경우 호적을 기준으로 정한다."는 규정이 있다.

252) 註 128)에 인용된 中宗 36년 6월 1일 丙辰 ; 5일 庚申 ; 10일 乙丑條 (18-469·472·473 上) 참조.

253) 中宗 36년 6월 5일 庚申條 (18-472 左上).

254) 世祖 2년 11월 25일 辛卯條 (7-158 右下).

255) 受敎輯錄 兵典 徙民條.

256) 承政院日記 英祖 20년 7월 6일 辛巳條 (53-299 左下) 참조.

257) 後續錄 兵典 禁制條 및 刑典 雜令條 참조. 犯罪存留養親에 관하여는, 김지수, 傳統 中國法의 精神, 전남대학교출판부, 2005년 초판, 161-168면 참조.

中樞院使 金孝誠이 備邊十條를 올리면서, 도적의 홍행과 관련하여 强盜는 妻子와 父母까지, 牛馬賊은 따로 별거하는 아들까지, 竊盜의 경우에는 全家를 입거시키고자 건의한 적이 있다.[258]

통상 범죄의 경중으로 보아, '全家'가 부모는 물론 별거하는 아들까지도 포함하지 못하는 범주로 파악될 수 있기 때문에, 지금까지 애써 탐구한 게 일시에 물거품이 되는 느낌이다. 현재의 우리로선 '全家'의 개념에 대해 어떠한 확실한 범주도 설정할 수 없다고 고백하지 않을 수 없다. 다시 일반 논의로 환원하여, 명확한 법적 정의가 없는 '全家'는 각 시대별로 구체 실제가 다를 수 있으며, 가족제도에 대한 사회사적 연구와 실증자료 발굴의 도움을 받을 필요가 있다고 일단 매듭지어야 할 것 같다. 다만, 기본상 호적을 같이하는 妻子가 포함된다는 점과, 세종조에 丁錢을 납부하지 않고 불법으로 승려가 되는 것을 엄단하기 위해 內外四寸까지 전가입거 시키도록 조처한[259] 것이 일시의 특별한 예외이었다는 점만은 확실하다.

마지막으로 緣坐刑으로서 全家徙邊의 특징을 하나 지적하자. 중국 고대에 있었던 族誅는 가장 가혹한 緣坐刑으로서, 죄인과 함께 일정한 범위의 가족이 죽임을 당하는 형벌이다.[260] 즉, 緣坐人이 범죄인과 동일한 형벌을 받는다는 점이 특징이다. 그러나 明律에서는 謀反大逆의 경우에만 앞서 언급한 범위 내에서 범죄인과 같은 斬刑을 받는데, 그것도 여자는 죽임을 당하지는 않고 노예가 될 따름이다. 그 밖의 범죄는 대개 노예로 삼거나 流三千里刑에 처한다고 규정한다.[261] 즉, 범죄인과 연좌인의 형벌이 서로 다른 실정이다.

이에 반해, 전가사변의 경우에는 범죄인과 연좌인의 형벌이 완전히 일치하여, 家族의 共同體性이 그대로 유지되는 게 특색이다. 연좌인

258) 文宗 즉위년 7월 18일 庚申條 (6-260).

259) 世宗 27년 7월 15일 丁亥條 (4-626 上).

260) 陳顧遠, 中國法制史概要, 三民書局, 1977年 第五版, 265-266면 참조.

261) 註 247) 및 註 248) 참조.

에 대한 형벌이 범죄인의 형벌이나 明律상의 연좌형에 비해 상대적으로 가혹하긴 하지만, 徙民實邊이라는 역사 과업과 유교 가족주의윤리가 만들어 낸 중요한 법적 특징으로 평가된다.

5. 全家徙邊律의 이념상 특징

“사회 있는 곳에 法이 있다”면, 그 法의 내면에는 그 사회의 理念이 밑받침되어 있기 마련이다. 기존의 사회체제를 유지하기 위한 法의 기본 이념은 기득권 보호로 표현되는데, 法의 이러한 속성을 ‘社會的 慣性의 法則’이라고 일컬을 수 있을 것이다.

法의 理念性은 동아시아의 전통사회에서도 그 일반론을 확인할 수 있으며, 특히 조선왕조에 특유했던 全家徙邊律도 그 대상에서 예외일 수 없는 것처럼 보인다. 관심의 대상은, 당시의 일반 법체제 및 형벌제도와 비교하여, 全家徙邊律이 이념상 보편성 이외에 어떠한 특수성을 지녔는지 여부다. 결론부터 말하자면, 全家徙邊의 독특한 역사 배경 및 그 법적 성격에서 말미암은 한 이념상 특수성이 상당히 비중 있게 지속 논의된 사실을 주목하고 싶다. 물론 全家徙邊律의 特有性으로 인해, 그 보편성도 어느 형벌제도에서 못지않게 현저히 부각되어 있다. 이러한 점을 유념하면서, 이제 일반보편의 특징 세 가지와 함께 전가사변률에 독특한 특징 한 가지를 구체로 살펴보고자 한다.

(1) 규정형식상의 특징 : 受教 형식의 事目이나 節目

우선 全家徙邊罪目의 규정형식과 관련한 중요한 특징으로, 조선조 法源史 전반을 통하여 확고하게 지속된 이른바 ‘祖宗成憲尊重主義’[262]를 들 수 있다. 이러한 원칙은 經國大典 이후의 법규정이 受教의 형

262) 이러한 祖宗成憲尊重主義의 구체 실현과정 및 그 역사 평가에 대하여는, 朴秉濠, 韓國法制史攷, 419-421면 참조.

식을 취한 점으로 대표될 수 있다. 그런데, 특히 경국대전 이후에 내려진 受教를 정비하여 續大典을 편찬하는 과정에서 全家徙邊律이 폐지되었다는 역사상 우연으로 말미암아, 전가사변률에서 이 원칙이 뚜렷이 확인된다. 즉, 경국대전의 관련 네 조문을 제외하고는 法形式上으로 국왕의 受教에 의해 규율된 것이 전가사변률의 두드러진 특징이다. 특히, 적지 않은 條目이 역시 受教의 형식을 취하는 事目 또는 節目에 의해서 시행된 점을 주목할 만하다.[263)]

그런데 경국대전 이후 시행된 受教의 인쇄·頒行을 논의한 성종조 후기에도 지적되었듯이, 受教는 일시의 폐단을 구제하기 위한 것일 따름이지, 영구히 준행할 法은 아니라는 意識이 중요하다.[264)] 受教의 본질상 한계에 대한 의식은 계속되었다. 중종조에는 士族 능욕죄를 전례에 의해 徙邊之律로 처벌하자는 주장에 대해, 역시 受教事目은 일시 방편이지 영구 遵行할 성질의 것은 아니라는 논거로 전가사변을 거부하기도 하였다.[265)] 이러한 까닭에 受教, 특히 事目의 법적 효력은, 적어도 '輯錄化'되기 전에는 형식상 일회성이며, 후에 같은 사안을 논의할 때에도 이전의 受教나 事目을 확인하거나 申明하는 절차를 거치는 게 일반이었던 것 같다.[266)]

事目과 관련하여 한 가지 더 지적할 것은, 성종·중종조에 이른바 犯罪人入居事目으로 勒令徙邊을 대체하면서, 범죄입거 자체가 勒令入居의 색채를 띠었다는 점이다. 특히 實邊의 실효성을 높이기 위해 豪

---

263) 成宗·中宗朝의 犯罪入居人事目과 선조조 이후의 각종 量田·戶籍·軍籍·漕轉事目 등이 대표다.

264) 成宗 22년 10월 17일 庚申條 (12-103 上).

265) 中宗 23년 6월 14일 甲寅條 (16-676 下·677 右上).

266) 受教輯錄은 일반으로 法典이라고 이해된다. 이 경우에도 그 實效性은 상당히 회의적이며, 적어도 법적 효력은 經國大典과 비할 바가 아님은 확실하다. 受教와 事目의 본질 및 법적 성격에 관하여는 별도의 史的 考察이 필요하다고 본다. 受教에 관하여는, 金池洙, 「受教의 法的 性格과 理念 －傳統 中國法上의 條例와 대비하여－」, 朴秉濠教授還甲紀念(Ⅱ) 韓國法史學論叢, 1991, 博英社, 113-143면 참조. 약간 손질된 상태로 본서의 제1편에 수록되어 있음.

强武斷 등을 포함시킴으로써, '명목은 비록 범죄입거이지만 실질상 勒令과 동일'한 지경에까지도 이르렀다.[267] 게다가 勒令徙邊 자체가 실질상 형벌의 성격을 띤다는 주장이 있어, '勒令'과 '犯罪'의 실질 구분이 더욱 모호해지고 마는 느낌을 준다. 즉, 勒令入居人의 '立功自贖'은 형벌의 성격을 전제로 한 조처라고 인식하며, 勒令入居를 범죄입거와 별 차이 없는 일종의 流刑으로 파악하고 있는 것이다.[268] 생각건대, 형식으로나 실질로도 徙民入居 자체를 형벌의 일종으로 볼 것은 아니다. 형벌에 대응할 범죄사실을 전혀 구성할 수 없을 뿐만 아니라, 徙民入居人에게만 각종의 혜택이 주어졌다[269]는 점 등을 감안하면, 오히려 국가의 필요에서 부득이 창출된 '특수한 終身賦役'이라고 규정짓는 편이 나을 것이다. 물론 徙民逃亡의 犯罪化는 제2차 문제이므로 여기서 고려될 필요가 없다고 생각한다.

(2) 적용 대상의 한정 : 士族의 원칙상 제외

朝鮮朝 형벌제도 중 全家徙邊律에서만 독특하게 확인할 수 있는 이념상 특징은, 勒令徙邊과 마찬가지로 범죄인사변도 평민과 천인에 국한하여 시작한 점이다. 즉, 士族은 전가사변의 대상에서 원칙상 제외되었다. 士族이 良賤에 비해 일반으로 각종 형벌감면의 특혜를 가진 점은, 士族이 지배하던 계급사회의 본질 속성으로 이해할 수 있다. 하지만, 전가사변률과 같이 士族에게 아예 자유로운 형벌영역이 존재했다는 점은 특기할 만하다.

士族을 전가사변에 포함시키지 않은 데에는, 생업을 전적으로 노비

267) 中宗 19년 8월 16일 戊申條 (16-332 上).

268) 宋炳基, 「世宗朝의 平安道徙民에 對하여」, 史叢 第8輯, 1963, 48면 ; 李樹健, 「朝鮮 成宗朝의 北方移民政策 (下)」, 亞細亞學報 第8輯, 1970, 96면 참조.

269) 성종·중종조에 徙民實邊의 실효성을 높이기 위해 범죄입거인에게도 復戶 등의 혜택을 주자는 건의가 있었던 점은, 바로 범죄입거인에 대한 무혜택의 원칙을 반증해 준다. 註 114) 中宗 9년 12월 9일 丁酉條 (15-47 右上) 및 註 170) 成宗 18년 7월 2일 己亥條 (11-227 右下) 참조.

에 의존하는 士族의 경우, 입거 과정에서 노비들이 도망해 버리면, 농업에 문외한인 그들로서는 속수무책이기 때문에, 徙民實邊의 실효성 자체가 없어진다는 논거도 있긴 하다.[270] 그러나 士族계급을 전가사변에서 제외시킨 본질상 근거는, 과거를 통하여 조정에 이름을 둔 士族은 곧 국가조정의 명예를 의미한다는 점이다. 그리하여 중종 4년에는 일단 抄定된 자를 제외시키기로 의론하기에 이르렀으며[271], 중종 14년에는 壓良爲賤(양인을 억압해 천민으로 부림)의 중죄성을 논의했으나 결국 朝士不徙의 원칙을 확인하는 데 그쳤다.[272]

중종 19년 평안도 전염병으로 인한 入居를 논의할 때, 豪强武斷은 비록 士族이라도 백성들에 대한 弊害를 제거하기 위해 전가사변에 처해야 한다는 조목이 있었다. 그런데 弘文館 副提學 蔡紹權 등이 時弊五條에 포함시켜 상소함으로써, 士族의 전가사변 문제는 본격 논란의 대상이 되었다. 勒令入居와는 달리 자기의 죄를 스스로 책임져야 할 作罪入居에서, 八議에 해당하여 減等 논의의 대상이 되는 것은 별론으로 하더라도, '刑은 大夫에게까지 미치지 않는다.'(刑不上大夫) 라는 法諺을 들어 士族을 제외하는 것은 부당하다는 의견이 지배했다.[273]

결국 生員·進士와 文武科 子孫 및 내외 四祖에 모두 顯官이 있는 士族에 한해 全家에서 제외하여 次律을 적용하기로 타협되었다.[274] 이어 '內外四祖'를 '內外二祖'로 축소하고, 顯官의 범위도 東西班 正職五品 이상 및 監察·大曹郎官·部將·宣傳官·縣監 등으로 정했다.[275] 중종 38년에 武斷土豪가 다시 입거사목에 포함됨으로써, 20년에 承傳한 士族次律과 상충하게 되어 가벼운 논의가 있었는데, 士族次律의

---

270) 中宗 21년 2월 23일 丙子條 (16-500 上).

271) 中宗 4년 11월 28일 丙戌條 (14-397 上).

272) 中宗 14년 정월 21일 丙辰條 (15-504).

273) 中宗 19년 10월 8일 乙亥 및 9일 庚子條 (16-345).

274) 中宗 20년 8월 21일 戊申 및 23일 庚戌條 (16-447 右下·448 右上).

275) 中宗 20년 8월 27일 甲寅條 (16-449 右上).

승전을 그대로 시행하기로 하였다.[276] 명종 5년에 '內外四祖'의 승전이 재차 신명되고 있으나,[277] 선조 35년에는 사민도망자 허접인에 대해, 숙종 11년에는 노비쟁송을 위해 명분을 어지럽힌 자에 대해, 각각 士族 여부를 불문하고 전가사변 시킨다는 수교가 내려졌다.[278]

약간의 예외를 제외하면, '徙民實邊의 目的性'과 관련한 전가사변의 경우 士族次律의 원칙이 고수되었다고 보아도 좋을 것이다. 이러한 士族次律은 양반계급이 통치구조의 근간을 이룬 조선조의 自尊心으로 평가되는데, 이는 평민이나 천인들에 대한 전가사변률의 태도를 살펴보면 더욱 확실하게 부각된다. 즉, 평민과 公私賤人의 각종 流罪를 전가사변으로 일반화시킨 점이다. 이는 숙종 14년에 本律로 환원되기까지 성종조 이후 계속된 일반조목이었다.[279] 심지어 徒罪를 범한 자까지 전가사변에 포함시키자고 논의했던[280] 사실은, 徙民實邊의 목적을 표방한 전가사변률에 계급성이 특히 강하게 투영되어 있음을 시사해 준다. 물론 중종조에 몇 차례 논의를 거쳐[281] 명종 9년에 신칙된 士族 구타죄에 대한 전가사변률의 적용[282]도 이러한 계급성 논의에서 빠뜨릴 수 없는 중요한 사실일 것이다.

(3) 범죄주체의 身分상 특징 : 하급관리 대상의 죄목 많음

전가사변의 범죄주체와 관련된 다른 하나의 이념상 특징은, 말단

276) 中宗 38년 12월 24일 甲午條 (19-29) 및 26일 丙申條 (19-30 下).

277) 受敎輯錄 刑典 推斷條 참조.

278) 受敎輯錄 兵典 徙民條 및 戶典 戶籍條 참조.

279) 成宗 14년 12월 19일 戊寅條 (10-553 右上) ; 成宗 17년 6월 30일 癸卯條 (11-131) ; 中宗 19년 7월 14일 丁丑條 (16-321) ; 後續錄 刑典 雜令條 및 受敎輯錄 刑典 推斷條 등 참조.

280) 世宗 26년 7월 14일 辛酉條 (4-570 上) ; 成宗 21년 정월 24일 丁丑條 (11-568 下) ; 中宗 12년 12월 17일 戊午條 (15-369) 참조.

281) 中宗 23년 6월 9일 乙酉條 및 14일 甲寅條 (16-676 · 677 右上) ; 中宗 34년 10월 7일 辛未條 (18-341 上) 등 참조.

282) 受敎輯錄 刑典 推斷條 참조.

하급관리를 대상으로 한 身分犯性의 죄목이 많다는 점이다. 세종조에 이미 入居抄定時에 농간을 부린 鄕吏·監考[283] 및, 量田과 관련하여 田稅를 횡령한 書員·色吏·監考[284] 등을 누차 전가사변으로 징계한 적이 있다. 세조와 성조조에도 徙民 및 軍籍과 관련한 奸吏를 전가사변시키고 있다.[285] 특히 성종 15년의 徙民抄定事目에 '元惡鄕吏'를 일반조목으로 포함시킨 점은 주목할 만하다.[286] 그 후로 계속하여 元惡鄕吏는 流罪를 범한 常賤과 함께 일반조목으로 전가사변률의 중요한 비중을 차지하였다.[287] 선조조를 전후하여 軍役과 관련한 15개의 구체조목이 쏟아진 점과, 숙종조에 量田과 관련한 10여 조목이 집중된 점 또한 奸吏에 대한 국가의 입장을 잘 반영해 준다.[288]

생각건대, 전통사회에서 수취구조의 최일선을 담당하는 衙前들에 대한 통제는 매우 중요하고도 어려운 문제였음에 틀림없다. 자주 바뀌는 수령과는 달리, 土官으로서 지역사정 및 실무에 밝은 데다가, 정치사회가 불안정해지면 중앙의 통치권력이 잘 미치지 않기 때문에, 말단관리들의 농간은 거의 항상 존재하였다. 奸吏의 징계는 물론 백성들의 해악을 제거한다는 점도 있었겠지만, 근본상 국가의 재정 및 賦役을 충실하게 하려는 데 비중이 더 컸던 것으로 보인다. 여기에는 물론 국가의 근본인 백성의 피폐가 곧 국가재정의 황폐화를 초래할 뿐 아니라, 나아가 국가의 운명 자체까지 위태롭게 한다는 자기존재의식이 깔려 있었다고 할 수 있겠다.

283) 註 47) 世宗 17년 7월 26일 乙未條 (3-644 右上) 참조.

284) 註 58) ~ 註 61) 참조. 또 世宗 28년 7월 10일 丙子條 (4-687 右上) 참조.

285) 註 69) · 註 76) · 註 95) · 註 98) 참조.

286) 成宗 15년 정월 7일 乙未條 (10-558 左下).

287) 後續錄 刑典 雜令條 참조. 영조도 전가사변률의 폐지논의 과정에서도 豪强品官과 元惡鄕吏는 제외시키자는 주장이 있었다. 承政院日記 英祖 20년 7월 5일 庚辰條 (53-297 右下) 참조.

288) 受敎輯錄 兵典 軍制條 및 新補受敎輯錄 戶典 量田條 참조.

(4) 敬老孝親의 유교윤리 선양

마지막으로 지적할 전가사변률의 이념상 특징은, 敬老孝親이라는 유교윤리를 宣揚하고 表彰했다는 점이다. 緣坐刑으로서 성격이 가족주의 윤리를 바탕으로 한다는 점은 앞서 살핀 바 있다. 이러한 가족주의 윤리가 전가사변률에 어떻게 표현되고 있는지, 적극 측면과 소극 측면으로 나누어 살펴보기로 한다.

세종조 말엽에 居喪中 간음한 죄인을 全家徙邊으로 의율한 일련의 조처는 그 적극 표현의 실례를 대표한다. 세종 28년에는 國喪中 向化野人의 妻를 간음한 자의 죄형을 논하는데, 杖六十徒一年 刑인 '父母喪을 숨기고 擧哀하지 않은 죄'를 本律로 언급하면서, 綱常을 敗亂시킨 情節이 중하다는 논거로 杖一百을 시행하여 新設五鎭에 全家入居시키기로 판결했다.[289] 이듬해에는 왕비의 喪中에 평양기생을 간음한 具文靖 父子를 十惡에 의율하여, 역시 평안도 변방에 전가입거 시켰다.[290] 또 같은 해에 父喪中인 처녀와 간음한 자를 茂昌郡에 전가입거 시키고,[291] 父喪 및 國喪의 期年 중에 상복을 벗고 집을 몰래 팔아 宴樂한 자를 干名犯義罪로 減死一等하여 慶源府에 전가입거 시킨 일도 있다.[292] 居喪奸淫을 十惡이나 干名犯義로까지 의론한 사실과, 특히 國喪을 父母喪의 연장선상에 놓아 가중 처벌한 점은, 家長權을 매개로 하는 전통사회의 구조상 본질을 단적으로 보여주고 있다.

이제 그 소극 表彰을 보기로 하자. 우선, 流罪 이하의 경우 70세

289) 世宗 28년 9월 7일 壬申條 (4-700 上).

290) 世宗 29년 윤4월 15일 丙子條 (5-18 左上·19 右上).

291) 世宗 29년 2월 19일 辛亥條 (5-7 右下).

292) 世宗 29년 8월 2일 辛酉條 (5-32 右上) 참조. '명분과 도의를 범한다'는 뜻의 '干名犯義'는 尊屬親에 대한 (誣)告罪를 明律(刑律 訴訟篇 干名犯義條)이 독립의 一般條目으로 설정한 것인데, 유교의 가족주의 윤리를 잘 표현하고 있다. 이 사건에 干名犯義를 擬律(적용)한 직접 계기는, 母親의 동의 아래 집을 팔았다고 '거짓' 변명한 사실이나, 형벌의 실질 근거에는 居喪奸淫罪도 상당한 비중을 차지하는 것으로 보인다.

이상인 사람을 收贖한다는 규정이 明律에 실려 있는데,[293] 이러한 원칙은 전가사변 논의에서도 확인된다. 세종 말엽에 평안도 流移民 250호를 함길도로 입거시키면서 年老人은 귀환시킨 적이 있다.[294] 중종조에는 범죄입거인 가구내의 隨從을 원하지 않는 尊長은 입송시키지 말라고 지시했으며, 또한 老親의 잔류를 전제로 한 듯한 범죄사변인의 存留養親 불허 규정도 눈에 띈다.[295] 중종 말엽에는 齎銀에 대한 전가사변률을 주밀하게 규정하고 나서, 70세 이상이면 전가사변도 收贖한다는 법원칙을 악용하여 범법하는 자가 생길 가능성에 대비하여, 70세가 된 사람은 赴京使行에 포함시키지 말자는 追論도 있었다.[296]

여기서 '年老'나 '尊長'의 범주가 막연하긴 하나, 70세 이상인 자는 자신이 범죄주체인 경우에도 收贖할 뿐, 전가사변에서는 제외된다는 최소한의 원칙을 확인할 수 있다.[297] 앞 章에서 詳論한 바와 같이, 緣坐의 객체인 경우에는 연좌의 범위가 다소 불확실하기 때문에, 전가사변에서 제외될 수 있는 연령의 한계선이 70세 이하로까지 내려갔을 가능성도 배제할 수는 없다.

이밖에, 많은 사례가 발견되는 것은 아니지만, 孝倫理를 직접 표창하는 전가사변률의 유일한 '구체' 예외가 있다. 각별한 孝行을 소극으로나마 선양하기 위해 전가사변을 특별히 감면해 주는 것이 바로 그 예외다. 중종 11년에 전라도 興德의 향리 陳侃(진간)이 전가사변죄를 범하였는데, 일찍이 孝行으로 旌閭를 하사 받은 적이 있어, 노모

---

293) 大明律 名例律 老小廢疾收贖條 참조.

294) 世宗 28년 2월 15일 甲寅條 (4-655 左下).

295) 後續錄 刑典 雜令條 및 兵典 禁制條 참조.

296) 註 157) 中宗 36년 7월 29일 癸丑條 (18-491 上) 참조.

297) 현종조에 70세인 자도 호적에서 누락된 경우 아들과 함께 정배시킨다는 논의가 있었다. 그러나, 아들이 없거나 아들이 호적에서 누락되지 않은 경우에는 收贖한다는 극히 제한된 논의인 데다가, 漏籍律 자체가 얼마 안 있어 숙종 10년에 개정되기 때문에, 70세 收贖의 원칙은 지속되었다고 보아도 좋을 것이다. 顯宗 8년 11월 초하루 辛丑條 (36-567 右下) 및 承政院日記 같은 날條 (11-57) 참조.

의 上言으로 면제된 일이 있다.[298)]

또한 두 해 뒤에는, 경상도 東萊 李春茂가 公賤을 은닉한 죄로 전가사변되어야 할 운명이었는데, 妻 宋氏가 孝行으로 旌門을 하사 받을 처지였으므로, 監司가 특별히 입거를 면제해 주자고 啓請한 사례가 있었다. '女必從夫'라는 도덕적·法理的 원칙에 의해 宋氏를 남편과 함께 입거시키자니, '孝行'을 권장하는 국가의 근본이념이 퇴색할 염려가 있고, 그렇다고 '아내'의 효행으로 남편의 죄를 감면하자니 法理가 허락하지 않아, 進退兩難에 빠진 것이다. 여러 차례의 논의를 거쳐, 결국에는 原從功臣의 자녀도 減刑의 은택을 입는데, 하물며 국가의 이념인 孝를 실행한 자를 법대로만 처벌하기가 미안하다는 논거로, 감경 처벌하기에 이르렀다.[299)]

생각건대, 敬老孝親을 장려하는 유교 '倫理'와 국가에 대한 무조건의 忠誠을 강요하는 봉건 '法'은, 법과 윤리라는 측면에서 뿐만 아니라 國과 家라는 측면에서도 이율배반의 관계를 유지하였다. 이른바 '德主刑輔'라는 유교의 철학사상이 중국 전통법을 통하여 조선조의 법원칙에까지 투영된 까닭도 있겠지만, 근본으로는 忠을 당위규범으로 연역하기 위한 통치이념으로서 孝를 표방한 때문이 아닌가 한다. 결국 이러한 긴장관계가 전가사변률에도 그대로, 특별히 강하게 투영되었다고 할 수 있겠다.

6. 結 語

이상에서 전가사변률이 조선조 徙民實邊정책의 방편으로 형성되어 독자의 刑律로까지 발전하였다가 영조조에 欽恤精神을 바탕으로 소멸된 역사변천의 과정, 그리고 流刑과 緣坐刑이 결합된 형태로서 법적

298) 中宗 11년 6월 5일 乙卯條 (15-188 左上).

299) 中宗 13년 4월 18일 丙戌條 (15-421 左下) ; 같은 해 8월 5일 壬申 및 6일 癸酉條 (15-470) 참조.

성격 및 그 이념상 특징 등을 살펴보았다.

전가사변률에 관한 본격 연구가 없는 상황에서, 영조가 폐지할 때 흠휼의 뜻을 寄託했던 '예정된 200년 후'보다 (석사논문 집필 당시인 1986년을 기준으로 산정해) 40여 년이나 늦은 오늘에야 그 전반에 관한 탐구 작업을 시작한다는 사실은, 韓國法制史學의 日淺함을 반영한다고 하겠다. 아무래도 첫 연구인만큼 거칠고 부족한 점이 많을 수밖에 없다. 그러나 탐구과정에서, 비록 단편이긴 하지만 法理에 관한 논의도 적지 않았음을 알게 되었다. 이는 전가사변률 자체가 시작과 끝이 비교적 분명한 조선조 특유의 刑律이라는 점과, 徙民實邊 목적을 위한 加重처벌 형태의 必要惡法이라는 두 가지 성격에 기인하는 바가 작지 않다고 여겨진다.

그리고 朝鮮의 全家徙邊律은 그 역사성격이 중국 漢代의 '徙邊'刑이 지녔던 것으로 평가되는 세 가지 목적·기능과 완전히 整合하지만은 않음을 확인할 수 있었다.

우선, 漢代의 '徙邊'刑이 대부분 死刑죄를 특별히 감경한 소산으로서 '恤刑'의 美名(仁政)을 널리 선양한 반면, 朝鮮의 全家徙邊律은 물론 死刑죄를 특별히 감경한 경우도 적지 않지만, 오히려 일반범죄를 특별히 가중하여 사민 대상을 확충한 경우도 많았음을 솔직히 시인하지 않을 수 없다.

다음으로, 변방 영토를 자국민으로 채워 영유권을 확립하고, 유사시 급박한 邊防의 군사수요에 부응하려는 사민실변 정책의 본래 고유 목적·기능은, 漢代의 '徙邊'刑과 朝鮮의 全家徙邊律 양자가 완전히 일치한다고 볼 수 있다.

마지막으로, 漢代의 '徙邊'刑이 때때로 통일중국 황제의 통치권에 위험이나 불안을 조성할 수 있는 요주의 인물들을 멀리 배제하려는 통치술의 목적·기능을 발휘했던 반면, 朝鮮의 全家徙邊律에서는 전혀 찾아보기 힘들다. 그러한 정치기능은 일반 '流'配刑이 충분히 담당했다. 그 대신 全家徙邊律은 오히려 일반 범죄를 광범위하게 가중 처벌함으로써, 형벌 고유의 '除害懲惡'의 목적·기능을 더욱 강화하고 충실하게 수행한 점이 특이하다고 지적할 수 있겠다.

本稿는 전가사변률에 대해 어떠한 종합적인 역사 평가도 부여할 능력이나 의향이 없다. 다만 굳이 부언하자면, 전가사변률이 徙民實邊과 除害懲惡의 목적성을 지닌 민족의 역사 과업에 크게 공헌했다는 긍정 측면에서 평가할 때에도, 그에 상응하여 수단의 苛酷性과 시행 과정에 수반된 여러 부작용, 그리고 그 후의 末弊까지 함께 고려해야 할 것이라는 점을 지적하고 싶다.

漢 文帝 때 鼂錯(조착)이 邊防의 중요성에 대하여 역설할 적에 강조한 말이 떠오른다.

옛적에 백성을 먼 곳에 이사시킬 때는, 먼저 그 지역의 음양의 조화를 살피고 샘물의 맛을 보며 토질이 적합한지 살핀 다음에, 우선 집을 지어 대문을 달고 기물을 비치하여 주거를 마련하고 나서, 의약과 占術을 상비하여 질병을 치료하여 구제케 함으로써, 백성들로 하여금 그곳을 안락하게 여기고 정착하고 싶은 마음이 일도록 세심하게 배려했다고 한다. 그리고 점층적인 행정조직체계를 정비하고, 지형과 민심에 밝은 어진 인재를 선택하여, 평상시에 활쏘기 등 무술을 연마하고 밖으로 외적에 대응하는 훈련을 반복하면서, 후한 상으로 권장하고 무거운 형벌로 위엄을 보여, 앞에서 쓰러져 죽어도 발걸음을 돌리는 일이 없게 했다고 한다. 그래서 文帝가 그 말을 따라 백성을 모집해 변방에 이사시켰다는 것이다.300)

과연 조선조 徙民實邊정책의 시행과 전가사변률의 적용·집행 과정에서도 그러한 정신과 조치를 충분히 구현하고 실행했는지 궁금하며, 앞으로 더욱 폭넓고 정밀한 연구가 이어지길 기대하는 바이다.

---

300) 漢書, 鼂錯傳 참조. 또한 西漢會要, 권59, 兵4, '雜錄'條, 臺灣 世界書局, 1981년 4판, 596면 참조.

中文摘要

朝鮮朝全家徙邊律之研究

所謂 ‘全家徙邊’ 是指强迫犯人全體家屬與犯人共同徙居邊境之制度. 這是朝鮮王朝特有的刑罰制度。古代中國已有徙民政策, 也有‘徙邊’刑的概念。 但是在中國, 至少在概念上, ‘徙邊’并沒有發展成爲一種獨立的 ‘全家徙邊’ 之刑律。

全家徙邊始于朝鮮初世宗時期, 它是朝鮮初世宗以後的各朝代實施徙民實邊政策時所使用的多種形式之一, 而到了中宗朝它却成爲實施徙民實邊政策的唯一形式。 此後, 全家徙邊進而發展成爲與徙民實邊政策全然無關的一種獨立的刑律。 至英祖纂輯《續大典》之時, 英祖本着欽恤之大義, 一律廢除全家徙邊之刑律, 以杖徒流刑取而代之。

含有徙民實邊和除害懲惡之歷史意義的全家徙邊, 在法律概念上, 可以規定爲由流刑和緣坐刑合成的一種特別刑罰。 未曾載過于《唐律》·《明律》上的五刑之內的全家徙邊, 在《經國大典》中被規定爲相當于‘杖一百流三千里’的一種刑罰。 基于這種某一具體歷史背景, 全家緣坐制具有其獨特的性質。 卽, 其與一般緣坐刑截然不同, 被緣坐人的刑罰與罪犯本身的刑罰是完全相同的。

全家徙邊律具有四個重要的理念上的特徵。 第一, 除《經國大典》中旣存的四個條文外, 在法律形式上它槪以受敎或事目之形態出現, 它是貫穿于朝鮮全時期的 ‘尊祖成憲主義’ 的體現。 第二, 有關罪犯的身分, 在全家徙邊律中頗多針對色吏及監考等最低級官吏規定的罪目。 第三，全家徙邊律高揚了東亞的‘敬老孝親’之儒教理念。 上述三點不僅是全家徙邊律的特徵，也是朝鮮王朝全部法律的共同特點。 第四，最後一個特徵是全家徙邊所特有的，卽原則上士族幷沒被包含在全家徙邊對象之內。

總之，本論文想要指出，我們要評論在特定歷史背景下實施的朝鮮王朝全家徙邊之時，當然肯定其徙民實邊與除害懲惡之正面功效，但是同時應該考慮其刑罰的殘酷性與其施行過程中的諸多反面作用。

<<別 表>> 全家徙邊罪目表

〈보 기〉

1. 항목설정은 되도록 典·錄에 따랐으나, 편의상 합치거나 나눈 것도 있다.
2. 分類는 임의로 한 것이며 같은 분류 안에서는 受敎 年代順으로 배열하였다.
3. 확인되지 않은 年代 및 內容은 공란으로 두었다.
4. ‘全家徙邊’ 문구에 整合하지 않더라도 참고로 제시한 죄목이 몇 있다.
5. 實錄에 개별로 散見되는 ‘특별한 事例’는 포함시키지 않았다.
6. 참고문헌은 다음과 같으며, 편의상 ( )안의 略字로 표기하였다.

經國大典 (典)	大典續錄 (續)	大典後續錄 (後)
受敎輯錄 (受)	新補受敎輯錄 (新)	增補文獻備考 (文考)
續大典	典錄通考	秋官志

分類	順番	罪目 (構成要件)	所載	受教年代	改定年代	改定內容	備考
徙民	1	도망한 徙民을 許接한 자	典·刑·逃亡	세조	영조20(1744)	폐지	
	2	도망해온 兩界邊民을 보고하지 않은 統首·里正 및 勸農	後·兵·禁制		〃	杖一百流三千里	
	3	도망해온 兩界邊民을 허접한 자	後·兵·禁制		숙종43(1717)	〃	
	4	兩界 良人을 奴婢라고 데려온 자 및 興販人등을 몰래 끌어온 자	後·刑·雜令	중종11(1516)	영조20(1744) 〃	폐지 杖一百流三千里	
	5	도망한 濟州 三邑 백성을 허접한 자	〃 (受·兵·徙民)				
	6	사민도망자 추쇄 시 3口이상 은닉한 監色·里正 및 추쇄한 자를 압송함에 뇌물 받고 놓아준 差使員·色吏	受·兵·徙民	선조35(1602)			
奴婢	7	산 公賤을 죽었다고 한 一族 및 色吏	典·刑·公賤	세조	영조20(1744)	杖一百流三千里	
	8	도망 公私賤을 1년이상 허접한 戶首	續·刑·公賤		숙종14(1688)	杖一百徒三年	役價 추징
	9	公私賤을 은닉·사역한 자 ; 公賤 3口 이상을 사역한 顯官 이하 관원 및 알고도 알리지 않은 近隣	〃		〃	〃	〃
	10	양인을 억압하여 천민으로 삼은 자	後·刑·雜令	중종19(1524)			
	11	3人이상 양민을 冒占·사역한 함경도 官屬人·土豪品官 및 알고도 알리지 않은 色吏·勸農·里正·三近隣	後·兵·禁制				他道와 같음
	12	주인이나 本官을 배반하고 內需司에 투탁한 公私賤 및 官屬	受·刑·公賤	명종 9(1554)	숙종10(1684)	限己身沒爲邊邑官奴	
	13	內需司 노비를 冒占한 자 및 賞을 탐내 허위로 陳告한 자	〃	〃			
	14	公賤을 불법으로 贖身시킨 色吏	受·刑·贖良	선조20(1587)	영조20(1744)	杖一百流三千里	
	15	實貢노비 5口이상 누락시키거나, 7口이상 年歲減等雜岐시킨 色吏	受·刑·公賤	선조37(1604)			杖一百
	16	추쇄시 5口이상 7口미만 누락시킨 監色·頭目 및 一族	受·刑·公賤	효종 6(1655) 乙未推刷事目			7口이상은 梟示(누락된 자도 梟示)
	17	주인을 배반하려고 호적에 타인을 父라 하거나 산 父를 죽었다고 기재한 私奴 (叛主奴婢)	受·戶·戶籍 (受·刑·推斷)	숙종 4(1678) (현종 10 : 1669)	숙종10(1684)	限己身絶島定配	

分類	順番	罪目 (構成要件)	所載	受教年代	改定年代	改定內容	備考
奴婢	18	타인의 노비를 자기 호적에 살며시 올린 자	受·戶·戶籍		숙종43 (1717)	杖一百流三千里	(壓良爲賤律에 의함)
	19	雇工을 호적에 노비로 기재한 자	新·戶·戶籍	숙종28(1702)			〃
	20	노비 추쇄시 뇌물받고 頉下시켜준 書吏 및 首奴	新·刑·公賤	숙종37(1711)*	영조20 (1744)	폐지	엄형3차, *현종12(1671)로 되어 있으나 전록통고에 의해 정정
	21	贖良한 노비를 사역한 옛 상전	〃	영조 7(1731)			收貢한 경우 杖一百流三千里
	22	관노비 추쇄시 알고도 은닉한 色吏·頭目	〃	영조10(1734)			
	23	身役을 피하려고 도망한 노비를 3口이상 보고 안한 監色	〃	〃			
戶籍	24	漏籍者		세조5(1459)	숙종10 (1684)	士族 :充定騎步兵, 平民 : 充定漕水軍	全家罪를 범한 자가 漏籍한 경우 加役三年
		三丁이상 누락시킨 家長·漏戶者 五戶이상 누락시킨 管領·統首·監考·里正	受·戶·戶籍	현종 7(1666) 丙午戶籍事目	甲子戶籍事目	公私賤: 嚴刑一次後不限年定配西北極邊	
					영조20 (1744)	士族:勿限年定配 平民 :充軍 公私賤 : 島配	
	25	50戶이상 누락시킨 監色	〃	숙종10(1684)	〃	杖一百流三千里	
軍制	26	軍士의 대리 關防을 3회이상 적발하지 않은 色吏	後·兵·留防		〃	充軍	
	27	迎送군인의 성명을 일컫고 대신 가거나 몰래 들어온 賤人	後·刑·禁制		숙종43 (1717)	杖一百徒三年	決杖 1백 良人은 노비로 삼음
					영조20 (1744)	杖一百	
	28	步兵의 價布를 換納한 私主人·外吏 및 前月 二十五日 이내에 上納하지 않은 私主人·隊正	受·兵·軍制	중종20(1525)*	숙종10 (1684)	收粮違限律(下條)	*秋官志에는 명종4(1549)
	29	軍籍 때가 아닌데 軍籍에 등록된 자를 임의로 移定한 色吏	〃	명종15(1560)	〃	杖一百徒三年	
	30	代價를 받고 사사로이 군사를 代立시킨 병조서리	〃	선조 4(1571)	영조20 (1744)	限一年邊遠充軍	
	31	나이 올려 老除를 꾀했다가 軍役에 還定되는 것을 꺼려 타인을 대신 現納한 자 및 그 대신한 자	〃	선조 6(1573)	숙종10 (1684)*	杖一百徒三年*	*典錄通考에 의함
	32	正軍·戶保·作散者를 병조에 보고 않고 임의로 移定한 色吏	〃	선조13(1580)	〃	〃	〃
	33	歲抄時 水軍·陸軍을 완전히 充定 못한 色吏	〃	선조37(1604)	숙종10 (1684)	良人 : 永定水軍 公私賤 : 沒爲他道官奴	
	34	산 軍兵을 죽었다 하거나, 현존하는데 도망했다 하거나, 허위로 篤廢疾에 걸렸다고 公文을 발급한 監色	〃	〃	숙종43 (1717)	充軍	

分類	順番	罪目 (構成要件)	所載	受教年代	改定年代	改定內容	備考
軍制	35	歲抄時 1人이상 누락시킨 監色	受·兵·軍制		숙종10(1684)*	杖一百徒三年*	*典錄通考에 의함
	36	임의로 5人이상 移定한 監色	〃		〃	〃	〃
	37	불법으로 1人이상 軍籍서 제외한 監色	〃		〃	〃	〃
	38	富實한 軍丁을 衙前으로 換丁하거나 鄕吏·雇工으로 시행한 자	〃		〃	〃	〃
	39	나이를 20人이상 올리거나 25人이상 내린 監色	〃		〃	〃	〃
	40	作散軍士 및 保人을 20人이상 雜類로 移定한 減色	〃		〃	〃	〃
	41	漕水軍의 子枝를 20人이상 陸軍이나 官屬으로 移定한 監色	〃		〃	〃	〃
	42	등록이나 歲抄를 도합 15인이상 중복시킨 監色	〃		〃	〃	〃
	43	幼弱한 자를 10人이상 充定한 監色	受·兵·軍律	숙종 7(1681)	숙종43(1717)	杖一百充軍	영조20년 폐지
	44	軍에서 免新禮를 徵捧한 자	新·兵·軍制	숙종 15(1689)	숙종43(1717)	杖一百充軍	新補受教輯錄에는 '免身禮'로 되어 있음
	45	도망하거나 죽은 軍兵을 20人이상 充定하지 못한 次知 및 色吏	〃	영조 11(1735)	영조20(1744)	從軍決棍	嚴刑부가
					〃	杖一百 流三千里	〃
	46	軍作米를 임의로 옮기거나 손댄 座首·吏房 및 해당 창고 色吏	新·兵·軍需	〃	〃	폐지	( )안은 受教輯錄에 보임
稅貢	47	타인을 대신 보내거나(圓牌를 분실한) 漕卒의 戶首	續·戶·漕轉				受教輯錄에도 보임
	48	田稅船에 私物을 함께 실은 千戶 및 그 物主	〃		숙종10(1684)	杖一百 流三千里	永屬殘驛吏 부가
	49	경기도·강원도의 田稅直納時 농간부린 貢吏	續·戶·雜令		숙종14(1688)	〃	
	50	貢吏와 내통하여 佃夫에게 代納을 강요한 京中의 富豪	〃		〃	〃	
	51	外貢上納時 貢吏를 침범하여 농간부린 私主人·京主人	後·戶·雜令	중종 19(1524)			
	52	司贍寺에 上納하는 奴婢身貢을 換納한 私主人·外吏	〃	〃			
	53	貢物을 代納한 자 ; 貢物을 받아 남용한 外吏 ; 수년간 田稅를 미납한 자 ; 公債를 많이 빌려쓰고 갚지 않은 土豪	後·刑·雜令	〃	숙종14(1688)	杖一百 流三千里	
					숙종10(1684)	限己身 絶島爲奴	
	54	田結을 50石이상 착오 낸 色吏·都書員	受·戶·諸田	선조 20(1587)	영조20(1744)	勿限年 定配	

分類	順番	罪目 (構成要件)	所載	受敎年代	改定年代	改定內容	備考
稅貢	55	漕運船이 난파했다고 거짓 일컫고 쌀을 훔친 格軍	受·戶·漕轉	현종 4(1663)	숙종10(1684)	限己身絶島爲奴	監色·船主·沙工은 梟示 (受敎輯錄에는 '定配'로만 표기)
	56	漕運船에 타지 않고 타인을 대신 태운 監色 및 그 대신자	〃	현종10(1669)			嚴刑부가
	57	田稅 실은 선박을 중도에서 바꾼 자	〃	숙종17(1691)			
	58	均田定界時 약한 백성을 억압하여 착취한 書員輩	新·戶·量田	숙종21(1695)			隱結之律에 의함
	59	奴를 佃夫로 올려 結負를 은닉한 土豪	〃	〃 *	영조20(1744)	杖一百徒三年	勿論朝官 *文獻備考에 의함
	60	量田都監官 및 監官으로 差定된 후 회피하려고 한 자(本邑에 거주하다 이사간 자 및 田土가 있어 왕래하는 자도 해당)	〃	〃	〃	폐지	
	61	結負를 허위 작성하여 民結을 도용한 監官·書員	新·戶·諸田	숙종 25(1699)*	〃	杖一百流三千里	*朝鮮總督府 中樞院 활자본에 의함. 原本에는숙종원년(1675)으로 표기됨.
	62	田結을 10負이상 착오 낸 監色	〃		숙종43(1717)	杖一百充軍	
	63	제방 안을 일군 자 및 방치한 鄕所色吏	新·戶·堤堰*	숙종28(1702)	영조20(1744)	杖一百定配	*同 量田條에도 숙종43년 量田事目으로 같은 내용 실려 있음.
	64	反庫時 쌀 70石이상 축낸 書員	新·戶·雜令	숙종33(1707)			
	65	漕船米를 5石이상 10石미만 도둑질한 자	新·戶·漕轉	숙종34(1708)	영조20(1744)	杖一百流三千里	10石이상은 梟示
	66	전답의 등급을 임의로 변경한 都監官이하 및 佃夫	新·戶·量田	숙종 43(1717)?			
	67	量田時 1結이상 누락시킨 監官 및 내통한 佃夫	〃	〃			
	68	주인 없는 땅을 量案에 자기명의로 올리려 한 자	〃	〃			
	69	전답을 고의로 田案에서 누락시킨 자	〃	〃			
	70	量田成冊 말미의 계산에서 1結이상 착오낸 解負人	〃	숙종43(1717)			고의·과실 불문
	71	주인이 멀리 있는 전답을 자기명의로 몰래 올린 자	〃	숙종46(1720)			
	72	儲置米 출납시 창고에 절반 남겨두는 것을 위반한 監色	新·戶·還上	영조 5(1729)	영조20(1744)	폐지	嚴刑 부가
	73	제방을 함부로 경작한 자	新·戶·堤堰	영조 8(1732)	〃	杖一百定配	
	74	移轉米에 和水한 監官·沙工·格軍	新·戶·漕轉	〃			嚴刑三次 부가, 首唱者 梟示, 色吏는 嚴刑三次, 絶島定配
	75	養戶라는 이름으로 民結을 겁탈한 土豪官屬 및 농간부린 都書員	新·刑·推斷	〃			

分類	順番	罪目 (構成要件)	所載	受教年代	改定年代	改定內容	備考
盜賊	76	死刑에까지는 이르지 않는 强盜窩主	典·刑·贓盜		영조20(1744)?	杖一百絶島爲奴	刺'强窩'二字, 極邊 *續大典刑典贓盜條
	77	蠱毒을 끼치고 도망한 자를 허접한 사람 및 그 近隣	續·刑·逃亡	성종22(1491)	영조20(1744)	杖一百	
	78	竊盜를 再犯한 자	續·刑·捕盜		〃	絶島爲奴	'全家分配'로 기재됨
	79	3人이상이 1貫이상, 또는 2人이 2貫이상을 절도한 초범 및 절도 재범자	後·刑·贓盜 (受·刑·盜賊)		영조20(1744)?	杖一百絶島殘邑爲奴 (續大典刑典贓盜條)	'斷筋黥面, 絶島殘邑 全家永屬爲奴'
	80	외방에서 운송해온 물건을 중도에서 가로막아 억지로 매매한 자	後·刑·禁制	중종19(1524)	숙종43(1717)	杖一百徒三年	
	81	服招한 후 도망하거나 죽은 强盜의 妻子	後·刑·公賤				'兩界沿邊絶島定屬'
	82	鄕里에서 권세로써 백성을 못살게 구는 豪强品官	後·刑·雜令		영조20(1744)	杖一百流三千里*	*續大典 刑典 禁制條
	83	수령이 교체되는 틈을 타서 官物을 횡령한 자	後·刑·雜令				
	84	권세를 믿고 士族을 구타한 常賤	受·刑·推斷	명종 9(1554)	영조20(1744)	杖一百徒三年	
	85	관가에서 作變한 土豪武斷之類	〃	인조24(1646)			決杖一百, 極邊
	86	시장의 물건을 약탈하거나 대낮에 劫奸한 隨從者	受·刑·贓盜	효종 2(1651)	숙종10(1684)	限己身沒爲他道官奴	首倡者는 梟示
	87	司饔院의 沙器를 훔친 자	〃	현종 3(1662)	〃	杖一百徒三年定配	
	88	처형된 屍身에 行淫하는 데 作件한 자	受·刑·推斷	현종 4(1663)			行淫者는 不待時梟示
	89	官穀을 훔치기 위해 무리지어 관리를 구타하고 문서를 탈취한 자	新·刑·推斷	경종원년 (1721)			창고문 부수고 곡식 훔친 경우 梟示
	90	鄕戰한 자	〃	영조 8(1732)	영조20(1744)	杖一百遠地定配	
訴訟	91	형제나 叔姪간에 쟁송한 자	文考·刑考1	성종22(1491)			
	92	두세 곳에 이치에 닿지 않는 소송을 제기한 자	後·刑·雜令	중종19(1524)	숙종43(1717)	杖一百流三千里	
	93	監司나 守令을 고소한 品官 및 吏民	〃	〃	〃	〃	
	94	문서를 위조한 자 ; 위조한 문서를 가지고 쟁송한 자	〃	〃			
	95	公私賤을 은닉·사역한 죄를 면하려고 문서를 위조하여 자기 노비라고 쟁송한 자	〃				役價 추징
	96	決訟衙門에 서성이며 사람을 꾀어 쟁송하도록 일삼는 자	〃		영조20(1744)	杖一百流三千里	決杖一百 부가

分類	順番	罪目 (構成要件)	所載	受教年代	改定年代	改定內容	備考
訴訟	97	기한이 지났거나 三度得伸한 일을 다시 쟁송한 자 (두번 패소한 후 다시 쟁송하는 자도 三度得伸 위반)	受・刑・聽理	명종 8(1553) (효종2:1651)	숙종43 (1717)	勿限年定配	
					영조20 (1744)	杖一百流三千里	
	98	匿名書를 곧장 燒却 안한 관원 및 전파한 자	受・刑・告訴	숙종 5(1679)	숙종10 (1684)	杖八十*	*本律로 환원
	99	父를 孽三寸, 母를 숙모라 하고, 叔父母를 자기 부모라 하여 노비를 점유하려고 쟁송한 자	受・戶・戶籍	숙종11(1685)	영조20 (1744)	杖一百流三千里?	勿論士族與否
	100	이치에 닿지 않는 소송을 좋아하여 擊錚한 자	新・刑・訴冤	숙종30(1704)	〃	杖一百流三千里	
功臣	101	庶孽을 嫡孫으로 기재한 功臣의 嫡長 및 타인의 이름으로 口傳을 받아 忠義에 감히 속하려고 꾀한 자	新・吏・功臣	숙종 9(1683)	숙종43 (1717)	不限年定配	
					영조20 (1744)	폐 지	
	102	忠義에 감히 속하게 한 三鄕所・保擧人	〃	〃	숙종43 (1717)	杖一百徒三年	영조20년 폐지
	103	忠義單子에 門長・嫡長・保擧의 성명을 허위 기재한 자	〃	〃			典錄通考에는 受教輯錄의 규정으로 기재됨
	104	忠翊衛의 宿直 기피자를 명부작성에서 누락시킨 色吏・同任	〃	영조10(1734)?			甲寅忠翊衛節目인 듯
	105	光國이하 原從功臣 후손을 原籍복귀에 누락시킨 色吏・同任	〃	영조11(1735)?			乙卯忠翊衛事目인 듯
	106	功臣의 嫡長子 이름을 허위 기재한 자	〃	영조11(1735)	영조20 (1744)	폐 지	
禁制	107	牛馬 屠殺을 首唱한 자	後・刑・雜令				杖一百 부가
	108	牛馬를 屠殺한 자	〃		영조20 (1744)	杖一百徒三年	'永屬絶島官奴, 全家入送'
	109	20관 이상 화물을 부탁하여 唐物을 무역한 자 및 受託者	後・刑・禁制		숙종43 (1717)	杖一百徒三年	杖一百부가
	110	여자의복으로 변장하여 人家를 출입한 자	〃		영조20 (1744)	杖一百絶島定配	'全家絶島入送'
	111	赴京人이 義州에 먼저 보낸 金銀을 맡아 보관한 자	〃			杖一百流三千里	杖一百부가, 맡긴 자는 强盜例에 의함
	112	銀鐵을 가지고 가다 매매장소가 아닌 곳에서 붙잡힌 赴京人 ; (赴京人에게 銀鐵을 팔거나 맡긴 자 및 운반해 준 자)	〃	중종36(1541)	영조20년?	규정액수 초과한 자는 絞 (搜檢前 탄로난 자 : 極邊定配)	杖一百 부가, 勿論功議 ; 매매장소서 잡힌 자는 絞
	113	사사로이 銀을 채굴한 자	受・刑・推斷	중종15(1520)	숙종10 (1684)	沒爲他道官奴	決杖一百 부가
					영조20 (1744)	限己身島配	
	114	成冊시 누락되거나 成冊 후 빠져나가려고 한 蔘商 ; 公文 없이 사사로이 蔘을 매매하거나 防納한 자	〃	선조40(1607)	숙종10 (1684)	限己身邊遠定配	

分類	順番	罪目 (構成要件)	所載	受教年代	改定年代	改定內容	備考
禁制	115	錄名時 함부로 끼어든 자 ; 借射者 및 代射者 ; 감히 과거에 응시한 皂隸·羅將·漕卒·驛日守·公私賤 및 許通 안 된 서얼	受·兵·諸科	인조 6(1628)	숙종10 (1684)	良人 : 水軍充定 公私賤 : 沒爲遠道官奴	
	116	失火한 향교의 位版을 사사로이 만든 자	受·刑·推斷	현종 4(1663)	영조20 (1734)	杖一百流三千里?	
	117	雜科에 응시한 적이 없는 三醫司·律學·算員·寫字官으로, 代寫하기 위해 감히 科場에 들어온 자	受·禮·科擧		숙종10 (1734)	水軍充定 公私賤:限己身絶島爲奴	雜科에 응시한 적 있는 자는 充軍
	118	代寫하기 위해 科場에 들어온 書寫書吏 및 朱草用奸者	〃	숙종 9(1683)	〃	〃	
	119	대궐 마당에 모여 우는 백성	新·刑·推斷	숙종37(1711)	영조20 (1744)	폐지	杖一百 부가, 極邊
	120	喪服을 입고 과거시험장에 들어온 자	新·禮·諸科	경종 4(1724)			
	121	箕子城의 옛터를 침범하여 일군 자	新·刑·禁制				
	122	곡식을 빌려주고 금전으로 이자를 징수하는 자	新·戶·徵債	영조 3(1727)			
	123	開市나 使行을 막론하고 三百兩이하를 지닌 潛商	新·刑·禁制	영조 5(1729)			嚴刑三次, 四百兩이상(?)은 江上梟示
	124	作門안에서 銀貨 百兩이하를 지니거나 作門밖에서 百兩이상을 지닌 채 붙잡힌 刷馬鷗人輩	〃	영조 6(1730)			嚴刑三次, 作門안에서 百兩이상인 경우 梟示
其他	125	流罪를 범한 常漢	後·刑·雜令	중종19(1524)	숙종 14(1688)*	本律로 還定	*受·刑·推斷條
	126	流罪를 범한 公私賤	〃	〃	〃	杖一百流三千里	〃
	127	元惡을 범한 鄕吏	〃		영조20 (1744)	〃	
	128	情理가 몹시 중한 綱常罪 범한 자	〃		영조20 (1744)?	杖一百流三千里*	*續大典 刑典 推斷條
	129	서얼을 면하려고 嫡母 및 外祖母를 다른 婢라고 칭한 자	受·戶·戶籍	숙종 4(1678)	〃	〃 ?	
	130	각처의 혁파나 前習을 그대로 답습하는 자	文考, 刑考13	영조 3(1727)	〃	폐지	

제 3 편

傳統法상 取得時效의 法源과 그 性格*

— 韓中 역대 法制와 判例의 분석을 병행하여 —

1. 서 론

서양(로마)법의 취득시효제도가 일본을 통해 우리나라에 계수되면서 입법상의 부주의로 왜곡(와전)된 法文이, 대법원의 판례상 다소 부당하면서도 통일되지 못한 유권해석으로 말미암아, 발원지에서도 유례가 없을 정도로 너무 쉽게 시효취득을 허용하여 실질정의가 크게 손상되고 있다는 비판이 높다. 문제의 관건은 취득시효에서 자주점유의 요건인 '소유의 의사'에 대한 구체 해석과 점유자의 소유의사에 추정에 따른 입증책임의 부담에 있는 듯한데, 현재 대법원 판례는 자주점유를 너무나 관대하게 인정하는 방향으로 해석하고 있다. 여기에 국유의 잡종재산에 대한 취득시효를 부인했던 종래의 법이 위헌이라는 헌법재판소의 결정이 내려짐으로써, 특히 지금까지 無主空山처럼 특별히 관리하지 않아 왔고 또 앞으로 여전히 그러할 수많은 국유 부동산이 사실상 침탈될까 우려된다. "임자가 따로 있나? 앉으면 주인이지!" 라는 회전의자처럼 선점자 차지가 될 형편에 처해 있다.

이에 대한 옹호론과 비판론이 혼란스럽게 대립하는 가운데, 최근 취득시효제도의 근본 취지와 이른바 자주점유의 추정이 가지는 체계

* 본 논문은 한국사법행정학회의 『司法行政』, 1996년 12월호부터 연속 4회에 걸쳐 발표한 글을 약간 손질한 것이다.

적 의미를 올바르게 파악하려는 입장에서, 현행 민법 규정의 역사 유래를 비교법의 관점에서 새롭게 연구한 논문이 발표되어,[1] 학계와 법조실무계에 상당히 강하게 신선한 파장을 일으키는 듯하다. 특히 취득시효제도의 합리해석 방향과 그 이론근거를 마련하여 정의로운 법현실을 열어 가려는 취지에서, 법조계와 학계가 함께 모여 토론을 벌이고, 그 자리에서 취득시효에 대한 우리의 전통법 제도 및 국민의 법의식도 참고할 필요가 제기되었다고 한다. 이에 법제사를 전공하는 연구자의 사명감에서 전통법상의 취득시효에 관한 내용을 대략 정리하여 학계 및 법조실무계의 기대에 부응하고, 나아가 현행법의 해석 운용 및 장래 있을지도 모르는 법개정에 참고자료로 제공하고 싶다.[2]

취득시효제도는 원래 로마법에 고유한 제도로서, 그리스법이나 게르만법에서도 유례를 찾기 어려운 역사적 독특성을 지니고 있다.[3] 현행 민법상의 취득시효제도는 계통상 일본과 프랑스 민법을 통해 로마법에까지 직접 소급하는 역사 연원을 갖고 있기 때문에, 우리의 고유한 전통법제가 아님은 분명하다. 따라서 전통법에서 로마법이나 현행법과 같은 취득시효제도의 존재를 기대하기는 어려울 것이다. 그러나 "사람마다 그 마음이 같고, 마음마다 그 이치가 같다.(人同其心, 心同

---

1) 崔秉祚, 「부동산의 점유취득시효와 점유자의 소유의사의 추정 －민법 제245조 제1항, 제197조 제1항 및 양 조문의 관계에 관한 역사적 비교법적 고찰－」, 서울대학교 法學, 제37권 1호(통권100호), 1996.5. 101-142면. 취득시효제도의 문제점은 최병조 교수 논문의 '문제의 제기' 및 거기에 인용된 문헌들을 참조.

2) 사실 본고는 최병조 교수의 논문에 대한 和答의 형식과 의미로 시도되는 집필이다. 적어도 附和雷同은 아니라고 생각하지만, 夫唱婦隨의 和音은 기대하기 어려울 것이다. 선창의 곡조가 너무 청아한 高音이면 이에 화답하기가 무척 힘들다는 曲高和寡를 솔직히 시인하지 않을 수 없다. 물론 이는 동서 법문화의 본질 성격의 不同과 법사학 연구수준의 차이에도 기인하지만, 또한 필자의 개인 성향이나 능력의 한계에도 그 원인이 있을 것이다. 그렇다고 변변찮은 화답의 시늉마저 없으면 孤高한 鶴鳴이 계속 이어지지 못할까 저어하고, 또 평범한 群鷄가 모여들어야 一鶴의 존재가 발견되고 돋보일 수 있다는 기대에서, 이 글을 굳이 그리고 감히 쓰는 것이다.

3) 최병조, 앞의 논문, 109면 참조.

其理.)"는 보편성은, 인류의 역사문화에도 어느 정도 반영·표현될 것이다. 그러기 때문에, 비록 시간과 공간·주체는 각기 다르지만, 인간의 생활 속에서 발생하는 문제점과 그 해결방법의 모색은 궁극에 상통하는 일면을 공유하리라고 기대할 수 있다. 따라서 역사의 특수성을 진리의 일반성과 동시에 대비해 보는 의미에서도, 로마법상의 취득시효에 해당하는, 바꾸어 말하면 취득시효의 기능과 효과를 지녔던 전통법상의 관련 제도를 탐색하여, 그 존재형식(法源)과 구체 성격을 정리해 볼 필요성은 충분할 것이다.

여기서 말하는 전통법이란 근대 서양법 수용 이전의 법제로서, 구체로는 관련 사료가 현전하는 조선시대와 고려시대(특히 말기)까지 소급하며, 또한 우리 전통법의 직접 연원으로서 중대한 영향을 끼쳐 온 淸末 이전의 中國法까지 포함한다. 사실 전통 중국법과 한국법에서 취득시효에 관한 법제는, 이미 先學에 의해 상당히 연구·정리된 바 있다. 우선 중국법에 관해서는, 中國法制史의 대가인 일본의 仁井田陞이 로마법의 Possessio에 대응하는 게르만법의 Gewere 개념을 도입하여, '占有保護'라는 관점에서 北魏와 唐宋代의 토지소유제를 조망한 바 있다.[4] 한편 우리나라 전통법에 관해서는, 한국법제사의 선구자인 朴秉濠교수가 토지소유권의 특질과 부동산 소송법의 관점에서 조선시대 법전과 판례에 나타나는 내용을 연구하였다.[5]

그런데 이 두 연구는 모두 역사적 사실의 객관성을 중시하여, 주로 소송상의 시효인 出訴期間 또는 呈訴期限의 관점에서 기술하고 있다.[6] 물론 이 방법이 가장 정확하고 훌륭한 역사연구법이기는 하지

4) 仁井田陞, 中國法制史研究(土地法·取引法), 제1부 제1장, 5-38면 참조.

5) 朴秉濠, 韓國法制史攷, 특히 167-176, 261-267면 참조.

6) '出訴期間'은 仁井田陞이 사용하는 개념이며, 박병호 교수도 이 용어를 언급하기는 하나(168면) '呈訴期限'을 표제어로 사용한다. '呈訴'는 법전상의 용어는 아니며, '訴狀을 바친다'는 뜻으로 미루어 보아, 아마도 古文書의 민간 訴狀에서 현실로 빈번히 나타나는 관존민비의 개념이 아닌가 싶다. 본 논문에서는 특별한 경우가 아니면 현재 보통 쓰이는 '提訴'기한이라는 일반용어로 통일하기로 한다.

만, 현행법제와 대비하여 참고자료로 이해하기 위해서 취득시효의 관점에서 재정리할 만한 가치가 있을 것이다. 그렇다고 사실이나 본질 자체가 변할 수는 없으며, 동일한 사료라도 연구의 시간(역사) 배경과 관점 방법에 따라 다소 다른 모습으로 재해석될 수 있음을 의미할 따름이다. 또한 두 연구는 그 대상이나 내용이 이미 충분히 망라되었지만 다소 누락된 부분이 있다. 예컨대, 박병호교수는 조선시대에 국한하여 고려시대 법제를 다루지 않고 있으며, 仁井田陞도 宋末까지만 언급하고 元·明시대까지는 미치지 못하고 있다. 따라서 우리의 법은 조선 이전으로 가능한 한 멀리 소급해 볼 필요가 있고, 중국법은 宋 이후의 변천 모습을 윤곽지어 볼 만한 지적 호기심이 일어난다. 물론 그 정도와 범위는 객관 사료와 주관 능력상 절대 한계가 있을 수밖에 없다.

무엇보다도 본 연구의 가치는 중국과 한국의 법제를 동시에 정리·검토함으로써, 당시 동일한 법문화(中國法系)에 속해 있으면서 상호 긴밀한 영향·계수 관계에 있던 한중법제를 비교법적으로 대비해 보고, 양국 법제교류의 구체 내용과 정도를 실증적으로 확인해 볼 수 있는 기대가능성에 있을 것이다. 특히 중국법은 宋代에서 멈추고 한국법은 조선부터 시작하는 기존의 두 연구성과로는, 한·중 양국의 법제사를 역사적으로 대비하는 데에 시간상의 단절이 너무 커서, 불연속선의 연결에 무리한 비약이 따를 수밖에 없다.

주지하듯이 조선의 창업계층은 바로 고려말의 통치귀족이었고, 고려말은 원나라의 직접 지배를 받은 시기였다. 그리고 조선은 원의 후속 왕조인 明나라의 律令을 포괄 계수하여 직접 依用하였으며, 고려도 唐律의 중요내용을 간추려 직접 적용하였는데, 당률은 宋을 거쳐 明清律의 근간을 이루었다. 이렇듯이 전통 한국법은 복잡하고 다양한 계통을 통하여 중국의 각 왕조 율령과 직접·간접의 계승·영향 관계에 있는 것이 사실이다.

따라서 先學의 기존 연구를 종합하고 보충하여 체계 있게 정리하는 작업은, 우리 전통법의 역사 진면목을 객관으로 윤곽 지을 뿐만 아니라, 우리나라와 중국의 법제교류사 및 양국 법제의 실질내용상 이질성과 동질성을 균형 있게 파악하는 데에도 학문 가치가 충분할 것이다. 또한 이러한 연구 결과가 근대 서양법을 수용한 현행법제의 공간적·對人的 '適用'에 중요한 참고자료가 될 수도 있으나, 그것은 법조실무계와 정책당국의 판단과 선택에 결정될 문제일 따름이다. 혹시라도 그러한 긍정적 기여 가능성이 조금이라도 있다면, 본고의 부차적 희망으로서 더할 나위가 없겠다.

다만 본고는 최병조교수의 연구처럼 동서고금의 법제를 역사적·비교법적으로 종횡무진할 능력이 없으며, 따라서 현행 취득시효 제도와 직접 비교까지 시도하지는 않을 것이다. 한중 전통법 사이의 관계에 대해서도, 직접적 비교 평가보다는, 사실내용의 객관 대비를 통한 관련 가능성의 시사에 그치려고 한다. 논술의 전개는 먼저 중국법을 시대에 따라 종적으로 대강 정리한 다음에, 우리나라의 고려와 조선시대를 점검하면서 내용상 중국법과의 연관성 유무를 지적하는 방식으로 진행하고자 한다.

2. 中國法상의 취득시효 문제

인류사회에 사유재산제와 정착농경문화가 시작되면서, 토지가옥 등 부동산의 사용가치가 증대되고, 그것이 財富의 축적과 權貴의 수준을 가늠하는 주요 지표가 되었을 것이다. 인구가 조밀해지고 계급분화가 다양하게 심화되면서, 특히 토지의 교환가치가 대폭 증진되고 그에 대한 사람들의 경쟁적 취득·지배가 보편화되면서, 그 소유권의 분쟁도 점차 심각해졌을 것이다. 이러한 현상은 지주소작관계 등 토지에 대한 계급적 구분 지배가 복잡화되고 부귀가 집중되면서 더욱 가속화되었는데, 특히 정치사회적 불안이나 전쟁 같은 혼란이 지나가는 곳에서는 극도로 악화되었다.

토지소유권의 분쟁해결에서는 다른 모든 쟁송에서와 마찬가지로, 물적 증거와 인적 증언이 결정 근거가 될 것은 자명하다. 그러나 물적 증거는 비록 객관적 신빙성이 높긴 하지만, 특히 전란시에는 분실·훼손될 위험이 있으며, 기교의 발달과 함께 위조의 가능성도 높아져 왔다. 또한 인적 증언은 직접 구체적 확실성을 얻을 수 있는 반면, 주관상의 의지가 선악의 기로에서 흔들리면, 증오원한의 감정이나 일방 당사자의 강박·위협·매수 등에 의해 거짓말(위증)을 선택할 위험성이 높으며, 또한 증인의 사망이나 분산으로 공백이 생길 수도 있다.[7] 더구나 정치군사적 불안·혼란과 사회경제적 모순심화(조세수탈 등), 또는 전란이나 자연재해로 인한 인구의 격감 등의 제반 요인으로 말미암아, 토지의 교환가치는 물론 사용가치까지 대폭 하락된 상황이 오랫동안 지속되고 나면, 문제는 더욱 복잡하고 심각해진다.

주관상 당사자와 神만이 알 뿐, 객관상의 확실한 증거가 결여된 틈을 빌미로, 곧잘 인간의 간사한 요행심이 꿈틀거려 왔다. 그렇게 발생한 분쟁을 진실에 가장 부합하도록 공정한 유권 심판을 위해서, 인류의 지혜는 각종 다양한 보조적 방증제도를 차선책으로 강구해 왔다. 그러한 발자취가 법제사상 소송법(절차법)은 물론 실체법 역사의 중요부분을 이루어 왔다. 로마법상의 취득시효제도도 이러한 역사맥락에서 비롯되었을 것인데, 특히 전통법상의 出訴期間이나 呈訴期限 제도는 이러한 역사유래가 더욱 명확하다. 이 제도는 그 성격상 토지 소유권

7) 분쟁해결을 위한 소송상의 증거주의는, 객관 진실의 확인·구명이라는 점에서, 시비선악의 분간·평가를 위한 '歷史'記錄의 실증주의와 일맥상통하는 바가 있다. 공자도 일찍이 상고시대 夏와 殷의 禮制는 밝힐 수 있지만, 물적 증거[文]와 인적 증거[獻]가 모두 부족하기 때문에, 그들의 후예인 근래의 杞와 宋은 증험할 것이 없음을 탄식한 적이 있다. 실증주의를 역사기술의 기본요건으로 밝힌 것이다. 論語, 八佾 : 「夏禮, 吾能言之, 杞不足徵也; 殷禮, 吾能言之, 宋不足徵也. 文獻不足故也, 足則吾能徵之矣.」

분쟁의 보조해결 방법으로 고안되었으므로, 그 역사 연원이 자못 유구하리라고 짐작된다. 그러나 현전하는 사료와 지금까지의 연구성과로는, 아마도 남북조시대의 北魏 때 정식으로 입안되어 시행된 듯하다.

(1) 北魏의 均田制 시행과 소유권 분쟁 해결 방안

兩漢의 盛代를 누린 중원은, 삼국시대와 魏晋南北朝 시대를 거치면서 사상 유례 드문 전쟁과 혼란을 경험하였다. 특히 晋 懷帝(307-313 재위) 때 발생한 永嘉之亂을 계기로 진입한 五胡十六國의 혼전은, 중국 전역을 황폐하게 초토화시키고 인구를 격감시켰다. 주인 없는 땅에 시체만 즐비한 가운데 田稅 수탈은 유례없이 가중되어, 계급갈등을 더욱 심화시키고 小農의 도망이나 은닉·投托을 더욱 조장하였다.

이러한 상황에서 중국 역사상 최초의 非漢族 통일왕조로 중원에 등장하여 南朝와 대치한 北魏는, 효과적인 통치를 위하여 낙후된 유목생활과 생산방식을 포기하고 농경문화로 전환하지 않을 수 없었다. 장기간의 전란으로 농지가 황폐화되고 경작자가 대부분 사망 또는 유랑해 버려, 농업 회복이 당면 최우선 과제가 되었다. 이를 위해 전통적인 각종 농업장려 정책을 시행함과 동시에, 농업노동력을 증가시키기 위해 단기적으로 피정복민의 강제 이민을 누차 대량으로 실시하고, 전란과 가혹한 수탈을 피해 權貴富豪에 투탁한 은닉호구를 색출하여 자영소농으로 분가·독립시키는 정책을 채택하게 되었다.

이에 5家를 1隣으로, 5隣을 1里로, 5里를 1黨으로 편제하고, 隣長·里長·黨長을 각기 두어 호적·조세·부역 등 민정 전반을 관리케 하는, 이른바 三長制가 실시되었다. 은닉하거나 누락된 호구가 대량으로 색출되어, 조세와 부역의 경감 및 균등화 효과가 나타나고 민생이 상당히 안정되자, 전란으로 유랑하거나 잠적했던 백성들이 대량으로 고향에 복귀하였다. 그런데 그와 함께 옛 토지 소유권에 대한 다툼이 빈번히 발생하여, 또 다른 중대한 사회문제로 대두한 것이다.

이상의 전반적인 정치·사회·경제·법률상 배경에서 획기적인 토지제도 개혁이 제기되었다. 그것이 바로 고대 井田制를 재현하려는 計口授田(경작인구에 비례하는 토지배분)의 均田制였다.[8] 따라서 균전제의 실시에는 필연적으로 장기간 방치했던 토지 소유권에 대한 분쟁의 해결대책이 동시에 강구되었다. 이것이 중국 (토지)법제사상 아마도 현전하는 최초의 취득시효에 관한 法源을 형성할 것이다. 이러한 상황은 균전제를 건의한 李安世의 상소문에 그대로 반영되고 있다. 당시 백성들은 곤궁과 기아로 뿔뿔이 흩어져 유랑하고 호족들이 강점·침탈하는 사례가 많았는데, 이에 李安世가 다음과 같이 상소하였다.

> "신이 듣자옵건대, 토지를 측량하고 들판을 구획하는 것은 국가 경영의 큰 법도고, 도읍과 농경지가 서로 어우러져 균형을 이루는 것은 통치의 근본이라고 합니다. 井田에 의한 조세제도(토지를 井字형으로 구분하여 8농가가 주위의 한 구획씩 사유경작하면서, 중앙 公田을 공동 경작하여 그 소출의 납부로 조세에 충당하던 고대 토지조세제도)의 흥성(시행)은 그 유래 기간이 자못 장구합니다. 경작전답의 넓이를 일정한 수량으로 제한하는 것은, 무릇 토지도 황폐하게 방치하지 않으면서 백성의 노동력도 빈손으로 놀리는 일이 없고, 또한 권세호족의 가문이 기름진 땅을 독점하지 않으면서 貧寒孤單의 범부도 제 몫의 논밭 이랑을 가지도록 하기 위함입니다. 그래서 저 寒微한 빈농을 긍휼히 여기며 이 탐욕스런 부호들을 억제하여, 빈부의 불균형을 대등하게 시정하고 백성의 호적편제를 가지런히 통일하는 것입니다.
>
> "제가 가만히 살펴보건대, 각 지방의 백성들이 더러 흉년으로 말미암아 유랑하여, 전답과 가택을 팔거나 내버리고 타향에 이주한 지 이미 수 세대가 지난 지금, 三長制가 대강 수립되자 비로소 옛 터전에 되돌아오는 자가 많습니다. 그러나 집과 우물은 훼손되어 황폐하고, 뽕나무

8) 당시의 사회경제 상황과 균전제 시행의 역사 배경 전반에 관하여는, 陳登元, 中國土地制度, 臺灣商務印書館, 1982, 臺1版(1932 初版), 100-107면 및 傅築夫, 中國社會經濟史, 第3卷, 人民出版社, 1984, 第1版, 210-220면 참조.

와 느릅나무는 바꾸어 심었으며, 일이 아주 오래 되었는지라, 허위와 사칭이 발생하기 쉽습니다. 부강하고 권세 있는 호족들은 침탈과 능욕을 일삼아, 멀리는 魏晋시대의 집까지 認知하고, 가까이는 친척과 친구들의 증험까지 인용합니다. 그러나 햇수가 오래 되면 토박이 원로조차 알쏭달쏭 헷갈려, 비록 무더기 증거가 아무리 많다고 할지라도 결정 근거로 삼을 수 없습니다. 각기 친지들을 동원하여 길고 짧음이 있으니, 단지 양 당사자의 증거가 갖추어졌다는 것만으로는, 듣는 자[法官]가 오히려 의혹에 휩싸이곤 합니다. 그런 까닭에 쟁송이 지지부진 연기되어, 이십여년[紀는 12년이고 連은 연이어의 뜻임]이 되도록 판결하지 못하고 있습니다. 그래서 비옥한 전답은 버려져 개간되지 않고, 부드러운 뽕잎은 시들도록 따지 못합니다. 요행을 바라는 무리들이 흥성하여 번잡한 獄訟이 빈발하니, 농가가 풍요롭고 해마다 창고가 비축되어 사람들의 일용물자가 충분히 공급되기를, 어떻게 바랄 수가 있겠습니까?

"어리석은 소견으로는, 지금 비록 뽕나무와 우물을 예전으로 회복하기는 어려울지라도, 마땅히 다시 균등히 측량하고 가장 적당한 방법을 모색하여야 할 것입니다. 파종(경작)의 분배에 표준이 있고 노동력과 경지가 서로 균형을 이루어, 미세한 농민도 살아갈 이익을 얻으며 거대한 부호도 남아도는 땅이 없다면, 공평무사한 은택이 억조 창생에게 고루 퍼져, 언덕처럼 산처럼 집집마다 축적됨이 있을 것입니다.

"또한 쟁송중인 농지는 마땅히 연한을 정하여 판결하되, 사안이 오래되어 진위를 분명히 가리기 어려운 것은 모두 지금의 (경작)주인에게 귀속시킨다면, 허위를 바라는 무리들이 分外의 요행을 바라지 못하고, 분수를 지키는 선비들이 능욕과 침탈로부터 영원히 해방될 것입니다."

高祖(孝文帝)가 이를 깊숙이 받아들였는데, 후에 균전제가 이로부터 비롯되었다.[9]

(時民困飢流散, 豪右多有占奪; 安世乃上疏曰: "臣聞: '量地劃野, 經國大

9) 魏書, 卷53, 李孝伯傳 附記 兄子安世傳. 이 글은 너무도 유명하여, 무릇 均田制를 논술하는 문장에서는 약방의 감초처럼 의례 인용된다. 예컨대, 陳登元, 앞의 책, 106면; 傅築夫, 앞의 책, 221-2면; 仁井田陞, 앞의 책, 24면 등 참조.

式; 邑地相參, 致治之本.' 井稅之興, 其來日久. 田萊之數, 制之以限, 蓋欲使土不曠功, 民罔游力; 雄擅之家, 不獨膏腴之美; 單陋之夫, 亦有頃畝之分. 所以恤彼貧微, 抑兹貪欲, 同富約之不均, 一齊民于編戶. 竊見: 州郡之民, 或因年儉流移, 棄賣田宅, 漂居異鄉, 事涉數世, 三長旣立, 始返舊墟; 廬井荒毁, 桑楡改植, 事已歷遠, 易生假冒; 强宗豪族肆其侵凌, 遠認魏晋之家, 近引親舊之驗. 又年載稍久, 鄉老所惑, 群證雖多, 莫可取據; 各附親知, 互有長短, 兩證徒具, 聽者猶疑, 爭訟遷延, 連紀不判. 良疇委而不開, 柔桑枯而不採; 僥倖之徒興, 繁多之獄作; 欲令家豊歲儲, 人給資用, 其可得乎? 愚謂: 今雖桑井難復, 宜更均量, 審其徑術, 令分藝有準, 力業相稱, 細民獲資生之利, 豪右靡餘地之盈. 卽無私之澤, 乃播均于兆庶, 如阜如山, 可有積于比戶矣. 又所爭之田, 宜限年斷, 事久難明, 悉屬今主. 然後虛妄之民, 絶望于覬覦, 守分之士, 永免于凌奪矣." 高祖深納之, 後均田之制, 起于此矣.)

이 상소문의 내용에 대하여는, 역사가들 사이에 의문점이 제기되어 검토된 적이 있다.[10] 장기간의 혼란으로 백성의 유랑과 토지의 황폐화가 보편화된 특수한 역사 상황에서, 사회경제를 안정시키고 농업민본을 회복하는 과정에서, 토지소유권의 법적 분쟁이 대규모로 발생하였다. 이를 정치사회적으로 해결하기 위한 방책으로 균전제라는 획기적인 조치가 제시되면서, 소유권 귀속을 판결하는 법적 기준으로 이른바 취득시효와 비슷한 규정이 거론된 점은 분명한 사실이다.

물론 여기서 취득시효와 관련하여 우리의 관심을 집중시키는 것은, "所爭之田, 宜限年斷, 事久難明, 悉屬今主."라는 네 구절이다. 그런데 표현이 너무 간략하여 그 구체 내용과 의미가 명확하지 않으며, 또한 이 상소문이 실현되는 과정에 어떻게 구체화되었는지 역사기록이 전해지지 않아 매우 애석하다. 결국 후대 역사학자가 당시 역사가의 기

10) 西村元佑는 이를 太和 10년(486) 三長制가 실시된 이후의 것으로 본다. 반면, 松本善海는 상소문을 본 번역문에서처럼 네 단락으로 구분하여, 제1 및 제3 단락은 太和 9년 均田令의 전제가 된 것으로서, 安世가 主客給事中이던 시기의 일이고; 제2 및 제4 단락은 均田制 시행 이후로 보아, 安世가 相州刺史이던 시기의 것이라고 해석한다. 仁田井陞, 앞의 책, 23-24면 및 거기에 인용된 문헌 참조.

록에 근거하여 가장 사실에 부합할 듯한 내용을 재구성해 보는 해석과 추정만이 가능할 뿐이다. 여기에 관해서는 일반 역사학자와 법사학자의 견해가 자못 판이하게 대립하는 듯하다.

일반 역사학자는 고향에 복귀한 백성과 현 거주자 사이의 토지소유권 문제를 해결하기 위해 새로운 제도로 토지를 재분배하되, 소유권이 의심스러운 경우에는 일정한 소유 연한의 장단에 의해 가부를 결정하며, 연한이 오래되어 사실관계 자체가 불명확한 때에는 현재 소유자(점유자)의 기득권을 승인한다는 방침으로 이해한다. 나아가 현재의 정책으로서는, 설령 그간에 정당하지 못함이 있더라도, 현재 소송중인 토지는 연한에 의해 현재의 持主(점유자)에게 주는 것 밖에는 방법이 없다는 견해를 피력한다.[11]

이에 대해 법사학자인 仁井田陞은 법학 특유의 개념분석을 자못 예리하게 시도한다. 즉, 이는 "권리의 존재가 반증에 의해 부정되지 않는 한, 토지를 지배하고 있는 자를 그 토지의 적법한 권리자로 추정한다."는 게르만법상의 'Gewere'나 일본 中世法상의 '知行'과 같이 점유의 방어작용이라고 본다. 여기서 '今主'란 현실로 자기를 위해 토지로부터 수익을 취득하고 있는 점유자로서, 그 수익은 직접이든 간접(地代)이든 불문하되, 단순한 점유자는 아니고, 적법한 권리자로서 추정 받는 사실상의 지배, 즉 권리의 외관을 갖추고 있는 자로 한정한다. 그리하여 '宜限年斷'은 후대 중국 (및 한국) 법제사에서 구체로 법제화되는 出訴期間(呈訴期限)을 의미하는 것으로 해석한다.[12]

---

11) 西村元佑, 「北魏均田攷」, 33면 ; 松本善海, 「北魏における均田·三長制の制定をめぐる諸問題」 169면 ; 岡崎文夫, 「魏晋南北朝通史」 677면 등 참조. 仁井田陞, 앞의 책, 25-26에서 재인용.

12) 仁井田陞, 앞의 책, 25-26면 참조. 다만 중국의 학계에서는 이 구절의 해석에 대해 일본학자처럼 크게 천착하지는 않는 편이다. 자국의 역사라 일상의 평범으로 받아들이기 때문인지, 아니면 호방한 대륙 민족성으로 거시적 史觀과 筆法을 구사하기 때문인지, 또는 아직 학문(특히 법학)의 이론과 연구수준의 미발달로 예리한 분석평가의 안목이 부족한 탓인지는 분명하지 않다. 판결할 수 없는 토지

이상의 두 해석을 대비해보면, 일반 역사가의 견해는 단순하고 평범하면서도, 사실 그대로 파악하는 객관의 입장에 서 있으며, 出訴기간은 물론 취득시효라는 법적 개념도 원용하지 않는다. 단지 분쟁토지의 소유권 귀속 향방에 관심을 가질 뿐, 그 성격과 방법상의 이론 구성에 주관 의견을 피력하지 않고 있다. 여기서 '기득권의 승인'이 실질 내용상 취득시효의 의미로 해석한 것이라고 이해할 수 있다. 하지만 出訴기간설의 입장에서도 실제상 취득시효와 같은 기능을 어느 정도 인정하지 않을 수 없기 때문에, 법학적인 엄격한 개념구분은 일반역사가의 견해를 재이해하는 데에도 역시 조심스러울 수밖에 없을 것이다. 반면 법제사학자의 견해는 법학을 공부하는 우리에게는 상당히 친근하고 설득력이 있어 보여, 법의 역사 이해에 많은 도움을 주는 것이 사실이지만, 그 분석이 예리하고 섬세한 만큼 사실적 정확성에 오류와 편차의 가능성이 커지고, 주관적 해석은 객관적 신뢰도를 떨어뜨릴 수도 있을 것이다.

왜냐하면, 비록 중국이나 한국 및 일본의 법제사에 등장하는 후대의 출소기간 제도가, 균전제와 함께 실시된 북위의 이 조치의 영향으로 형성·정착된 것이라고 할지라도, 역사상 그 발전과정에서 반드시 논리상 연역의 추론을 거친 것은 아니기 때문이다. 어떤 명제가 참이라고 해도 그 역명제까지 반드시 참인 것은 아니듯이, 후대 출소기간 제도의 법적 성격을 역으로 소급하여 북위의 소유권 분쟁해결 정책에까지 추론하는 것은 논리상 필연성을 확보하기 어렵다. 동일한 지리·역사·문화 배경을 갖는 종적인 계승관계가 일반으로 인정된다고 할지라도, 시대의 특수성과 함께 고려해야 할 또 하나의 요인이 있다. 외래 이민족인 북위의 통치계층에 의해 실시된 정책이, 후대 漢族으로 복귀된 唐宋시대 律令체제에서 일반규정으로 법제화되는 과정

소유권 분쟁을, 토지의 재분배를 통해, 快刀亂麻식으로 해결하여, 분쟁전답을 모두 지금 주인에게 귀속시킨 것이라고 해석하는 정도다. 傅築夫, 앞의 책, 221-222면 참조.

에서, 과연 민족성의 여과 없이 전부 그대로 대물림했을까? (이점은 후대 元과 淸의 제도에서 간간이 발현되는 민족적 특이성을 보아도 참고할 가치가 있다.) 물론 북위의 토지정책은 후대의 평상시 일반법제와는 달리, 혼란기에 임기응변의 방편으로 시행된 특별법의 성격이 강했던 점도 참작될 만하다.

또 내용상으로도 仁井田陞의 출소기간설은 그 구체 내용이 정확히 어떠한 것을 지칭하는지 분명하지 않다. 후대 제도의 내용처럼, 균전제 시행 당시 今主(점유자)가 점유·경작한 연한, 또는 원주인(소유자)이라고 주장하는 자가 점유·경작을 포기한 연한의 일정기준을 정하여, 그 기준을 초과한 경우에는 소송제기를 허락하지 않는다는 의미인가? 아니면 당시 임시특별조치의 성격상, 균전제 시행 후 일정기간 안에 소송제기가 없을 경우, 소유권 분쟁이 없는 것으로 보고 현재의 점유경작자를 정당한 법적 소유자로 확정한다는 내용인가? 도대체 분명하지 않다. (이는 후술할 조선시대 呈訴期限제도에 관한 법규정의 해석에서도 똑같이 제기되는 문제다.)

전자의 의미로 해석될 경우 실질 내용상 일반사학자들의 '기득권 승인'설과 크게 다르지 않게 될 것이고, 후자의 경우라면 소송특례법상의 규정으로 이해될 것이다. 그러나 당시의 역사적 제반 상황을 감안하고 기록의 문리상 의미에 충실하자면, 이 규정이 후대 출소기간제도의 남상이 된 역사 의의는 인정하면서, 그 실질내용은 일반 역사학의 견해에 따라 점유경작 연한의 기준에 의한 기득권 인정으로 해석하는 것이 대체로 무난할 것이다. 취득시효이건 출소기간이건 간에, 모두 객관 진실의 규명에 의한 실체 정의의 실현이 불투명한 상황에서, 일반으로 받아들여질 만한 형식상 기준에 의해 절차 정의를 선언하는 차선책인 점에서는 동일하다. 따라서 여기서 그 법적 성격을 엄밀하게 분별할 필요와 가능성은 그리 크지 않을 것이다.

(2) 唐宋 律令上 취득시효 法源의 확립

남북조를 이어 중원을 재통일한 隋는, 법제를 새롭게 정비하여 체계 있는 律令을 갖추었으나, 얼마 안 되어 멸망하였다. 그리고 唐이 隋의 통치권과 함께 律令을 대부분 그대로 계승하여, 현전하는 最古의 精華라고 일컬어지는 唐律을 완성하였다. 唐의 율령에는 이른바 計口授田의 균전제 등 북위의 독창적인 법제가 적지 않게 정착되었다.[13] 이와 함께 소유권 분쟁의 대상인 토지의 귀속에 관한 법적 해결방법도, 북위의 임시 특별조치로부터 평상시의 일반법으로 전환하여, 법규정의 역사 발전이 확인된다.

다만 전통 중국법(律)의 기본체제가 형법제재 중심으로 규정되어 있는 까닭에, 당사자간의 단순한 소유권 분쟁을 해결하는 민사법규는 律의 차원까지는 승격되지 못하고, 令 이하의 수준에 머무르게 되었다. 그 결과 취득시효의 법원은 중국법제사에서 전면에 부각되지 못한 채, 소외된 규정으로 상당수 失傳되었을 가능성이 높다. 앞서 북위의 균전제 시행과정에서도, 개인의 재산권을 중시하는 근대시민법 체계에서라면 상당한 비중을 차지했을 소유권분쟁 해결 방안이, 상소문의 명확한 건의에도 불구하고 구체로 어떻게 전개되었는지 조차 알 길이 없다. 唐 이후에도 사정은 대체로 마찬가지다. 唐律疏議를 거의 그대로 답습한 宋刑統은, 典賣에 관한 규정을 추가하면서, 그중 한 조목에 唐 후기의 칙령을 인용하고 있다. 律文은 신하들이 '唐 憲宗(806-820 재위) 元和 6년(811) 이후의 勅令조문이 통일되지 못함을 살피고, 이들을

---

13) 唐律, 권 제12, 戶婚律. §163의 律文과 그 疏議에 규정·해설되는 口分田 ; 권 제13, 戶婚律, §164의 占田제한법 ; §171의 律文 및 疏議에 인용된 令文상 나타나는 永業田의 식목규정 등은 본래 均田制의 주요내용이다. 또한 仁井田陞, 唐令拾遺, 田令 第22, §14-25, 東京大學出版會, 1964, 628-640면 참조. 이밖에 북위 때 처음 창제된 중요한 법으로는, 唐律, 권 제3, 名例, §27에 규정되고 있는 이른바 犯罪存留養親法이다. 이에 관한 자세한 내용은, 김지수, 傳統 中國法의 精神, 전남대학교출판부, 2005, 161-168면 참조.

참작하여 신법을 제정하소서'라고 청하는 형식으로 표현되어 있다.

> "전답과 가옥이 이웃하여 서로 교착된 경우, 당시에는 일찍이 한번도 따진 적이 없다가, 家長과 증인이 사망하기를 기다려 그 자손들이 어리고 약한 틈을 타서, 규명하기 어려운 계약서로 다른 縣을 소란하게 만들고 번잡한 소송을 부질없이 일으키나, 그 증거확인이 끝내 어려운 때에는, 唐 長慶(穆宗 연호. 821-825 재위) 2년(822) 8월 15일에 반포된 '20년 이상 경과한 것은 논하지 않는다'는 칙령에 준하여, 소송심리의 기한 안에 포함시키지 않도록 청합니다. 다만 특별한 사유로 밖에 체류한 경우에는, 그 외부체류 연한을 제외해 줍니다. 이를 위배한 자는 모두 '마땅히 하지 않아야 할 중대한 행위'에 의해 죄를 부과하도록 청합니다."

> (應田土屋舍有連接交加者, 當時不曾論理, 伺候家長及見證亡歿, 子孫幼弱之際, 便將難明契書擾亂別縣, 空煩刑獄, 證驗終難者, 請准唐長慶二年八月十五日勅, 經二十年以上不論, 卽不在論理之限. 有故留滯在外者, 卽與出除在外之年. 違者, 竝請以不應得爲從重科罪.)[14]

이 조항은 내용이 본 조문의 주제인 典賣와 직접 관계가 없는 듯하면서, 그 구성요건도 매우 구체적이어서, 취득시효 일반에 관한 法源으로 이해하기 어려운 일면이 있다. 여기에는 물론 전통법 규정 형식의 상세한 구체성과 개별성이 고려되어야 할 것이다. 그러나 이 규정이 典賣의 목적물인 부동산을 둘러싼 경계획정의 문제를 해결하기 위한 것으로 해석될 수 있다면, 이와 함께 唐代에 또 다른 내용의 규

14) 重詳宋刑統, 권 제13, 戶婚律, 典賣指當論競物業조, 中華書局, 吳翊如 點校本, 1984, 206-7면 참조. 여기서 '마땅히 하지 않아야 할 죄' (不應得爲)란 개별 구성요건을 규정하는 조문은 없지만, 일반 윤리도덕(事理)상 허용되지 않는 부정당한 죄악을 지칭하는 일반추상의 포괄입법이다. 그 법적 효과는 보통 경미한 행위는 笞(치) 40이지만 사리가 중대한 경우에는 杖 80인데, 여기서는 후자의 적용을 지정한 것이다. 이는 현대의 죄형법정주의에 위배되는 규정 같지만, 律文이 모든 사물과 행위를 망라할 수 없음으로 경미한 범죄의 싹을 예방하고자, 실체적 정의를 실현할 목적으로 규정된 것이다. 唐律, 권 27, 雜律, §450. (宋刑統도 마찬가지임.) 김지수, 傳統 中國法의 精神, 384-8면 참조.

정이 있었을 가능성도 함축한다고 보인다. 宋刑統이 이 조문을 입안할 당시 참고한 唐의 칙령은 후기 백여 년의 규정에 불과하고, 전기와 중기의 2백여 년 내용에 대해서는 전혀 거론되지 않았기 때문이다. 玄宗 말기에 발생한 장기간의 安史之亂으로 그 이전의 법제와 문헌이 대량으로 소실되었을 것을 감안하면, 唐 전기나 특히 난 직후 소유권 분쟁해결에 관한 칙령이 있었을 가능성도 배제할 수 없다.

이 점은 宋刑統의 해당 조문의 本文이 典當 목적물의 반환청구권 존속기한에 관한 宋太祖 建隆 3년(962) 칙령의 일부를 싣고 있는 사실에서도 간접으로 추측할 수 있다.

> "오늘 이후로는, 장원·주택·재산을 타인에게 典賣하거나 저당하는 경우, 약정 기한 이외에 비록 햇수의 경과가 오래 되었을지라도 원 계약서가 현존하고, 계약 당사자는 비록 사망하고 없더라도 그 친자손이나 支分가진 친족이 생존하여 증거가 명백한 때에는, 햇수를 제한하지 않고 모두 收贖(채권상환에 의한 목적물 환수)을 허락한다. 만약 전당 기한 이외에 30여 년이 경과한 후로 계약문서가 없거나, 비록 계약문서가 있다고 하더라도 진위를 분별하기 어려운 경우에는, 收贖을 청구할 수 있지 아니하며, 현 점유자에게 典賣를 일임한다."
>
> (建隆三年十二月五日勅節文 : 今後, 應典及倚當莊宅物業與人, 限外雖經年深, 元契見在, 契頭雖已亡沒, 其有親的子孫及有分骨肉, 證驗顯然者, 不限年歲, 竝許收贖. 如是典當限外, 經三十年後, 竝無文契, 及雖執文契, 難辯眞虛者, 不在論理收贖之限, 見佃主一任典賣.)[15]

이는 원칙상 소유자가 채무만 변제하면 언제든지 피담보 부동산의 반환을 청구할 수 있는 永久質(Ewigsatzung)에 관한 규정이다.[16] 여기에

---

15) 重詳宋刑統, 권 제13, 戶婚律, 典賣指當論競物業조, 中華書局, 吳翊如 點校本, 1984, 206-7면 참조. 한편 이 法條文의 제정 과정에 논의된 기록이 宋會要輯稿, 食貨 61, 民産雜錄에 보인다. 仁井田陞, 앞의 책, 29면과 周藤吉之, 「中國土地財産史硏究」, 1954, 635면에 그 원문이 인용되어 있다.

16) 仁井田陞, 앞의 책, 29면 참조.

예외로 기간이 오래 되고 증거가 불명확해 진위를 분간하기 어려운 경우, 분쟁의 법적 해결을 위해 특별한 出訴제한을 설정한 것이다.

이상의 두 규정에서, 늦어도 唐 後期와 宋 初期에는, 비록 부분적이고 구체적인 법률요건이지만, 취득시효와 같은 法源이 평상시 일반법으로 이미 정립되었음을 확인할 수 있다. 이는 물론 사회 혼란과 경제 변화를 틈탄 간교한 인심이 부동산 소유권 분쟁을 빈번히 일으키던 역사 배경에서 제정되었을 것이다. 그러나 북위 때와는 본질상 다르게, 토지의 경계획정이나 전당 토지의 환매 문제, 환언하면 목적 토지가 매매한 것인지 아니면 환매조건부로 전당(入質)하였는지, 그 거래성격에 대한 개별구체의 분쟁이 법규정의 주요 관심대상이었다.

이러한 현실요청에서 출발한 법제는, 물론 취득시효라기보다는 제소기한의 성격과 형식으로 이해하는 것이 객관 진실에 가깝고 자연스러운 순리일지도 모른다. 아무런 權原도 가지지 아니한 자가, 우연한 사정이나 불법 원인으로 일정기간 남의 토지가옥을 점유·사용했다는 사실 때문에, 그에게 새 소유권을 법적으로 부여해 주는 것이 아니다. 법적으로 정당한 특정 권원을 가지거나, 또는 비록 다툼은 있지만 개연성 높은 권원에 근거하여 서로 자기소유를 주장하는 경우, 객관적·실체적 진실을 명확히 판단하기 어렵기 때문에, 상당기간 현실로 지배한 자에게 사실상의 소유권을 인정해 주는 제도이다.

이 점은 서양의 취득시효와 그 법적 성격 및 기능이 비슷하다고 볼 수 있다. 그런데 중국의 제소기한 제도가 근대서양(로마법)의 취득시효 제도와 본질상 다른 특징이 있다. 그 소유권 귀속의 판단방법에서 법관이 분쟁당사자의 제소를 일단 수리하여 실체로 판단 선고하는 것이 아니라, 그러한 요건에 해당하는 경우 아예 소송 자체를 접수하지 않는 절차상 원천봉쇄의 형식을 취하는 점이다. 즉, 법정기간 이상 점유한 자에게 승소판결을 내리는 것이 아니라, 일정 기간을 경과한 분쟁거리에 대해서 제소권을 부여하지 않고 각하 처분해 버리는 것이다.

(3) 南宋시대 判例에 나타난 제소기한의 변화

그러나 현실로 막대한 재산권을 탐내는 인간의 욕심은, 자기 소유로 귀속시킬 터럭끝만한 틈만 있어도 수단과 방법을 가리지 않고, 온갖 빌미와 구실을 붙여 소송을 제기하기 마련이다. 심지어 한두 번 패소한 경우에도, 법관이 교체되기를 기다리거나 소송 당사자(주체)를 바꾸어 가면서 제소하거나, 또는 아예 관할권도 없는 타지역에 訴狀을 제출하기도 한다. 따라서 실제로는 소유권 분쟁소송 심리 과정에서도, 점유 사용기간의 법적 효과가 당사자에 의해 주장되고, 법관에 의해 판단될 가능성과 당위성이 여전히 존재하게 된다.

12-3세기 南宋의 판례를 편집한 淸明集에는, 소유권 분쟁을 심리 판결함에 소유권 추정을 보충하는 유력한 방증으로 점유기간을 원용하는 사안이 여러 건 있다. 그런데 北宋 초기 안정된 정치사회 상황과는 달리, 혼란과 불안을 거치면서 상거래가 발달한 사회경제의 상황을 반영하는 때문인지, 법정 提訴기한이 상당히 단축되는 게 특징이다. 구체 실례를 들어 살펴보면 그 변화가 명백히 확인된다.

첫 번째 사안은, 토지조사(量田)시 현 경작자를 위주로 하되, 토지조사를 계기로 오래된 일을 들먹여 함부로 쟁송·占奪하는 일이 없도록 하라는 지침이 하달되었다. 王文이 작년에 袁安으로부터 오랫동안 自家 사용하던 토지가옥을 上手(이전 권리전승의 유래를 증명하는 舊文記 또는 本文記: 정당한 權原 증명문서)의 첨부와 관청의 확인(官印) 아래 매입하였다. 그런데 章明이라는 자가 당사자의 날인도 없고 관청 확인도 없는 50여 년 전(1172) 작성된 계약서를 가지고 나타나, 자기 소유라며 점탈하려고 하자 소송이 제기되었다. 이에 판결은 현 경작자 위주의 토지조사 원칙을 바탕으로 하여, 章明이 제출한 계약서가 신빙성(증거능력)을 결여하고 현 점유·사용이 50여 년 이상 계속된 사실 등을 근거로, 袁安의 소유권을 인정하고, 그 매입자(양수인)의 지위도 합법이라고 승소판결을 내렸다. 동시에 章明에 대해서는, 다시 두 말을 하

면 마땅히 하지 않아야 할 일을 행한 중죄에 의해 杖 80을 시행하겠다고 엄중히 경고하였다.[17)]

두 번째 사안은 이러하다. 懷寧(安慶府)에 거주하던 許奉이 紹興 32년(1162) 金立으로부터 토지 한 필지를 매입하였는데, 그 후 許知實이 주인으로 되었다가 知實이 죽자, 그 아들 許國이 승계(상속)한 뒤 許奉의 후사로 입양하였다고 한다. 상속으로 전승한 것이지 매입한 것인지는 증거가 없어 그 진위를 명확히 알 수 없으나, 다만 許奉이 원래 소지했던 官印 찍힌 계약서(赤契: 紅契)는 어쨌든 許國이 소장하였다. 許國은 토지를 嘉定 6년(1213)에 일찍이 張志通과 楊之才에게 저당 잡혔었다가, 7년 후에는 朱昌에게 매도하였다. 이에 朱昌이 매입한 뒤 張志通과 楊之才에게 채무를 변제하고 전당을 해제(贖回)하였다. 이러한 사실은 모두 연속된 날인으로 명백히 증명되었다. 즉, 이자를 수수하고 관청에 세금을 납부하여 서로 전승한 사실이 本鄕의 조회 결과 모두 확인되고, 許奉의 원래 계약서로부터 許國에게 전승되어 張·楊의 전당과 朱昌의 매입에 이르기까지 모두 官印에 의해 분명히 나타나는 거래관계였다.

그런데 작년 봄 갑자기 許德裕라는 자가 光(地名)으로부터 와서 州 정부에 제소하기를, 자기는 許奉의 손자로서 족보를 가지고 있는데, 許國은 別派로서 자기 소유권을 盜占하여서는 안 된다고 주장하였다. 그의 진술을 확인한 결과, 淳熙 9년(1182) 그의 부친 多才가 懷寧으로부터 光으로 이사하면서, 자기 叔父(許奉의 친아우)인 許嵩으로부터 '원래 金立에게서 매입한 토지는 형제의 공유에 속한다'고 하는 확인서

---

17) 淸明集, 戶婚門, 爭業類, 「章明與袁安互訴田產」조; 靜嘉堂文庫藏本, 古典硏究會, 1964, 東京, 영인판, 176면 참조. 「准使州行下經量田產明示約束, 各以見佃爲主, 不得以遠年干照輒因經量妄行爭占. 王文去年買入袁安戶田, 雖是見行投印, 而袁安上手爲業已久. 近因經量, 章明乃齎出乾道八年契書, 欲行占護. 且契後卽無印, 梢莫知投印是何年月, 契要不明, 已更五十年以上, 何可照使合照? 使州行下付見佃爲主, 如再有詞, 從杖八十科斷.」

한 장을 받았는데, 단지 嵩 한 사람만 懷寧에 홀로 남아 토지를 관리·경작한 것이니, 공유지분에 의하여 그 경작료(田租)를 반환하여야 한다는 것이다. 이는 사리상 진실로 있을 수 있는 일이다. 그러나 그러한 약속을 체결할 때 (제소자인) 덕유는 아직 출생하지 않았었고, 그가 소송을 제기한 지금 허숭은 이미 사망하고 없으니, 그 진위를 확인할 수 없다. 또한 당사자간의 사적인 약속이 있었다고 하더라도, 그것은 공식 관문서가 아닐 뿐만 아니라, 더욱이 세월이 장구히 흘렀으니, 어디에 근거하여 대조·확인하겠는가?

또 嘉定 2년(1209)에 懷寧에 소장을 제출하여 일찍이 허국을 전답 盜耕죄로 고소하였다는데, 그때에는 단지 경작료를 반환하도록 온화하게 권유하여 금전 50貫을 받는다는 문장에만 의지했을 뿐, 사실대로 철저히 추궁하려는 의도가 아니었다고 말한다. 과연 이 사항이라도 있다면 오히려 대조할 만한 자료가 될텐데, 지금은 원래 문안도 없고 또 대조·확정할 문자도 없다. 또 (허국이) 典賣한 후 이미 14년이 지나도록 일찍이 명백한 문장의 소장을 제출한 적이 없이 단지 입으로만 말하니, 또 어디에 근거할 것인가?

> "가만히 살피건대, 덕유의 진술이 비록 (許)撲이 경작한다는 문자가 있다고 말하지만, 그러나 (그 부친이 光으로 이사했다는) 淳熙 9년(1182)부터 (회녕에 처음 盜耕죄로 허국을 고소했다는) 嘉定 2년(1209)에 이르기까지는 전후 27년이나 되는데, 어찌 전혀 경작료를 교부하지 않을 수 있단 말인가? 비록 뒤이어 일찍이 그 가액금전을 배상받았다고 말하지만, 嘉定 2년(1209)부터 (이번에 제소한) 寶慶 3년(1227)까지는 (햇수로) 전후 19년이나 되는데, 어찌 토지를 다시 관리하지도 않다가 작년 봄에 이르러서야 비로소 나타나 소장을 제출한다는 말인가? 허덕유의 부친 다재가 원래 撲에게 (경작권을) 주었다고 하나 그 경작자가 이미 죽고, 허국의 부친 知實은 원래 자기 토지로 소유했지만 또 죽었으며, 허봉의 아우 허숭이 원래 경작료 반환 약속을 했지만 그도 또한 죽고 없다. 그런 상황을 빌미로 망령되이 宗派와 증거 없는 약속을 내세워 혼란무도

를 도모하니, 실로 행사하기 어려운 일이라. 내 생각으로 짐작하건대, 허국이 반드시 허봉의 후손인 것은 아닐 수 있으며, 또 허숭이 도리어 허봉과 지분을 공유하는 사람일 수도 있다. 그러나 만약 허국이 허숭의 토지를 무단히 강제 점거하고 있다고 말한다면, 이러한 이치는 결코 있을 수 없다. 필시 허국의 부친인 지실이 허숭의 명의 아래 토지를 매입하였다가, (허숭이 사망한 후 소유권을 자기 명의로 이전하고) 기타 관련된 여러 사람은 이미 정리·삭제하였을 것인데, 햇수가 오래되어 그 시말을 알 수 없고 참조할 근거도 없는 형편이다."

"한편 법에 의하면, 조부모나 부모가 사망한 후 형제 공동 소유에 속하는 상속재산(토지가옥)을 (1인이) 전당 또는 매도하여 그 대금을 개인이 소비해 버린 경우, 상속배분법에 의해 재산은 환수하고 그 대금을 원래의 전당 또는 매도 당사자로 하여금 상환하도록 규정하고 있다. 다만 전당이나 매매가 만 10년을 경과한 경우에는, 재산의 환수는 면제하고 그 가액을 상속분에 따라 배상하는 데 그치며; 또한 10년이 경과한 뒤 전당 또는 매도 당사자가 사망하였거나, 또는 거래 후 20년이 경과한 경우에는, (아예) 그 책임을 묻지 않는다는 규정이 있다. 따라서 설령 許嵩이 생존해 있더라도, 소송이 10년 이전의 교역(거래)에 관한 것이면 그 가액을 상환할 뿐이고, 10년이 지난 후라면 다시 가액조차 추징할 수 없으니, 또한 토지를 취득할 이치가 전혀 없게 된다. (그 부친이 이사 시 확인서를 받았다는) 淳熙 9년(1182)부터 지금까지 시종 통산하면 무려 57년(47년의 착오?)이나 되고, 허숭의 집안(戶)은 단절되어 그 후손조차 전혀 없으니, 어떻게 시비진위를 논할 수 있겠는가? 현재 경작자의 소유로 함이 합당하다."18)

---

18) 淸明集, 戶婚門, 爭業類, 「漕司送許德裕等爭田事」조, 191-6면 참조. 「許奉居安慶府之懷寧, 紹興三十二年, 買入金立田業一段; 其後許知實爲主, 知實死, 其子許國繼之, 爲許奉後; 眞僞實未可知, 或是相傳, 或是買入, 無所憑據. 但許奉元來入戶赤契, 却係許國收掌; 至嘉定六年, 嘗典與張志通楊之才; 七年後, 賣與朱昌, 朱昌得業, 係在張志通楊之才名下贖回; 皆有連押可證, 交收花利, 輸納官物, 據本鄕勘會, 竝係相傳, 得産人主之; 許奉初契, 旣已投印, 張楊之典, 朱昌之買, 亦出干照分明. 去年之春, 忽有許德裕者, 來自光之固始, 訴于州: 自執宗圖, 稱爲許奉之孫, 而許國係是別派, 不應盜占己業. 考其所供: 淳熙九年, 其父名多才, 自懷寧徙居于光, 收得許奉親

이 사안에서는 가장이 사망한 후 가족 공유에 속하게 되는 家産의 분할 및 처분을 둘러싼 분쟁, 즉 불공평한 배분에 의한 상속분의 침탈이나 典賣 등에 관한 법규정이 우선 직접 거론되고, 典賣 계약 자체를 둘러싼 일반 소송시한은 보충 방증으로서 부차로 언급되는 점이 특징이다. 일체성이 강했던 전통시대 가족공동체 내부의 家業에 대한 권리관계가 외부에 뚜렷이 공시되기 어려운 특성을 감안하여, 典賣者의 진실한 권리 주체성을 믿고 거래한 제3자의 이익을 다소나마 보호하고 교역의 안전을 도모하기 위해, 10년이라는 비교적 단기간의 특별한 목적물 반환청구소송 제기시한을 설정하였다. 또 10년이 경과한 후 전매인이 사망하고 없거나, 또는 일반 계약분쟁의 경우처럼 전매인이 생존해 있더라도 20년이 경과한 후에는, 반환청구 제소를 허용하지 않고, 가족 공동체 내부에서 상속침탈분에 의한 가액 배상으로 자체 청산하도록 규정한 것이다.

그런데 재판관이 판단 부분에서 "설령 許嵩이 살아 있더라도, 소송이 10년 전 교역에 관한 것이니 단지 가액만 상환할 뿐이고, 10년

弟許嵩撲約一紙, 謂'元買金立産業, 係屬衆分', 唯嵩一位, 獨留懷寧, 自管耕種, 依分還租. 此理固有之. 但方當立約, 德裕未生; 及至持訟, 許嵩已絶; 縱有私約, 非官文書, 更歷年深, 何所照據? 又嘉定二年, 入狀懷寧, 嘗訴許國盜耕田業時, 只憑和勸陪還租課, 得錢五十貫文, 不欲盡情根究. 果有此項, 猶可供對, 今旣無元案, 又無對定文字; 且典賣之後, 又經十四年, 不曾有詞平白入狀, 只據口說, 又何所憑? 竊詳: 德裕所供雖曰, '有撲佃文字'; 然自淳熙九年, 至嘉定二年, 相去二十七年, 胡爲全不交租? 雖曰, '續曾陪還價錢'; 然自嘉定二年, 至寶慶三年, 相去又十九年, 胡爲不再管業, 直至去春方來入詞? 許德裕之父多才, 元與撲佃者旣死; 許國之父知實, 元自爲業者又死; 許奉之弟許嵩, 元立約還租者又死; 却欲妄憑宗派白約, 意在昏賴, 實難行使. 以意度之: 許國未必是許奉之後, 許嵩却元爲同分之人; 若謂 '許國冒占許嵩之田', 決無此理. 必是許國之父知實, 就許嵩名下買入, 其他諸位, 亦已釐革 年深莫知首尾, 無可參照. 準法: '諸祖父母父母已亡, 而典賣衆分田宅, 私輒費用者, 準分法追還, 令元典賣人還價; 卽典賣滿十年者免追, 止償其價; 過十年典賣人死, 或已二十年, 各不在論理之限'. 儻許崇尚存, 訟在交易十年之前者, 只是還價; 十年之後, 復與免追; 且無可得田之理. 自淳熙九年至今, 首尾通五十七年, 許嵩戶絶, 悉無其人, 豈得更在論理之限? 合照見佃爲業.」 이상의 두 안건에 대해, 仁井田陞, 앞의 책, 30-33면에 원문의 인용과 해석이 실려 있다.

이후에는 다시 추징조차 면제해 주니, 또한 전답을 취득(반환)할 이치가 없다."는 구절의 내용이 다소 석연치 않다. 許嵩의 사망을 기정사실로 전제한 다음, 앞의 '10년 이후'라는 요건을 반복 언급한 것인지? 아니면 허숭의 생전을 가정한 앞의 전제에 계속하여, 10년 전 소송이라는 상황에 다시 '10년의 경과'를 합산하여 실질상 '20년 이후' 요건을 전제하여, 아예 소송제기조차 불가능하고 가액배상도 받을 수 없는 결과를 의미한 것인지? 도대체 불분명하다. 여하튼 토지를 결코 반환·취득할 法理가 없음을 확인한 것이다. 여기에다 57년간(47년의 착오?) 사실상 점유사용의 결여와 증인의 결핍 등 사실이 함께 어우러져, 계약일반의 제소기한을 훨씬 충족하고 남기 때문에 원고의 청구를 단호히 기각한 것이다.

한편 본안 판단에서 주목되는 점이 있다. 비록 법관의 주관상 心證으로 확실한 증거능력을 부여하진 않고 있지만, 원래 許奉 명의로 매입하였던 토지가 나중에 許知實의 명의로 소유권이 이전된 사실에 대하여, 許知實이 친척관계에 있는 신뢰할 만한 許奉의 명의를 빌려 토지를 취득했다가 다시 자기 앞으로 이전한 이른바 '名義信託'이었을 가능성을 '必是'라는 문자로 강하게 제기한 점이다. 그 원인과 목적이야 다양하고 다 알 수 없지만, 어쨌든 당시에 명의신탁의 거래관행이 존재했을 개연성을 시사하는 판단인데, 법관이 명의신탁에 대해서 실체 권리관계를 존중하는 듯한 분위기가 풍김을 느낄 수 있다.

세 번째 사안은 다음과 같다. 吳肅이 嘉定 12년(1219) 吳鎔의 두 필지 전답에 9년 기한으로 典權(점유질권)을 설정 받아, 그 명의를 이전하고 경작료를 수취하며 조세도 납부해 온 지 5년이나 되었다. 그런데 근래 吳檜라는 자가 紹興 20년(1150) 자기 조부 吳武成이 吳鎔의 증조부 吳四乙에게 매도한 관청 확인 계약서 한 통과, 백지 후면에 淳熙 8년(1181) 다시 還買해간다는 내용이 적힌 문서를 가지고 나타나, 그 소유권을 다투는 것이었다. 그러나 吳肅이 吳鎔에게서 받은

典權설정 계약서에는, 토지의 정당한 내력을 증명하는 權原서류인 上手를 상실하여 양도하지 못한다는 내용이 명백히 적혀 있었다. 吳檜가 제출한 원래 매도증서는 비록 증빙할 수 있지만, 그 내용이 영구매도(永賣)의 문자를 분명히 써서 환매해갈 성격의 계약이 아닌 데다가, 그 뒤에 덧붙인 환매기재 서류는 신빙성이 없었다. 설령 환매 사실이 정말로 거짓 없이 분명하다고 할지라도, 환매한 때(1181)로부터 지금까지 이미 42년이나 지났는데, 그동안 어찌하여 토지를 인도하지 않았는가? 또 만약 토지를 임대하여 경작료를 수취해 왔다고 말한다면 혹시 그럴 수도 있겠지만, 吳四乙로부터 吳鎔까지는 4代나 바뀌었는데, 토지 임대를 이토록 장구히 계속할 수 있겠는가?

이에 법관의 심판은 이러했다.

> "법에 의하면, 무릇 토지가옥의 전당·매매에서 서명 날인하고 계약을 체결한 뒤, 그 면적의 차이를 제소하는 경우에는 계약서 내의 사방경계를 기준으로 확정하고, 연한을 다투는 경우에는 서명날인 계약의 날짜를 기산일로 삼되, 목적물의 인도(교부)가 서명날인 계약일 후에 있으면 인도한 날을 기산일로 삼는다. 또 법에 의하면, 계약 내용이 불분명한 경우, 20년이 경과하였거나 대금지급자(매수인) 또는 원소유자가 사망한 때에는, 관가에서 소송을 수리할 수 없다. 그런데 吳檜가 제출한 증빙서류는 이미 50여 년이나 지나 군데군데 파손되고 지워져 몹시 불명확하니, 어찌 수리할 수 있는 기한 안의 것이리요? 또 추가 기록된 환매사실도 이미 40여 년이나 지났고, 그 토지조차 인도되지 않은 채 여전히 원래 주인의 손에 있으니, 어찌 吳肅에게 토지를 교부하는 것이 정당하지 않겠는가?"

계속된 재판관의 심증과 사리판단에 의하면, 吳鎔이 典權설정시 토지소유권 문서를 분실했다고 인도하지 않은 뒤, 그 당숙이자 토지의 원래 소유 집안 후손인 吳檜와 함께 공모하여, 吳肅이 典權者로서 정당하게 지배·收益하고 있는 토지를 침탈하려고 한 사기극이었다. 吳

肅은 본디 많은 채권거래로 폭리를 취하는 자로서, 관청에서 한두 번 철저히 심판하여 징계한 적이 있었다. 이러한 사실을 기화로, 그의 거래관계에 위법 요소나 헛점이 결코 없지는 않을 것이라는 속셈으로 수작을 부린 셈이었다. 이에 재판관은 吳鎔과 吳檜를 盜賣죄로 각기 杖60에 처하고, 계약서는 폐기 처분하여 토지를 吳肅에게 귀속시켰다.[19)20)]

실체 권리관계가 서류와 사리상 명백히 판단되는 사안이지만, 현 점유자의 典權이 정당하고 합법임을 입증하기 위해, 그 이전 매매관계의 유효성을 50년간의 평온하고 公然한 점유사실로써 보충해서 방증하는 판결이유가 특히 눈에 띈다. 이 사안의 판결문에서도 직접 인용되고 있는 바와 같이, 이 시기(13세기 전반)의 각종 소유권 분쟁 사안에 대한 판결들을 종합해보면, 남송 후기에는 계약 내용상의 다툼에 대한 소송 수리 기한이 이미 20년으로 대폭 단축되는데, 당사자가 사망하고 없는 경우에는 더욱 짧은 제소기한의 적용을 받았던 사실이 거듭 확인된다.

한 사안은, 楊提擧의 아들인 天常이 백부의 후사로 입양하여, 본디

---

19) 淸明集, 戶婚門, 爭業類, 「吳肅吳鎔吳檜互爭田產」조, 177-181면 참조. : 「准法 : '諸典賣田宅已印契, 而訴畝步不同者, 止以契內四至爲定 ; 其理年限者, 以印契之日爲始, 或交業在印契日後者, 以交業日爲始'. 又准法 : '諸理訴田宅, 而契要不明, 過二十年, 錢主或業主死者, 官司不得受理'. 吳檜所齎干照, 已經五十餘年, 其間破碎漫滅, 不明已甚, 夫豈在受理之數? 所批收贖, 已經四十餘年, 其田竝未交業, 仍在元戶, 豈應不以吳肅交業爲正?」

20) 이상의 세 사안에서는 계약발생 후 40-50년이라는 장기간이 경과했는데, 이보다 훨씬 긴 백년 경과가 소송수리 거부사유로 거론되는 사례도 있다. "설령 이치가 있다고 할지라도, 또한 백여 년을 사이에 두고 비로소 말[제소]이 있을 수 없다. 하물며 이치가 굽은(닿지 않는)데 더할 나위가 있겠는가?" 淸明集, 戶婚門, 爭業類, 「妄訴田業」조 210면 참조. : 「縱是有理, 亦不應隔百餘年而始有詞. 況理曲乎?」 ; "무릇 93년 간 오씨의 재산이었는데, 하루아침에 말(소송)을 일으키니 일곱 번째 망령이요, 백년 이전에 법을 위배하고 나서 백년 이후에 시끄럽게 소송하니 여덟 번째 망령이다." 淸明集, 戶婚門, 爭業類, 「寺僧爭田之妄」조, 222-3면 참조. : 「凡九十三年吳氏之業, 而一日興詞, 其妄七也; 違法於百年之前, 囂訟於百年之後, 其妄八也.」

생부 가산에 대해서는 더 이상 몫을 받을 수 없는 법인데, 그 생가의 1300석 토지는 차지했다(占)고 그의 조카 楊師堯가 상속분쟁을 제기하였다. 그런데 天常이 그 토지를 관리(사용수익)한 지 이미 23년이나 되었다. 그리고 법적으로는 상속재산을 분할한 지 만 3년이 경과하거나 유언한 지 만 10년이 지난 경우에는, 상속의 부당함이나 분할의 불공평을 제소할 수 없었다.

이에 법관은 천상의 토지 취득이 정당한지 여부를 논하기 전에, 사건 발생과 토지의 실질상 관리경작 연한이 이미 오래 되었기 때문에, 이를 소급하여 심리하기 어렵다고 심판하였다. 그런 뒤, 天常과 師堯 숙질간에 각자 원래의 가업을 관리하며 친족화목의 의리를 간직하는 것이 미덕이라고 타일렀다. 공연히 서로 쟁송사건을 일으켜 고인(天常의 생부이자 師堯의 조부)의 성명이 소송문서(訟牒)에 오르내리면 집안의 수치라고 훈계하면서, 만약 이 판결에 불복한다면 각자 상급관청에 다시 제소하라고 기각처분을 내렸다.[21] 물론 여기에는 상속재산 분할과 관련된 단기간의 제소기한 규정이 특별히 인용되어 큰 비중을 차지한다. 하지만 20여 년이 넘는 점유수익사실도 소송을 원천 각하하는 중요한 법적 근거가 되고 있다.

다른 한 사안은 이러하다. 范誠之·范元之·范僧의 삼형제가 開禧 3년(1207) 가산분할계약서(支書)를 작성하여 분배를 마친 후, 嘉定 원년(1208) 曾知府댁이 둘째 范元之의 鷄籠山 아래 산을 范七六의 입증 아래 매입하여 이미 30년이 지났다. 그런데 매도인 范元之는 바로 사망하여 소환대질할 당사자가 없는 상황에서, 막내 范僧이 淳熙 3년

21) 清明集, 戶婚門, 爭業類, 「姪與出繼叔爭業-浩堂」조, 235-7면 참조 : 「楊天常乃楊提擧之幼子, 出爲伯統領後, 本不當再得楊提擧下物業. 今其親姪楊師堯等所謂: '天常占提擧位一千三百碩穀田', 天常管業蓋二十三年矣. 在法 : '分財産滿三年, 而訴不平; 又遺囑滿十年, 而訴者; 不得受理.' 楊天常得業, 正與未正未暇論; 其歷年已深, 管佃已久矣, 委是難以追理. 請天常師堯叔姪, 各照元管, 存睦族之誼, 不必生事交爭, 使亡者姓名徒掛訟牒, 實一美事. 如不伏所斷, 請自經向上官司.」

(1176)의 계약서를 가지고 소유권을 다투는 소송을 제기하였다. 縣에서 保正(향촌 호적 편제 단위인 10戶=1保의 책임자)을 통해 이웃 증인들을 재차 소집하여 공정하게 심문한 증언 내용에 의하면, 范元之는 嘉定 4년(1211) 사망하여 자손이 없으며, 鷄籠山 아래에는 曾知府 등 3기의 분묘가 30여 년 간 존재하여 왔고 王家의 고분도 있는 바, 范僧은 喪事가 있었는데도 그 산에 안장한 적을 일찍이 본 적이 없다고 한다. 또 開禧 3년(1207) 범승은 관가의 확인을 거쳐 가산을 분할하였다. 범원지가 그때 분배받은 재산 중 전답은 夏秀才에게 매도하고, 동산은 華氏의 아들에게 매도하고, 黃梔園(황치원 : 황치자의 열매는 노란색 염료로 쓰임)은 이 산과 함께 증지부 댁 아무개에게 매도하였다는 것이다. 그런데 범승은 증지부 댁이 묘를 안장할 때는 다투지 않다가, 쟁송이 제기된 후 예전 계약서를 근거로 산 안에 양모 阿黃과 형 范誠之의 두 묘가 있다고 주장했다. 이에 대해 증씨 측에서는 왕씨의 고분이라고 반박하고 있으며, 지금 이웃의 증언을 들어 보아도 범승의 묘가 산에 있다는 말은 전혀 없다.

이상의 실체적 사실관계에 근거하여, 재판관은 증씨의 소유권을 확인하면서 다음과 같이 판결하였다.

> "무릇 토지가옥의 典賣에서 20년이 경과한 후, 그 계약 내용의 불분명을 제소하는 경우에는 이를 수리하지 않는다. 그런데 증지부 댁이 범원지의 묘산을 구매한 지 이미 30년이 되었다. 만약 이 산이 범승의 지분이라면, 어찌 증씨가 매입할 때에 소송을 제기하지 않았단 말인가? 하물며 대금 지급자(매수인)와 원 소유자(매도인)가 모두 사망하였고, 더더욱 소송수리 기한을 지난 지금에 이르러서야 제소한단 말인가?"

> "증씨가 이 산을 점유 관리하며 묘까지 안장한 지 이미 햇수가 오래 되었으므로, 증씨에게 귀속시켜 계약서대로 소유 관리하도록 함이 합당하다. 다만, 산 안에 현존하는 모든 분묘는 증씨가 파내 이전하는 것은 허락하지 않는다."[22]

이 사건에서는 증빙 계약서 내용이나 이웃 증언 등으로 실체 소유 관계가 명확하여 판결에 별 문제가 없었음에도 불구하고, 無理하게 재산침탈을 기도하는 제소자의 입에 쇄기를 박는다는 의미에서, 계약 후 20년 이상 경과시 소송을 제기할 수 없다는 절차상 제한규정을 보충 이유로 제시한 것이다. 그런데 계약 당사자가 사망한 경우에는 20년이 되지 않았어도 소송을 수리할 수 없다는 것이 당시 법현실이었던 것 같다.

王九의 부친 王昕(왕흔)이 開禧 원년(1205) 서명·날인하여 계약을 체결하고, 이듬해 관청의 확인까지 분명히 받아 游旦에게 토지를 매도하였다. 그런데 계약 후 15년이 지난 지금 왕구가 제소하였기를, 이는 부친 사망 후 자기가 어린 틈을 타서 백부 王四가 임의로 매각한 것이므로 반환해 달라고 청구한 사안이 있었다. 이에 대해 재판관은 다음과 같이 기각 판결을 내렸다.

> "법에 의하면, '토지가옥의 소송을 제기함에 계약내용이 명확하지 않은 경우, 20년이 지났거나 대금 지급인(매수인) 또는 원 소유자(매도인)가 사망하였으면 수리할 수 없다'고 규정되어 있다. 그런데 지금 원 소유자가 이미 사망하였고 계약 체결 또한 15년이 지났으므로, 설령 교역(거래) 내용이 명백하지 않다고 할지라도, 또한 수리할 수 있는 기한 안에 있지 않다. 전답은 원 계약서대로 소유권을 귀속시키되, 나머지 사람은 모두 풀어 준다."[23)]

이 판결문의 文理해석상 행간의 의미가 읽혀진다. 즉, 계약체결 후 20년은 안되었지만, 당사자 일방이 사망하면 소송을 수리할 수 없는

---

22) 淸明集, 戶婚門, 爭業類, 「經二十年 而訴典賣不平 不得受理」조, 307-310면 참조. :「諸典買田宅, 經二十年, 而訴典買不明者, 不得受理. 曾知府所買范元之墳山三十年, 若是范僧分業, 何不於曾宅所買之時陳訴? 況錢業主俱亡, 亦不在論理之限!」「曾宅掌業安厝, 旣已年深, 合還曾宅, 照契管業; 所有山內見在墓穴, 亦不許曾宅開掘.」

23) 淸明集, 戶婚門, 爭業類, 「王九訴伯王四占去田産」조, 165면 참조. 「准法 : '諸理訴田宅, 而契要不明, 過二十年, 錢主或業主死者, 不得受理'. 今業主已亡, 而印契亦經十五年, 縱曰 '交易不明', 亦不在受理之數. 田照元契爲業, 餘人竝放.」

데, 당사자가 사망하고 게다가 경과기간도 이미 15년이나 되었다. 또 소송제기의 기본 전제가 계약내용의 불명확(계약서 분실이나 관청확인 결여 등)으로 인한 다툼의 존재인데, 하물며 지금처럼 원 계약서가 명확하여 증거능력이 충분한 경우에는, 설령 제소 기한이 경과하지 않고 당사자 쌍방이 모두 생존하더라도, 결코 승소할 수 없음을 암시한다.

여기서 "過二十年, 錢主或業主死者"의 두 구성요건은, '그리고'(and)의 의미로 종속적인 해석을 하거나, '또는'(or)의 의미로 병렬적인 해석을 하는 것이 모두 가능하다. 그러나 이 사안과 다음 사안 등을 살펴보면, 당시 판결 실무상으로는 후자의 해석을 취한 것이 분명하다. 이는 다음 사안을 보면 더욱 명확한 해석기준이 제시된다.

협씨와 湯씨가 각기 증거로 서로 판이한 두 계약서를 제출한 소송에 대해 법관은 다음과 같이 판시하였다.

> "두 계약서를 살펴 보건대, 필체가 같지 않고 사방의 경계도 다르며, 또한 당사자와 증인 등 계약관계인 모두의 서명도 같지 않기 때문에, 재판부가 의심하는 바와 같이 이른바 계약내용이 불명확한 경우라고 할 수 있다. 법에 '계약내용이 불명확한 경우, 20년이 경과하였거나, 대금지급인(매수인) 또는 원 소유자(매도인)가 사망한 때에는, 소송을 수리할 수 없다'는 규정이 있는데, 이는 (서로 다른 별도의) 두 조문이다. '만약 20년이 지났으면 수리할 수 없다'고 말하는 것은, 오래되어 증거가 없기 때문이니, 이것이 한 조문이다. 그런데 세상 사람들은 이 법규정을 인용함에 두 요건을 합병하여 한 조문으로 해석하니, 이는 법의 본래 의미를 상실하는 것이다. 지금 이 소송은 비록 20년은 안되었지만, 李孟(원고 피고가 각기 제출한 두 계약서의 원 매도인으로 기재된 李씨와 孟씨 두 사람을 지칭하는 듯함) 등 양도인이 오래 전에 이미 사망하고 없으니, 계약서의 진위를 누가 실제로 증명할 수 있겠는가? 이는 수리해서는 안 된다."[24]

---

24) 淸明集, 戶婚門, 爭業類, 「契約不明, 錢主或業主亡者 不應受理」조, 231-2면 참조. 「披閱兩契, 則字跡不同, 四至不同, 諸人押字又不同, 眞有如刑臺之所疑者, 謂之'契

그리하여 사안을 원 재판부에 환송하였는데, 그 구체 결과는 분명하지 않으나, 현실의 점유권을 보호하여 당시 관리 경작자의 소유를 인정하였을 것이다. 여기서 '계약체결 후 20년 경과'와 '계약 당사자(중 일방)의 사망'이라는 두 구절이, 문맥상 별개의 병렬 조건으로 이해되어, 각기 독립된 법률요건으로 명확히 선언된 점이 주목된다. 이는 앞서 인용 언급한 唐 말기와 北宋 초기의 법제에서 규정된 명확한 文意 및 입법취지에 비추어 볼 때, 완전히 판이한 해석이 아닐 수 없다. 이전 시기에는, 토지경계의 분쟁에서 가장이나 증인 모두 사망하여 계약서 내용 확인이 불가능한 경우, 20년 이상 경과한 때에는 수리하지 않는다고 규정했었다. 또 부동산 典當에서 원 계약서가 존재하는 한, 계약 당사자가 비록 사망하고 없더라도, 그 자손 등 증인이 명백하면 햇수에 관계없이 收贖(환수)을 허용하되, 전당기한 외 30년이 경과하여 계약서가 없거나, 계약서가 있더라도 진위를 구분하기 어려운 경우에 한하여, 수속을 허용하지 않는다고 규정했었다.

南宋시대 법 개정 절차에서, 간사한 모리배들의 빈번한 소송제기를 원천 봉쇄하기 위하여, 일부러 제소 제한 요건을 광범위하게 확장한 것인지? 아니면 법의 해석·적용과정에서, 정치사회의 불안과 혼란을 틈타 번잡하게 제기되는 소유권 분쟁 소송을 다소나마 억제하기 위하여, 임기응변으로 취한 재판실무상 또는 사법정책상 해석론의 소치인지? 도무지 확인할 길이 없다. 시비와 진위를 분간하기 어려운 복잡한 민사소송에서, 골칫거리를 되도록 줄이고 업무 부담을 경감하기 위해서, 어느 한두 재판관이 機智를 발휘하여 기묘한 해석을 내린 뒤, 그 선례가 사법실무계의 호응을 얻어 점차 확산되고 정착되었을 가능성도 물론 배제할 수는 없다.

約不明', 可也. 在法 : '契要不明, 過二十年, 錢主或業主亡者, 不得受理.' 此蓋兩條也. 謂如過二十年, 不得受理, 以其久而無詞也, 此一條也. 而世人引法, 併二者以爲一, 失法意矣. 今此之訟, 雖未及二十年, 而李孟傳者久已死, 則契之眞僞, 誰實證之? 是不應受理也.」

여하튼 분명한 사실은, 이러한 법의 해석·적용이 소유권 분쟁 소송의 제기를 상당히 제한하는 방향으로 발전했을 것이다. 아마도 실체상의 계약내용과 권리관계가 판결의 주요 근거가 되고, 장기간의 사실상 점유·사용은 그를 보충해주는 방증의 지위를 크게 벗어나지 않았을지 모른다. 설령 그렇다고 할지라도, 점차 단기화된 제소기한은 진실한 소유권의 보호에는 직접·간접으로 상당히 불안스러운 위협을 매복시키는 결과도 초래했을 것이라는 점이다. 이는 후술할 元代와 明代 법제의 변화 추이에도 적지 않은 영향을 끼쳤을 것으로 짐작된다.

(4) 元代 법제와 판례의 변화

遼를 이어 북방에서 발흥하여 南宋과 백여 년 대치 형국을 이루었던 金은, 초기에는 고유제도에 遼와 宋의 법을 조금 적용하고, 章宗(1190-1208 재위) 泰和 원년(1201)에 완성한 泰和律義는 사실상 당률이었다는 기록이 있다.[25] 하지만 토지 소유권의 분쟁에 관한 구체 사료는 현전하는 것이 별로 없고 입수하기 어려워, 그 실정을 자세히 확인할 길이 없다.

金에 이어 南宋까지 차례로 멸망시키고 중원을 호령한 몽고족의 元代에 이르면, 다행히 이 주제에 관한 법제와 판례기록이 다소간 현존하여, 그 윤곽을 어렴풋하게나마 그려볼 수 있다. 자료는 대체로 남송이 멸망한 13세기 말엽부터 14세기 초엽까지의 시기에 집중되어 있다. 이는 元의 전성시대 법문화를 대표할 뿐만 아니라, 南宋을 이어 중국 법제사의 전체 흐름을 계승하는 것으로 보인다. 다만 元은 유목민족의 특성을 반영하는 듯, 법제에서도 다른 왕조와는 달리, 형식으로나 내용으로나 모두 논리상 체계성과 법적 안정성이 다소 박약한 편이다. 따라서 취득시효나 제소기한에 관한 법제도 명확한 규정이 있었는지 의심스러우며, 다만 현전하는 단편의 공식사료를 해독

25) 金史, 刑志 참조.

해보면, 대략 다음과 같이 재구성할 수 있겠다.

우선 정당한 권원이 있는 소유권은 절대로 영구히 인정해 주고, 불법 침탈로부터 보호해 주는 것이 국법의 기본원칙이었던 것 같다.

成宗 大德 6년(1302) 湖廣省의 趙若震은 阿里海牙 平章이 자신의 감귤과수원을 침탈·점유하고 있다고 소송을 제기하였다. 阿里海牙 平章은 이미 사망한 듯한데, 그 아들 貫只哥는 자기 아버지가 南宋을 멸망시킬 때 潭州를 공략한 후 砲場(전장주둔지)을 점거해 감귤을 심었다고 주장한다. 또 그 아내 郝(학)씨가 제출한 답변진술은 이러하였다. 至元 26년(1289) 황제가 자기 아들 貫只哥 參政에게 하사한 가옥의 범위 안에 해당 과수원 세 곳이 포함되어 관청 토지대장에도 등재되어 있다. 그러기 때문에, 비록 廉訪司(지방관리의 청렴을 규찰하는 按察司)가 일찍이 조약진 소유로 판결한 적이 있지만, 끝내 明渡하지 않고 지금까지 이미 20여 년이 경과했다. 자기 남편이 남의 과수원을 강점한 것은 결코 아니며, 만약 토지대장에 의해 결정한다면, 아들 관지가 참정의 소유로 귀속되어야 한다는 취지였다.

이에 禮部의 심판은 다음과 같았다.

> "상기 분쟁중인 과수원은, 조약진이 현재 소지하고 있는 남송 淳祐 원년(1241)의 납세확인 계약문서와, 陳椿 등의 還退 증거기록 및 許禿魯罕의 대지 위에 원래 지어진 가옥을 매입한다는 계약문서 등에 (의해 조약진의 소유임이) 차례로 몹시 명백히 확인되고 있다. 비록 관지가는 그 부친이 潭州를 공략할 때 점거한 토지에 감귤을 심었다고 주장하지만, 단지 이 말에만 의지해도 아리해아 평장이 당시 권세를 빙자하여 백성의 토지를 침탈·점거한 뒤, 관직 재임 20여 년 동안 끝내 明渡하지 않은 사실이 현저하다. 이는 곧 고관호족의 가문이 약소한 백성을 속이고 억압하여, 토지를 인도하지 않으려고 질질 끌어, 지금까지 최종판결을 내릴 수 없었던 것이다. 관청에 보관된 토지대장상의 기재는 증거기준으로 삼기 어려울 듯하다. 이상과 같이 살피고 참작하여 의론하건대, 삼가 至元 15년(1175)의 聖旨通例와 조약진이 소지하고 있는 증거서류

에 의하여, 본인에게 옛날처럼 소유하도록 판단함이 합당하다."[26]

여기서 정당하고 명확한 진실성만 입증할 수 있으면, 비록 60여 년 전의 권원증서에 근거해서도 그 소유권을 인정하고 보호해 줌을 알 수 있다. 더구나 그 권원증서가 이미 멸망한 전 왕조시대의 계약서이고, 소유권 침탈자가 당시 정복자로서 큰 공훈을 세워 높은 권세와 재부를 황제로부터 직접 하사 받은 고관집안이며, 불법 침탈에 기한 사실상 점유가 장장 23년이나 지속되어 왔는데도 불구하고, 원 소유자에게 승소판결을 내린 것이다. 왕조(정권)는 바뀌어도 개별 토지의 사적 소유권은 면면히 유지됨을 웅변해 준다. 사실관계와 人情 및 事理에 근거하여, 점유자의 지배 자체가 불법 침탈이었음을 心證으로 명확히 인정한 점이 눈에 띈다. 관할 관청 소관의 공적인 토지대장기재도, 그 점유자가 고위 행정관으로서 재직한 특수 권력관계를 이유로 신빙성이 적다고 그 증거능력을 부정함으로써, 그 위조 가능성을 기정사실화하는 판단도 무척 과단성 있는 태도로 주목된다. 이는 실체 정의를 중시하는 전통법의 이념이 반영된 것이기도 하다. 비록 廉訪司의 前審 판결도 있어 근대법의 관념상 시효진행이 중단되었을 것이라고 이해할 수도 있겠지만, 여하튼 불법원인에 기한 취득시효 자체는 아무리 오랜 기간이 경과해도 결코 인정하지 않음을 짐작할 수 있다. (비슷한 사례가 후술할 바와 같이 조선시대에도 발견된다.)

그러나 쌍방이 각기 근거 있는 권원을 내세워 소유권을 다투는 경우에는, 권원증명 서류의 신빙성을 기본전제로, 장기간 객관·평온하

---

26) 大元聖政國朝典章(이하 '元典章'으로 약칭함), 戶部卷之五. 田宅, 典賣, 「趙若震爭種(柑)園」조, 文海出版社, 1974, 영인본, 297면 참조 : 「前項所爭園地, 旣趙若震見齎亡宋淳佑元年經稅文契, 竝陳椿等批退執照, 及有承買許禿魯罕地基上元蓋房屋文契, 逐節至甚明白. 雖貫只歌稱 : 伊父攻打潭州時, 占立砲場, 栽種柑橘 ; 只憑此言, 顯是阿里海牙平章, 當時乘勢奪據民田, 行省二十餘年, 終不明白交業, 卽是官豪之家欺遏小民, 不肯交業, 以致逗遛到, 今不能結絶. 其在官籍面, 似難憑准. 以此參詳擬合, 欽依至元十五年聖旨通例, 及趙若震所有憑據, 斷付本人, 依舊爲主.」

게 사용·수익한 점유사실도 소유권 확인의 중요한 방증근거가 된다.

大德 6년(1302) 安西路(路는 본디 宋·金代에 지금의 省에 해당하는 최고 지방 행정구역이었으나, 元代에는 省에 예속된 제2급 행정구역 명칭으로 강등되었음)의 승려 惠從이, 金나라 正隆 2년(1157) 건립된 자기 사찰(本寺) 비석 비문안에 기재된 常住 토지를 李玉이 점유·경작한다고 반환청구소송을 제기하였다. 그러나 李玉은 해당 토지를 중개인의 입회 아래 대금을 지급하고 賈玉으로부터 매입한 계약서를 지니고 있으며, 지금까지 20년간 평온하게 경작해 왔으므로, 관할 지방관청인 陝西行省에서 판단한 대로 그의 소유권을 인정받았다. 승려가 제출한 증거는 비록 45년 전의 것이며, 사찰의 사적인 비문이다. 또 이미 왕조가 바뀌어 신빙성이 희박하여 그 증거능력을 인정하기 어려우며, 定例에 비추어 보면 혁파하여야 할 대상이므로, 토지를 계약서에 의해 李玉의 소유로 귀속시키는 판단이 합당하다는 것이었다.[27)]

권원증서 없는 20여 년의 평온한 점유·경작만으로는 시효취득이 거의 불가능하겠지만, 정당한 권원을 뒷받침하는 보강 근거로서 점유의 방어 작용은 법적 개념상 취득시효과 같은 의미를 다소간 함축하는 것으로 이해될 수 있다.

소유권 분쟁은 이상과 같이, 직접 관계가 없는 쌍방간에 발생하기도 한다. 하지만 전형 사례는, 唐宋의 법제와 판례에서 주종을 이루는 것처럼, 매매 또는 전당 등 거래의 직접 당사자나 그 승계인 사이에서 계약의 형식이나 내용과 관련해 야기되는 시비일 것이다. 元代에도 물론 예외는 아니었다. 元代에는 부동산 거래와 관련하여 분쟁 발생 가능성을 예방하기 위해, 거래 상대방의 우선순위지정과 그 기한 및 방법 등의 상세한 규정을 두었던 사실이 사료로 현전한다.

---

27) 通制條格, 卷 第16, 田令, 「異代地土」조. 浙江古籍出版社, 1986, 黃時鑑 點校本, 203면 참조 : 「照得 : "見爭地土, 卽係異代碑文, 誌記畝數, 似難憑准. 若蒙照, 依定例革撥, 將地憑契斷付李玉爲主相應." 禮部照得 : "李玉憑牙, 於賈玉處, 用價立契, 收買上項地土, 經今貳拾餘年, 又經異代, 合准陝西行省所擬."」

"田例에 의하면, 무릇 토지가옥을 전당·매매하거나, 또는 이미 전당한 것을 매매하는 경우에는, 먼저 모름지기 기한을 정하여 有服親(상복을 입는 친족)과 이웃사람과 현재의 전당권자에게 선후 차례대로 (매입 의향을) 물어 보아야 한다. 만약 원치 않는다면 3일 기한 안에 還退를 기록하고, 원한다면 5일 기한 안에 가격을 기입한다. 만약 가격 제시가 불공평하거나 기한을 위배한 경우에는, (소유자가) 임의대로 (상대방을 따로 정해) 교역한다. 기한이 찼는데도 (의사를) 기록하지 않은 채, 고의로 부동산을 점거하여 (타인과의 교역을) 방해하는 자에게도, 역시 전당·매매할 수 없다. 한편 소유주도 터무니없이 고가를 부르거나, 순위 지정 상대방에게 묻지 않고 막바로 (타인과) 거래할 수는 없다. 이를 위배하여 거래를 행한 경우에는, 친족이나 이웃·현재 전당권자가 백일 안에 (그 거래) 원가대로 부동산을 환수할 수 있으나, 이 기한을 경과한 후에는 다투거나 고소할 수 없다. 만약 기근이나 재난·초상·쟁투 등 흉악한 일을 당한 경우에는, 모름지기 전당·매도자가 관할 관청에 신고하여, 확인 증명을 발급 받은 후 거래한다."28)

여기에서 법정 우선순위권자의 거래의사 결정기한과 함께, 위법거래의 취소반환 기한이 명시되고 있는 게 특징이다. 물론 법규정상 백일의 기한 안에 평화롭게 반환수속이 이루어져야 하겠지만, 만약 규정에 위배된 거래의 상대방인 제3자가 취소반환을 거부하는 경우에는 법정소송으로 비화되고, 이때 백일은 단기간의 제소기한으로 작용할 것이다. 따라서 이 규정 자체가 제한된 법정 거래 절차와 관련하여 제소기한의 성격을 지닌다고 볼 수 있다. 그렇다고 거래 상대방인

28) 元典章, 戶部, 田宅, 典賣, 「典賣田宅須問親隣」조, 292면 참조. 「田例 : 諸典賣田宅, 及已典就賣, 先須立限取問有服房親, 次及隣人, 次見典主. 若不原者, 限三日批退; 原者, 限五日批價. 若酬價不平, 竝違限者, 任便交易; 限滿不批, 故有遮占者, 仍不得典賣. 其業主亦不得虛擡高價, 及不相本問而輒交易; 違而成交者, 聽親隣見典主, 百日內依原價收贖, 限外不得爭告. 若遇飢饉災患喪凶爭鬪之事, 須典賣者, 經所屬陳告, 給據交易.」 이 조항에 계속되는 관련자료에 의하면, 이 규정은 후대에 미세한 수정이 가해지며, 규정 위배 당사자에 대한 경미한 형벌도 부과된다.

제3자에게 백일의 취득시효를 인정하는 것은 아니고, 이해관계인의 권리행사 해태에 부과한 제척기간으로부터 얻는 반사이익이라고 이해된다.

이 법규정이 元代에 비로소 등장한 특유제도였는지 여부는 아직 분명히 확인되지 않는다. 다만, 남송 때에 이미 "토지·가옥의 거래 후 3년이 경과한 경우, 이자와 부채의 환산을 따지는 소송은 관가에서 수리할 수 없다."는 규정이 존재했다. 또 부친이 전답과 가옥·대지를 매도하고 사망한 후 그 아들이 저당한 것이라고 주장하는 소송에서, 거래 후 이미 3년이 경과한 사실을 유력한 법적 근거로써 판결한 사례도 발견된다.[29] 규율대상(법률요건)과 그에 대한 법률효과로서 제소기한의 장단이 元代의 이 규정과 서로 다르지만, 그 법적 성격은 상당히 비슷한 것으로 판단된다.

---

29) 당시 법에 의하면, 토지·가옥을 거래한 경우, 원래 소유주는 해당 부동산을 완전히 떠나야 하며, 설령 분할 처분의 경우라도 매도인(전당인)이 스스로 소작하거나 임차·사용할 수 없다는 규정이 있었다. 이 규정 내용의 해석이 정확하고 그 적용이 엄격했다면, 부동산에 대해서는 점유질로서의 典質만 허용되고 비점유질인 抵當은 아직 인정되지 않았다는 의미일 것이다. 이는 분쟁의 소지를 미연에 없애기 위한 발본색원의 예방조치인 듯하다. 그런데 이 사안에서 매수인은 법규정을 잘 모르고 선의로 매도인에게 토지·가옥을 그대로 임대해 주어, 매도인이 목적물을 교부하지 않은 상태에서, 그 아들이 위법상황을 기화로 소송을 제기한 것이다. 이에 현명하고 정의로운 법관은 계약서의 '永賣' 내용을 진실한 계약의사로 인정하고, 시골의 순박하고 무지한 농민이 위법 거래한 사실과, 매도자의 아들이 목적물을 인도하지 않고 점유·경작하는 위법현실을 빌미로 쟁송함을 통찰한 것이다. 그런 뒤 매수인의 소유권을 확인하면서, 당해 수확은 임대(소작) 계약대로 매수인(소유자)과 매도인(소작인)이 균분하되, 간교한 원고를 당장 소작에서 퇴출시키고, 소유자에게 다른 사람을 소작자로 선정하라고 판결하였다.
清明集, 戶婚門, 爭業類, 「游成訟游洪父抵當田產」조, 160-1면 참조.
「准法 : 應交易田宅過三年, 而論有利債負准折, 官司竝不得受理. 又准法 : 應交易田宅, 竝要離業, 雖割零典買, 亦不得自佃賃. 游朝將田一畝住基五十九步, 出賣與游洪父, 價錢十貫, 係在嘉定十年, 印契亦隔一年有半. 今朝已死, 其子游成, 輒以當來抵當爲詞, 契頭亡沒, 又在三年之外, 豈應更有受理? 且鄕人違法抵當, 亦誠有之, 皆作典契立文; 今游朝之契, 係是永賣, 游成供狀, 亦謂元作賣契抵當. 安有旣立賣契, 而謂之抵當之理? 只緣當來不曾交業, 彼此違法以至爭互. 今歲收禾, 且隨宜均分, 當聽就勒游成退佃, 抑游洪父照契爲業, 別召人耕作.」

소유권 분쟁을 예방하기 위한 또 다른 중요한 방책은, 다른 왕조시대와 마찬가지로, 거래 시 관청에 세금을 납부하고 공적인 확인을 받는 소유권이전절차 규정이다. 그러나 당사자의 무지[30]나 세금 회피 또는 권세부호의 강요 등에 의해 이러한 절차를 성실히 이행하지 않는 경우가 많았다. 바로 이러한 사실들이 분쟁을 야기하는 실마리가 되었다. 특히 典質(典當入質)은 宋代처럼 연한을 불구하고 환수가 가능한 永久質이었던 같다. 그런데 그로 인한 분쟁이 빈번히 발생하자, 그 해결책으로 임기응변의 제한조치가 적지 않게 내려져, 원칙과 예외의 지위를 분간하기 어려울 지경이었다.

예컨대, 大德 10년(1306) 河南지방에 典質權者가 중개인(입회인)과 공모하여, 원래 典質 설정계약문서를 매매계약으로 개조한 뒤 소송을 일으켰다. 이 사안에 대하여 禮部는 다음과 같이 의결하였다.

> "부동산을 전당·입질하는 것은 소유권을 유보하는 活業(이에 대해 소유권을 처분하는 매도는 死業임)이다. 만약 한쪽 당사자만 계약문서를 가지고 있거나, 혹은 연대가 오래되어 분실하거나 매매계약으로 개조하거나 또는 불분명한 조항(기재내용)이 중간에 끼어 있으면, 쟁송을 초래하는 경우가 많다. 이러한 상황을 상세히 참작하건대, 오늘 이후로 전당·입질 교역에서는 기존조례에 의해 (관가에서) 확인 증명을 발급해 주는 것 이외에도, 모름지기 별도로 상호 완전히 일치하는[合同: 현재 중국대륙에서는 '계약'의 공식법률용어로 '合同'을 쓰고 있음] 계약문서 두 통

---

30) 至元 7년(1270) 戶部는, 향후 전당매매에서 반드시 조례규정대로 친족·이웃·중개인 등의 서명날인과 함께, 관가에 세금을 납부하고 확인받도록 신칙하고 있다. "목하 토지가옥을 전당·매매하는 집안에서 세금납부를 두려워하여, 매수인과 매도인이 서로 공모하여 조례대로 계약서를 작성하려고 하지 않고, 단지 금전대차의 명목으로 가옥토지를 입질하는 형식을 취하는 자가 많다. 이와 같이 애매모호한 계약서 작성은 왕왕 쟁송을 초래하여 관가에까지 오는데, 명확히 결론을 내리기가 어려워 몹시 불편하다."는 이유였다. 元典章, 戶部, 典賣, 「質壓田宅依例立契」조, 293면 참조. 「卽目多有典賣田宅之家, 爲恐出納稅錢, 買主賣主通行捏合, 不肯依例寫契, 止有借錢爲名, 却將房院質壓. 如此朦朧書寫, 往往爭訟到官, 難便歸結, 深爲未便.」

> 을 작성하여, 각각 서명 날인하고 세금을 납부하여 확인 받도록 한다. 그래서 질(전당)권자가 정본 계약서를 보관하고 소유주는 合同인 부본을 보관하여, 비록 연한이 오래될지라도 계약서에 의해 환수하도록 한다면, 요행을 노리는 쟁송의 폐단이 혁파될 수 있을 것이다."[31]

그러나 이러한 전당입질의 영구성에 정책상 중대한 제약이 가해진다. 大德 3년(1299)에 여러 지방에서 남송시대 체결한 전당계약을 둘러싼 소송이 동시다발로 제기되어 큰 사회문제가 되었다. 그 이전에도 유사한 사안이 있었던 듯한데, 소송 억제라는 司法정책의 차원에서, 이를 수리하지 않고 계약 자체를 인정하지 않은 先例가 있었다. 그런데 이번 소송에서는 원고(토지 소유자)들이 명확한 계약서 부본을 가지고 있어서, 법리상 전당권 설정자가 소유권을 보유하는 活業임이 분명하기 때문에, 선례와 똑같이 대우할 수 없다는 의론이 일었다.

그러나 禮部의 최종 판단은 선례대로 소송을 심리하지 않고 혁파하는 것이었다.

> "멸망한 남송 이전 시기에 전답·가옥 등 물건을 전당한 법률관계는, 만약 당사자 각자가 현재 지니고 있는 전당 계약서에 의해 조사·심리한다면, 도리어 왕조교체를 거치면서 그 사이에 진위를 모두 살펴보기가 어렵고, 또 원래 전당 가액이 다분히 서로 엇갈려 또한 상환가격을 결정하여 환수하기도 어렵다. 하물며 남송이 투항한 지 지금까지 햇수가 오래 되었음에랴! 만약 적절하게 혁파의 대책을 세우지 않으면, 사람들이 요행심을 내어 소송이 그칠 날 없을까 두렵도다."[32]

---

31) 通制條格, 권제16, 田令, 「典賣田産事例」조 200-1면 참조. 「典質之産, 卽係活業. 若一面收執文約, 或年深迷失, 改作賣契, 或昏昧條段間座, 多致爭訟. 以此參詳, 今後質典交易, 除依例給據外, 須要寫立合同文契貳紙, 各各畵字, 赴務投稅. 典主收執正契, 業主收執合同, 雖年深, 憑契收贖, 庶革僥倖爭訟之弊.」

32) 元典章, 戶部, 田宅, 典賣, 「革撥亡宋已前典賣田土」조, 296-7면 참조. 「亡宋已前應典田宅地土等物, 若憑各人見齎典契理問, 却緣經隔異代, 中間眞僞, 盡難稽考; 又原典價値, 多係交會, 亦難歸價收贖; 況歸附經今年遠! 若不從宜立革, 慮恐人生僥倖, 訟不能息..」

비록 왕조교체의 특수성이 있긴 하지만, 정당한 소유권을 불법침탈자로부터 절대로 영구히 보호해 주던 전술한 사례와는 달리, 그 방향이 판이함을 알 수 있다. 이는 전당이라는 합법거래에 의해서 정당한 권원을 가진 현 점유자(전당권자)가 적어도 20년 이상(原典에는 16이라는 문구가 나오는데, 그 기산점을 언제로 정했는지 알 수 없으나, 남송의 멸망 시기가 1279년이므로 판결이 내려진 1299년을 기준으로 한다면 만 20년 이상이 된다) 평온하게 사용·수익한 경우, 그 점유사실에 대해서 국가가 일종의 '시효취득'을 인정한 결과로 해석될 수 있다.

물론 소송을 억제한다는 사법정책의 고려와 함께, 그 이면에는 고도의 정치적 결정이 내재되어 있을 것이다. 그러나 권리 행사를 게을리 한 소유자에 대해, 평상시의 제소기한이라는 불이익을 적용한 결과, 점유자가 받는 반사이익이라고 보기는 좀 어려운 것 같다. 오히려, 현 점유자에게 일방으로 우월한 지위를 인정하는 취득시효의 성격이 강한 것으로 보인다. 왜냐하면, 통치권과 司法權이 안정되지 않은 정치사회적 과도기 상황에서, 약정기한이 되어 전당권을 해제하고 부동산의 환수를 요구하는 소유주에 대해서, 설령 실력이 강한 점유자가 그 반환을 거절한다 해도, 소유주가 사용할 수 있는 정당한 합법의 청구절차는 사실상 존재하지 않았을 것이기 때문이다.

그런데 그 후로도 부동산 가격이 폭등하는 시회경제상의 급변이 발생하자, 전당·입질이나 임대차 명분의 계약임을 이유로 내세워, 소유권 반환 청구소송이 번잡하게 제기되었다. 이에, 소송의 열풍을 가라앉히기 위한 순수한 司法정책이 거듭 시행되었다. 이 조치는 大德 8년(1304)과 至大 4년(1311) 두 차례에 걸쳐 단행되었다. "이미 관가에 도착하여 현존하는 문서 안건으로서, 전당·입질이나 임대차의 사적 계약이 분명한 경우, 조례에 의하여 판결 내리는 것을 제외"하고는, 大德 4년의 경우 元貞 원년(1295) 이전의 계약 사안, 그리고 至大 4년의 경우 至大 원년(1308) 이전의 계약 사안은, 각각 모두 혁파한다

(수리하지 않는다)는 내용이었다.[33]

여기서 '이미 관가에 도착하여 현존하는 문서 안건'(已到官見有文案)이라는 구절의 의미가, 계약체결 당시 관가에 출두하여 납세와 확인을 마친 공식 계약문서를 의미하는지, 아니면 이 조치 시행 당시 이미 분쟁사실이 단순히 당사자간의 사실 다툼이나 구두 제소가 아니라 정식의 서면(訴狀) 제출을 통해 소송으로 성립된 것을 의미하는지, 다소 불명확하여 이견의 소지는 있다.

그러나 지금까지 인용된 다른 사안의 문구와 대비해 보고, 이 구절에 후속하는 '私約分明'이라는 문구를 고려할 때, 납세확인의 의미로 해석될 가능성은 비교적 희박하게 판단된다. 그렇다면, 매매가 아닌 전매·입질·임대차 계약임이 분명한 공식 확인 계약서를 지니고서, 이미 서면으로 제소한 사안에 대해서만, 이를 수리하여 실체권리관계의 시비를 판결해 준다는 의미가 된다. 따라서 명확한 서면증거가 없거나, 있더라도 아직 서면으로 제소하지 않은 경우에는, 10년 또는 4년 4개월의 매우 짧은 제소기한을 일률 적용해, 현재의 점유자를 정당한 소유주로 확정한다는 법적인 대 선언인 셈이다.

唐宋대에는 구체 분쟁사안에 대해 보충적 판결이유로서, 보통 20년 이상의 장기간 제소기한을 개별로 거론하던 것이 司法관행이었다. 이와 대비하면, 元代에는 사료에 현전하는 것만으로도, 이미 세 차례나 연속하여 대규모로 단기간의 일반 제소기한 규정을 시행했다. 이는 사실상 취득시효 法源의 획기적 변화를 의미한다. 이는 다분히 소송 억제만을 꾀한 司法편의주의의 발상으로서, 실체 권리관계를 현격히 소홀시 하고 절차상의 형식요건으로 대체한 조치이다. 또한 예고 없이 현 황제의 年號 개시일 이전이라는 임의 기준을 제시함으로써, 권리의 득실이 예측 불가능한 우연성에 의해 결정된다는 결함을 지닐

---

33) 元典章, 聖政 卷之三, 「簡詞訟」조, 61면 참조. 「近年以來, 田宅增價, 民訟繁滋. 除已到官, 見有文案, 竝典質借賃私約分明, 依例歸結, 其餘在元貞元年已前者, 盡行革撥.」 다른 조항도 기준 연도만 다를 뿐, 내용은 거의 같다.

수밖에 없다.

그렇지만, 이러한 일련의 조치는 법제사상으로는 상당히 중대한 의미를 지니는 것으로 추정된다. 왜냐하면, 바로 明淸시대 條例의 영향과 함께, 元의 직접 지배 아래 있던 고려의 영향도 함께 받았을 朝鮮시대의 법(經國大典)이, 후술할 바와 같이 단기 5년의 제소기한을 일반조항으로 규정한 사실 때문이다. 즉, 朝鮮시대의 단기 5년 제소기한은 이와 직접·간접으로 관련되었을 가능성이 매우 높다고 생각된다.

이밖에 남송 합병 이후 물가폭등으로 말미암아, 이미 완성된 매매계약에 대하여 각종 명분을 이유로 계약취소 및 還買청구소송을 제기하는 사례도 적지 않았다. 이에 대하여 판결이 계약의 유효성을 확인하면서, 오랜 기간의 경과로 인한 거래안전 및 제3자 이익 보호 등의 이유를 거론하는 개별 사례가 몇 건 전해온다.

우선, 大德 원년(1297) 江西行省의 范大鼎은, 翟鎭撫가 虛錢實契로[34] 자기 집을 점거하여 살면서 반환해 주지 않는다고 고소했다. 심리 결과, 적진무가 至元 12년(1275) 龍興路를 점령하면서 범대정 등의 빈집에 진주한 뒤, 한참 지나 중개인의 입회 아래 대금을 지불하고 매매

34) 虛錢實契란, 실제 대금은 지급하지 않으면서, 형식상 유효한 계약서만 작성하여 권리의 명의를 이전하는 것이다. 대개 관리들이 권세를 악용하여, 백성의 조세나 부역을 사적으로 감면해 주면서, 그 대가로 백성의 토지·가옥 등에 대해 전당매매 계약을 체결하여, 소유권 또는 전당권의 명의를 확보한 뒤, 토지·가옥은 백성에게 그대로 사용하도록 주고, 그 사용료(소작료) 명목으로 일정한 금전(곡식)을 정기로 수취하는, 일종의 불법 착취행위다. 이는 국고(재정수입)를 부당하게 누락시키면서, 그것을 우회 방법으로 교묘히 착복하는 간사한 부정부패다. 특히 법이나 권리에 대한 관념이 희박한 백성의 재산권을 명의이전 함으로써, 궁극에 강제 침탈하게 된다. 이에 백성은 억울함을 호소하려 해도, 자신이 불법 조세감면의 수혜자고, 또 상대방이 자기를 직접 다스리는 관할 상관이기 때문에, 현실로 매우 곤란했을 것이다. 그렇게 어물어물 1-2십년이 지나 버리면, 증거조차 소실되어, 법적 항변은 더욱 가망 없게 될 것이다. 元典章, 戶部, 田宅, 典賣, 「虛錢實契田土」조, 294면 참조. 이와 비슷한 용어로 虛田實租가 있다. 빈 밭에서 알세금을 거둔다는 의미로, 소작토지의 명목상 면적을 실제보다 부풀려 소작료(租)를 거둠으로써, 실제 소작료 비율을 높이는 간교한 수탈방법의 하나다. 보통 표준보다 짧은 자(尺)를 사용해 토지를 측량함으로써 그 면적을 부풀렸다고 한다.

계약서를 작성했다는 것이다. 점령군의 위세와 혼란기의 어수선한 사회경제 상황이 작용해, 아무래도 소유주에게 상당히 불공평한 계약이 체결되었을 가능성은 있으나, 이에 대한 법관의 판단은 이러하였다.

> "대저 강남이 합병될 초기에는, 中統鈔(화폐)를 사용하여 모든 물가가 저렴했기 때문에, 매매거래가 이루어질 당시에는 애당초 억압·강요도 아니고, 또한 (다른 매입 희망자를 배제하는) 부당 경매 의사도 없었다. 그런데 목전의 모든 물가가 폭등하여, 이미 매매한 가옥의 가격이 몇 배로 치솟자, 탐욕스러운 사람의 요행심이 발동하여, 번잡스런 소송이 실로 이로부터 말미암는다. 만약 범대정에게 원가 환매를 허락한다면, 어찌되겠는가? 적진무가 매입한 가옥을 이미 馬萬戶에게 양도하고, 그 후 마만호는 또 杜經歷에게 전매하여, 지금까지 15년이 지나면서 세 주인을 거쳤다. 그런데 이들에게서 차례대로 환매한다면, 마만호는 당장 눈앞에 어찌할 줄을 모르게 될 것이다. 또 적진무가 매입한 가옥은, 至元 23년(1286) 당시 범대정의 원래 매도가격이 저렴했다. 그런데, 적진무가 부가비용 4錠(정)이나 과용하면서, 증빙을 세워 계약을 작성하고 거래를 이루었음이 명백하며, 또한 각 매수인이 차례로 노동력을 들여 수리·개조하여, 노임과 식비 30여錠을 소비하였다. 만약 환매를 결정한다면, 실로 매수인에게 크게 불리하지 않을 수 없다. 또한 강남 지역은 풍속이 각박하고 완고한 백성이 소송을 좋아하기 때문에, 이 사례를 원용하여 장래 소송이 반드시 벌떼처럼 일어날 것 같다. 그러니 각 개인을 유효한 기성 매입주로 인정하여, 예전(현재)처럼 가옥을 관리하도록 허락함으로써, 요행심을 혁파하는 것만 못하겠다."[35)]

---

35) 元典章, 戶部, 田宅, 房屋, 「多年宅院難回贖」조, 286-7면 참조. 「蓋緣江南歸附之初, 行使中統鈔兩, 百物價直低微; 成交之時, 初非抑逼, 亦無兢意. 目今百物踊貴, 賣買房舍, 價增數倍, 致起貪人僥倖之心, 訴訟之煩實於此. 若今范大鼎補原價回贖, 却緣翟鎭撫已將所買房屋與馬萬戶, 在後馬萬戶又轉賣與杜經歷, 到今一十五年, 經隔三主. 若遞相收贖, 其馬萬戶卽目不知去著; 又翟鎭撫所買房舍至元二十三年, 范大鼎爲見原賣價低; 翟鎭撫又行添貼價錢四錠, 重用給據立契成交, 至甚明白; 兼各人節次用工修造, 用過工食三十餘錠; 若擬回贖, 實虧買主. 又緣江南地薄, 頑民好訟, 似此援例, 必到將來詞訟蜂起; 莫若准各人已買爲主, 依舊管業, 以革僥倖.」

여기서는 물론 제소기한 개념이 등장하지는 않지만, 사실상의 점유·거주로부터는 22년, 그리고 매매계약 체결 이후로는 15년(계산상으로는 11년?)이 이미 경과한 사실 자체가, 사회경제적 물가폭등과 관련하여 실제로 매우 중요하게 대우됨을 알 수 있다. 물론 전통법 특유의 소송억제 정책도 빠짐없이 결론의 중요한 근거로 언급되어 대단원을 장식한다. 하지만, 세 번의 매매를 거치면서 등장한 선의의 제3자 입장(원 소유주와 부동산 양자로부터 완전히 단절된 마만호의 입장을 표현하는 대목이 흥미롭다)과 거래의 안전, 특히 전매와 거주 과정에서 가옥의 가치증대를 위해 투자된 비용 문제 등이 빠짐없이 주도면밀하게 거론되는 점이 특히 주목된다. 이러한 사실을 보면, 당시 私的 去來와 民事法의 관념의식이 이미 상당한 정도로 발달해 있었음을 짐작할 수 있다.

다른 한 유형의 반환청구소송은, 매매 후 상당 기간이 지난 뒤 역시 地價가 폭등하자, 처분권이 없는 비소유자가 계약을 체결했다는 이유로 그 취소를 주장한 사안이다. 大德 6년(1302) 江浙行省의 陳天得은 至元 27년(1290)에 潘萬七이 어린이(미성년자)의 토지를 법적 처분권 없는 그 조모·친모·두 누이로부터 매입해 갔다고 고소했다.

이에 本省의 의론과 禮部의 판결은 한결같이 원고패소를 선언했는데, 그 내용은 각기 다음과 같았다.

> "흉작·기근의 해에 이미 典賣를 마친 전답에 대해서, 목하 지가가 왕년에 비해 몇 배나 가파르게 치솟은 현실을 목격하면, 그만 이익에 마음이 쏠리기 마련이다. 그래서 더러는 (법적으로 우선 매입권이 있는) 친족과 이웃을 속이고 타인과 거래했다고 핑계대거나, 또는 (행위능력 없는) 나이 어린 자가 계약을 체결했다고 일컬으며, 관가에 고소하여 시비를 다투는 사례가 왕왕 있어, 소송을 두절시킬 수 없다. 지금 진천득이 (흉년에) 음식결핍으로 인하여 조모와 친모·누이 두 사람과 함께 전답을 거래계약하면서, 먼저 전당(입질)하였다가 매도로 전환하여, 명의이전과 조세납부까지 모두 마쳤었다. 지금 이미 10여 년이 지나 전답의 가격이 높이 치솟자, 비로소 이치(계약 유효성 여부의 법리)를 다투니, 이

는 '이치에 어긋난 (위법) 전답의 전당매매'와는 동일시하기 어렵다. 하물며, 강남지방에는 이 흉작·기근의 해에 전답을 매도한 자가 한 집에 그치지 않을 텐데! 만약 진천득이 고소한 바를 수용하여, (계약을 파기하고) 소유권을 바꾸도록 (환원하도록) 판결한다면, 사람들이 이를 본받아 (앞을 다투어 소송을 제기함으로써) 농민들이 생업에 평안히 종사할 수 없고, 관청도 번잡하고 소란스럽게 만들까 실로 염려된다."

"진천득이 다투는 전답은, 비록 어린애(미성년자)라고 하지만, 기근으로 말미암아 그 조모 陳安人과 모친 陳孺人 및 누이 두 사람이 함께 더불어 계약을 체결하였다. 처음에는 전당하였다가 나중에 매도하여 반만칠이 소유주가 되었으니, 이치에 어긋난 전당매매와는 동일시하기 어렵다. 설혹 법에 위배되었다고 할지라도, 곧바로 일찍이 이치(계약의 법리)를 다투지 않았다가, 지금 햇수가 장구히 경과한 뒤에 비로소 언사를 수식하여 대니, 실로 요행을 바라는 처사다. 江浙省에서 심의한 바와 같이, 계약 내용을 징험하여, 이미 매입한 타인 반만칠이 예전처럼 계속 소유주가 되도록 판단해 줌이 마땅할 것이다."[36][37]

---

36) 元典章, 戶部, 田宅, 典賣, 「遠年賣田 告稱卑幼收贖」조, 297면 참조,
「本省議得 : 飢荒之歲, 典賣訖田產; 因見卽目地價, 比之往日, 陡高數倍; 以利爲心, 或稱欺瞞親隣, 或稱卑幼成交, 往往告官爭理, 不得杜絶. 今陳天得因缺食, 與祖母及姉二人, 將田土立契, 先典就賣, 過割租稅了; 當今經一十餘年, 田土價高, 才方爭理, 難同非理典賣田土. 況江南似此饑歉之年, 賣田者非止一家! 若准陳天得所告改斷, 實慮效此, 致使農民不能安業, 紊煩官府.
禮部議得 : 陳天得所爭田土, 雖稱卑幼, 緣爲飢饉, 同伊祖母陳安人母陳孺人竝姉二人立契, 先典後賣, 潘萬七爲主, 難同非理典賣. 設或違法, 隨卽不曾爭理, 今經年遠, 才生飾詞, 實爲僥倖; 如准江浙省所擬, 驗契斷付已買他人, 潘萬七依舊爲主相應.」

37) 이와 유사한 사안으로, 이해관계인(전술한 법정우선매입권자)의 확인서명 결여를 이유로 매매취소를 청구한 경우도 있다. 至元 21년(1284) 東平路의 楊介 등이 전년에 토지가옥을 전당·매매하였는데, 물가가 안정된 동안에는 아무 다툼이 없다가, 금년 들어 가격이 무려 10배 이상으로 폭등하자, 어른·아이·친족·이웃 등이 일찍이 서명날인하지 않았다는 구실로 다툼을 벌이다가 소송을 제기한 것이다. 그런데 그 해 정월 6일에 이미, 이전 일은 모두 혁파하고 이후에는 쟁송을 허락한다는 내용의 조서가 내려졌기 때문에, 그에 의해 현 점유자인 매수인의 소유로 판결하였다. 典賣의 납세확인 등 법적 수속이 엄연히 규정되어 있으므로, 단지 소송억제라는 이유로 위법을 합법화시킬 수만도 없었을 것이다. 또, 비정상의 인플레이션으로 인한 분쟁의 폭주를 모두 감당할 수 없는 상황에서, 부득이

그런데 中統 5년(1264)에 반포된 상속 관련 법에 의하면, 가장이 사망 후 10세 이하의 자녀를 남긴 경우, 맡길 만한 근친이 있으면 양육에 필요한 비용을 계산하여 유산 중에서 계절마다 지급한다. 비록 모친이 있더라도, 後夫를 맞이하거나 또는 자녀를 데리고 개가한 경우에는, 그 재산을 관청에서 법정 관리하다가, (아들이) 장가들거나 15세 이상이 되면 전부 환급한다. 만약 모친이 과부로 수절하고 자식이 어린 경우에는, 그 모친은 이치에 어긋나게(위법으로) 토지가옥노비를 전당·매매하거나, 노비를 양인으로 해방시켜 줄 수 없다. 만약 모름지기 전당·매매할 수 있는 요건에 합당한 경우에는, 소속 관청에 신고하여 사실여부를 확인심사 받은 후에 비로소 거래할 수 있었다.38)

이 사안의 경우, 거래 당시 유산상속권자 진천득은 결혼하지 않은 15세 미만의 미성년자로서, (미성년이더라도 결혼하면 성년으로 의제하는 법적 효과는 현행법과 상통한다!) 비록 조모·모친·누이들이 있더라도, 재산을 처분할 때에는 관청의 감독·확인을 받아야 한다. 그런데 판결문의 내용에 의하면, 조세납부와 명의이전 수속까지 받았으니, 정상 상황을 가정하면 법적 절차상 하자는 없었을 것이다. 따라서 재판부는 당해 계약을 무효나 취소할 수 있는 非理(위법)典賣가 아니라고 실체 판단을 내린 것이다. 여기에다, 흉년·기근이라는 사회경제 요인으로 유사 소송이 대량 발생할 가능성을 미연에 방지한다는 사법정책상 고려도 포함시키고 있다.

특히 양보의 가정법을 사용하여, 설령 위법 계약이었다 할지라도, 그 하자가 본질상 중대한 사항이 아니면 12년이란 세월에 의해 이미

내린 임기응변의 특별조치로 보인다. 元典章, 戶部, 田宅, 典賣, 「革撥二十一年已前已賣田土」조, 296면 참조.

38) 元典章, 戶部, 田宅, 家財, 「絶戶卑幼産業」조, 287면 참조, 「若抛下男女十歲以下者, 付親屬可托者撫養, 度其所需季給; 雖有母, 招後夫, 或携而適人者, 其財産亦官知其數; 如已娶, 或年十五以上, 盡數給還; 若母寡子幼, 其母不得非理典賣田宅, 人口放賤爲良; 若有須合典賣者, 經所屬陳告, 勘當得實, 方許交易, 欽此.」

치유 또는 소멸되었을 것임을 강조하고 있다. 여기서 가정법으로 거론하는 10여 년도 제소기한의 성격이 강한데, 매입자에게는 목적 부동산의 소유권을 유효하게 취득하는 데에, 보충적이기는 하지만, 상당히 유력한 시효의 기능을 발휘함이 분명하다.

이상에서 살펴본 바와 같이, 元代에는 唐宋 대와 같은 이삼십 년의 통상의 제소기한 규정은 없었던 듯하다. 구체 사안이 발생할 때마다 개별 판결을 내리면서, 사회경제 상황의 특수성을 감안하여, 사법정책상 임기응변의 특례를 시행한 것이 특징이다. 그 과정에서 제소기간이 점차 단기화 되어, 취득시효보다는 제척기간의 성격이 더욱 강해졌다고 볼 수 있다. 물론 단순히 소송억제라는 절차정의만을 독립으로 우선 고려하지는 않았다. 여전히 계약의 진위와 정당성 여부를 우선하여 실질상 주도면밀히 심리한 뒤 실체정의를 판단하면서, 이를 보충하는 방증으로 '시간의 효과'를 곁들이는 전통이 계속되고 있다.

여기서 한 가지 특기할 만한 점은, 소유권 분쟁으로 인한 '시간의 법적 효과'가 남송 이후 강남지방을 중심으로 중국 법제사의 무대에 괄목할 만하게 등장한다는 사실이다. 강남지역은 남북조 이후 본격 개발되기 시작한 이래, 宋의 南遷으로 더욱 번성하였다. 특히 상거래의 발달과 인구의 집중으로 부동산의 교환가치도 증대되고, 물가폭등까지 심심치 않게 겹쳐, 재산권 다툼이 치성해진 사회경제 요인이 그러한 현상을 초래한 것으로 해석될 수 있다. 물론 통치권의 빈번한 교체로 인한 정치사회의 불안도, '시간의 법적 효과' 창출에 직접·간접으로 연관을 맺으며, 상당한 영향을 끼쳤을 것이다.

(5) 明清 律例 상의 취득시효 법원

토지가옥의 거래에 관한 법규정이, 비록 정식조문은 아니지만, 北宋 초 刑統에 준용 조항으로 등장한 이래, 元律에 이르러 상당히 상세한 내용이 정식조문으로 규정되었다.[39] 그런데 明清律에 이르면,

'典賣田宅'이라는 표제어를 단 조문이 다른 관련 조항들과 어깨를 나란히 한다. 물론 明淸律의 주요 내용도 元代와 본질상 크게 다르지 않다. 즉, 국가 재정수입과, 장래 분쟁가능성의 미연 방지를 위한 납세확인 및 권리명의 이전 수속에 관한 사항, 중복거래 금지, 그리고 기한 만료된 전당목적물의 반환 사항들이, 그 위반자에 대한 처벌 형식으로 규정되고 있다.

그러나 여기에도 소유권 분쟁에 관한 제소기한이나 취득시효 같은 조항은 특별히 명문화되지 않았으며, 다만 해당 조문에 부속된 條例에 한 두 항목 등장하는 정도다. 條例란 본디 구체 사안에 대한 판례 중 사법 현실상 비중과 가치가 높은 내용을 일반 조문화한 일종의 先例다. 그런데 明淸代에 이르면, 律의 편제에 따라 분류·부속되면서, 실효성 있는 입법규정으로서 律의 하위법 지위까지 부상된다.[40] 그런데 중요한 사실은, 明淸律의 부속 條例에 등장하는 소유권 분쟁 관련 기간이 이전과는 달리 5년의 단기로 명확히 고정된다는 점이다.

> "家財·전답을 다투어 소송하는 경우, 단지 5년 이상이 되었거나, 또는 비록 5년이 안되었더라도 친족들이 (가산) 분할 문서를 이미 확정해 작성하였거나 매도 계약 문서가 사실임이 (분명히) 증명되는 때에는, 예전(현상)대로 재산을 관리하도록 判斷하고, 중복분할이나 재환매를 허락하지 않으며, 고소가 있어도 사안으로 수리하지 아니한다."
>
> (告爭家財田産, 但係五年之上, 幷雖未及五年, 驗有親族寫立分書已定, 出賣文契是實者, 斷令照舊管業, 不許重分再贖, 告詞立案不行.)[41]

39) 元史, 刑法二, 戶婚 편 참조.

40) 明淸代 條例의 법적 지위와 성격에 관하여는, 金池洙, 「受敎의 法的 性格과 理念 -傳統 中國法상의 條例와 대비하여-」, 박병호 교수 환갑기념 法史學論叢, 1991, 박영사, 116-121면 및 128-131면 참조. 손질을 거쳐 본서의 제1편에 수록됨.

41) 弘治問刑條例, 戶律, 田宅, 「典賣田宅」조, 黃彰健 편저, 明代律例彙編(下冊), 中央研究院 歷史語言研究所 專刊 75, 1979년, 493면 ; 大淸律例會通新纂, 戶律, 田宅, 「典賣田宅」조, 文海出版社, 영인본 제3책, 982면 참조. 淸條例는 '契'자가 '約'자로 바뀌었을 뿐, 그 외는 완전히 일치한다.

형식상 逐字해석으로는, 계약내용이 불분명한 5년 미만의 소유권 분쟁만 제소를 허락하고, 5년 이상이 된 경우에는 계약내용이나 심지어 權原의 정당성 여부에도 관계없이 무조건 소송을 수리하지 않는다는 의미로 곡해될 수 있다. 그러나 전당과 매매를 나란히 규정한 점과, 소유권 분쟁이 대부분 그 계약내용이 전당인지 아니면 매도였는지 불분명한 상황에서 야기되는 관행을 염두에 둘 필요가 있다. 그러면 약정기한이 있는 전당이나 임대(소작) 등 계약내용이 명확한 경우에는, 그에 의해 별도로 심판하여 '5년 경과 제소불허'의 적용을 받지 않는다고 해석함이 法理에 합당할 것이다. 그래야만, 이 條例의 상위규범인 明律 본 조문의 다음 규정내용이 의미 있게 존재할 수 있기 때문이다.

"토지·가옥 등을 전당(입질)한 경우, 연한이 이미 만료되면 소유주가 가액을 준비하여 환수하되, 만약 전당(질)권자가 사고를 칭탁하고 반환하지 않으려고 할 때는 笞(치) 40에 처하고; 그 연한이 비록 만료되었더라도 소유주가 환수할 능력이 없는 때에는, 이 律文에 구애되지 않는다."[42)]

법적인 전문지식과 권리관념이 희박한 村民은, 계약서 작성시 매도인지 전당인지 애매모호하게 표현하는 경우가 많다. 그런 사정으로 계약서의 해석상 논란이 야기되는 경우, 5년이 경과하도록 소송을 제기하지 않으면, 국법이 더 이상 보호해 주지 않겠다고 경고하는 선언으로 보아야 할 것이다. 전통시대 법의식과 법관념상으로 보면, 典과 質·賣 등의 개념이 서로 혼동되어 쓰이는 경우가 많았기 때문이다. 唐代에는 환매조건부 매매를 '典貼'이나 '典賣' '質賣' 등으로 각기 다르게 표현한 사례도 있다. 그 후 明淸代에 이르면, 일반 농촌에서 영구히 放賣하는 진정한 매도를 '死賣' 또는 '斷賣'라고 표현한 데 반

---

42) 明律, 戶律, 田宅, 「典賣田宅」조 : 「其所典田宅, 年限已滿, 業主備價取贖; 若典主託故不肯放贖者, 笞四十; 其年限雖滿, 業主無力取贖者, 不拘此律.」

하여, 환매조건부 매매를 '活賣'로 일컬었다.[43] 여기에는 점유질로서 典質도 혼합되던 관행까지 있었다. 물론 현 점유자가 어떤 특수한 사정으로 인하여, 정당한 권원도 없이 불법 침탈 또는 지배한 경우에는, 5년의 제소기한이 적용되지 않아야 할 것이다.

여하튼 이처럼 짧은 5년의 제소기한 규정은 前代에 유례가 없던 독특한 입법으로서, 현행법상의 취득시효로 보기는 어려울 것이며, 아마도 除斥기간에 가까운 것으로 보인다. 이는 전술한 것처럼, 元代에 두어 차례 반복된 단기간 (10년 또는 4년 3개월)의 소송제기 특례조치의 직접 영향일 가능성이 큰 것으로 짐작된다. 또한 후술할 조선시대 경국대전의 '5년 경과 소송수리 금지' 조항과도 완전히 일치하는 입법례여서 특히 주목된다. (시기상 선후관계를 살펴보면, 경국대전 규정이 明의 條例를 모방한 것 같지는 않다.)

明律이 비록 형식 체계와 실질 내용상 唐律에 상당히 접근하도록 復古되었다고 하나, 일이백 년간 지속된 바로 前代의 통치와 법제·관습·의식 등을 완전히 불식하기는 사실상 불가능하다. 그러한 역사 맥락에서, 明律에는 元代 법제의 영향이 직접·간접으로 상당히 잔류함을 부인하기 어려울 것이다. 이 條例야말로 바로 그러한 영향의 전형이라고 할 수 있을 것이다. 元의 지배를 받다가 멸망한 고려왕조를 직접 계승한 조선도, 개국 초기에는 高麗律과 함께 元律을 직접 적용한 적이 있다. 따라서 경국대전의 규정 또한 元代 단기 소송특례조치의 영향을 직접·간접으로 받지 않았을까 추정하는 것도 情理에 크게 어긋나지는 않는다고 판단된다.

물론 전반적인 입법의 동기와 배경은 당시의 구체적 사회경제의 토양에서 찾아야 할 것이다. 이 조항은 明 孝宗(1488-1505 재위) 13년(1500)에 憲宗(1465-1487 재위) 이후의 각종 律例 간행본과 초본을 근거로 편찬한 弘治問刑條例에 수록되어 있다.[44] 그런데 다행히 憲宗 成

43) 仁井田陞, 앞의 책, 513면 및 376-383면을 차례로 참조.

化 연간의 관련 사례가 몇 건 현전하기 때문에, 그 입법의 역사 배경과 사회적 동기를 확인할 수 있다. 먼저 成化 2년(1466) 戶部尙書 馬아무개 등이 진술한 소송종식 건의안을 보면, 각종 토지 분쟁의 유형이 다양하게 언급되고 있는데, 그 주요내용을 소개하면 다음과 같다.

> "신이 생각하건대, 지극히 번잡한 일은 詞訟(민사소송)에 있고, 詞訟의 시비분별 곤란은 토지가 막심합니다. 토지는 (그 경작 수요와 능력상) 증감이 있기 때문에, 백성의 매매를 허락하여 그 변통을 도모합니다. 그런데 어찌하여 인간은 간교하게 다투는 자가 많으며, 질박하고 정직한 자가 적은지요? 호족권세를 믿고 타인의 재산을 강점하는 자가 있는가 하면, 인접한 경계로 말미암아 타인의 전답을 망령되이 다투는 자도 있습니다. 부유한 재산에 의지해 타인이 이미 매도한 토지가옥을 중복매입하는 자가 있는가 하면, 매도시에 가격이 저렴했다가 이후에 등귀하자 대금이 부족하다고 일컫는 자도 있습니다. 조세 미곡을 다른 호구에 떠넘기거나, 거짓으로 나머지(짜투리)를 일컫고 도망하여 부역을 회피하는 자가 있는가 하면; 존장의 지위를 믿고 어린 비속을 기만·능멸하여, 그 재산을 실력으로 점거하는 자도 있습니다. 이미 매도하거나 이미 교역(거래)한 후에, 타인이 재산을 이룬 것을 보고 망령되이 취하려는 자가 있는가 하면; 이미 매도하거나 전당하였는데, 매도인 측 증인이 대금을 지급받지 못한 명의상의 계약이라고 고소하는 자도 있습니다. 햇수가 오래된 전답을 끌어다가 함께 다투어 고소하는 자가 있는가 하면, 타인의 전답을 애매모호하게 권세가에게 투탁하는 자도 있습니다. 심지어 무리를 모아 서로 폭행하고 인명을 살상하는가 하면, 쟁송을 반복하여 관청을 소란스럽게 만들며, 절차를 따르지 않고 참람하게 진정하여 성상의 귀를 번잡하게 모독하기도 합니다. 만약 이를 철저히 금지·혁파하지 않는다면, 천하가 모두 이 풍조를 본받아, 장래 소송은 그 번잡함을 이길 수 없을 것입니다.

> "洪武(太祖:1368-1398) · 永樂(成祖:1403-1424) · 宣德(宣宗:1426-35) · 正統

44) 앞의 주에 인용한 黃彰健 편저, 明代律例彙編, 序 1면 및 해당조항 493면 참조.

(英宗:1436-1449)·景泰(景帝:1450-1456) 연간의 오래된 전답으로 이미 관리·경작해 온 경우에는, 군인이나 민간인을 막론하고 고소·쟁송을 허락하지 말고, 관청에서도 수리할 수 없도록 하며; 이를 위배한 자는 군인이건 민간인이건 모두 전례에 비추어 처벌하고, 소송을 수리한 관리는 뇌물을 받고 법을 굽힌 죄로써 처벌하며, 여전히 엄하게 금지해야 합니다. 앞으로는 군인이나 민간인의 전답은, 전당한 경우에는 환수를 허락하되, 그밖에 매도가 명백하고 매매가 명백하여 매수인의 친필서명이 있는 증명 가능한 경우에는, 그 계약 내용에 의해 판결해 주고 일방의 횡설수설을 들어주지 않으며, 이를 위배한 자는 일체 처벌하십시오. 이와 같이 한다면, 다툼의 실마리가 두절되고 줄어들 것입니다."[45]

다음으로 成化 10년(1474)에도 民情에 관한 건의안으로 토지·가옥 매매가 거론되는 가운데, 각종 토지분쟁 유형이 상세히 열거된다. 애당초 戶役이나 양식부족 등의 이유로 증인 입회 아래 명문의 계약서를 작성하고, 그 대금을 받아 사용하면서 재산을 타인에게 양도하였다. 그러한 사실이 戶部의 납세등록과 2차 내지 5차에 걸친 版籍(토지

45) 皇明條法事類纂, 卷之三, 盜賣田宅, 「禁約紛爭田産例」조, 文海出版社 영인본, 320-1면 참조. 「息紛爭. 臣惟: 事之至繁於詞訟, 詞訟之難辨甚於田地; 田地有消長, 故聽民買賣以通其變; 奈何人之刁訴者多, 質直者少? 有恃豪勢而占强人産業者, 有因接連而妄爭人田地者, 有倚財富而重買人已賣田宅者, 有賣時價賤以後價貴而稱價不敷者, 有將粮米飛派別戶及詭作畸零逃亡以避差徭者, 有恃屬尊欺凌卑幼而霸占財産者, 有已賣已換見其成業而妄取者, 有已賣已典賣囑中見人攬告虛錢實契者, 有將遠年田地牽告混爭者, 有將他人田地朦朧投獻勢要者. 甚至聚衆相毆, 圖賴人命; 反覆爭變, 而攪擾官府; 驀越奏告, 而煩瀆聖聽. 若不痛爲禁革, 天下效風, 將來詞訟, 不勝其繁矣. 其洪武永樂宣德正統景泰, 遠年田地, 已經過管業者, 軍民人等不許告爭, 有司不得聽理; 違者, 軍民悉照前例治罪; 聽理官吏, 以受贓枉法論; 仍行嚴加禁約. 今後軍民田地, 除典當者許令收贖, 其餘明賣明買, 賣有買人親書畫字契約可驗者, 卽照契約斷給, 不許偏聽虛詞展轉羅氏; 違者, 一體治罪. 如此, 庶幾爭端可杜而訟簡矣.」이때 조사된 이전의 건의사례에도 다음과 같이 지적되고 있다.
"각처의 군인과 민간인이 햇수가 오래된 소송을 번잡하게 일으키는 것은, 대부분 전답이 중요하기 때문이다. 그 쟁송의 이유와 유형은, 입회증인이나 이웃의 부재 또는 매수인측 증인의 애매모호한 허위기재를 빌미로, 먼저 계약을 체결하여 타인에게 매도한 전답가옥 등이, 애당초 자력이 없어 대금도 제대로 받지 못하고 계약서를 작성한 강매라거나, 또는 대금이 부족하다고 헛소리를 일컫는다."

대장) 개정에까지 명백히 확인된다. 그런데도 근래 간사하고 교활한 무리들이, 원 매도인인 父兄 등이 사망하자, 권세호족이나 증인 또는 매수인과 원수 맺은 자들의 교사(사주)를 그대로 믿고, 망령되이 진실을 호도하여 이치에 어긋나게 소송을 제기한다는 것이다. 이에 지방 재판관의 受賂와 결탁으로 인한 부당판결 때문에 상소도 빈번하게 제기되는 형편이었다. 이에 대해, "앞으로는 군인이나 민간인이 전답 소송을 제기하는 경우, 관할 관청에서 증인 등을 모두 소집 조사하여, 과연 일찍이 戶部에 세금을 납부하고 명의이전 절차까지 마친 絶賣(진정한 매도)가 분명한 사실이면, 예전대로 (현 점유자가) 재산을 관리하도록 판결해 주라."고 결론지었다.[46)]

그리고 成化 22년(1486) 사례에는 이런 경우도 있다. 洪武 22년(1389) 변방에 軍役을 떠나는 백성들이 집안의 가난으로 여비부족을 겪고, 또 군역생활이 몹시 힘들어 도중에 도망 나온 뒤, 고향의 전답을 모조리 타인에게 매도하고 장부까지 작성하여 명의이전을 마쳤다. 그런 지 길게는 50-60년 또는 30-40년이나 지났는데, 그동안 다른 곳에 은닉해 있다가, 근래 그곳이 苗族의 대규모 도둑질로 파괴·소각되는 재변이 발생하자, 매매계약서가 소실된 틈을 타서 각종 허위·날조를 근거로 소송을 제기한 것이다.[47)]

---

46) 皇明條法事類纂, 卷之十三, 盜賣田宅, 「賣過田產不許在贖」조, 324면 참조. 「果係絶賣, 曾經過割, 在戶納糧是實, 照舊斷給管業.」
이때 조사되어 첨부된 成化 5년(1469)의 사례에도 다음과 같은 내용이 확인된다. "무릇 토지 쟁송이 제기되면, 반드시 공평하게 조사하고 심리하여, 만약 전답이 이미 실제로 매도하여 명의이전을 거친 지 해가 오래된 경우에는, 모두 원래 체결한 매매계약에 의해 예전대로 재산을 관리하도록 판결해 주고, 환매를 허락하지 말라." 「如有告爭田土, 務要公勘問理, 若田產已經實賣過割年遠者, 悉照原立賣契約, 斷令照舊管業, 不許再贖.」

47) 皇明條法事類纂, 卷之十三, 盜賣田宅, 「軍戶田土賣過與人年遠者, 不許妄告爭奪」조, 327면 참조. 「盡將田地絶賣與人, 造冊過割五六十年者, 有三四十年者. … 本處先年, 因被兩廣苗賊, 越境流劫人民, 多被燒毁, 及遺失買地契約, 乘機將絶逃軍人原賣過割明白田地, … 連年告爭不已.」

明律에 부속된 5년 제소기한의 조례는 이러한 역사 배경과 사회경제적 토양의 소산임을 엿볼 수 있다. 이상 인용된 사례에는, 인간의 두뇌로 생각 가능한 거의 모든 유형의 간교한 소유권 분쟁이 총망라되어 있는 실정이다. 개국 후 太祖 이래 憲宗代까지 백여 년 동안 이루어진 토지거래가, 시종일관 쟁송의 대상으로 거론되어 온 사실은 참으로 경이롭다. 토지대장이 다섯 차례 개정 작성되고, 문자 상으로는 30-40년 또는 50-60년이라고 하지만, 실제 계산상으로는 백여 년 지나도록 몇 代를 바꾸어 가며 소송을 계속할 수 있다면, 그 이전 시기의 상황은 不問可知일 것이다. 이러한 明代의 상황에 비추어 보면, 北魏나 南宋 때에 '백여 년' 지난 토지의 소유권을 다투었다는 분쟁 사안이 역사기록으로 현전하는 것은, 결코 거짓이 아니라는 확신을 갖지 않을 수 없다. 그렇다면 그 후 明 후반기나 淸代에도 크게 예외는 아닐 것이라는 짐작이 쉽게 간다.

淸律은 明律을 거의 그대로 베낀 가운데, 부속 條例의 증감을 통해 시대상황에 적응해 나가는 입법정책을 추구하였다. 그래서 전술한 바와 같이, 소유권 분쟁과 관련한 5년의 제소기한 규정도 明의 條例를 그대로 답습할 정도다. 그런데 후에 첨부된 조례 중에 특기할 만한 내용이 하나 있다. 향후 민간에서 재산을 사들일 때에는, 만약 전당계약이면 반드시 계약서 안에 환매한다(回贖)는 자구를 기재하고, 또 매도계약이면 반드시 계약서 안에 완전히 팔아 넘겨 영원히 환매하지 않는다는 문구를 기재하도록 규정한다. 그리고 이에 대한 예외로서 경과규정을 둔다.

"乾隆 18년(1753) 조례 제정 이전의 전당매매 계약서로, 기재내용이 불명확한 재산의 처리는 이러하다. 만약 30년 이내의 계약서로서 '팔아 버린다(絶賣)'는 자구가 없으면, 조례에 의해 각기 환매를 허락하고; 만약 30년 이상 오래된 계약서 안에는 비록 '팔아 버린다'는 문자가 없더라도, 단지 환매한다는 조건이 명백히 기재되지 않았으면,

곧 완전매도 재산으로 논하여, 그 환매를 일률 허락하지 않는다."[48]

이는 앞서 언급한 바 宋 太祖 建隆 3년(962)에 반포된 刑統상의 전당에 관한 칙령과 대비된다. "30년이 경과한 후 계약서가 없거나, 있더라도 진위를 분별하기 어려운 경우에는, 환수를 허락하지 않고 현 경작자의 전당매도에 일임한다."는 宋刑統의 규정과 대비해 보자.

비록 규율 대상의 기준은 전당과 매매로 다르게 표현하고 있지만, 실질 내용은 동일함을 알 수 있다. 또, 30년이라는 기준 연한과, 환매특약을 확인할 수 있는 전당계약 성격의 명문 기재 흠결 등의 요건은, 그래도 일맥상통함이 눈에 띈다. 이들은 현 점유자가 최소한 전당(입질)이라는 정당한 권원에 기하여 30년 이상 평온하게 점유하며 사용·수익해 온 경우, 매매계약에 의한 합법적 소유권 취득 가능성을 일면으로 상당히 전제하거나 인정하고 있다. 그리고 설사 그 眞僞(당초 계약의사)가 불분명할지라도, 매도인(전당권 설정자)의 소송제기를 배척함으로써, 실질상 현 점유자의 '時效'취득을 부여하거나 또는 묵인한다는 내용으로 해석될 수 있다.

이는 5년의 제소기한을 정한 원칙상의 조례와 비교하면, 확실히 그 내용 및 성격이 상당히 판이한 것이다. 그렇지만, 후술할 조선시대의 '5년 경과 소송수리 금지' 조항이 중기 이후에 小限 30년과 大限 60년의 장기 제소기한으로 변한 것과 비교해 보면, 서로 다른 지역에서 동시대에 발생한 일맥상통의 역사 자취로서 매우 주목할 만하다.

---

48) 大清律例會通新纂, 戶律, 田宅, 「典賣典宅」조 부속 條例, 文海出版社 영인본, 제3책, 987-8면 참조. 「其自乾隆十八年定例以前典賣, 契載不明之產, 如在三十年以內, 契無絶賣字樣者, 聽其照例, 分別找贖; 若遠在三十年以外, 契內雖無絶賣字樣, 但未註明回贖者, 卽以絶產論, 概不許找贖. 如有混行爭告者, 均照不應重律治罪.」
참고로 同治 4년(1865)에 간행된 戶部則例, 卷10, 田賦, 「置產投稅」조에는, 만주족의 八旗軍이나 민간인의 자기 계층 내 토지·가옥 전당계약은 10년을, 그리고 八旗軍의 토지·가옥을 민간인에게 전당하는 경우에는 20년을, 각각 回贖(환매)기한으로 설정하되; 기한이 경과하여 주인이 환매할 자력이 없으면 絶賣도 허락한다는 조례 3항목이 실려 있다. 成文出版社, 「欽定戶部則例」 영인본, 제2책, 731·737·743면 참조.

3. 우리나라 법제사상의 취득시효 문제

지금까지 취득시효에 관련된 전통 중국의 법제 및 사례를 각 시대별로 살펴보았다. 그러면 우리나라의 경우는 어떠한가? 고려 이전의 고대사회는 현전하는 사료가 거의 없어 알 수 없으므로, 역사일반론에 따라 추측 밖에 할 수 없을 것이다. 인간이 사는 사회이고, 사유재산의 축적이 이루어지는 곳이라면, 소유권 분쟁이 있기 마련이다. 그래서 언제부턴가 계약과 문서가 등장하였을 테고, 더구나 사회혼란이 한번씩 거치고 나면, 그러한 분쟁의 해결에 '시간의 효력'이 적지 않게 작용했을 것이다. 그래도 사료가 좀 전해지는 고려시대 이후에는, 비록 단편이긴 하지만 이와 관련된 내용이 다소 발견된다.

(1) 고려시대의 소유권 분쟁 해결 대책

그러나 고려시대에도 전기에는 소유권 분쟁과 관련된 시효의 기록이 별로 남아 있지 않고, 말기에 집중 편재하는 것이 특징이다. 몽고의 침입으로 그 이전의 문헌사료가 대부분 소실되어, 高麗史 편수자가 당시로부터 비교적 가까운 후기를 더욱 상세히 기록할 수밖에 없었을 가능성이 높다. 다른 한편으로 중기 이전에는 사회가 비교적 안정되고 상당히 수준 높은 귀족문화가 지배해서, 상대적으로 이러한 문제가 그리 현저하게 대두되지 않았을 개연성도 배제하기는 어렵다. 다만 고려가 唐律의 정수를 발췌하여 시행하였고, 그 후 宋과도 교류를 지속 유지하였기 때문에,[49] 제소기한(취득시효)에 관한 칙령의 내용도 접했을 것이다. 따라서 현실에서 유사한 사안이 발생한 경우, 직접 또는 간접으로 이를 원용했을 것으로 짐작된다. 이는 후기에 元과 明의 법제 및 疑獄集도 함께 시행하자는 건의가 있었고,[50] 특히 다음

---

49) 예컨대, 疑獄集은 五代 後晉(936-946)시 和凝 父子가 편집한 고대 판례집으로, 宋代 鄭克의 折獄龜鑑에 모태가 된 중요한 법제사료인데, 고려 文宗 13년(1059) 2월 출판·보급되었다. 高麗史, 世家 권제8, 아세아문화사영인본(上) 167면 참조.

상소문에서도 거론되는 바와 같이, 元이 시달한 지침에 따라 제소제한 특례를 제정한 사실에서도 간접 추측된다. 恭讓王 3년(1391) 10월 郎舍의 상소문은 다음과 같았다.

"사유재산의 쟁송은 천태만상이나, 전답쟁송의 폐단이 막심합니다. 丁未年(忠烈王 33년: 1307) 元나라 조정에서 闊里吉思 平章을 파견하여, 우리나라의 예의법제를 한결같이 모두 개혁·수정하면서, 아울러 전답과 노비에 관해 쟁송 중인 전국의 사안을 추심·조사하여 공명하게 바로잡았으나, 아직도 번복하는 번거로움이 남아 있습니다. 그래서 丙申年(恭愍王 5년: 1356) 宣旨(敎旨선포)의 한 조항 안에는 '忠烈王 丁未年(1307) 이전의 일은, 비록 조상 대대로 전승되는 家業 토지나 노비라도 (더 이상) 쟁송할 수 없다. 또 5번 판결에서 3번(승소)을 따르고, 3번 판결에서 2번(승소)을 따른다'고 규정하였습니다. 매번 宣旨를 내리시어 쟁송의 풍조를 막고자 하시었으나, 완고하고 탐욕스런 인심이 혁파되지 못한 채, 쟁송이 끊임없이 봉기하고 있습니다. 그런데 쟁송을 심리하는 자도 또한 권세에 아부하고 각종 인연에 얽매이어, 이전의 判旨에서 금지한 바를 논하지도 않으며, 또한 사안의 시비도 살피지 않은 채 서로 번복을 계속합니다. 그래서 (소송판결) 문서가 산더미처럼 쌓여 가도 쟁송은 끝이 없고, 골육지친 간에도 원수가 되어 비방과 훼손의 습속만 몹시 흥성할 뿐, 돈독한 기풍은 전혀 없습니다. 그리하여 和氣가 이르지 못하고, 요사스런 재난만 거듭 (발생하여 인심을) 경각시키니, 이는 전하의 깊은 우려입니다."

"지금부터 3년을 기한으로 삼아, 丁未年 이전의 일과 5번 판결 중 3번 승소하거나 3번 판결 중 2번 승소한 사안 및 戊辰年(昌王 즉위년: 1388) 이후 辨正都監이 판결한 사안을 제외하고는, 모두 기한 안에 訴狀을 제출하여 공명하게 심리하여, 억울함과 권세남용을 해소하고 풍속을 바로잡도록 하십시오."

---

50) 高麗史, 志 권 제38, 刑法一. 아세아문화사 영인본(中) 833면.「有建議雜用元朝議衡易覽·大明律以行者, 又有兼採至正條格, 言行事宜成書以進者.」

"무릇 京鄕 각지의 소송에서, 만약 요행을 바라고 망령되이 고소하는 자가 있으면, 즉시 考察官(특별 지정 재판관)으로 하여금 절도죄로 적용하여 백성(전답)의 다소와 (죄질의) 경중을 가려 논죄하도록 하십시오. 또한 소송을 심리함에 혹시 개인의 情實에 따라 시비를 전도시키는 자가 있으면, 또한 무겁게 처벌하십시오. 그리고 경향 각지에서 기한 안에 고소하지 않은 자와, 기한 안에 이미 판결이 확정된 사안은, 모두 수리나 재심을 허락하지 말고, 이를 위배한 자는 모두 判旨에 복종하지 않은 죄로써 처벌하십시오." 이에 왕이 이 건의를 따랐다.[51]

이 상소문의 건의를 왕이 따랐다고 하나, 그때가 고려멸망 바로 전 해이니, 실제로 얼마나 실효성 있게 시행되었는지는 물론 의문의 여지가 많다. 그러나 이 내용을 중심으로 고려 말기의 전답 소유권 쟁송과 그 법적 해결 방법의 윤곽은 대강 그려볼 수 있다.

우선 장기간의 무신집권 및 몽고침입으로 인한 전란을 반영하는 탓인지, 왕조말기의 혼란현상이 사회경제상 극심한 소송전쟁으로 반복됨을 확인할 수 있다. 소송의 양상이나 특히 토지 소유권 분쟁의 폐해는, 앞서 인용한 중국 각 시대의 기록과 크게 다르지 않다. 元의 사실상 식민지배 하에서, 元의 법제가 강제로 적용되고, 우리의 제도가 개폐될 수밖에 없는 것은 당연한 현실이었을 것이다. 특히 주목되는 점은, 전국에서 계쟁 중인 토지와 노비의 소유권 소송을 일제히

51) 高麗史, 志 권제39, 刑法二, 訴訟, 영인본(中) 874-5면 참조.
「私財爭訟萬端, 有甚於爭田之弊也. 歲在丁未, 元朝遣闊里吉思平章, 本朝儀制, 一皆革正; 竝擧一國之爭田民者, 推覈明正, 而尙有更改之煩. 故丙申年宣旨一款內, '忠烈王丁未年以前事, 雖祖業田土人口, 毋得爭訟; 又以五決從三, 三決從二.' 每降宣旨, 以遏爭訟之風; 頑貪未革, 爭訟蜂起. 而聽之者, 亦媚於權勢, 牽於朋比; 不論前判所禁; 又不覈事之是非, 互相更改; 而簿書山積, 爭訟無窮; 至於骨肉, 反爲仇讐; 多興謗毁之俗, 而無敦篤之風; 和氣不達, 妖孽屢警; 此殿下之深慮也. … 自今限三年, 除丁未年前事, 五決之三, 三決之二, 及戊辰年以後, 辨正都監決外, 皆令限日納狀推明, 以解寃濫, 以正風俗. … 凡京外訴訟者, 如有僥倖妄告, 卽令考察官照以竊盜, 計民多少輕重論罪; 聽訟, 或徇於人情, 顚倒是非者, 亦從重論; 其在京外不告限內者, 及限內已決正者, 皆不許更考; 違者, 俱以判旨不從論罪. 從之.」

조사하여 공명정대하게(明正) 처결했다는 기록이다. 그 구체 방법과 내용은 아직 확인되지 않고 있는데, 소송 안건을 하나하나 개별로 심리 판결했을 가능성도 높지만, 적어도 일정 기한을 설정하여 기한 외의 사안은 수리하지 않고, 획일로 현 점유경작자의 소유로 귀속시켰을 것으로 추측된다. 그 기한 설정에서는, 이 상소에서도 거론되는 것처럼, 5判 3勝 또는 3判 2勝의 사안에 확정 既判力을 부여하는 방법과 함께, 어느 기준 시점 이전의 사안에 대해서는 '시간의 효과'를 부여하는 방법이 고려되었을 것이다.

그 경우 구체 기준시점이 언제일지가 주 관심사가 될 것이다. 丙申年의 宣旨처럼 50여 년의 장기간이었을 수도 있지만, 오히려 전술한 元代의 두어 차례 임시특례조치처럼 10년 내지 4-5년의 단기간이었을 가능성도 배제할 수 없다. 가장 가능성 있는 두 가지 추정은, 바로 元에 의해 직접 책봉된 忠烈王 원년이나 宗主國인 元의 大德 원년일 것이다. 왜냐하면 충렬왕 33년(1307) 元의 파견에 의한 토지쟁송 해결조치는, 시기상 元의 大德 8년(1304)과 至大 4년(1311)의 두 차례 소송혁파 특별조치 사이에 시행되었고, 元의 두 차례 조치 모두 그 기준 시점이 바로 당시의 황제의 원년이었기 때문이다.

만약 충렬왕 원년이었다면, 고려의 조치는 元보다는 기간이 다소 긴 33년이 될 것이며, 이 경우 丙申年(1356)에 忠烈王 33년의 이전 조치일을 다시 기준시점으로 삼아 50년의 기간을 설정한 것과 거의 비슷해진다. 이 기간은 단순히 소송시효와 같은 제척기간이라기보다는 오히려 취득시효의 성격에 가깝다고 판단될 수 있는 장기간에 속한다. 그러나 元의 大德 원년이었다면, 元의 사례와 비슷한 10여 년의 단기간이 된다. 물론 이와 아울러 소송허용 사안에 대해서도, 구체로 소송제기 기한을 3년 내지 5년 이내로 제한하는 규정이 별도로 존재했을 가능성이 높다.

그러나 元에 의한 특별조치에도 불구하고, 소송이 계속 제기되고 판결이 번복되는 병폐가 끊이지 않자, 丙申年(恭愍王 5년: 1356)에는 독자로 선례를 참작하여 다시 한 번 소송혁파조치를 단행하였다. 이때에는 이전 조치 시행일을 기준으로 50년의 기간을 설정하고, 그 이후의 사안이라도 5판 3승 또는 3판 2승의 판결을 받은 경우에는 확정력을 부여한 것이다. 이때 조상의 家業이라도 쟁송할 수 없다고 명시한 것은 무엇 때문일까? 첫 번째, 조상의 가업은 조선시대처럼 사회경제상으로나 가족윤리상으로 매우 중요시되어 그 처분이 엄격히 금지되고, 설령 처분한 경우라도 계약을 취소하고 환수할 수 있다는 규정이 존재했을 수 있다. 그로 말미암아 현실로 땅값이 폭등하는 등의 급변이 발생하면 조상의 가업을 이유로 소송을 제기하는 사태가 빈발했기 때문이었을 가능성이 크다. 두 번째 가능성은, 조상의 가업이 상속재산으로서 형제간이나 또는 대를 이어 손자 간에까지 유산분할 쟁송이 끊이지 않고 지속되는 사례가 많았을 것이라는 점이다. 이는 이 상소문에서도 언급한 '골육지친 간에 원수가 된다'는 소송현실을 보아도 미루어 짐작할 수 있다. 일찍이 睿宗 17년(1122)에 "무릇 부모나 조부모의 전답으로, (유언)문서나 (분할)계약이 없는 경우에는, 적장자에게 먼저 판결해 준다."는 判旨가 내려진 기록으로도 더욱 확실히 증명된다.[52)]

이러한 특례조치가 실효성을 거두지 못한 채, 그 후로도 여러 차례 반복되었음은 '매번'이라는 표현으로 짐작할 수 있다. 그 결과 망국 전해의 이 상소문과, 후술할 망국 당해의 상소문까지 연이을 정도였다. 이 상소문의 건의안은, 제소를 원천 봉쇄하는 사안의 기준과 소송허용 사안에 대한 3년의 제소기한을 설정하는 限時성 특례조치다.

그런데 제소금지 요건 중 '丁未年前事, 五決之三, 三決之二, 及戊辰年以後, 辨正都監決'의 문구해석에 이견이 있을 수 있다. '及' 뒤의

52) 高麗史, 志 권제39, 刑法二, 訴訟, 영인본(中) 874면 참조. 「睿宗十七年判: "凡父祖田, 無文契者, 適長爲先決給."」

'무진년 이후(최근 3년 이내)에 변정도감이 이미 판결한 사안'은 5판 3승이나 3판 2승과 관계없이 확정되는 것으로 그 기판력을 부여한다는 의미일 것이다. 이는 사안이 언제 발생했는지, 제소가 언제 되었는지를 묻지 않고, 판결의 주체와 시점을 기준으로 삼은 것이다. 즉, 변정도감의 판결을 받지 아니한 것은, 무진년 이후의 사안이라도 제소가 가능하다. 이에 상응하여 '及' 앞의 구절은 '정미년 이전의 일로서 5판 3승 또는 3판 2승한 사안'으로 해석될 가능성과 당위성(주장)이 모두 존재한다.[53]

그러나 '정미년 이전'은 시간의 효과를 규정한 기간이고, '5판 3승 또는 3판 2승'은 판결의 효과를 규정한 기판력으로서, 각기 별개의 독립요건이 병렬된 것으로 보아야 한다. 즉, 정미년 이전의 사안은 지금까지의 제소여부나 판결 상황에 관계없이 일률로 소송을 금지하고, 정미년 이후의 사안에 대하여는 5판 3승이나 3판 2승제를 적용하며, 무진년 이후 변정도감 판결은 이에 관계없이 확정된다는 의미로 이해된다. 이러한 해석이 실질 법리에 부합할 것이다. 왜냐하면, 앞의 丙申年 教旨에서는 '정미년 이전의 일'과 '5판 3승이나 3판 2승'을 '또(又)'라는 병렬접속사로 연결했고; 또 이듬해 이 상소문과 관련하여 마련된 듯한 후술할 決訟法은, 5판 3승과 3판 2승은 연한과 관계없이 일률로 判決에 의해 확정한다고 규정했기 때문이다.

또 이 건의가 상소된 지 4개월 후인 공양왕 4년(1392) 2월에는, 人物推刷辨正都監의 決訟法이 노비의 소유권 분쟁 해결방안을 강구하는데, 여기에도 비슷한 소송수리기준 연한이 제시된다. "병신년(공민왕 5년: 1356) 이전 것으로서 쟁송한 명문이 없는 것과 정미년(충렬왕 33년: 1307) 이전의 일 및 무진년(1388) 이후 변정도감과 都官이 이미 판결한 것은 고소를 허락하지 않으며, 5번 판결 중 3번 이겼거나 3번 판

53) 실제로 북한에서 번역된 고려사(여강·新書苑 영인본, 제7책 624면)도 이 해석을 취한다. "정미년 이전에 5결의 3과 3결의 2로 판결된 것과 무진년 이후에 변정도감에서 판결한 것을 제외하고는… ."

결 중 2번 이긴 것은 일률로 판결요지에 의해 확정한다. 다만, 그 판결 회수가 비록 많더라도, 쌍방의 문서증거를 살피지 않고 임시 판결한 것은 그러하지 아니하다."[54]

즉, 1307년 이전의 일은 무조건 소송을 수리하지 않으며; 1307년부터 1356년까지의 사안은, 쟁송한 명문의 기록이 있되, 아직 5판 3승이나 3판 2승의 결정이 내려지지 않은 사안에 한하여 제소를 허용하고 (일찍이 쟁송한 명문의 기록이 없으면 새로이 제소하지 못하고); 1356년 이후 1388년 이전까지의 사안은, 쟁송기록 여부와 관계없이 5판 3승이나 3판 2승에 해당하지만 않으면, 평상시 법에 의해 임의로 분쟁발생을 제기할 수 있으며; 1388년 이후 변정도감의 판결이 내려진 사안은 그대로 확정된다는 취지일 것이다. 여기에서 85년 간(1307년 이전)은 절대 취득시효, 36년 간(1356년 이전)은 상대 취득시효의 성격을 각기 지니는 것으로 이해될 수 있다.

이때 都官이 보고한 上書에서도 이렇게 적고 있다. "무릇 분별하기 어려운 일은 이치에 따라 처결하여야 하지만, 햇수를 경과한 지 이미 오래되면 일마다 폐단이 생깁니다. 그 폐단의 거대함은 쟁송만한 것이 없는데, 지금 관가에 제출한 문서계약으로 보면 모두가 수백 년이 된 까마득히 먼 일들을 원용하고 있으니, 과연 소송의 유래가 오래됨을 알 수 있습니다. … 쟁송에서 더러는 (대등한 양민이 자기 소유라고) 서로 다투기도 하고, 더러는 (노비가 권세에 의해 부당하게 억압되었다고) 양민임을 하소연합니다. 많게는 10여 년 적게는 5-6년 지속되면서, 관가에서 비록 정당한 판결을 내려도, 강한 자는 여전히 붙잡고 놓아주지 않으며, 약한 자는 억울하다고 다시 제소합니다."[55]

---

54) 高麗史, 志 권제39, 刑法二, 訴訟, 영인본(中) 875면 참조. 「丙申年前無爭訟明文, 丁未年前事, 及戊辰年以後辨正都監及都官已決者, 不許陳告; 五決從三度, 三決從二度, 一依判旨不動; 其決數雖多, 不覈兩邊文證假決者, 不在此限.」 이 구절의 해석에 관해서는 북한에서 번역한 고려사(제7책 625면)도 이견이 없이 일치한다.

55) 高麗史, 志 권제39, 刑法二, 訴訟, 영인본(中) 875면 참조. 「凡事之難者, 當理處

이러한 사실을 감안하면, 당위적·규범적 법이 선언하는 '시간의 효과'도 존재적·사실적 이해관계의 다툼 앞에서는 현저하게 무기력해질 수밖에 없는 것처럼 느껴지기도 한다.

(2) 조선시대 법제의 변천과 사례[56]

고려 말기의 혼란 속에서 토지와 노비 등에 대한 재산권 분쟁이 극심했고, 그 해결대책이 멸망 당해까지 꾸준히 거론되어 왔음은 전술한 바와 같다. 이러한 사회경제 혼란을 易姓革命으로 인수한 조선왕조는, 건국초기 토지개혁 등의 방법으로 법적 분쟁해결을 대신할 수 있었을 것으로 기대되나, 현실로는 그러하지 못했던 것 같다.

고려 말에 정치와 법률 기강이 문란해진 틈을 타서, 권세 있는 귀족들이 백성의 토지와 노비를 침탈하여, 조선 개국 이후에 이르러 소송이 앞을 다투어 제기되었다. 이때 타인의 노비·전답을 겸병한 권세가들(이 중 혁명에 참여한 공신들도 적지 않았을 것임)이, 언젠가는 반드시 자기에게 불리할 날이 있을 것을 두려워하여, 단기간의 제소기한 규정을 입법하였는데, 당시에도 그들에 대한 비방이 오래토록 지속되었다고 전한다.[57] 말하자면, 사회혼란기를 틈타 부당하게 소유권을 침탈하고서, 개국공신이라는 정치 특권의 비호 아래, 소송시효라는 절차법의 특례를 장치하여 그 부당한 침탈을 영구히 합법화·정당화하려고 획책한 셈이다. 얼마나 간교하고 可憎스러운 술수인가?!

"무릇 토지가옥에 대한 소송은 5년이 경과하면 수리하지 말라."(凡

決; 歷年旣久, 隨事弊生. 弊之巨者, 無若爭訟; 以今日納司文契觀之, 皆援引數百年間玄遠事迹, 則知訴訟所由古矣. … 爭訟者, 或相爭, 或訴良; 多者十餘年, 小者不過五六年; 官司雖得正決, 强者仍執而不許, 弱者寃抑而更訴.」

56) 조선시대의 소송상 시효는, 전술한 바와 같이 朴秉濠 교수가 법제 및 사례를 비교적 충분히 연구한 바 있다. 본고는 본 주제의 관점과 전체 흐름 속에서 그 연구성과를 바탕으로 재분석·정리하고 보충하되, 해석상 이견의 소지가 있는 부분에 대해 다소간 언급하는 방식으로 기술하며, 일일이 인용하는 번잡은 생략한다.

57) 朝鮮王朝實錄, 成宗 21년 庚戌 11월 己卯조, 盧思愼의 의론 참조.

訟田宅, 過五年則勿聽.)는 經國大典 戶典 田宅조의 유명한 규정은, 바로 이러한 정치·사회·경제상의 역사배경에서 탄생한 법률로 보인다. 비록 경국대전이 시행되기 전까지는 일률의 제소기한이 없었다고 하지만, 文宗대에 이미 "비록 민간에서 사사로이 침탈한 전답이라 할지라도, 만약 5년이 지나면 반환하지 않는 것이 전례(또는 조례)다."는 기록이 보인다.[58] 또 大典續錄 戶典 田宅조에는 "전에 (또는 前六典과) 續六典을 준수·시행할 때에 5년이 지나면 토지가옥을 고소할 수 없었다.(在前續六典遵行時, 過五年未得告狀田宅.)"는 규정이 있다. 이들로 미루어 보면, 이 제소기한 조항은 일찍이 太宗대나 늦어도 世宗대에는 시행되기 시작한 것으로 추정된다.

그러나 이 일반규정이 제정되기 이전에는 물론, 시행된 이후에도, 원칙에 대한 예외의 설정과, 예외에 대한 再限定이 꾸준히 반복해서 거론·실행되었다. 따라서 법의 항상성과 변화성, 법적 안정성과 구체적 타당성, 절차상 시효와 실체 정의 사이의 긴장대립이 지속 노출될 수밖에 없었다.

우선 이 일반원칙에 대한 중대한 예외로서, 경국대전은 해당 규정의 夾註로서 5가지 요건을 열거한다. 타인의 가옥을 훔쳐 판 경우(盜賣者), 서로 소송 중으로 확정 판결이 아직 내려지지 않은 경우(相訟未決者),[59] 부모의 유산인 전답가옥을 공동상속인 중 1인(특히 장남)이 모

---

58) 朝鮮王朝實錄, 文宗 元年 辛未 5月 乙丑조 : 「雖民間私奪之田, 若過五年, 則不還, 例也.」

59) 박병호 교수는 "판결이 없이 불확정상태에 있는 동안, 설혹 5년이 경과한 후일지라도, 다시 初訟의 형식으로 呈訴할 수 있다는 취지일 것이다."(앞의 책, 262면 주39)고 해석한다. 좀 더 구체로 부연한다면, 3判 2決의 이른바 三度得伸法에 의해 확정판결이 나기 전까지는 소송상의 시효가 중단되기 때문에, 5년의 경과로 인하여 소송이 중간에 종국판결에 이르지는 않으며, 또 1패 또는 1승 1패의 경우 再訴(항소나 상소)가 금지되지는 않는다는 의미일 것이다. 한편, 戶典 田宅조의 註에는, "고소장을 제출하기만 하고, 출두하여 소송을 진행시키지 않은 채 5년이 경과한 경우에도, 또한 수리하지 않는다."(告狀而不立訟, 過五年者, 亦勿聽.)는 규정이 있다. 이 경우는 여기의 相訟未決에 아예 해당하지도 않는다.

조리 독점하고 다른 형제자매(또는 그 대습상속자)에게 분할하지 않는 경우(父母田宅合執者), 수확 半分의 임대차(小作)계약관계로 말미암아 영구히 점유하고 반환하지 않는 경우(因竝耕永執者),[60] 가옥을 임차 거주하는 자가 영구히 점유하고 반환하지 않는 경우(賃居永執者)에는, 제소기간을 제한하지 않는다(不限年)는 내용이 그것이다.

물론 이러한 예외가 경국대전 반포 시 비로소 제정된 것은 아닐 것이다. 그전까지 빈번하게 거론되던 소유권 분쟁 양식을 유형화하는 과정에서, 이해득실을 비교 衡量한 소산일 것이다. 즉, 권리침탈의 정도가 심하여, 실체 정의를 보호하기 위해 부득이 절차상 시효를 배제할 필요가 있다고 판단되는 경우, 특별히 예외를 인정한 것이리라.

成宗 초에 전답에만 제소기한이 확정되고 가옥에는 명문의 연한이 없어, 그 법의 흠결을 악용하는 사례가 빈발하였다. 간사한 무리들이 "혹은 훔쳐 판 것이라고 일컫거나, 혹은 상속재산을 독점한 것이라고 일컫거나, 혹은 (매매가 아니라) 전당잡힌 것이라고 일컫는가 하면; 심지어는 가격이 쌀 때 팔았다가 가격이 등귀하자 이를 되물려 타인에게 전매하려고, 부모가 아직 분할해 주지 않은 재산이라고 일컫는" 등, 각종 명분과 구실로 소송을 제기하였다. 이에 대해 漢城府에서 "지금 이후로는 비록 진실로 침탈된 것일지라고, 10년이 지나도록 고소하지 않은 경우에는, 소송수리를 허락하지 말자."고 건의하여, 그대로 시행

---

60) 여기서 '竝耕'은, 바로 뒤에 열거되는 가옥에 대한 '賃居'의 경우와 병렬로 대비되는 것으로 이해한다면, 임대차경작임에는 틀림없으나, 그 구체 내용은 불분명하다. 박병호 교수는 '수확 半分의 竝耕 계약에 의한 토지 임차인이 계약기한이 만료했음에도 불구하고….'라고 해설한다. 이와 별도로 18C 이래 특수소작(永小作) 관행의 하나로 경남 진주 및 고성 지방의 併耕小作을 거론한다. 이는 경작지 협소로 인해 소작권 확보를 위해, 소작인이 지주의 토지 구입 시 지가의 일부를 부담하고 영구소작권으로 획득하여, 그 수확물을 半分하며 그 소작권을 따로 처분할 수 있는 관행이었다고 기술한다.(앞의 책, 241-2면) 그런데 朝鮮總督府 中樞院에서 발행한 大典會通 戶典 田宅조 당해 조항(에 일본인이 첨부한) 解釋에서는, 바로 후자의 의미로 기술하고 있다. 조선 전기의 일반 竝耕도 그러한 의미였는지는 더 연구해 볼 필요가 있겠다.

하기로 결정된 바가 있다.[61]

기록의 문자상 의미에 의하면, 비록 가옥에 국한된 것이긴 하지만, 각종 제소의 명분을 원천 봉쇄하기 위해 10년의 엄격한 時效를 규정함으로써, 진실한 소유권자가 침탈당한 경우조차 보호를 외면하였다. 설령 침탈자에게 적극 시효취득을 인정한 것은 아닐지라도, 피침탈자에게 소극 소멸시효를 적용하여, 그 반사이익으로 취득시효와 같은 성격의 법률효과를 인정한 셈이 된다. 그러나 10년 간 제소가 없었던 원인이, 반드시 피침탈자가 권리 위에서 낮잠을 잔 주관상 해태에만 있었다고 단정할 수는 없다. 오히려 공신이나 고관대작의 권세로 말미암아 직접·간접으로 초래된 객관상의 사실상 제소불가능의 경우가 적지 않았을 수 있다. 이러한 배경 등이 참작되어, 가옥에 대해서도 이후 반포된 甲午大典의 규정을 일률 적용하게 되고, 盜賣나 合執 등 5대 사유의 경우에는 예외로 제소기한이 없었다고 해석된다.

여하튼 경국대전 5년 제소기한 규정에 대한 5대 예외 사유는, 그 후 간사한 무리들에게 또 다른 쟁송의 단서를 제공하는 결과가 되기도 했다.[62] 비록 매입한 지 30-40년이나 50여 년 지나도록 평온히 경작해 온 토지도, 부모의 유산을 독점·처분하거나 노비가 주인 전답을 훔쳐 판 것(당시에는 양반이 직접 거래 당사자로 나서지 않고 노비의 명의로 매매하는 것이 관행이었다)이라고 주장하여 소송을 제기하는 형편이었다.

그리하여 경국대전 반포 불과 5년 후인 성종 10년(1490)에는, 이러한 소송의 두절 대책을 강구하여야 한다는 비판이 강하게 일었다. 그리하여 경국대전은 가벼이 고칠 수 없으므로 별도의 節目을 제정하자는 건의가 있었다. 구체로 부모·조부모의 유산 독점이나 盜賣의 경우에도, 남자는 성년이 된 후 5년, 여자는 혼인 후 5년 이내에 고소

61) 朝鮮王朝實錄, 成宗 2年 辛卯 9월 壬申조.

62) 지금도 패소하면 상소는 물론, 대법원 확정 판결에 대한 특별재심 사유까지 일단 단서를 찾아 이유서를 제출하고 보자는 게 인지상정일 것이다. 이러한 소송 심리를 생각해보면, 당시의 풍조도 별로 이상할 것은 없다고 여겨진다.

를 허락하되, 그 기한이 경과하면 제소할 수 없도록 금지하자는 내용이 거론되었다.[63] 여기서 나이 어린 아우나 누이에게 독자의 행위능력이 부여되는 成年 또는 혼인의 始期를 5년 제소기한의 기산점으로 조정한 착상은, 法理상 매우 훌륭한 卓見임이 틀림없다.[64]

그러나 부모나 조부모 시에는 쟁송이 없던 재산에 대해, 자손 대에 이르러 비로소 고소가 생기는 사안이 적지 않았던 모양이다. 성종 21년(1490) 이러한 사안에 대책을 강구하는 과정에서도 의론된 바와 같이, 嫡長子가 한 장뿐인 상속재산의 權原文記를 소지하여 유산을 독점해 버리는 경우가 왕왕 있었다. 이 경우 그 아우나 누이는 합법으로 제소하고 싶어도, 증거서류가 전혀 없을 뿐만 아니라, 부모에 대한 孝誠과 형제간의 우애를 앞세워 그냥 묵인·체념하는 것이 인지상정이다. 그런데 그 자손 대에 이르러 인정과 윤리가 희박해지고(속담에 '한 다리 건너 천리'라는 말이 있음) 현실의 이해관계가 눈앞에 닥치면, 소송을 서슴지 않는 것이 또한 현실이었다.

또 5년의 제소기한법 자체가, 권세를 빙자해 타인의 재산을 침탈한 몇몇 권세 있는 대신이, 기득권을 합법화하여 확고히 수호하자는 이기적 발상에서 제정한 것이라고 비판받는 상황이었다. 그런데 입법

---

63) 朝鮮王朝實錄, 成宗 10年 己亥 11月 壬辰·癸巳조 참조. (박병호, 앞의 책, 263면, 주 42·43 참조.)

64) 이와 함께 여기서 우리가 주목해야 할 또 하나의 중요한 法理는, 이러한 논의가 경국대전 반포 이후 만 5년 만에 열띤 논의의 대상이 된 사실이다. 확실한 필연성은 입증하기 어렵지만, '過五年則勿聽'의 규정이 경국대전 반포 이전 사안에 대해서는, 향후(반포 이후) 5년 이내에 소송을 제기하지 않으면 수리하지 않는다는 경과규정으로 해석되었을 가능성이 농후하다는 점이다. 물론 대전 시행 이후 발생한 사안에 대해서는 그때부터 기산하게 될 것이다. 이러한 경과규정의 의미를 전제한다면, 반포 만 5년이 되어 경국대전 시행 이전의 일반 사안에 대해, 소송시효가 완성되는 시기에 소송이 집중으로 폭주했을 가능성이 크다. 비록 盜賣나 合執(독점)의 명분으로 제소하는 자라 할지라도, 주장하는 제소사유가 받아들여지지 않을 경우를 대비해서라도, 보험으로 일단 합법적 경과규정의 기한 안에 일단 제소할 필요성을 느꼈을 것이다. (자고로 소송을 수행하는 자들은 이 정도는 미리 계산하여 염두에 둘 두뇌를 지닐 것이다.)

당시부터 반대론이 거세었던 단기간의 소송시효법을, 시비곡직에 관계없이 일률로 현 점유자(時執者) 위주로 시행한다면, 이는 권세부호의 이익과 소원에 합당하며, 궁박한 빈약자의 원한을 초래할 것이라는 반대론도 거세었다. 이에 성종 22년(1491) 정월 초하루부터 대전의 5개 예외요건을 아예 폐지하고, 丁酉年에 제정된 기한법을 일률 시행하자는 주장이 제기되었으나, 결국 채택되지는 못하였다.[65] 이러한 열띤 격론과 공방을 거친 결과, 성종 23년(1492)에 간행된 大典續錄에는 절충 규정이 수록되었다.

"전에 (또는 前六典과) 續六典을 준수·시행할 때에, '5년이 경과하면 전답가옥 소송을 제기할 수 없다'는 규정이 있었다. 그런데 교활하고 간사한 무리들이 갑오년(成宗 5년: 1474) 반포한 경국대전 안의 '훔쳐 판 경우 등은 제소기한을 정하지 않는다'는 예외를 빌미로, 허튼 말을 꾸며 고소장을 어지럽게 제출하고 있다. 이에 관리들은 대전의 준수에만 눈이 팔려 (이러한 소송을) 모두 수리하니, 이는 온당치 못하다. (앞으로는) 부모·조부모의 토지·가옥에 대하여, 나이든 자손이 어리고 약한 아우 누이를 통솔하면서 (유산을 분할하지 않고) 독점하거나 임의로 팔아버리는 경우를 제외하고는, 갑오년 이전 5년이 경과하도록 고소장을 제출하지 않은 자는 모두 수리하지 말라."

(在前續六典遵行時, '過五年未得告狀田宅'; 巧詐之徒, 以甲午年頒降大典內, 盜賣等事不限年, 構爲虛辯, 紛紜告狀; 官吏眩於遵守, 竝皆聽理, 未便. 父母祖父母田宅, 年壯子率幼子弟, 合執及擅賣者外, 甲午年以前, 過五年未告狀者, 竝勿聽理.)[66]

---

65) 朝鮮王朝實錄, 成宗 21年 庚戌 3月 庚申조 및 11月 己卯조 (박병호, 앞의 책, 263-4면, 주44) 참조. 여기서 '丁酉년의 定限'이란, 추측하건대, 앞서 언급된 바 있고 또 바로 다음에서 거론될, 大典續錄 규정 중에 인용된 '在前續六典遵行時, 過五年未得告狀田宅'으로서, 예외 없는 5년 제소기한을 뜻하며, 따라서 丁酉는 太宗 17년(1417)일 것으로 추정된다. 물론 이 추정은 앞으로 사료 기록에 의해 확인되어야 할 과제다.

66) 大典續錄, 戶田, 田宅조.

여기서 續六典 규정이 바로 앞서 거론된 丁酉年定限이라면, 그 제정시기는 太宗 17년(1417)으로 추정되고, 갑오대전 시행 이후 5개 예외조항으로 인한 각종 악용 폐단 발생 상황의 묘사부분까지는 해석에 별 문제가 없다. 그러나 후반부 大典續錄의 새로운 규정 내용은 그 法文의 해석상 異見의 여지가 다소 있어 보인다.

우선 '擅賣(천매)'가 '合執'과 병렬로 모두 부모·조부모의 유산에 걸리는 것으로 본다면, '임의로 팔아 버리는' 擅賣는 일반으로 타인의 토지를 훔쳐 파는 盜賣의 경우는 포함하지 않고, 유산을 분할하기 전에 다른 형제의 상속분까지 임의로 처분해 버린다는 의미가 문맥상 분명하다. 물론 주인의 전답을 노비의 명의로 매매한 경우도 盜賣라고 주장한 사례가 있는 것을 보면, 타인 몫을 자기 몫처럼 자기 명의로 처분한다는 의미에서 盜賣의 일부에 포함될 수도 있다.

그러나 '擅賣'가 '及'을 사이에 두고 '父母 유산의 合執' 전체와 대등하게 병렬된 것이라고 해석한다면, '擅賣'의 실질 의미는 '盜賣'와 같아질 것이다. 그러면 장남이 부모의 유산을 독점하다가 아우의 몫까지 자기 것인양 처분하는 것은 물론, 권세가가 일반백성의 전답노비를 침탈하여 매각하는 것도 '擅賣'에 포함될 것이다. 앞서 언급한 바와 같이 바로 전해에 定限法이 거론되었을 때, 장남의 사실상 독점 가능성과 함께 권세가의 침탈도 중요한 부결사유가 된 사례를 감안한다면, 후자의 해석도 충분히 가능할 것이다.

이보다 더 중요한 핵심관건은 '갑오년 이전 5년이 경과하도록 고소장을 제출하지 않은 자'의 의미해석이다. 대전 공포 이후 18년이 지난 다음 제정된 이 규정에서 새삼 갑오년 이전 사안을 거론하는 것은, 물론 경과조치를 의미할 것이다. 박병호 교수는 이에 대해, "갑오대전 시행 이전의 사안에 대하여는, 상속재산을 분할하지 않거나 타인의 토지를 擅賣한 자를 제외하고는, 盜賣等事는 5년이 경과하면 심리하지 않도록 하였다. 즉 (속육전 원래 규정에 대한) 甲午大典 (예외)규

정 적용의 (부분적·한정적) 불소급을 명시한 것이다"고 해석하고 있다.[67]

이 해석에 따르면, '甲午年以前'은 '過五年未告狀者'를 수식하는 종속 구절로서, 갑오년 경국대전 시행 이후 발생한 5개 예외조항의 해당 사안은, 비록 대전 시행 후 5년이 경과하도록 아직 고소하지 않았다고 할지라도, 대전의 예외조항에 의해 여전히 소송을 제기할 수 있다. 그리고 경국대전 시행 이전의 사안에 대해서는, '합집'과 '擅賣'에 한해서만 비록 5년(현실로는 18년 이상)이 경과했더라도 진정한 소유권의 절대 보호를 위해 경국대전 예외조항을 선별로 소급적용하고, 그 밖의 경우는 이 대전속록의 규정에 의해 경국대전 예외 조항의 소급적용을 배제한다는 의미일 것이다.

물론 이 경우에도 현대 法理에 의하면, 이 대전속록의 규정도 소급적용을 배제하기 위해, '過五年未告狀者'를 경국대전 시행 이후 이미 5년이 경과한 경우로 보지 않고, 대전속록 시행 이후 앞으로 5년 이내에 제소하지 않는 경우로 해석할 수도 있다. (박병호 교수의 해석 文言은 양자 모두 가능하다.) 이렇게 해석한다면, 후법인 대전속록의 신규정이 전법인 경국대전 예외조항을 개폐하지 못하고, 이른바 祖宗成憲 존중(우월)의 원칙이 지켜지는 셈이다. 그러나 경국대전 시행 이전의 사안에 대해서, 경국대전에 의해서가 아니라 18년이 지나 제정된 좀더 열등한 新法에 의해 경국대전 적용의 소급 및 불소급 대상이 구분되는, 다시 말해서 대전속록이 경국대전 예외조항의 소급효 여부를 선별로 규정하는 경과조항(附則)이라는 기묘한 입법이 된다.

또 다른 한 해석은 '갑오년 이전'과 '過五年未告狀者'를 대등한 병렬구(and나 or)로 보아, '갑오년 이전의 사안과 (갑오년 경국대전 시행 이후의 사안으로서) 5년이 경과하도록 아직 고소하지 않은 경우는 모두(竝) 수리하지 말라.'는 의미로 파악하는 것이다.

67) 박병호, 앞의 책, 263면, 주40) 참조. 인용문의 ( )안은 의미를 명확히 하기 위해 필자가 추정으로 보충한 문자임.

이 경우 18년 이상이 경과한 갑오년 이전 사안에 대해서는, 합집과 擅賣를 제외하고는 고소여부와 관계없이 일률로 소송시효의 완성을 선언한 것이 된다. 그리고 경국대전 시행 이후의 사안에 대해서는, 본래 5개 예외조항 중 합집과 擅賣만 그대로 대전을 적용하고, 그 밖의 예외조항은 더 이상 무기한 제소 허용을 적용하지 않고, 5년 경과 시 제소를 불허한다는 법개정을 뜻한다. 즉, 대전속록에 의해 경국대전 예외규정 중 일부의 적용이 배제되어, 실질상 대전속록이 경국대전을 일부 改廢하는 新法우선의 원칙으로 이해하는 것이다.[68)]

물론 최근 5년 이내에 발생한 사안이나 앞으로 발생할 사안은, 아직 5년의 제소기한이 다 경과하지 않았으므로, 신법의 규정에 의한 소송상의 불이익을 당하지 않도록 미리 준비할 수 있다. 하지만 5년 이전의 사안으로 경국대전 규정을 염두에 두고 제소를 지연해 온 자에게는, 대전속록의 신법이 입법예고나 경과조항도 없이 제소권을 박탈한 셈이 될 수 있다. 물론 이는 전통법의 권위나 속성에 크게 반하지는 않는 것으로 판단되는데, 다만 통상의 字句해석상 다소 어색하거나 무리라고 여겨질 소지는 없지 않다.

그러나 앞의 해석방법에 의하면, 30-40년 또는 60년이 지난 후에 제소되는 사안을 염두에 두고, 18년 이전 경국대전 시행을 기준으로 소급적용 여부를 결정했다고 굳이 이해할 수는 있다. 하지만 대전 시행 이후 지금까지는 물론, 장래에 발생할 수도 있는 사안에 대해서는 전혀 적용할 수 없게 된다. 그 결과, 단순히 경국대전 부분 조항의 시행에 관한 일회성 경과규정이 되어, 예외에 대한 특별조치법에 그

68) 이것이 경국대전은 개폐할 수 없다는 祖宗成憲 존중주의에 정면으로 위배되는 것처럼 보일 수도 있다. 하지만 조종성헌은 어디까지나 대의명분상의 이념에 불과하였고, 실제 입법현실에서는 후에 제정되는 新法이 경국대전 내용과 모순·저촉되거나 완전히 상반되기도 하여, 실질상 改廢 효력을 발휘하는 경우도 많았다. 다만, 입법이념상 경국대전의 규정은 原典으로 보존하면서, 修正입법을 계속 첨부하는 법전형식을 취했을 따름이므로, 대전속록이 경국대전의 규정을 개폐하는 내용이라고 하여 이상할 것은 전혀 없다. 본서의 제1편 내용을 참조 바람.

치고 만다는 의미가 된다. 한문 자체의 애매모호한 重義性에다가 입법자의 세심하지 못한 부주의까지 겹쳐, 법조문의 의미가 더욱 불명확해진 셈이다.

그러다가 中宗 13년(戊寅, 1518)에 이르러, "무릇 소송의 사안이 30년 이전의 것이면 수리하지 말라. 단 도매와 합집 등 항목은 이 제한을 적용하지 않는다."는 受敎가 시행되었다.[69] 이는 지금까지의 개별·구체의 임시입법과 달리, 5년의 제소기한이나 5년의 立訟시한에 전혀 관계없이, 사안발생 후 30년만 경과하면 무조건 소송을 수리하지 않는다는 절대적 소송시효의 일반규정인 셈이다. 이는 입법형식상의 커다란 변화이자 주목할 만한 특징이다. 30년 이전이면 대략 成宗 20년이 기준시점인데, 그 이전 사안은 이미 수리할 수 없으며, 그 이후 사안도 앞으로 30년을 채우게 되면 더 이상 제소가 불가능해진다.

이 대전후속록의 규정(受敎)은 앞의 대전속록 규정과 시간상 전후 관련 속에서 계승·발전의 방향으로 입법되었을 것이다. 그러한 가능성을 고려한다면, 앞의 대전속록에서 18년 기준연한이 30년으로 다소 연장되면서, 지금까지나 또는 앞으로의 5년 이내 제소 여부와 관계없이, 획일적 일반조항으로 변화한 것이라고 볼 수 있다. 물론 30년이 아직 안된 사안은 경국대전 원 규정에 의해 5년 제소기한의 적용을 받을 것이므로, 전술한 대전속록 규정의 두 구절은 별도의 병렬 구성요건으로 해석하는 것이 이 대전후속록의 입법취지와 부합하게 된다. 또한 대전속록의 '擅賣'도 실질상 '盜賣'와 대등한 의미임이 이 후속록 규정 내용과의 대비에서 더욱 확실히 추정된다.

그런데 중종 26년(辛卯, 1531)에 "경국대전의 5년이나 3년 경과의 기한은 달수로 계산하고, 丙子년의 60년이나 戊寅년의 30년 기한은 햇수로 계산한다."는 수교가 내려진다. 이 기록을 보면,[70] 무인년은

69) 大典後續錄, 刑典, 決訟日限조 : 「凡訟事在三十年以前者, 勿聽理. 盜賣合執等事, 不在此限.」

바로 중종 13년(1516)으로 거의 확실히 추정된다. 그 구체 요건과 효과의 규정내용은 아직 확인할 길이 없으나, 뒤에 언급될 법제들을 참고하면, 유동성이 많은 노비나 또는 승패가 비슷한 장기간의 소송사건에 관한 규정일 가능성이 많다. 중종 대에 규정된 30년 또는 60년의 제소기한은, 도매와 합집을 제외한 일반사안에 대하여 실질상 취득시효와 크게 다르지 않는 법적 효과를 발휘한 것으로 보인다. 그 후 孝宗 원년(庚寅, 1650)에는 공신에게 하사한 노비전답에 대해, 30년이 경과한 뒤에는 소송을 수리하지 말라는 수교가 내려진다. 또 顯宗 6년(乙巳, 1665)에는 앞의 대전후속록 규정을 재확인하듯, 조상의 전답노비들 합집·도매한 경우를 제외하고, 각종 민사소송은 일률로 대(60년)소(30년) 시한에 의해 시행하라는 수교가 있었다.[71]

이러한 입법전통이 英祖 20년(甲子, 1744) 편찬된 續大典 刑典 聽理조에, "무릇 오래된 전답노비의 소송은 대·소 기한을 정해 시행한다."는 규정으로 정착된다. 그 註에는 60년이 大限이고 30년이 小限이며, 조상의 전답노비를 합집하거나 도매한 경우 및 도망·누락한 公賤(관노비)은 이 기한을 적용하지 않는다고 해석한다.[72] 다만 大小限의 구체적 예로 열거되는 내용은 모두 노비뿐이어서, 전답이나 가옥의 경우 어느 기한을 적용 받는지가 아직 확인되지 못하고 있다.

그러나 이와 함께 肅宗 13년(丁卯, 1687) 내려진 것으로 전해지는 한 중요한 수교가 속대전에 규정된다. "서로 쟁송하여 판결을 얻은 승패의 회수가 서로 같으며, 사건이 60년 이전의 것이면, 현재 점유자를 소유주로 한다."는 내용이다.[73] 이 수교는 60년의 大限에 속하지만,

---

70) 大典後續錄, 刑典, 決訟日限조 :「大典過五年三年之限, 則以月數計; 丙子年六十年·戊寅年三十年之限, 則以年數計.」

71) 受敎輯錄, 刑典, 聽理조 및 決獄日限조 참조 .(박병호, 앞의 책, 264면, 주45)

72) 續大典, 刑典, 聽理:「凡久遠田民相訟, 一定大小限施行. (六十年謂之大限, 三十年謂之小限. 若相訟祖先田民合執盜賣者, 及逃漏公賤, 竝不用此限.)」

73) 新補受敎輯錄 및 續大典의 刑典, 聽理조 :「相訟得決度數相等, 而事在六十年前者, 以時執者爲主.」 한편 正祖 9년(1785)에 도망 죄수의 공소시효(可罰期限)를 의론

소송의 판결 결과 시비·곡직을 분간하기 어려운 경우를 구체로 거론한 점에서, 단순히 5년 또는 30년·60년 동안 소송제기 없이 徒過한 경우 더 이상 제소를 수리하지 않는다는 소송상의 시효와 판연히 다르다. 즉, 60년의 기한은 권리 위에 낮잠을 자는 제소해태에 대한 소극적 불이익뿐만 아니라, 권원 입증이 비슷한 경우 현재의 점유에 대한 적극적 소유권 확인(부여)의 기능을 발휘한 것이다. 따라서 그 법적 성격상 취득시효나 거의 다름없는 것으로 보인다.

앞서 살펴본 고려 말의 소송근절대책에서, 수십 년 이전 사안은 아예 수리하지 않으며, 소송 가능한 사안도 향후 3년 이내에 제소하도록 한정하자는 임시특례조치가 있었다. 그런데 조선시대의 법제는, 처음에 고려 말의 3년보다 조금 긴 5년을 일반제소기한으로 규정하면서 무제한의 예외조항을 두었다가, 예외를 빙자한 소송이 수십 년 이전이 사안에 대해서도 빈번히 제기되자, 점차 그 연한을 연장하였다. 대전속록에서는 대전 시행을 기준으로 한 18년(약 20년)의 경과규정을 두었다. 다시 중종 대에 이르러서는 이 기간을 다소 연장하여 30년과 60년이라는 장기간의 절대적 제소기한으로 일반화시켰으며, 이 小限과 大限의 조항은 영조 때 속대전에 정식으로 규정되었다.

이러한 우여곡절 속에 제소기한은 선후 입법관계의 형식과 실질 모두에서 적지 않은 모순과 갈등을 야기한 것으로 보인다. 그 법적 실질 성격은, 원래의 5년이 현행법상의 除斥기간과 같은 순수한 소송시효에 가깝다면, 후기의 30년이나 60년은 현행법상의 소유권의 得喪을 결정하는 소멸시효나 취득시효에 훨씬 접근한다고 볼 수 있다. 그러나 기간의 장단이나 성격상의 차이에도 불구하고, 전통법상의 제소

하는 과정에서, 왕이 詞訟(민사소송)에서 60년 이전의 사안은 심리할 수 없다는 규정을 참고로 인용하여, 형사시효를 60년으로 유권 해석한 사례가 있어 주목된다. 秋官志, 考律部, 續條, 罪囚, 「逃囚年限」조 및 김지수, 「5·18 起訴의 法制史적 意義와 光州反正」, 대한변협, 「人權과 正義」, 1996년 6월호(통권 238호), 144면 참조. 본서의 마지막 제5편에 실린 글임.

기한은, "증거문서의 유무나 사실관계의 시비·곡직을 불문하고, 일률의 입법규정으로 기한을 설정하여 소송을 단절시키는" 데에 그 목적이 있었다.[74] 따라서 그 주안점이 권리 위에 낮잠을 자는 자에 대해 권리박탈(소멸시효)을 단행하거나, 일정한 권원에 기해 장기간 평온하게 점유사용한 자에 대해 권리부여(취득시효)를 확정하는 데에 있지는 않았다고 볼 수 있다. 설령 그러한 기능을 수행했다고 할지라도, 이는 소송단절 정책의 반사이익의 성격을 띠는 법률효과였던 셈이다.

한편, 법적 효과의 측면에서, 경국대전의 원규정과 속록·후속록의 수교는, 물론 현대 법리학상 전법과 후법, 또는 舊法과 新法의 관계로만 논할 수 없는 이념성이 강하다. 즉, 조종성헌 존중주의라는 법이념의 지도 아래 있었기 때문에, 단순히 시간의 선후관계에 의해서 신법우선의 원칙이 당연히 적용되는 것은 아니었다. 적어도 대의명분상으로는 경국대전은 항구적 효력을 지니는 原典(母法)이기 때문에, 속록이나 후속록의 수교에 의해 개폐될 수 없는 것으로 의식되었다.

그러나 정치권력의 속성상 현 통치자의 권위보다 더 막강한 것은 없으며, 조상(先王)의 숭앙도 결국 현 국왕의 권위를 강화하기 위한 일종의 배경 權源인 셈이다. 무엇보다도 변화하는 사회경제 현실에 임기응변으로 대처하여 시의 적절한 해결책을 모색하기 위해서는, 새로운 법의 적용이 불가피할 수밖에 없다. 따라서 실질상으로는 경국대전의 규정과 모순 또는 상반되는 수교가 현실의 살아 있는 법으로 적용된 경우가 많았을 것이다.

여하튼 형식과 실질 모두에서 양립하기 어려운 법제들이 공존하는 가운데, 재판의 실무에서는 때와 장소·사안에 따라서, 그리고 재판관 및 당사자의 신분관계에 의해 제소기한의 적용이 다르게 선택될 수밖에 없었을 것이다. 지금까지 연구된 실록이나 고문서의 사례들을

---

74) 朝鮮王朝實錄, 明宗 8년 癸丑 4월 癸未조 (박병호, 앞의 책, 264-5면, 주46) 및 詞訟類聚, 斷訟, 受教조 참조.「凡訟事過限之法, 載在大典, 不問文記之有無, 不問事狀之曲直, 而立法以限之者, 所以斷訟也.」

살펴보면, 타인에 의해 제3자에게 盜賣된 토지를 11년 만에 반환하면서, 그간의 경작료도 도매자로부터 추징하게 선고한 판결도 있다.

또 조부 소유의 가옥대지를 임진왜란으로 추심하지 못했다고 변명하며, 현종 2년(1661)에야 '조상의 가업은 제소기한 없음이 법전에 실려 있다'고 주장는 제소자에게, 패소 판결을 내린 경우도 있다. "70년간 한번도 추심한 적이 없다가, 이제 와서 갑자기 옛 문서를 가지고 소유권을 다투니, 사리에 심히 어긋난다."는 이유였다.75) 그런가 하면 1870년대 전라도 영광군의 사례를 살펴보면, 60년과 50년 된 채권의 추심청구에 대해, 30년 이전 사안의 소송수리 금지 조항을 명확히 인용하기도 하였고; 34년 전 매도한 토지의 반환청구에 대해, 연한이 오래되었다며 수리하지 않기도 하였으며; 8년·9년·10년·14년 전의 채권이나 매매·임대 등 사안에 대해, 5년 경과 후 소송수리 금지규정을 적용한 사례들도 있다.76)

그러나 특이한 사례도 발견되어 관심을 끈다. 성종 20년(1489) 康訓이라는 자가 권세가 尹衡元과 결탁한 뒤, 문서를 위조하고 재판관을 위협하여, 최진사의 노비를 탈취해 윤형원의 집에 상납했다. 그런데 최진사가 권세를 두려워하여 잠자코 있다가, 원형이 처벌된 후 80년 가까이 지난 明宗 21년(1566)에 반환청구소송을 제기한 사안이 있었다. 이 사안에서는 특별히 재심을 허용했다. 掌隸院의 노비문서상 최진사의 소유가 명백하고, 당시 재판관이 권세의 협박으로 관직을 부지하기 위하여 誤判한 것이 또한 분명하며, 비록 제소기한이 경과한 지 오래되었지만 '시일을 질질 끌며 제소하지 않은' 경우가 아니므로, 억울함을 풀어 주고 실체정의를 구현한다는 이유에서였다.77)

---

75) 박병호, 앞의 책, 171면과 265·292-309면을 차례로 참조.

76) 박병호, 앞의 책, 265-6면 참조.

77) 朝鮮王朝實錄, 明宗 21年 丙寅 正月 丁酉조. (박병호, 앞의 책, 265면) 현재 제5공화국 당시 권력의 협박 아래 강제로 양도한 것이 명확히 인정되는 소유권을 반환하도록 명령하는 법원의 판결과 유사하여 흥미롭다.

또한 憲宗 5년(1839) 영암군에서 제기된 35년 이전의 채권추심청구에 대하여, 특별히 소송을 심리해 준 사례도 있다. 수리할 수 없는 것이 옳지만, 당사자와 手標(채권증서)·증인·기록인 등이 모두 구비되어 증거가 명백히 대질·확인된다는 이유였다. 사실 제소기한법의 역사상 유래가 본디, 오랜 시간의 경과로 증인이나 증서가 모두 상실되어 실체 진실을 규명하기 어렵기 때문에, 차선의 방편으로 시간의 효과라는 절차 정의에 의지하자는 司法정책의 선택에 있다. 이러한 법의 기본원리를 감안하면, 사안에 따라 특별히 심리를 허용한 재판관도 적지 않았을 것이다.[78] 앞으로 좀더 많은 사례들을 구체로 상세히 연구해보면, 상호 저촉되는 규정들의 법효력 관계와 법의 實效性을 확인하는 데에도 큰 도움이 될 것이다.

4. 결론 : 요약정리와 역사평가

지금까지 중국과 우리나라의 역대 법제 및 판례를 통하여 전통법상의 취득시효에 관한 法源을 종합 분석·정리해 보았다. 흔히 전통법에는 民刑事의 구분이 없을 뿐만 아니라, 私法은 거의 존재하지 않았다는 편견이 강한 듯하다. 또 한편으로는, 사실 私法의 영역은 다분히 私的 自治의 관습법에 의해 규율되어, 국가의 공식 법제는 물론 司法判例도 그리 중시되지 못한 까닭에, 기록 자체가 그리 많이 전승되지 못하고 있다. 이러한 제반 상황을 고려하고, 현재 우리의 법현실에 중요한 당면 과제로 부각되고 있는 취득시효의 논의를 보면서, 법제사의 관점에서 우리 고유 법제 및 법의식·법관념의 본질과 진면목을 탐구해 참고자료로 제공하고 싶었다. 그러한 의도에서, 이번 기회에 사소하고 자질구레하다고 생각되는 내용과 문제들까지도 되도록 상세히 정리·소개하려고 노력하였다.

---

78) 박병호, 앞의 책, 266-7면 참조.

그 결과, 다소 본 주제와 거리가 먼 듯한 내용도 없지 않을 것이다. 또한 중첩되고 반복되는 내용의 부연 서술로 말미암아, 일목요연한 명쾌성과 논리적 체계성이 다소 부족하여, 독자의 心眼에 通讀性이 떨어지고 지루한 느낌을 주었을지도 모른다. 거기에다 무미건조하고 딱딱한 법과 역사(제도)가 서로 교착하는 영역의 주제를, 방대하고 난해한 한문 자료로 전후 1500여 년에 걸쳐 通時代로 개관하였으니, 열람하기가 더욱 쉽지 않았을 것이다. 이러한 작업에 조그마한 학문적 의미라도 부여하기 위해서, 지금까지 논술한 내용을 요약하여 결론을 내려볼까 한다.

중국과 우리나라의 전통법에는, 로마법의 전통에서 유래하는 근대 서양법상의 취득시효제도는 없었다고 말해도 그리 과언은 아닐 것이다. 그러나 시간과 공간과 인종(민족)의 차이에도 불구하고, 인간사회의 공통성과 진리의 보편성으로부터 말미암는 문화의 유사성은 동서고금을 막론하고 존재하며, 그러한 관점에서 로마법상의 취득시효와 같은 효과와 기능을 발휘한 법제는 우리의 전통시대에도 엄연히 존재하여 왔다고 볼 수 있다.

그것은 당사자간의 권리 다툼에 실체상 得喪을 선언하기 위해서가 아니라, 분쟁의 조속한 결말과 국가공권력(司法)의 권위 및 평안의 유지 차원에서 절차상 可否를 판단하기 위해서 출현한, 이른바 提訴(呈訴·出訴)期限 제도이다. 처음에는 전쟁 혼란 이후 복잡하게 얽힌 토지의 신구 권리관계를 快刀亂麻로 兩斷한 일시의 특별조치에서 시작하였다. 그러던 것이 唐宋 번성기에는 사적 소유의 발달과 함께 전당과 매매를 둘러싼 분쟁제기 연한의 일반조항으로 정착되었다. 그 후 각 시대에 따라 본질 내용상의 일관성(공통성)은 유지하면서, 지역과 민족의 특수성(개별성)을 반영하면서 변천해 왔다.

그 외형상의 특징은 역시 기준 年限의 장단으로 나타난다. 처음 발단이 된 北魏대에는, 구체 연한의 기록이 전해지지 않아 알 수 없다.

그러나 唐宋代에는 20-30년의 기준이 설정되어, 대체로 서양법(로마법) 상의 취득시효 연한에 비슷하게 접근하는 양상을 보인다. 그런데 이와 함께 전당매매 등 계약성립 자체의 유효성 시비와 관련하여, 거래의 안전 및 제3자 이익 보호를 위한 단기간의 취소·반환기간도 잇달아 등장하였다. 南宋代에 이미 3년 기한이 규정되었는데, 元代에는 수일의 매매의사 확인기간이 명령되었다. (唐 律令에도 우마와 노비의 매매에 3日의 관청신고 立券 및 3日의 하자반환기간이 있었다.) 또한 임시 특별법으로 단행된 몇 차례 제소금지 조치에는 10년 또는 4년의 불특정기간이 제시되기도 하였다. 그러다가 明清代의 條例에는 5년이라는 단기간의 제소기한이 일반규정으로 정착되었다.

한편 고려는 말기에 元의 직접 영향 아래 몇 차례 소송근절 대책을 강구하는 과정에서, 50-60년에 달하는 장기간의 기준과 함께 3년의 제소기간이 별도로 동시에 거론되는 것이 특징이다. 이어 조선시대에는 明清과 같은 5년의 일반규정이 등장하는데, 시기상으로 보면 경국대전의 입법이 明 條例의 영향을 직접 받지 않고 독자로 제정되었을 가능성이 높다. 그러나 그 후 곧 수정입법이 속출하면서, 그 기준 연한이 18년으로 연장되고, 급기야는 30년의 小限과 60년의 大限이 등장하기에 이른다. 法文의 내용이나 규정형식체계도 애매모호하고 상호 충돌하는 점이 많아, 그 시행적용에서는 더욱 많은 혼란을 초래하기도 하였다. 이러한 기준 연한상의 외형적 특징을 종합하면, 대체로 20-30년(50-60년은 예외적 연장)의 장기간과 3년 또는 5년의 단기간으로 크게 두 흐름을 구분할 수 있다. 20-30년의 장기간은 서양법(현행법)상의 취득시효기간에 접근하고, 3년 또는 5년의 단기간은 현행 소송법상의 제척기간(또는 상업채권 등 일부 채권관계의 소멸시효 기간)에 가깝다고 할 수 있다.

그 실질 내용상의 성격은 더욱 복잡하여, 一義로 규정하기가 매우 어려운 실정이다. 앞서 누차 언급했듯이, 전통법의 주안점은 제1차로 소송의 단절에 있었기 때문에, 사실상 점유자에게 규범적인 취득시효를 부여해 준다는 목적이나 동기는 없었다고 해도 과언이 아니다. 점유자가 소유권을 대내외상으로 확인 받는 법적 효과는, 소송의 종식이라는 절차 정의와 사법정책의 부산물로 얻는 반사이익이라고 보아도 좋을 것이다.

그러나 본질과 형식, 실체와 절차는 상호 밀접한 연관성을 지니기 때문에, 외형적 기준연한의 장단과 제도의 본질적 성격을 상관시켜 생각할 수도 있다. 즉 20-30년의 장기간을 기준으로 정한 경우, 단순히 소송억제라는 절차상 법이념만 유일한 기본목적으로 삼는 것이 아니다. 명확한 權原문서나 유력한 증인의 근거가 있어 현 점유자의 권원이 상대방보다 우월하거나 적어도 대등하다고 인정되는 때, 또는 아예 물증이나 인증이 거의 없어 시비분간 자체가 도대체 어려운 상황에는, 장기간의 존재적 사용수익의 사실에 당위적 합법 소유권을 규범상으로 인정해 준다는 가치판단과 정책결정을 선언하는 것이다.

실제로 지금까지 살핀 법제와 판례에서 20-30년 또는 그 이상 기간 동안 분쟁 없이 평온하게 점유한 사실은, 소유권의 확인 재판에서 정당한 권원을 보강해 주는 방증으로 원용·판단된 경우가 대부분이었다. 다시 말해서 전통법에서 절차 정의의 선언은 언제나 실체 정의의 판단에 부차적이고 보충적인 후순위로 등장한다. 즉, 실체 권리관계의 진상이 규명 불가능한 경우에 한하여, 부득이 사법재판의 주요 논거로 전면에 부각되어 왔다. 심지어 확실하고 신빙성 있는 증거가 명백히 갖추어진 사안에서, 소유권 자체가 권세나 기타 불가항력에 의해 불법으로 침탈되고, 또한 지금까지 그 침탈로부터 점유를 반환할 수 없는 객관적 장애사유가 지속된 경우에는, 20-30년이 아니라 설령 50-60년 이상이 경과했더라도, 소유권을 현재의 불법 점유자로부터 원래의 소유자에게 반환하도록 명령한 판결도 적지 않다. 따라서 일반으로 보자면, 20-30년 이상 장기간의 규정은 그 법적 성격에서 실질상 취득시효에 상당히 접근하며, 적어도 취득시효와 같은 기능을 발휘한 소송법상의 '時間의 效果'였다고 평가할 수 있다.

반면 3년 내지 5년의 단기간은, 증거법상의 정당한 권원 유무나 거래법상의 안전 및 제3자 이익의 보호라는 목적성 여부에 관계없이, 조속한 권리관계의 확정 및 분쟁의 획일적 결판을 의도하는 사법정책의 소산인 성격이 훨씬 강하다. 따라서 취득시효제도에서는 그만큼 더욱 멀어지고, 소송법상의 제척기간의 범주에 든다고 보인다. 따라서 좀 엄밀한 의미에서, 소송을 상정한다는 呈訴期限이나 訴狀을 제출한다는 出訴期間의 개념은, 바로 이러한 3년 또는 5년의 단기간 제소규정에 더욱 적합할 것으로 생각된다.

법조문상으로는 똑같이 제소불허나 소송수리금지의 문자로 표현되지만, 기간상의 현격한 장단 차이는 그 실질상 내용과 성격에도 상당한 구별을 매복(잠재화)시킬 수밖에 없을 것이다. 본질의 不同이 현상의 차이로 구체화된 것이다. 물론 이러한 개념상의 구분은, 취득(소멸)시효와 제척기간이 서로 다르게 구성되는 현대법(로마법·서양법)의 체계와 의식을 무의식으로 반영하는 소치일지도 모른다. 전통법 자체에서는 어떠한 차별화도 필요 없이, 그저 '勿許聽理' 또는 '不得受理'로 표현하면 그만일 것이다.

그러나 현재의 입장에서 역사를 관찰하고 해석할 때, 객관의 역사와 주관의 현재가 서로 교감하여 새로운 역사가 형성·창출될 수 있다고 본다면, 용어나 개념 자체도 관점이나 방법론과 함께 역사연구에서 매우 중요한 필수 도구가 될 것이다. 따라서 현재 우리가 계수해 쓰고 있는 서양법(로마법)의 법개념은 전통법의 연구와 이해에서 여러 모로 상당히 유용할 수밖에 없다. 우선 소극적으로 우리의 역사사실을 순수하게 객관으로 인식하기 위해서도, 현재의 개념은 부지불식간에 동원될 수밖에 없다. 나아가 주관 평가의 차원에서 보자면, 동서와 고금을 상호 비교하여 역사를 비판적으로 계승하고 미래의 창조적 발전을 도모하기 위하여, 어쩌면 의식적으로 적극 활용하여야 할 것이다. 다만 학습과 연구의 성과가 충분히 축적되지 못한 초보 탐색 단계에서는, 대담한 착상이나 과감한 가설 및 용맹스러운 정진과 함께, 무엇보다도 조심스러운 선택 및 신중한 결정이 항상 병행되어야 할 것이다. 전통법의 제소기한 제도를 근대 서양법(현행법)상 취득시효의 法源이라는 개념과 관점으로 분석하고 그 성격을 살펴본 본고도, 그러한 연구의 한 시도로서 행해진 것이다.

마지막으로 지금까지 고찰한 전통법을 통하여, 현행 취득시효제도 및 그 해석적용과 관련한 역사 교훈을 한번 음미해 볼 필요가 있다. 전통법은 단순한 장기간의 점유사실만으로는, 증거 분명한 권원이나 진실한 실체 소유권까지 능가할 수 있는 어떠한 취득시효나 제소기한을 결코 인정하지 않았다. 다만 권원의 증거가 의심스럽거나 아예 존재하지 않아 실체 권리관계의 진실을 밝히기 어려운 때에 한하여, 사실상의 사용수익 상태, 즉 장기간의 평온한 公然 점유에 대한 정당한 소유권을 추정·확인해 줄 따름이었다.

그리고 정당한 권원에 기하여 장기간 지배·관리해 온 현재의 소유자를 불법침탈의 음모(소송으)로부터 안전하고 확실하게 보호해주기 위한 부차의 보조 방증으로 제소기한을 원용하는 경우가 대부분이었다. 즉, 적극적인 불법의 취득을 선언하는 것이 아니라, 소극적인 합법의 보호를 증거하는 데에 그 주목적이 있었다. 그러한 의미에서, 제소기한의 본래 사명은 점유의 권리 형성작용이 결코 아니라, 단지 점유의 권리방어작용이었다.

따라서 객관의 정당한 '소유의 권원'이 없는 경우에는, 아무리 장기간 주관의 '소유 의사'로 점유한다고 할지라도, 그것은 어디까지나 불법 침탈로서, 사실상의 실력 지배, 즉 악의의 무단 점유나 他主 점유일 뿐이었으며, 어떠한 규범적·합법적 소유권의 취득사유가 될 수 없었다.

통치권력과 司法권위가 쇠약해진 사회경제적 혼란 상태에서는, 장기간 불법침탈과 무단점유가 적지 않게 횡행할 수도 있다. 하지만 정치·사회·법률이 전반으로 안정된 光明天地 法治國家에서, 불법점유의 사실 상태에 대해 합법소유의 규범권리를 적극 인정·부여하는 것은, 동서고금의 어떠한 법제와 법의식·법감정에도 정면으로 크게 위배된다고 말할 수 있다. 더구나 일반 사유재산처럼 특정한 개별 인격체에 의해 지속해서 지배·관리되기가 지극히 곤란한 국유(公有) 재산에 대해, 불법 점유에 기한 취득시효를 국가의 최고 司法기관에서 공공연히 선언해 주는 것은, 권력의 분립이나 司法의 독립이 아니라, 국가(기관)의 (내부)분열과 정부의 자포자기로 밖에 비춰지지 않을 것이다.

無主空山이란 모든 국민이 주인으로 사용·수익하는 無限主公山이다. 公有는 결코 無主物 先占의 대상인 空有가 아니다. 公有재산은 어떤 자연인(공무원)의 적극적인 관리행위가 없더라도, 존재한다는 사실 자체만으로 國家라는 公人(法人, 유기 생명체)의 점유상태가 지속되는 것으로 보아야 한다. 그에 대한 특정 개인의 점유는 불법침탈로서, 國法은 마땅히 그의 소유권 방해배제를 선언할 의무가 있다. 그것이 전통법의 역사정신에도 부합하며, 또한 天理와 人情(국민의 법감정)에도 크게 합치하는 正法일 것이다.

제 4 편

전통법의 民事賠償 책임*

— 唐律令과 사례를 중심으로 —

1. 서 론

전통 중국법은 일반으로 고대 로마법이나 근대 서양법과는 달리 민사와 형사(민법과 형법)가 구분되지 않고, 또한 민사 법규정이 현저히 빈약하다고 평가된다. 특히 대등한 인민[1] 상호간의 사적 거래에 관한

* 本 論文은, 筆者가 國立臺灣大學 法律學硏究所에서 1987.9.부터 1990.8.까지 3年間 遊學 時, 마지막 2年間 中華民國 敎育部로부터 受領한 奬學金에 대한 感謝와 報恩의 答禮로 作成된 硏究報告다. 본디 10년 전쯤 한 편의 큰 주제로 일관되게 起草된 글인데, 당시에 지면 사정상 내용을 분할하여 일부만 서울대 법학연구소『法學』지에 발표하였고, 나머지는 묵혀 두었다가 근래 時節因緣이 도래하여 몇 편으로 나누어 약간 손질하고 보충한 모습으로 차례로 세상에 선보였다. 제2장은「唐律令上 재산 손해에 대한 民事賠償 책임 - '6 贓'을 중심으로 - 」, 대한변호사협회, 인권과 정의, 통권 346호, 2005년 6월, 7-28면 ; 제3장은「唐律上 재산(物)적 손해에 대한 民事的 賠償제도 – 毁損·亡失의 不法行爲로 인한 손해를 중심으로–」, 서울대학교 법학연구소,『서울대학교 법학』, 제37권 3·4호 [통권 102호], 1996년 12월, 57-76면 ; 제4장은「唐律令上 채무 및 조세부역 불이행에 대한 民事賠償 책임」, 전남대 법학논총, 제25집, 2005년 12월, 1-18면 ; 제5장은「唐律上 人的 損害에 대한 民事賠償 책임」, 전남대 법학논총, 제24집, 2004년 12월, 125-152면에 각기 발표하였다.

1) '人民'이라는 용어는, 중공과 북한이 공산주의 체제에 특유하게 'people'을 '人民'으로 번역하여 사용함으로써 이념 색채가 농후하게 배인 까닭에, 남북한 이데올로기 대립과 6·25 전란을 경험한 우리 상황에서는, 아직까지도 일반 사회 분위기가 이를 자연스럽게 받아들이지 못하는 것이 사실이다. 그러나 '人民'이라는 단어는 先秦시대부터 孟子에도 등장하며, 전 中國역사를 걸쳐 보편으로 사용된 개념으로서, 심지어 佛經의 漢譯에도 일반용어로 채택되었다. 또 '人'과 '民'의 개념구분도 학설상으로 매우 중시되어 이론분석이 정교할 정도로 전개되어, 마

법은 윤리도덕의 예의나 관습규범에 거의 전적으로 의지해온 것처럼 보인다. 그리고 그러한 사적 거래로부터 말미암은 분쟁의 해결, 특히 손해에 대한 보상방법도 대부분 국가 공권력에 의한 형사 수단에 의해 강압으로 이루어지고, 따라서 자유민주주의의 평등한 정의 실현 및 인민 개개인의 사적인 자유와 권리의 민사 보장이 상대로 현저히 박약하다고 여겨진다. 이러한 지적은 근대 서양법 체계와 비교할 때 상대로 두드러지는 사실임에 틀림없다.

그러나 한편 각 시대 각 지역의 법문화는, 비록 수준의 차이는 있을지라도, 각자의 독자적인 법체계와 법논리를 형성하기 마련이다. 그래서 역사는 역사 그 자체로써 보아야 객관상 공정한 평가가 가능하다는 일반론이 법의 역사에서도 타당하게 된다. 소유권은 논리상의 범주가 아니라 역사상의 범주라는 기이르케(Otto v. Gierke)의 유명한 법제사 명제도 바로 이러한 본질을 적확히 지적해 주는 것으로 이해된다. 그리고 전통 중국법에 관한 이상의 지적은, 사실 전통 중국법에 대한 충분한 객관적·실질적 연구에 근거하는지도 의문이다. 막연한 추측이나 부정확하고 빈약한 간접정보에 의지한 주관상의 편견이 의외로 강할 수도 있으며, 여기에는 근대 서양문명 중심의 상대주의적인 비교평가의 오류도 한 몫 작용할 것이다.

본 연구는 이상과 같은 문제의식 전반을 바탕으로 탐구를 진행한다. 전통 중국법에는 과연 민사 법규정이 전무할 정도로 발달하지 못했는가? 아니면 어느 정도 발달하여 어떠한 모습으로 표현되고 있으며, 특히 인민 개인의 사적인 자유와 권리의 보장은 형사 제재 이외에 다른 민사상의 구제 수단과 방법이 별로 없는가? (흔히 일반의 인식

치 근대서양사회의 '市民'과 비슷하게 독특한 역사 범주로서의 성격이 확고한 편이다. 따라서 학문의 객관성이나 역사의 사실성에 근거하기 위하여, 통속상의 '국민' '주민' '백성' 등의 용어로 바꾸지 않고, 그대로 '人民'이라는 개념을 사용하기로 한다. 다만 문맥에 따라 원문에서 '人'으로 표기한 것은 '사람'으로, '民'이라고 표현한 것은 '백성'으로 각기 풀어쓰기로 한다.

대로 관습법 규범에 의해 구체 소송·재판에서나 사실로 실행되는 데 그치고 마는가?)

필자는 이러한 법사실을 확인하기 위한 일환으로, 인민 상호간의 대등한 사적 거래나 불법행위로부터 말미암는 각종 물질(재산)상의 손해에 대한 민사배상(보상)제도 전반을 탐구·정리해 보고자 한다. 이는 곧 법의 공평(형평) 이념의 원리, 즉 矯正 정의(corrective justice)의 중요한 일면이기도 한데,[2] 형사 제재 법규와 긴밀한 유대관계를 지니면서 중국법의 통일 체계를 구성한다. 따라서 외형상의, 법조문 규정상의 양적 비중과 달리, 이러한 민사 법제도는 질적으로, 실질 내용상으로 전통 중국법의 독자 체계 형성에 상당히 중요한 비중을 차지하게 된다. 사실 형사법이라는 것도 국가의 권력 및 사회의 공공질서와 함께 인민 개개인의 사적인 자유와 권리를 보장하기 위한 한 수단 방편에 지나지 않지 않은가?

인류의 역사상 사유재산권이 인정된 이래, 동서양을 막론하고 인간의 생명권 및 신체권과 재산권이 기본 법익으로 보호받아 왔다. 전통 중국법으로 말하면, 살인·상해·절도에 대한 국법의 형벌 제재 및 배상 제도가 이른바 約法3章으로 일컬어진다. 물론 한편, 손해배상을 가장 잘 대표하는 전형은 사물·재산상의 손해임에 틀림없다. 그 손해의 유형은 고대 초기의 '竊盜'라는 유일한 행위로부터, 사회의 복잡한 발전과 함께 점차 수많은 종류와 양상으로 변화해 오고 있다. 이들 침해행위 및 결과상 손해의 분류는, 관점에 따라 다소 다른 체계

2) 아리스토텔레스는 배분 정의(distributive justice)와 矯正 정의(corrective justice)를 대비하여 구별했다고 한다. 배분 정의(distributive justice)는 '같은 것은 같게 다른 것은 다르게' '각자에게 각자의 몫을' 나누어주는 始原의 正義이다. 반면 矯正 정의(corrective justice)는, 사회공동체의 한 구성원이 다른 구성원의 권리나 특권 또는 재산을 침해하여, 이 시원의 배분 정의를 파괴하는 경우에, 원래 피해자한테 속했던 것을 다시 피해자한테 되돌려주거나 또는 그 손실에 대해 보상해 줌으로써, 침해된 정의를 바로잡는(矯正) 後次의 正義이다. Edger Bodenheimer, JURISPRUDENCE : THE PHILOSOPHY AND METHOD OF THE LAW (Revised Edition), PART Ⅱ, THE NATURE AND FUNCTIONS OF THE LAW, 197면, HARVARD UNIVERSITY PRESS, 1981년, 제4쇄 참조.

를 구성할 수 있으나, 필자는 침해의 성격 및 침해된 물적 이익(재산)의 귀속 여하를 중심으로 분류하고자 한다.

그러한 기준에 따르자면, 가해자가 적극 침해하여 그 재산(상 이익)을 취득하는 「주관상의 침탈」과, 적극 침해의 결과 침해자가 이익은 얻지 아니하되 소유자(재산 자체)에게 객관의 손상을 초래하는 「객관상의 亡失」로 크게 분류된다.[3] 이 밖에 국가의 재정·부역을 관장하는 관리가 직무 유기 및 해태(관리소홀)로 야기하는 소극 피해와 일반 인민 상호간의 채무불이행의 문제가 별도로 언급될 수 있다. 국가(관리)의 행위라도 그것이 순수이 사적인 경제주체로서 인민과 대등한 지위에서 이루어지는 사적 거래관계는 이를 민사법의 영역에 함께 포함시켜 다루게 된다. 다만, 전통법의 특수성에 비추어, 조세나 부역 등 특수 권력(행정)관계의 문제도, 채무불이행으로 인한 손해의 민사배상문제에 덧붙여, 동시에 살펴보고자 한다.

물론, 실질 배상의 대상에서는 물적인 재산권상의 손해가 주류를 이루는 게 사실이다. 그러나 우리 전통법에서도 근대 서양법(현행법)상 거론되는 인간의 생명권과 신체권 및 기타 일반추상적인 권리의 침해도 배상(보상)의 대상이 될 수 있는지, 된다면 어떠한 관점과 방법, 즉 어떠한 법리 체계를 바탕으로 하는지의 문제도 동시에 고찰해 볼 필요가 있다. 근대법상 두 영역은 그 성격이나 법체계가 상당히 다르고, 현실로 그 분량이 방대하고 복잡하지만, 人的 신분상 피해도 불법행위로 인한 손해의 민사배상 책임 문제를 야기하므로, 이번 기회

3) 주관상의 침탈이 행위자의 범죄행위를 매개로 상대방의 재산권 상실과 상호 표리 관계를 이룬다면, 객관상의 손실이란 상대방의 재산권 상실의 결과 행위자가 주관상 상대적 취득이나 이익을 얻지 아니하고, 다만 자연적 재산권(가치)의 감소 또는 제3자의 반사적 수익을 초래하는 유형을 의미한다. 주관상의 침탈은 주로 적극적인 고의의 형사 범죄에 속한다. 반면, 객관상의 손실은 적극적 고의의 파괴·손상과 같은 형사 범죄 외에도, 水火 대우관리의 부주의로 인한 과실 손괴 행위 및 주의의무나 관리책임(특히 관리의 공적인 행정책임)의 소홀(즉 과실, 특히 업무상 중과실)로 인한 소극적 손해 초래 행위 등도 포함한다.

에 함께 고찰해 본다.

한편, 이러한 문제의 실체를 좀더 완전히 확인하기 위해서는, 국가의 실정법 제도뿐만 아니라, 불문의 관습규범, 특히 이들의 구체화 실현과정인 민사 소송재판의 법현실도 함께 연구되어야 함은 물론이다. 그리고 이를 바탕으로 근대 서양법(현행법)과의 상호대비가 면밀히 진행되어야 할 것이다. 그러나 필자의 주관 능력이나 법사학의 객관 여건상, 이러한 모든 문제를 한꺼번에 다루기는 몹시 벅차므로, 여기서는 우선 전통 중국법의 最古 精華라고 일컬어지는 唐律 위주의 국가 실정 제도와 법규정을 중심으로 탐구하되,[4] 한정된 범위 안에서 약간의 재판사례를 포함하여 고찰하기로 한다.

주지하듯이 唐律은 현전하는 중국 最古의 完整한 법전으로서, 동아시아 법제사에서 모범 준칙이 된 律令체계의 精華이다. 唐代에는 律·令·格·式의 4종 법전이 있었는데, 그중 律은 국가의 기본법으로서 그 주요내용은 형법 중심으로 규정되고 있다. 그런데 唐律은 대체로 隋의 開皇律을 계승하여, 그중 지나치게 가혹하거나 세세한 50여조를 삭제하고 수정보충한 산물로 전해진다. 그런데 開皇律은 南北朝의 律을 통해, 멀리 전국시대 이래 秦漢 통일 절대왕조의 律과 魏晉律을 차례로 이어받은 것으로 평가되기 때문에, 실질상으로 唐律은 이전

4) 唐律의 편찬역사는 시기상으로 크게 네 차례의 제정 및 수정을 거친다. 먼저 高祖가 裴寂 등에게 명하여 隋 開皇律을 기초로 제정한 武德 7년(624)의 武德律이 있다. 이어 太宗이 長孫無忌 등에 명해 武德律을 10여년 간에 걸쳐 대폭 수정하여 貞觀 11년(637) 반포한 貞觀律이 唐律의 定本으로서, 그 후 중대한 변경은 없었다. 다음으로 高宗이 貞觀律을 다소 수정하여 永徽 2년(651)에 시행한 永徽律이 있는데, 3년(652) 長孫無忌 등에게 명하여 이듬해 완성한 律에 대한 疏議가 더욱 중요하다. 이 疏議는 律에 첨부하여 「唐律疏議」로 시행되고 일컬어졌는데, 이것이 현전하는 판본이다. 마지막으로 玄宗 開元 25년(737)의 開元律이 있으나, 내용상 큰 수정은 없었다. 그러나 근래 日本의 학자들은 현전하는 唐律疏議가 永徽律이 아닌 開元律이라고 보는 견해가 定說이 되다시피 하였으나, 이에 대해 최근 中國학자의 유력한 반박이 제기되었다. 자세한 내용은, 楊廷福, 「唐律疏議製作年代考」: 唐律初探, 天津人民出版社, 1982, 1-30면 所收 참조.

천년간 중국 律令史를 종합한 結晶이라고 할 수 있다. 뿐만 아니라 당률은 宋의 刑統에 거의 그대로 답습되었고, 元代의 단절 이후 明律이라는 다소 새로운 체제로 그 기본내용의 대부분이 계승되었으며, 淸律은 그 明律을 거의 그대로 답습하였다.

한편 우리나라에서는, 고려시대에 唐律의 약 1/7에 해당하는 70여 조의 핵심내용만 발췌하여 高麗律로 시행하였다. 조선시대에는 고려시대로부터 전해오는 전통 고유법을 經國大典으로 별도 편찬함과 동시에, 唐律의 근간을 계승한 明律을 '用律'조의 규정에 의해 전면 직접 依用하였다. 이렇게 보면, 唐律은 그 후 중국 및 우리나라의 法制에 직접 절대 영향을 끼쳤음이 분명하다. 따라서 唐律의 실질내용에 대한 연구는 중국 및 우리나라 전통법의 기본 흐름을 이해하는 데에도 상당히 중요한 비중을 차지할 것이 틀림없다. 즉, 앞으로 고려 시대나 조선왕조의 민사적 배상법제를 연구하는 데에도, 唐律상의 제도를 기초로 그 수용과정의 변화나 고유법의 독특성을 비교하는 방법은 거의 필수불가결한 작업이 되어야 할 것이다.

한편 唐代의 令·格·式은 단편으로 밖에 전해지지 않는데, 그중 唐令은 律을 보충하고 구체화하는 하위법으로서, 唐律의 '疏議'나 宋刑統 등에 적지 않게 직접·간접 인용되고 있다. 근래 日本의 유명한 中國法史學者인 仁井田陞이 다른 문헌들에 산재하는 令文의 편린을 모아 '唐令拾遺'를 편집하였는데, 그중에는 민사 손해배상제도와 관련된 내용도 다소 발견된다. 이러한 令도 律과 함께 언급할 필요가 있다고 여겨지므로, 본 연구의 범위에 포함시켜 그 주요 대상을 唐律令으로 정하고, 일부나마 법제사에 전해 오는 유명하거나 흥미 있는 재판사례를 함께 포함하게 되었다.[5]

---

5) 이하 본문에서 인용하는 「唐律疏議」의 서명은 생략하며, §는 中華書局, 1983년판 劉俊文 點校本에 의거한 당률의 전체 조문(총 502조)의 序數이다. 그리고 당률 12篇의 명칭도 생략하는데, 12편의 권수 및 조문 수는 다음과 같음을 참고로 대비하기 바란다.

2. '6贓' 범죄의 불법행위로 인한 손해배상 책임

(1) '6贓'의 개념정의와 종류

1) 贓의 본래 의미

타인의 재산을 적극 침탈하여 자기를 위해 취득하는 가장 시원적인 불법행위의 전형은 물론 竊盜다. 그러나 사회의 발달과 함께 복잡하게 다양화된 범죄유형은 唐律에 이미 '6贓'으로 체계화된다. 이 '6贓'이란 일반인의 竊盜와 强盜를 비롯하여, 국가 官吏의 뇌물수수 범죄인 枉法·不枉法 및 受所監臨, 그리고 기타 일반인의 부당한 재산침해인 坐贓을 포괄하여 지칭한다.[6] 물론 당시에도 수많은 재산범죄 유형은 이미 이 '여섯 正贓'의 법망으로 직접 포착되기 어려워, 후술할 바와 같이 적지 않은 범죄는 구성요건에 이 6贓'으로써'(以) 직접 적용하거나 또는 간접으로 '준용'(準)한다고 규정하며, 이들 중에는 행위의 성격이 상당히 판이한 경우도 많다.

晋律에 대한 張裴의 注에 의하면, '贓'은 본디 '財貨의 利益'을 총칭한다.[7] 그러나 律令상에서 일반으로 통칭되는 형식 개념은 "죄인이 (범죄행위의 결과 불법으로) 취득한 (타인의) 재물"을 지칭한다.[8]

名例(권1~6: §1~57), 衛禁(권7~8: §58~90), 職制(권9~11: §91~149), 戶婚(권12~14: §150~195), 廐庫(권15: §196~223), 擅興(권16: §224~247), 賊盜(권17~20: §248~301), 鬪訟(권21~24: §302~361), 詐僞(권25: §362~388), 雜律(권26~27: §389~450), 捕亡(권28: §451~468), 斷獄(권29~30: §469~502)

6) 唐律疏議 권4 §33 및 권26 §389의 疏議 참조. 「在律, '正贓'唯有六色: 强盜·竊盜·枉法·不枉法·受所監臨及坐贓.」'正贓'은 '贓罪正名'과 같은 의미이다. 그 구체 내용은, 戴炎輝, 唐律通論, 正中書局, 1977, 153~156면 및 314면에 잘 정리되어 있다.

7) 晋書, 刑法志: 「貨財之利, 謂之贓」 歷代刑法志, 群衆出版社, 1988, 51면 참조.

8) §34의 疏議: 「贓謂罪人所取之贓.」 현행법상의 '장물' 개념도 바로 전통법상의 이 '贓'으로부터 유래함은 물론이다. 다만 현행법에서는 '범인이 취득한 재물' 중에서도, 그 자신의 취득행위보다는 타인에 대한 이전 과정에 중점이 두어진다. 즉, 이른바 제3자의 고의적·惡意적인 장물취득을 불법의범죄행위로 규정하는 데에

2) 正贓과 倍贓

그런데 재산범죄에 대한 법적 제재가 가중되면서, '贓'의 개념도 죄인이 취득한 재물이라는 고유한 의미에서 확장되어, 별도의 파생 개념을 분화시키기도 한다. 즉, 竊盜 및 강도에 대한 처벌을 강화하기 위해서, 그들이 취득한 본래의 고유한 장물을 반환시키는 이외에, 본래 장물의 한 배에 해당하는 범인 자신의 재물을 강제로 추징하는 재산상 불이익을 부과하는 것이다. 여기에서 후자를 '倍贓'이라고 일컬으면서, 이에 대응하여 전자를 '正贓'이라고 규정한다. '倍贓'은 요즘식으로 말하자면 '罰贓'이라고 불러도 괜찮을 것이다.

예컨대, 사면이나 감형 처분을 받은 경우에도, 도둑·사기·枉法의 범죄는 여전히 '正贓'을 추징하여 관청이나 주인에게 반환하는데, 이는 도둑에게 '배장'을 면제해준다는 내용으로 해설된다.[9] 범죄가 발각되기 이전에 자수하는 자에게 죄를 용서해주는 경우에도, '6贓'의 재산 범죄는 '正贓'을 여전히 법대로 추징하는데, 이것도 도둑에게 부가되는 처벌성의 '배장'을 면제한다는 전제이다.[10] 그리고 노비 등 천민의 재산범죄에서 '正贓'을 추징하여야 하는데, 이미 재산이 없는 경우 杖刑으로 대체 집행한다는 규정이 있다. 여기에서도 文理 의미상 '正贓'의 개념으로 '배장'까지 당연히 포함된다는 勿論해석이 보인다. 즉, 재산이 없어 '正贓'도 반환하지 못하는 노비를 곤장 쳐서 풀어준다면, '倍贓'을 추징할 재산이 없는 경우에는 사리상 당연히 면제해준다는 내용이다.[11]

주로 등장한다. 참고로, 전통법과 근대법의 과도기 입법인 刑法大全에서는 "범죄시에 사용한 물품이나, 범죄로 인하여 취득한 것이나, 타인에게 취득하거나 급여하는 행위 모두 범죄가 될 만한 재물"을 贓으로 일컫는다고 규정한다.(제54조)

9) 권4, §33: (疏議曰: 謂會赦及降, 唯盜·詐·枉法三色, 正贓猶徵, 各還官·主; 盜者, 免倍贓.)

10) 권5, §37:「注: 正贓猶徵如法. 疏議曰: 稱正贓者, 謂盜者自首, 不徵倍贓.」

11) §47의 疏議 참조.「今直言正贓, 不言倍贓者, 正贓無財, 猶許加杖放免; 倍贓無財, 理然不坐.」

3) 原贓(本贓)과 虛贓

이상의 '正贓'은 범인이 범죄로 취득하여 법에 의해 추징·반환될 재물이라는 가치상의 개념이 보통이다. 그러나 6贓의 재산범죄에서, '正贓'이 현존하는 경우 그것을 주인에게 반환한다는 원물 반환의 대원칙에서는, '正贓'이 '原贓'(원래의 장물)이라는 구체상의 현물 개념으로 특정되기도 하는데, 이를 '本贓'(본래의 장물)으로도 호칭한다. (§33의 疏議 참조) 그리고 임금이나 노임과 같이 추상 가치로 형성되는 장물은, 원래 구체 물건(正物)이 아니기 때문에 별도로 대우하는데(§33), 이를 淸律集解에서는 '虛贓'이라고 정의하기도 한다.[12)]

(2) 6贓 범죄의 구성요건

1) 竊盜

竊盜란 형체를 숨기고 얼굴을 감춘 채 타인의 재물을 취득하는 것이다.[13)] 이밖에 竊盜와 동일한 진범으로써 논죄하는(以盜論) 구성요건도 적지 않다. 예컨대, 국가의 가축을 관장하는 관리가 가축 점검 시 그 가액을 허위로 증감하여 그 차액을 착복한 경우(권15, §197), 監臨(목민관으로서 臨하여 다스리며 감독한다는 뜻으로, 해당 관할 구역의 최고 행정 책임관을 가리킴)이나 主守(해당 직무의 실질상 집행 책임관리: 主務者)가 관물을 증거문서 없이 스스로 대차하거나 타인에게 대여한 경우(권15, §212) 등이 그러하다. 현행법상으로는 업무상의 횡령에 해당할 텐데, 공직을 기화로 남 몰래 공공 재산을 가로챘다는 의미에서, 실질상 절도로 간주하는 것이다. **공직자의 청렴윤리**를 강화한다는 의미가 뚜렷하다.

2) 强盜

强盜는 위협이나 폭력으로써 타인의 재물을 취득하는 것이다. 위협

---

12) 戴炎輝, 앞의 唐律通論, 314면 참조.

13) 권19, §282의 疏議:「竊盜人財, 謂潛形隱面而取.」

이나 폭력은 동시에 행사할 필요가 없으며, 어느 하나만 사용해도 구성요건을 충족한다. 즉, 폭력을 사용하지 않고 위협만 가하거나, 위협까지 가하지 않고 폭력만 사용해도, 그로 말미암아 재물을 취득하면 모두 강도가 된다. 먼저 강제력을 행사하고 나중에 재물을 취득하거나, 또는 먼저 재물을 절취하고 나중에 발각되어 강제력을 행사하는 경우가 강도의 典型이다. 타인에게 술이나 약·음식 등을 먹여 정신을 혼미하게 한 뒤 재물을 취득한 경우도 강도에 포함된다. 다만, 유실물을 습득한 뒤 이를 반환하지 않으려고 주인에게 폭행한 경우나, 竊盜하다가 발각되어 재물을 버리고 도망치는데, 주인이 추격하므로 체포를 회피하기 위해 격투한 경우처럼, 별단의 사정으로 인해 폭력을 행사한 경우에는 强盜가 아니다.[14]

3) 枉法·不枉法 및 受所監臨

枉法과 不枉法 및 受所監臨은 모두 국가의 행정관리가 직무와 관련하여 재물을 受取하는 부정행위이다. 枉法이란 監臨이나 主司(主守의 별칭. 해당 행정부문의 실무 책임자)가 재물(뇌물)을 받고 법을 굽혀(曲法) 처단(行政·司法상의 제반 법 집행을 총칭함)한 경우이며, 재물은 받았으되 법 집행 자체는 굽히지 않은 경우가 不枉法이다.[15]

受所監臨이란 監臨이 公事와 관계없이 자기가 監臨하는 관할 행정구역 인민의 재물을 받는 행위이다.[16] 직무와 관련하여 뇌물을 수취한 枉法이나 不枉法에 비교하면 상대로 경미하지만, 관직이라는 현실

---

14) 권19, §281: 諸强盜 (謂以威若力而取其財, 先强後盜, 先盜後强等. 若與人藥酒及食, 使狂亂取財, 亦是. 卽得闌遺之物, 毆擊財主而不還; 及竊盜發覺, 棄財逃走, 財主追捕, 因相拒捍: 如此之類, 事有因緣者, 非强盜.)

15) 권11, §138: 「諸監臨主司受財而枉法者, 一尺杖一百, 一疋加一等, 十五疋絞. (疏議曰: 受有事人財, 而爲曲法處斷者.) 不枉法者, 一尺杖九十, 二疋加一等, 三十疋加役流. (疏議曰: 雖受有事人財, 判斷不爲曲法.)」

16) 권11, §140: 「諸監臨之官, 受所監臨財物者, 一尺笞四十,…… (疏議曰: 監臨之官, 不因公事, 而受監臨內財物者.)」

의 지위와 권세를 이용한 부당한 재물수취의 가능성을 단절시키고, **공직자의 청렴의무**를 강화하기 위해 설정한 범죄에 속한다. 이른바 **noblesse oblige**[17)]를 국가 실정법으로 명문화한 것이다. 이러한 의미에서 관리가 일시로 使命을 받들어 출장하는 경우, 그 출장 지역에서 선물을 받는 행위도 일반 監臨의 受所監臨과 동등하게 대우된다.[18)]

4) 坐贓

坐贓이란 監臨이나 主司와 같은 행정관리가 아닌 일반인이, 어떠한 일(事)을 계기로 재물을 수취하는 경우로서, 가장 경미한 재산범죄에 해당한다. 물론 쌍방의 합의 아래 상대방이 자발로 재물을 제공하는 경우다. 대표적인 실례로는, 타인이 불법행위로 침해나 손상을 끼쳐서 그로 인한 손해배상을 받는 경우에, 정당한 배상액을 초과하여 재물을 수취하는 행위가 이 坐贓으로 거론된다.[19)] 그런데 손해배상 청구 시에 공갈을 행사하여 초과 수취한 경우에도, 공갈죄가 아닌 일반 坐贓으로 논죄하는 게 특별하다.[20)] 여하튼 당사자의 의사 합치 여부와 관계없이, 어떠한 명분으로도 타인의 재산상 이익을 대가 없이 취하지 못하도록 금지하면서, 실질상의 정의와 등가교환의 형평원리를 철저히 강조하고, 이에 어긋나는 부당이득은 모두 불법행위(범죄)로 규정하는 것이 전통법의 중요한 특징이다.

---

17) 출신이나 사회상 신분지위가 높은 사람은 그에 상응하여 명예롭고 관대하며 책임감 있는, 수준 높은 행위를 해야 한다는 윤리도덕상의 의무. Webster's New Collegiate Dictionary, 1979년판, 771면 참조. 중국에서는 "貴人行爲理應高尙."으로 번역하는 걸 보았다. 新英漢詞典, 三聯書店香港分店, 1987년 增訂本, 874면.

18) 권11, §141: 「諸官人因使, 於使所受送遺及乞取者, 與監臨同.」

19) 권19, §285: 「諸恐喝取人財物者, 準盜論加一等. (若爲人所侵損, 恐喝以求備償, 事有因緣之類者, 非.)」

20) 권26, §389: 「諸坐贓致罪者, 一尺笞二十, 一疋加一等,... (謂非監臨主司, 而因事受財者.) 與者減五等. (疏議曰: 假如被人侵損, 備償之外, 因而受財之類, 兩和取與, 於法竝違, 故與者減取人五等, 卽是'彼此俱罪', 其贓沒官.)」

(3) 6贓의 법적 효과 : 민사 손해배상

1) 원칙 규정

우선 이에 관한 원칙 규정 두 조항의 正文을 그대로 번역한 다음, 그 내용을 정리해 보자.

> "무릇 장물로써 범죄를 구성하는 경우, 正贓(원래의 장물)이 현존하면 관청이나 주인에게 반환하며 [注: 轉賣·교환으로 다른 물건을 취득한 경우 및 (노비나 가축이) 생산 번식한 경우는 모두 현존하는 것이다.] ; 이미 사용 소비한 때에는 (그 범인이) 사망 또는 유배되었으면 징수하지 않고 [注: 별도로 유죄를 범하거나 사망한 자도 또한 같다.] 그밖에는 모두 징수한다. [注: 도둑은 한 배를 (별도로) 배상한다.] 만약 노임이나 사용료를 계산하여 장물을 정하는 경우이면, 또한 징수하지 않는다. 사면이나 감형을 만난 경우에는, 도둑·사기·枉法은 여전히 正贓을 징수하며, 기타의 장물로서 현존하지 않는 경우 및 기한을 초과하지 않은 미납의 속죄 재물은 모두 사면이나 감형에 의해 면제한다."(권4, §33)
>
> [諸以贓入罪, 正贓見在者, 還官主; (轉易得他物, 及生產蕃息, 皆爲見在.) 已費用者, 死及配流勿徵, (別犯流及身死者, 亦同.) 餘皆徵之. (盜者, 倍備.) 若計庸賃爲贓者, 亦勿徵. 會赦及降者, 盜詐枉法猶徵正贓; 餘贓非見在及收贖之物, 限內未送者, 竝從赦降原.]

> "무릇 쌍방 피차 모두 죄가 되는 장물 [注: 장물을 계산하여 죄를 정하는 경우를 말한다.] 및 금지를 범한 재물은 관청에 몰수한다. [注: 만약 도둑이 도둑질한 물건이면 한 배 추징의 장물도 또한 관청에 몰수한다.] 취득과 제공이 자유로운 의사의 합치에 의하지 않은 경우 [注: 비록 자유로운 의사의 합치일지라도 제공한 자는 무죄인 경우] 또는 구걸하거나 요구한 장물은 모두 주인에게 반환한다."(권4, §32 전단)
>
> [諸彼此俱罪之贓, (謂計贓爲罪者) 及犯禁之物, 則沒官. (若盜人所盜之物, 倍贓亦沒官.) 取與不和, (雖和, 與者無罪.) 若乞索之贓, 竝還主.]

2) 손해배상의 법적 효과

가) 원물이 현존하는 경우

① 원물 반환의 원칙

여섯 종류의 장물(이상에서 언급한 전형적 구성요건 이외에, 기타 律의 正文에서 이를 직접 적용 또는 간접 준용한다고 명기한 일체의 장물을 모두 포함)로 인한 범죄의 경우, 그 正贓(원래의 장물)이 소비 또는 처분되지 않고 현존하면, 관물은 관청에, 私物은 주인에게 각각 반환한다. 이는 당연한 효과로서 손해배상에서 원물 반환의 원칙을 천명한 것이다.

② 果實의 처리

범죄 후 장물로부터 생긴 과실(수익)의 경우, 노비가 아이를 낳거나 가축이 새끼를 낳은 자연과실, 즉 생산번식의 천연 수익은 隨母法에 따라 현존하는 正贓으로 대우되어 원물 반환의 범위에 속한다. 그러나 범죄 후 재물 취득자가 물적·인적 노력을 가공하여 증대시킨 가치나, 무역이나 대차 따위의 거래로 획득한 이식(法定果實) 등은, 재물 주인의 힘과 관계없고 자연 번식도 아니므로 반환할 필요가 없으며, 노력가공한 자의 소유로 귀속된다.[21] 법정과실을 천연과실과 엄격히 구별한 점이 눈에 띈다.

③ 원물의 제3 취득자

원물을 교환·처분함으로써 다른 물건을 취득한 경우에는, 이를 현존하는 장물로 규정하므로, 대신 취득한 다른 물건을 반환하는 것으로 해석된다. 이와 관련하여 장물을 轉買 또는 轉得한 제3취득자의 지위가 문제된다.

律文의 규정에 의하면, 竊盜나 强盜 또는 사기의 범죄로 인한 장물

---

21) 권4, §33의 問答: 「若是興生·出擧, 而得利潤, 皆用後人之功, 本無財主之力; 旣非孳生之物, 不同蕃息之限; 所得利物, 合入後人.」'出擧'는 본디 관청의 곡물을 인민한테 대출하여 利息을 받는 것이나, 싼 값에 사들여 비싼 값에 파는 것을 뜻함.

을 알면서도 고의로 매입 또는 취득한 악의의 제3자는 각기 坐贓의 죄로 처벌하며, 장물을 악의로 은닉해준 경우도 마찬가지로 (한 등급 감경) 처벌하기 때문에,[22] 그 장물이 추징 반환의 대상이 됨은 의심의 여지가 없다. 다만 관리의 枉法·不枉法 등의 장물에 관하여는 명문의 규정이 없기 때문에 불확실하나, 순수한 法理상 해석으로는, 다음과 같은 추론이 가능할 것이다.

관리의 수뢰죄는 절도나 강도·사기처럼 폭력이나 奸計로써 일방으로 탈취하는 것이 아니라, 특수한 권력관계와 신분지위를 이용하여, 적어도 외관상 쌍방의 합의에 의한 수수로써 사회경제상의 침탈을 초래하는 것이다. 따라서 순수한 형사범이라기보다는, 국가의 정책적인 행정범으로서의 성격이 좀더 강하여, 다른 전형적인 자연 범죄와는 본질상 다른 일면이 있다.

그리고 그로 인한 장물은 외부의 제3자한테는, 불법의 점유침탈이 아니라 일응 합법의 소유권 이전으로 보이는 것이 일반 법감정일 것이다. 그래서 法文에서도 수뢰 장물의 제3자 취득에 대하여 특별한 규정을 두지 않은 것이다. 또 입법의 일반원칙(특히 죄형법정주의)상, 未규정은 흠결이나 누락이 명백한 경우가 아니면, 법(罪刑)으로부터 자유로운 불간섭의 영역으로 보는 해석이 자연스럽고 순리일 것이다. 물론 관리의 재물취득 행위 자체가 '절도로써' 논죄되거나 명백히 사기나 강도죄를 구성하는 경우에는, 각기 그에 의하게 된다.

한편 疏議問答에 의하면, 도둑질한 노비나 가축의 장물이 여러 사람을 거치면서 자연과실(새끼)을 생산·번식한 경우를 실례로 들어 해석한다. "장물인 줄 알았으면 [知情: 惡意] 번식한 자연과실을 함께 이전(본래) 주인에게 반환하고, 몰랐으면 [不知情: 善意] (자연과실) 또한 이후 (轉得한) 사람에게 귀속된다." 또 어떤 사람이 장물인 여노비(婢)를

---

22) 권20, §296: 「諸知略和誘及强盜竊盜, 而受分者, 各計所受贓, 準竊盜論減一等. 知盜贓而故買者, 坐贓論減一等; 知而爲藏者, 又減一等.」; 권25, §373: 「諸詐欺官私, 以取財物者, 準竊論. 知情而取者, 坐贓論; 知而買者, 減一等; 知而爲藏者, 減二等.」

알고서 구매하여 자신의 시중을 들도록 함으로써 자식을 낳은 경우에는, 그 자식은 律令에 의해 모친을 따라 주인에게 반환한다. 장물은 본래 거래하거나 관계하지 못하는 법인데, 위법하게 고의 매입한 것은 간사한 위장 의도가 있는 것이므로, 장물인 노비의 소생은 그 부친에 따라 良人으로 인정하지 않고, 단순한 생산·번식물로서 간주하기 때문이다.

이 두 해설 사례를 文理상으로 살펴보면, 다음과 같이 해석될 것이다. 즉, 장물인 줄 안 악의의 제3취득자는, 원물과 '자연과실을 함께', 즉 생산·번식한 자식을 '모친에 따라' 함께 주인에게 반환하여야 한다. 반면, 장물인 줄 모른 선의의 제3취득자는, 원래 장물은 물론 자연과실 '또한' 정당하게 소유할 법적 권리를 지닌다. 그리고 노비나 가축 이외의 일반 재물의 경우, 원래 장물 자체는 제3 취득자의 선의나 악의 여부에 따라 마찬가지로 귀속이 결정되지만, 그에 노력 가공하여 취득한 인위의 법정과실은 선의 또는 악의에 관계없이 노력 가공한 자한테 귀속된다.

가족공동체 안에서 家産은 尊長이 그 소유관리를 독점한다. 그런데 비속친이 尊長(존속친)의 허락 없이 家財를 임의로 사용하면, 절도로까지 대우되지는 않지만 형사 처벌의 대상이 된다.(§162) 그런데 家長이 집으로부터 3백리 이내의 외지에 있을 때에는, 집안에 現在하는 것과 동일하여, 비속친 가족이 노비·가축·田宅 및 기타 재물을 入質·임대·매도하고자 하면, 관가에 신고하여 확인문서를 받아야 했다.

이를 어기고 거래한 경우에는, 재물은 주인에게 반환하고, 그 대금은 관청에 몰수하며 반환해주지 않는다.[23] 가장이 집에 있을 때 가장의 허락이나 동의 없이 몰래 이루어진 거래도 마찬가지로 대우될 것이다. 이는 단순히 민사상의 무효행위일 뿐만 아니라, 형사상 불법행위임을 의미한다.

---

23) 仁井田陞, 唐令拾遺, 雜令§16, 東京大學出版會, 1933년판, 853면 참조.

나) 원물이 소비된 경우

장물을 이미 써버린[費用] 때에는, 범인이 사망 또는 유배된 경우를 제외하고는, 원칙상으로 모두 추징한다. 여기에서 추징의 대상이 현물인지 가액인지가 불확실하다. 疏議에 의하면, '장물을 이미 소비해 버린' 사망 또는 유배수의 경우, 그 사망이나 유형을 긍휼히 여겨 '그 장물을 징수하지 않는다.'고 한다. 여기에서 똑같이 '장물'이라는 용어를 사용하기 때문에, 이 장물이 현물(원물과 같은 종류 같은 양의 대체물)을 지칭하는 것으로 해석될 수 있다. 그러나 앞의 장물은 '원물'을 뜻하고, 뒤의 장물은 원물이 아닌 장물을 뜻하여(바로 다음 구절에서, 확정판결이 나기 전에 사면을 만나 유형이나 사형을 면한 경우에는, '법대로 장물을 추징한다.'고 해설하는 '장물'도 마찬가지이다), 양자가 상호 판이하게 구분되기 때문에, '장물'(唐律 원문에는 한결같이'贓'으로 표기되어 있을 뿐이며, '장물'은 현행법의 용어에 비추어 독자의 납득을 쉽게 도모하기 위한 단어에 불과함을 주의하자!)이 반드시 '현물'임을 뜻한다고 볼 수는 없다. 즉, 일반으로 범죄 목적물인 장물의 존재를 지칭하는 것으로, 그 양적인 규모를 수치화한 '가액'의 개념까지도 포함할 수 있는 것으로 보인다.

이는 장물의 가액 평가제도와 관련하여 고찰될 수 있다. 즉, 장물의 가액은 범죄가 발생한 장소와 시간의 물가 및 상등 비단 가격을 기준으로 환산된다.[24] 이는 재산범죄에 대한 형사처벌이 가액에 따라 비례로 차등화되어 있는 전통법제 아래서, 다양한 종류의 재물 가격을 일단 시간상·공간상으로 확정한 다음에, 이를 다시 律令상의 일률 기준인 비단(絹)의 尺匹로 환산한다는 내용이다. 律令상 (형사상 장물뿐만 아니라 일반 민사상 재물도, 그리고 구체의 물건뿐만 아니라 추상의 노임·사용료

24) 권4, §34:「諸平贓者, 皆據犯處當時物價及上絹估.」疏議에 의하면, 매 州마다 매월 상·중·하순 세 차례씩 상·중·하등의 3등급 표준 물가를 評定하여 공시한다. 그런데, 범죄 장소의 해당 旬 장물의 중등가격을 취하여, 상등의 비단 가격으로 나누어(除) 비단 尺匹 수량을 환산한 뒤, 그에 의해 죄형을 결정한다. 설령 실제 매매가격의 귀천이 관청의 공시물가와 다르더라도, 죄형산정은 법정공시물가를 기준으로 한다. 이는 민사 가액배상의 경우에도 마찬가지로 적용될 것이다.

등도 모두 포함하는) 재산에 관한 모든 내용은 한결같이 비단의 尺匹을 기준으로 규정된다. 즉, 비단이 律令상의 기본 화폐단위이고, 이를 기준으로 장물죄의 형량 산정이나 손해배상의 환산도 이루어진다고 해석될 수 있다. 이는 竊盜·强盜죄의 경우 한 배를 추징한다는 律注의 내용을, 疏議에서 '비단 1尺을 도둑질한 경우 2尺을 추징한다.'고 해설하는 표현방식에서도 확인된다. 즉, 여기에서 예시되는 비단 1尺은 원물로서의 장물이 아니라, 가액으로서의 장물을 律令의 기본화폐단위인 비단의 수량으로 표현한 것일 따름이다.

또 하나, 자수에 관한 특례로서, 사람의 신체를 손상시킨 자와 국가 관청의 인감·문서 및 각종 兵器와 禁書 등 일반 대체물이 없는 물건을 훼손·亡失하여 배상할 수 없는 자는 자수할 수 없다고 원천 배제하는 규정이 있다.[25] 이도 배상이 원물 또는 대체물의 현물 상환을 원칙으로 삼는 듯한 반영으로 해석될 수 있다. 그러나 이는 국가의 公物 및 禁物에 국한되는 것으로서, 개인이 私有할 수 없기 때문에 배상 자체가 원천 불가능한 경우이므로, 일반인의 재물에 관한 배상에서 대체물 상환이 불가능하거나 곤란한 경우에는 가액 상환도 가능하리라고 생각된다.

가액 배상의 경우, 장물 가액의 평가는 위에 언급한 규정에 의하여 범죄 장소의 당시 물가에 의할 것이나, 그 물가에 의한 일반 화폐(銅)로 상환될지, 아니면 律令상의 기본 공통화폐인 비단에 의해 환산되어 상환될지는 불분명하다. 민형사가 엄격히 구분되지 않은 상황에서, 형사처벌이 일률 비단에 의해 환산되며, 민사 손해배상도 범죄로 인한 경우에는 관가에서 추징하여 주인에게 환급하는 절차를 취하는 것이 일반일 것이기 때문이다. 그러나 事理상으로는 민사 손해배상에서까지 굳이 번거로운 이중의 환산절차를 거칠 필요는 없다고 보인

25) 권5, §37: 「於物不可備償. (本物見在首者, 聽同免法.) .... 不在自首之例. (疏議曰: 稱'物'者, 謂寶印·官文書·禁兵器及禁書之類, 私家旣不合有, 是不可償之色.)」

다. 즉, 현물상환의 보충 방법으로 채택되는 가액배상의 개별·구체의 성격에 비추어 보면, 장물의 가액만 공시가격에 의해 산정하면 될 것이다.

한편, 장물을 이미 소모해 버린 사망자 또는 유배수에 대한 장물추징(손해배상)의 면제 규정은, 이미 그 사망이나 유배가 반드시 소모해 버린 장물로 인한 범죄의 형벌일 필요는 없으며, 자연사망이나 기타 별도의 범죄로 인한 형벌일 경우에도 똑같이 적용된다. 그러나 사형이나 유형이 확정되기 전에 사면을 만나 그 형벌이 면제된 경우에는 장물을 추징하며, 다만 확정 판결 이후에 사면을 만난 경우에는 추징을 면한다. 이는 사망이나 유배를 긍휼히 여긴다는 인도주의의 法外人情이라는 실질논리가, 황제의 恩典이라는 사면제도와 상호 충돌하면서, 그 기준시간의 전후를 획일적으로 준별하는 사면의 엄격한 형식논리에 밀려 후퇴함을 뜻한다.

그리고 사망 또는 유배수가 소모해 버린 장물의 추징을 면제하는 法外 人情의 법리 자체에도 문제가 있다. 이는, 엄중한 형벌(또는 사망)을 당하고 가산은 이미 탕진한 상황에서, 소비해 버린 장물까지 (그 가족에게서) 추징하는 것이 지나치게 가혹하다는 인도주의의 배려로 해설된다. 그러나 피해자의 입장에서 보면, 이는 객관상의 형평성을 현저히 상실한 법제로서, 민사 정의를 별로 고려하지 않은, 국가 위주의 형사 중심적인 전통 중국법의 특징을 그대로 반영하는 규정이다.

물론 '중죄를 얻어 대부분 파산지경에 이른 패가망신'의 현실상 이유가 열거되듯이, 이들에게서 장물(손해배상)의 추징이 거의 불가능할(집행불능) 가능성은 다분하다. 그러나 근대 서양법의 형평 법리에서 보면, 개별의 추징불능과 일반의 추징면제는 확연히 구분되며, 피해자의 손해배상을 국가가 대위승계(승인)도 안하고 일률 면제하는 제도는, 국가권력의 자의로밖에 안 보일 것이다.[26)]

---

26) 심지어 南宋 光宗은 淳熙16년(1189) 2월 즉위 사면에서, "무릇 민간의 부채는

다) 倍贓의 추징

① 적용 범죄: 竊盜 및 强盜로써 논하는 죄

도둑질(竊盜 및 强盜)한 자는 장물의 한 배를 별도로 배상시킨다.[27][28] 예컨대, 1尺을 훔쳤으면 2尺을 추징한다. 1尺은 도둑질한 原物로서 正贓을 반환시키는 것이므로, 영미법상 이른바 '補償적 손해배상(compensatory damages)'에 해당할 것이고; 다른 1尺은 도둑질에 대한 징벌의 의미에서 도둑 자신의 고유 재산에서 별도로 도둑질한 만큼 강제로 추징하여 배상시키는 것이니, 영미법상 이른바 '懲罰적 손해배상(punitive damages)' 에 해당할 터이다.[29] 여기서 징벌의 의미로 장

그 대차 기간의 장단과 금액의 다소를 막론하고 일체 소멸시킨다."는 조서를 내린 적이 있다. 이에, 금전을 대여해준 지 열흘 밖에 안 되어 이자도 한 푼 받지 못하고 본전까지 상실하는 억울한 자가 생기게 되자, 何澹이라는 대부의 간언으로 본전만 상환하도록 바꾸어 명령하였다. 이밖에 紹興5년(1135) 大赦에서는 3년 이전의 사채를 모두 탕감한 적이 있고, 혹은 2년이나 1년을 기준으로 그 이전 부채를 소멸시키는 사면이 적지 않은 것으로 보인다. 사회경제상 수탈을 방지하기 위해, 누적된 이자 수취액이 본전의 배에 달한 사채를 면제하는 것이 가장 합리성 있는 중용의 조치라는 평가가 비교적 타당한 듯하다. 馬端臨, 文獻通考, 권173, 刑12, 赦宥조, 中華書局 영인본, 1499면 참조.

27) 권4, §34, 「疏議曰: 盜者倍備, 謂盜一尺, 徵二尺之類.」 宋刑統(63면)에서는 備가 (賠)償과 같은 의미라는 해석을 인용하고 있다. 倍數의 계산과 호칭상 중국과 우리나라의 언어관용이 서로 다름을 주의해야 한다. 우리는 흔히 배수를 셈할 때 기준이 되는 원물까지 표함하여 '몇 배로' 징수한다고 말하지만, 중국은 원물은 제외하고 순수히 부가되는 양만 원물액을 기준으로 '몇 배를' 추가로(별도로) 징수한다고 표현한다. 물론 '倍備'를 우리처럼 '(두)배로 배상시킨다.'고 해석할 수 있지만, 앞서 언급한 것처럼 '倍贓'이 '正贓'에 상응하는 별도의 대립 개념임을 감안하면, 원장물 이외에 별도로 '한 배를 추가시킨다.'고 해석함이 타당하다.

28) 한편, 도둑에게 원물의 한 배를 별도로 배상시키는 '倍贓'과 상호 관련되는 듯한 유사용어로, 배로 논한다는 '倍論'이 있어 혼동을 초래할 우려가 있으므로, 각별히 주의를 요한다. '倍論'이란 數罪(누범)가 동시에 발각되어 형벌을 합병 부과하는 경우에, 贓物로 인한 수죄의 경우 범죄 대상의 장물을 모두 합산하여 (범죄 종류가 다른 경우 가장 가벼운 죄에 합산함) 배(2)로 나눈 수량, 즉 장물 전액의 $\frac{1}{2}$을 죄형 부과 기준으로 삼는다는 특례규정이다. 권6, §45 참조. '倍論'이 적용되는 구체 범죄의 예로는, 공동뇌물 제공의 주모자(권11, §137), 절도의 누범(권19, §282), 도박죄(권26, §402) 등이 거론된다.

물의 한 배를 별도로 추징하는 배상을, 전통 중국의 율령에서는 '倍贓'이라고 부른다.

'倍贓'을 추징하는 범죄에는, 절도와 강도의 正犯을 비롯하여, 절도나 강도로써 논죄하여(以盜論) 도둑의 진범과 동일하게 대우하는 범죄들도 적지 않게 포함된다. 예컨대, 국고를 관리하는 主守가 도둑을 고의로 놓아준 경우(권15, §210), 관물 출납 시 도량형을 조작하여 그 차액을 착복한 경우(권26, §420), 관리가 국유 가축의 점검을 허위로 하여 그 가액을 증감시킨 뒤 그 차액을 착복한 경우(권15, §197), 監臨·主守가 관물을 증빙문서 없이 스스로 대차하거나 타인에게 대여한 경우(권15, §212), 타인이 노동력을 투여하여 이미 벌채·수집해 놓은 자연물을 취득하는 행위(권20, §291), 관물을 私物과 바꿔치기 해 이득을 본 경우(노비도 포함: 권20, §290; 권25, §376), 노비를 유혹해 취득한 경우(권20, §293), 의사가 본 처방을 위배하거나 증상을 증감하여 거짓 치료함으로써 부당한 이득을 취한 경우(권25, §382), 관리가 시장의 물가를 불공정하게 평가하여 그 차액을 착복한 경우(권26, §419), 국가 제사용 기물이나 궁궐의 물품을 파괴한 경우(권27, §435), 남의 전답에 들어가 과실이나 채소를 따 가는 경우(§441) 등은 竊盜죄로써 논하며, 폭행이나 방화로 재물을 약탈하거나(권19, §284, 286) 노비를 납치하는 경우(권20, §293) 등은 强盜죄로써 논한다.

절도나 강도'로써' 논하는 범죄는 법적으로 眞犯과 동일하게 규정되므로, 장물의 한 배를 별도로 배상하는 倍贓도 正犯과 똑같이 추징한다.[30] 한 배 배상은 장물이 현존하는 경우는 물론, 이미 소모된 때라도 범인이 사망이나 유배로 추징을 면하지 않는 한 반드시 추징한다. 도둑 범죄에 대해 특별히 규정한 일종의 민사처벌이라고 하겠다.

---

29) 영미법상 '補償적 손해배상(compensatory damages)' 과 '懲罰적 손해배상(punitive damages)' 에 대하여는, 이상윤, 英美法, 박영사, 2003년 개정판, 264-5면 참조.

30) 권6, §53, 「稱'以枉法論'及'以盜論'之類, 皆與眞犯同.」(疏議曰: 所犯與眞盜同, 其倍贓依正犯.」

② 倍贓의 목적

이 규정의 입법 목적에 관하여, 疏議에서는 "도둑의 재물에 대한 탐욕심이 중대하기 때문"이라고 해설하고 있는데, 이는 합목적적 정의나 형평의 법리에 비추어 충분한 설득력을 지니지는 못한다. 왜냐하면, 나머지 네 종류의 장물범죄도 재물에 대한 탐욕심은 매한가지기 때문이다. 특히 관리들의 뇌물수수 등 부정부패는, 枉法 및 不枉法의 경우 强盜보다는 죄질이 경미하지만, 竊盜에 비해서는 그 법정형벌이 3~4等 가중되는데도, 배장을 전혀 부과하지 않고 있다.

오히려 입법동기를 역사상 연원에서 구하는 편이 좀더 합리성과 설득력을 지닐 것이다. 즉, '눈에는 눈으로, 이에는 이로'라는 철저한 同害報復刑 주의를 취하던 부족시대의 법규범에서, 남의 물건을 훔친 자는 12배 따위로 배상하도록 규정하던 法制史 전통의 遺風으로 이해하는 것이다. 당초에는 원물의 몇 배 내지 몇 십 배에 이르는 손해배상만으로 처벌(경제상 박탈에 의한 형벌)하여, 비교적 순수한 민사 책임의 성격만 띠었을 것이다.

그런데 중앙집권체제의 확립과 함께 국가의 형벌권이 강화되면서, 일부가 형사처벌로 대체되는 대신, 그에 상응하여 민사 손해배상은 그만큼 감경되는 방식으로 절충 모습을 띠게 된 것이라고 여겨진다. 고대의 수십 배 배상으로부터 근대 서양법의 동액배상 주의로 변화해온 과정상에서 보면, 일종의 법제사상의 과도기 형태로도 파악될 수 있다. 즉, 절도나 강도와 같은 일방 침탈의 자연(민사) 범죄에서는, 순수한 민사배상에 의한 사회경제상의 처벌 유풍이 강하게 남아있는 반면; 枉法이나 不枉法과 같은 쌍방 뇌물수수의 행정 범죄에서는, 국가공권력에 의한 형사처벌을 가중함으로써 사회경제상 처벌을 대체한 것으로 해석할 수 있다.

그러나 唐律을 거의 그대로 계승하여 증보한 宋 刑統의 해당 조문 후면에는, "살피건대, 근래 도둑의 장물은 대부분 한 배를 별도로 징수하지 않는 실정이니, 한 배 배상의 律文은 시행하지 말도록 엎드려 청합니다."라는 수정 조문이 기록되어 있다.[31] 이를 보면, 宋代에 이미 규범 현실로나 律令 조문 상으로나 모두, 도둑 장물에 대한 한 배 배상제가 사실상 폐지되었음을 알 수 있다. 이는 宋代에 사유재산제 및 私法규범이 이미 충분히 발달하여, 민사 손해배상제도가 국가 공권력에 의한 형사처벌과 별개의 독자 체계로 성숙되었음을 의미한다고 해석할 수도 있다.

③ 倍贓의 배제: 竊盜 및 强盜를 준용하는 죄

한편, 竊盜나 强盜로써 직접 적용되지 않고, 간접으로 '준용'되는 범죄유형도 적지 않다. 이러한 준용의 경우에는, 그 범죄의 처벌에 竊盜의 형벌 기준을 편의상 차용하기 때문에, 진범과는 달리 장물의 한 배를 별도로 배상시키는 특별규정의 적용은 배제된다.[32] 준용의 범죄는 대부분 '도둑에 준한다'(準盜)고 규정하여, 실제로는 竊盜죄의 준용을 의미하는데, 이에 해당하는 경우는 다음과 같다.

노비가 자기 소생 딸을 임의로 良人에게 처나 첩으로 시집보내 주인의 재산상 손실을 초래한 경우(권14, §192), 타인 또는 관청의 가축을 살상하여 가치를 감소시킨 경우(권15, §201), 監臨·主守가 장부나 증빙문서를 작성하고 관물을 임의로 자기 또는 타인에게 대여한 경우(§212), 국고에 납입해야 할 각종 조세 및 기타 물품을 詐欺로 회피하거나 부패·파손 등을 사칭하여 수량을 흠결시킨 자 및 이를 알고

31) 重詳宋刑統, 권제4, 名例律, '贓物沒官及徵還官主並勿徵' 조 참조. 中華書局, 吳翊如 點校本, 1984, 제1판 제1쇄, 64면 참조. 「近來盜贓多不徵倍, 倍備之律, 伏請不行.」

32) 이는 준용범죄의 민사상 효과인데, 형사 처벌상의 효과에는 도둑죄 뿐만 아니라 관리의 장물죄도 포함된다. 형사상 효과의 내용으로는, 최고형이 流3천리로 한정되며(즉 준용의 범죄로는 사형이 없음), 관리의 제명이나 면직, 또는 감림·주수의 가중처벌 및 노역을 부가한 유형(加役流) 등이 적용되지 않는다. 권6, §53, 「稱'準枉法論''準竊論'之類, 罪止流三千里; 但準其罪, 竝不在除免倍贓·監主加罪·加役流之例.」

묵인한 관리(§217), 공갈로 타인의 재물을 취득한 경우(권19, §285),[33] 사기로 관가나 타인의 재물을 취득한 경우(권25, §373. 단, 監臨이나 主守가 해당 관할구역의 재물을 사취한 경우에는 竊盜의 진범과 동일하게 논죄한다), 공문서나 사문서를 위조 또는 변조하여 재물이나 상금을 구하거나 沒入(몰수) 또는 배상을 회피한 경우(§374), 정당한 자격이나 권한 없이 驛舍에 진입하여 국고의 공급(지원)을 받은 경우(권26, §409), 기물이나 직물 등을 규격미달로 제조하여 부당이득을 취한 자 및 이를 알고도 묵인한 해당 담당관리(권26, §418), 사제 도량형을 사용하여 부당이득을 취한 경우(§420), 자유의사에 의한 매매가 성립되지 않았는데 일방으로 强買하거나 담합으로 매매를 독점하여 가격을 조작하는 등의 각종 불공정 거래에 의해 부당이득을 취한 경우(§421), 국가 사직의 제사에 사용되는 기물이나 황실의 각종 옥새 및 황실 기물을 상실하거나 과실로 훼손한 경우(권27, §435), 符節이나 官印 또는 성문 자물쇠를 훼손 또는 放棄한 경우(§438), 공유 또는 타인의 전답에 들어가 과실이나 채소를 채취해 가는 경우(§441), 공유 또는 타인의 기물을 훼손·방기하거나 수목·곡식 등을 훼손시킨 경우(§442), 각종 兵器를 수령하여 사용이 끝난 뒤 반납하지 않고 훼손 또는 방기한 경우(§444), 관리가 관노비를 고의로 놓아주거나 관노비 또는 사노비를 꾀어 도망하도록 유도한 경우(권28, §463) 등이 있다.

이들 중 적지 않은 구성요건은 律의 正文이나 疏議에서 그 장물

---

33) 漢代 令에도 공갈취득에 대한 배상 책임의 규정이 존재했던 것으로 확인된다. 漢書, 王子侯表에 의하면, 平城侯 禮가 공갈로 남의 닭을 취득한 죄로, 令에 의해 닭을 구매하여 배상하고 면직되었는데, 다시 欺謾하자(이 구절에 대해서는, 별도의 독립 범죄를 구성한다는 설과, 법령 및 재판을 무시했다는 설, 다시 말해 배상 책임의 불이행이라는 설의 두 가지 상이한 해석이 있다.) 城旦이라는 노역형(신체형)에 처했다는 기록이 전해진다. 「平城侯禮, 坐恐猲取人鷄, 以令買償免, 復謾, 完爲城旦.」 沈家本, 漢律摭遺, 권2, 盜律, 恐猲조: 中華書局 點校本, 「歷代刑法考, 제3책, 1401면 참조. 공갈에 의한 불법침탈의 민사 배상은 도둑죄의 확장으로 당연한 법규범인데, 현물상환의 원칙을 고수하고 있음이 특히 주목된다.

또는 그 가액을 배상하도록 명문의 규정이나 해설을 덧붙이고 있다. 그러나 이는 확인·강조를 위한 주의적 기록에 불과하며, 그러한 명문의 기록이 없는 竊盜준용 범죄도, 장물배상을 면제하는 일반원칙에 해당하지 않는 한, 당연히 배상책임이 있다고 해석하여야 할 것이다.

④ 절도죄의 적용과 준용의 복합 구성요건

특기할 만한 것은, 사유의 재물·노비·가축으로 公物을 바꿔치기한 범죄이다. 공물의 가격이 사유물과 동등하거나 저렴한 경우에는 단지 절도죄에 준용한다. 그러나 그 가액이 초과하는 경우, 동등한 범위에 속하는 가액 부분에 대해서는 竊盜에 준용하고, 초과하는 범위에 대해서는 竊盜로써 직접 적용하는 복합 규정이다. 예컨대, 1匹 가액의 私物을 2匹 가액의 官物과 바꿔치기 해간 경우, 동등한 1匹의 가액에 대해서는 절도죄에 준용하여, 감림·주수나 일반인 모두 杖60에 처한다. 나머지 초과하는 1匹의 가액 부분은 부당이득에 속하므로 절도의 진범으로써 논하여, 일반인은 杖60에 처하고 倍贓을 부과하는데, 감림·주수라면 2등급을 가중하여 杖80에 처하되 倍贓은 없다. 그리고 이 절도로써 논한 죄(차액 1匹분)를 절도준용죄(원가 1匹분)에 합병하여 누적 부과한다.(권20, §290) 즉, 이 경우에는 초과부분의 장물가액(1匹)에 대해서만 한 배의 배상을 물리는 법기술상의 細分이 수반된다.[34]

라) 가치의 장물 : 추징(손해배상)의 면제

노임이나 임대료(사용료)를 계산하여 장물로 삼는 범죄는 그 장물을 추징하지 않는다. 예컨대, 監臨이나 主守가 관할행정구역 내의 인민을 사사로이 사역하거나, 노비·가축·수레·선박·가옥·점포 등을 임차하는 경우(권11, §143), 관노비 및 관가의 가축·驛馬 등을 사사로이 임차하는 경우(권15, §208), 성곽이나 제방 등의 국가 토목건축공사에서

34) 권20, §290:「諸以私財物·奴婢·畜産之類, 貿易官物者, 計其等準盜論, 計所利以盜論.」예시한 내용은 본 조문의 疏議 참조.

인력의 규모를 보고하지 않은 경우(권16, §240), 법령에 근거가 없거나 근거가 있어도 시기에 맞지 않는 불법 토목건축공사 또는 기타 잡역을 시행하는 경우(§241), 또는 公務로 傳送을 담당한 관리가 驛馬를 규정 한도 이상으로 사용하는 경우(권26, §408) 등이다. 이들 경우, 그 노임 및 임대료의 가액 정도에 따라, 受所監臨이나 坐贓으로 처벌한다. 이때에는 형사처벌만 하고, 그밖에 별도의 가액 추징이라는 민사적 배상은 병행하지 않는다.

또한, 관청에서 공적인 부역을 담당하는 丁夫나 각종 匠人, 또는 방위 근무하는 병역자를 관리가 사사로이 사역한 경우에는, 사역 대상의 중대성으로 말미암아, 그 노임을 계산하여 竊盜죄에 준하여 처벌한다는 특별 규정이 있다.(권16, §247) 이 경우에도 비록 竊盜와 强盜의 장물에 대한 특별 원칙들이 존재하지만, 역시 그 장물이 正物이 아니므로 추징대상이 아니라고 해석될 것이다.

한편, 황제가 사용하는 기물이나 궁전 안에서 사용되는 물건을 사사로이 빌리는 경우, 빌린 자와 빌려준 자 모두 徒刑에 처한다.(권9, §106) 이 경우 물건의 특수성으로 말미암아 사용료 계산 자체가 곤란할 것이다. 그래서인지 장물가액을 별도로 설정하지 않고 있다. 또 관리가 역마 사용을 규정보다 초과하거나(권10, §127), 규정된 노선에서 일탈하여 우회하는 경우에는, 말의 匹數나 도로의 里數에 따라 체증하여 처벌하며, 역마를 탑승하면서 私物을 싣거나(권10, §129), 일반 관청의 가축이나 마차를 탑승하면서 규정 이상의 私物을 싣는(권15, §199) 경우에는, 그 중량에 따라 체증하여 처벌한다. 이처럼 公私를 엄격히 준별하여 규정된 범죄들은, 형식상으로 6贓의 적용이나 준용을 받지 않기 때문에, 장물의 개념도 성립하지 않으며, 따라서 法理상 추징의 문제도 원칙상으로 제기되지 않을 것이다. 그러나 실질상으로는 사사로이 사용한 가치가 엄연히 존재하는데, 설령 그 남용한 가액을 계산한다고 하더라도, 본 원칙에 의해 추징이 면제될 것이다.

疏議에 의하면, "노임이나 임대료를 계산하여 장물로 삼은 경우에는, 장물이 正物(즉 구체로 존재하는 실질 물건)이 아니므로 추징하지 않는다."고 해설한다.[35] 이는 唐律의 민사 손해배상제도가 독자로 원만한 법체계까지 성숙하지는 못하고 있으며, 구체 물건이 아닌 추상의 가치와 권리까지 충분히 보호하지는 못하고 있음을 의미한다. 물론 이들에 대한 형사처벌 규정의 존재 자체만으로도, 추상의 재산권 개념은 이미 확립되어 있음이 명백하다. 그런데 이러한 추징면제 대상이 주로 관리가 주체인 신분범죄라는 점에서 약간의 특수성은 인정된다. (관리의 流罪 이하 범죄는 원칙상 1등급 감경되어 벌금으로 속죄되었다.)

하지만, 그 범죄대상의 범위에 국가의 公物뿐만 아니라 일반인민의 사적 재산권도 함께 포함된다는 점에서, 그리고 관리가 가로챈 부당이득을 반환하지 않는다는 점에서, 모두 형평 정의의 실현에는 미흡하다고 여겨질 수 있다. 억울하게 사역되거나 징발된 인민의 보이지 않는 손실은 어디에서 보상받을 것인가? 이는 권리보다는 의무, 보호 및 구제보다는 처벌과 보복이라는 관점에 좀더 치중해 있는 전통 중국법의 특징을 단적으로 보여주는 일면이기도 하다.

3) 사면과 자수의 특례

사면령이 내려진 경우 장물의 반환·추징은 어떻게 되는가? 먼저 도둑(竊盜·强盜) 및 詐欺·枉法의 경우에는 여전히 正贓을 추징한다. 즉, 앞의 원칙에 의해 현존하는 正贓은 그대로 주인에게 반환하며, 이미 소비한 경우에는 사망하거나 유배된 자를 제외하고는 모두 (대체물 또는 가액을) 추징한다. 疏議의 해설에 의하면, 도둑의 경우 한 배 별도

---

35) 권4, §33. (疏議曰: 旣計庸賃爲贓, 其贓元非正物, 故雖非會赦, 其贓並亦不徵.) 淸律集解, 給沒贓物條에 의하면, 正物이 아닌 것을 虛贓이라고 해석하는데, 이를 原贓과 상대되는 용어로 파악하는 견해가 있다. 戴炎輝, 唐律通論, 314면 참조. (그는 正物을 正贓으로 해석한다.) 여하튼 구체로 실재하지 않는 추상의 가치라는 점에서, '虛贓'이라는 개념은 그 본질을 적절히 규정하는 것으로 보인다.

징수의 특별규정을 적용하지 않기 때문에, '여전히 正贓은 추징한다.'고 표현했다고 하는데, 이는 正贓이 倍贓과 상대되는 개념임을 표시한다. 즉, 구체 물건으로서 原贓(物)이 아니라, 추상 가치상 동일 가액이라는 의미에서 本贓(物)을 뜻한다.[36] 이 규정은 원칙상으로 사면령 이전에 발각된 범죄에 해당하는데, 사면령 이후에 발각된 이들 범죄도, 현존하는 장물(見贓)을 포획한 경우에는, 鬪訟律의 규정(권24, §354의 注 및 疏議 참조)에 준해 추징한다.[37]

그리고 기타 범죄의 현존하지 않는 장물, 즉 사면령 이전에 이미 소비된 장물이나, 또는 납부기한을 초과하지 않은 미납의 속죄재물[贖銅]의 경우에는, 한결같이 그 추징이 면제된다. 그러나 기타의 범죄라도 현존하는 장물은 추징의 대상이 되며, 아직 미납의 속죄재물이라도 그 납부기한을 이미 초과한 위법의 상태이면 역시 추징된다.

그렇다면 사면에 의해 면제될 수 있는 장물이나 속죄재물이, 사면령 이전에 추징 또는 납부된 경우에는, 과연 환급될 것인가? 표면상 형평의 법리에 의한다면 긍정할 것도 같지만, 특정한 時刻을 기준으로 획일적인 법적 효과를 발생시키는 사면의 법리에 의하면, 부정하는 해석이 타당할 것이다. 또한 사면은 일반 법원칙이 아니라 예외로 베푸는 특별한 法外의 恩情인 점을 감안하더라도, 간발의 차이로 혜택을 못 받거나 상실하는 것은, 당사자의 우연한 불운이나 薄福의 소치로 해석할 수밖에 없을 것이다. 그러나 사면령이 비교적 빈번하던 당시 상황에서, 특히 특별한 사면이 예정 또는 기대되는 경우에는, 장물을 일찍 소모해버리거나 그 반환·납부를 지체함으로써 반사 이

36) 戴炎輝, 앞의 唐律通論, 322면 참조.

37) 그런데 이 규정의 소의에 의하면, 見贓을 正贓으로 정의하고 있다. 그래서 여기에서 여전히 징수한다는 正贓이 곧 현존하는 장물에 국한되고, 이미 소비된 장물의 추징까지는 포함하지 않는다고 해석될 수도 있다. 그러나 이 세 범죄의 경우, 그 중대성에 비추어 사면 이후에까지도 민사배상 추징은 관철한다는 원칙과, 바로 뒤 규정의 문리상 반대해석에 비추어 보면, 소비된 경우에도 추징한다고 해석함이 타당할 것이다.

익을 도모하는 폐단도 생길 것이다.

사면과 관련된 비슷한 법적 효과로 자수제도가 있다. 범죄가 발각되기 전에 자수한 자는, 특별한 예외를 제외하고 원칙상으로 그 죄를 용서해주는데, 다만 正贓은 여전히 법대로 징수한다. 물론 도둑은 사면의 경우와 마찬가지로, 장물의 한 배를 징수하지 않고 正贓만 환수한다.(권4, §37) 또 특별한 의제자수 규정도 있다. 竊盜·强盜 및 사기의 범인이 회개하여 재물주인에게 자수하고 장물을 반환한 경우, 관가에 대한 자수와 동일하게 간주한다. 그리고 관리의 枉法·不枉法 등 기타의 장물죄의 경우에도, 장물을 주인에게 반환하면 3등급 감경 처벌하는데, 이 경우 재물제공자의 형벌도 그에 준하여 3등급 감경하는 특례가 규정된다.[38] 이들 규정은 물론 자수를 널리 유도·권장하자는 형사정책상 배려의 성격이 강하다. 하지만, 주관상의 회개와 함께 객관상의 재물반환으로 피해자에 대한 민사배상을 스스로 실행한 점을 상당히 긍정 평가한다는 점에서, 刑律 중심의 중국법에 매우 주목할 만한 민사 특색으로 부각된다.

4) 기타 특수한 예외

가) 장물 반환의 예외 : 몰수(국고 귀속)

장물을 주인에게 반환하는 원칙에 대해 중대한 예외가 있다.

① 쌍방 범죄 및 禁物

장물의 수량을 계산하여 형벌을 정하는 범죄로서, 그 재물의 취득과 제공 행위 모두가 범죄를 구성하는 경우, 또는 장물이 禁物인 경우에는, 주인에게 반환되지 않고 관청에 몰수된다.(§32 전단) 불법 목적을 위해 스스로 투자한 손해는, 정의와 평형의 법이념상 반환 또는

38) 권5, §39:「諸犯罪未發而自首者, 原其罪. (正贓猶徵如法.) (疏議曰: 稱'正贓'者, 謂盜者自首, 不徵倍贓.)」

배상해 줄 수 없을 뿐만 아니라, 해주어서는 안 되는 것이 정당하다.

여기에 해당하는 범죄는 재물을 준 자도 (일반으로 받은 자에 비해 감경하여) 처벌한다는 명문의 규정이 있는데, 그 대표 예로는 6贓 중 竊盜와 強盜를 제외한 나머지 네 장물죄가 있다. 枉法과 不枉法(권11, §138)의 경우 별도의 조문(§137)으로 제공하는 자를 처벌하고,[39] 受所監臨(권11, §140)과 坐贓(권26, §389)은 모두 해당 조문의 후단에 각기 수뢰자에 비해 5등 감경한 죄로 처벌함을 규정한다. 특기할 점은, 전술한 것처럼, 坐贓에 대한 疏議의 해설에서 그 전형으로 거론하는 실례이다. 즉, 타인의 침탈이나 손상으로 인한 민사배상에서 법적인 범위를 초과하여 재물을 수취한 경우, 비록 가해자의 제공과 피해자의 취득이 비록 자유로운 의사합치에 의하였다 할지라도, 이 초과분의 재물 수수는 쌍방 모두 범죄가 되고, 초과분의 재물은 위법한 장물이므로, 주인에 반환되지 않고 관청에 몰수된다.

한편, 이 네 재물죄를 직접 적용하거나 또는 간접 준용하는 구성요건도 적지 않은데, 이들은 대부분 그 장물 가액의 다소에 따라 네 가지 죄명을 혼용한다. 그러나 일반인이 타인의 재물을 받고 그를 위해 관리에게 청탁하는 행위(권11, §136)나, 관리가 사전에는 재물을 받지 않았다가 사후에 재물을 받은 행위(§139) 등과 같이, 각 조문에서 제공자에 대한 처벌을 명시한 경우에 한해서만, 그 장물을 국고에 귀속시키는 것으로 엄격히 해석되어야 할 것이다. 왜냐하면, 관리의 재물범죄 중에는, 제공자가 수취자한테 불법이거나 부당한 청탁을 사적으로 병행하는 뇌물성이 있는가 하면, 후술할 별도 규정처럼 관리 자신의 지위와 권세에 의지한 사실상 강압에 의한 탈취도 있기 때문이다.

39) 권11, §137 참조. "일정한 사정이 있어 재물로써 청탁을 행한 경우, 위법의 결과(불법의 수익)를 초래했으면 좌장죄로 논하고, 위법의 결과를 초래하지 않았으면 그보다 2등급 감경한다. 그런데 같은 일로 인해 여러 사람이 공동으로 추렴하여 뇌물을 제공한 경우에는, 주모자는 그 뇌물을 합산한 전액의 $\frac{1}{2}$을, 그리고 從犯은 각기 자기가 출자한 액수(數)를 죄형 산정의 기준으로 삼는다."

그러나 문제는, 양자가 법리상으로는 확연히 구별되지만, 현실로는 그 동기나 목적이 애매모호할 수도 있다는 점이다.[40]

② 장물의 불법 취득

한편, 竊盜와 强盜는 일방으로 탈취한 범죄로서, 주인의 제공행위가 없기 때문에, 이러한 몰수 행위가 원칙상으로 문제되지 않는다. 다만, 이미 도둑질한 장물을 제3자가 다시 도둑질한 경우, 원물은 첫 번째 도둑의 한 배 배상과 함께 원래의 주인에게 반환되지만, 두 번째 도둑의 한 배 배상은 원래의 주인이나 첫 번째 도둑에게 귀속되지 않고, 쌍방 모두 범죄인 예에 의해 국고에 귀속된다. 왜냐하면, 원래의 주인은 원물과 함께 첫 번째 도둑의 한 배 배상을 이미 받았으므로, 이중의 배상에 의한 부당이득을 취할 수 없고; 첫 번째 도둑은 그 자신이 원물의 정당한 주인이 아니므로, 불법행위로 인한 합법 배상(이익)을 취득할 수 없기 때문이다. 만약 고발자에 대해 포상해야 할 경우에는, 令에 의해 상금으로 지급한다.[41]

③ 친족 살해범과 私和

그리고 도둑에 준하여 처벌하는 특수한 장물죄로서, 그 장물이 국고에 몰수되는 경우가 있다. 그 중 하나가 친족이 살해된 경우 피해자 가족이 범인과 사사로이 화해(私和)하면서 재물을 받는 행위다. 고대의 禮法에 의하면, 일정한 범위의 친족이 피살된 경우, 그 가족은 복수의 권한이 허용될 뿐만 아니라, 복수의 의무까지 윤리도덕상으로

---

40) 관리(獄官)가 죄수의 재물을 받고, 죄수의 진술을 번복하도록 하거나 조서를 증감시킨 경우에도, 枉法 또는 受所監臨의 죄로 처벌되는데(권29, §472), 재물을 제공한 자에 대한 처벌규정이 없다. 疏議에도 그 재물에 대한 귀속 여부가 해설되지 않는다. 엄격한 문리해석상으로는 국고 귀속이 부당할 것 같으나, 실질상의 범죄내용으로는 뇌물 성격이 강해 보인다. 아마도 죄수에 대한 형사처벌의 가중을 회피한다는 인도주의 배려에서 제공자에 대한 처벌규정을 두지 않은 듯싶다. 그로 인해 장물의 민사상 귀속 문제가 애매하게 된 입법의 불비로 판단된다.

41) 권4, §32 전단의 注 및 疏議 참조.

부과되었다. 그 후 국가 공권력의 법체계가 정비되면서, 적극적인 사적 복수는 공적인 형벌권으로 대체하여 이를 금지하게 되었다. 그러나 문제는, 소극적으로 복수심을 공공연히 포기하는 사적 화해(私和) 행위까지도 국법이 동시에 금지함으로써, 매우 어정쩡한 절충 입장을 취하게 된 점이다.

물론 사적 화해를 행한다고 공적인 형벌권까지 정지 또는 면제되는 것은 아니다. 하지만, 복수심의 공개 포기를 거의 살인에 버금가는 중형으로 다스린 점은, 전통법의 가족주의 윤리의 독특성이 아닐 수 없다. 그런데 사적인 화해의 죄보다 장물의 수량에 따른 竊盜죄가 무거운 경우, 후자에 의해 처벌한다.[42] 그리고 사적인 화해에 제공된 장물은, 제공자와 취득자 쌍방 모두 범죄를 구성하는 경우에 준하여, 제공자에게 반환되지 않고 국고에 몰수하도록 규정한다.(권17, §260)

④ 도박죄

도둑에 준하여 처벌하는 특수한 장물죄로서, 그 장물이 국고에 몰수되는 또 다른 한 경우는 도박죄다. 도박에서 승리하여 재물을 취득한 자 뿐만 아니라, 패배하여 상실한 자(및 도박장을 제공하거나 도박을 주선한 자)도 모두, 각기 자신이 취득 또는 상실한 재물의 수량에 따라 竊盜죄에 준하여 처벌된다.(권26, §402) 도박의 경우, 그 장물의 처리에 관해 어떠한 명문의 규정이나 해설이 없어서, 異論이 있을 수 있다. 그러나 도박죄는 쌍방 모두 竊盜죄로 처벌되기 때문에, 일반 竊盜와는 다르다. 따라서 도박에서 이겨 재물을 딴 자가 잃은 자한테 장물을 반환하거나 더구나 한 배 배상까지 한다는 것은, 목적론상의 실질 정의의 견지에서나 형식론상의 법리의 관점에서도 모두 도저히 생각

---

42) 이점은 형사 처벌과 민사 배상을 엄격히 구분하여 병행시키는 관점에서, 당사자 간의 사적 화해로 민사 손해배상이 원만히 실현된 경우에, 이를 형사 처벌의 과정에 정상참작 사유로 고려하는 현대법과 완전히 상반되는 태도다. 이는 법문화, 특히 법의 근원 배경을 이루는 윤리도덕과 철학사상의 특수성에서 말미암은 차이로 이해된다.

할 수 없는 일이다. 취득자와 상실자 쌍방 모두 범죄를 구성하는 경우에 준하여, 그 장물을 국고에 몰수한다고 해석하는 것이 합리적이고 합목적적일 것이다.

나) 몰수(국고 귀속)의 배제

그러나 취득과 제공이 자유의사의 합치에 의하지 않은[不和] 경우, 또는 자유의사의 합치라 할지라도 제공자에게 죄가 되지 않는 경우, 그리고 관리가 그 지위와 권세를 빙자하여 인민으로부터 재물을 구걸하거나 요구하여 인민이 강요에 의하거나 또는 자발로 재물을 준 경우 등에는, 모두 그 장물을 주인에게 반환하며 몰수하지 않는다. 이들도 형식상으로는 재물의 취득과 제공 사이에 쌍방 간의 직접 수수행위가 존재하여, 竊盜나 强盜의 일방 탈취행위와 판이하며, 오히려 관리들의 뇌물 범죄와 비슷해 보인다.

그러나 이들은 실지로는 제공자가 자신의 자유의사와 관계없이, 또는 자유의사에 반하여 마지못해 강압에 의해, 또는 자신도 모르게 엉겁결에 재물을 준 것이므로, 자신의 사적인 底意에서 자발로 제공한 뇌물범죄와는 성격상 완연히 구분된다. 그래서 그 취득자는 장물에 따라 처벌하되, 제공자는 처벌하지 않고 오히려 그 장물을 환수할 수 있도록 조처해 주는데, 그 법적 효과에서는 竊盜나 强盜의 경우와 매우 흡사하다. 실제로 이 유형에 속하는 범죄의 상당수는 竊盜죄를 적용 또는 준용하도록 규정된다.

그 대표적인 예가 공갈로 재물을 취득한 죄(그 공갈이 객관상으로 위협이 못될지라도, 피해자가 주관상으로 공포를 느낀 경우에는 포함됨)인데, 竊盜에 준용하되 한 등급 가중한다.(권19, §285) 또한 각종 형태의 詐欺로 公私의 재물을 騙取한 죄(권25, §373)나, 자유의사의 합치에 의한 매매가 성립되지 않았는데 일방으로 强買한 경우(권26, §421) 등은, 竊盜에 준한다. 그밖에 관리가 매매에 종사하여 이득을 취한 경우(권11, §142), 관할지역 인민의 환대공양을 받거나 강요하는 경우(§144), 관할구역에서 재물을 聚斂하여 타인에게 제공하는 경우(§145), 관직을 떠난 자가 옛 관속이나 인민으로부터 대접을 받거나 구걸·임차하는 행위(§147), 관리나 호족들이 권세를 빙자하여 인민의 재물을 구걸·요구하는 행위(§148), 심지어 관리의 가족이 관할지역 내에서 구걸·임차·사역·매매 등으로 이득을 취득하는 행위(§146) 등은, 심한 경우 枉法으로, 경미한 경우 坐贓에 의해 처벌하며, 그 장물은 한결같이 주인에게 반환된다.

관리에게 많은 권세와 높은 지위가 보장되던 전통사회에서, 현실로 그 권세의 남용을 억제하고 방지하여, 인민의 자유와 재산을 최대한 보호하려고 의도한 제도 장치의 일부인 셈이다. 물론 이러한 규정은 민사배상이라는 재산권의 보장보다는, 오히려 탐관오리의 엄벌이라는 공직의 청렴성 유지에 더 큰 비중이 있었을 것이다. 또한 이러한 법제의 사회적 실효성이 정말로 얼마나 되었는지는 의심스러울 수도 있다. 그렇지만 이러한 제도 장치의 존재만으로도, 민사 손해배상의 법 관념이 이미 상당히 성숙되어 있었음을 알 수 있다.

다) 기타 坐贓으로 논죄하는 특수한 사례

이밖에도 비교적 특수한 개별 구체의 구성요건을 살펴보면 다음과 같다. 당률에는 우선 坐贓의 죄로써 논한다고 규정하는 범죄가 적지 않은데, 대부분 그 장물의 사후처리에 개별 구체의 언명이 없어서, 다소 애매한 경우도 있다. 일반으로 앞에 서술한 장물 처리 원칙에 의할 것이라고 해석되지만, 때로는 그 성격상 그러한 원칙에 부적합하거나 불분명한 사례도 존재하는 것이다.

① 禁物이나 매장물 등

예컨대, 禁物을 지니고 국경의 관문을 통해 출국한 경우 坐贓으로 논죄하는데, 이는 재물의 양에 따른 형사처벌을 의미하며, 그 장물 자체는 금물 몰수의 규정(§32)에 의해 국고에 귀속된다. 일반의 금물은 아닐지라도, 서쪽 및 북쪽 국경의 통관이 금지된 물품(비단 등 각종 직물 및 금·은·철 등)을 해당 지역에서 범한 경우에도, 마찬가지로 그 특정 금물은 장물로서 몰수대상이 된다.(§87) 타인의 전답에 들어가 과실이나 채소를 임의로 따먹거나 손괴한 경우 坐贓으로 논죄하는데, 이 경우에는 과실이나 채소를 따 가지고 가는 竊盜 준용 논죄의 경우와 마찬가지로, 따먹거나 손상시킨 장물을 징수하여 주인에게 상환시킴은 물론이다.(§441)

타인의 토지 안에서 매장물을 발굴한 경우, 발견자와 주인이 각각 半分하며, 역사 가치가 높은 문화유물인 경우 관가에 제출하고 대가를 수령해야 하는데,[43] 이를 위반하여 임의로 私有獨食한 자는 坐贓의 죄로 논한다.[44] 그리고 유실물을 습득하여 5일 이내에 관가에 송치하지 않은 자도 坐贓의 죄 이상으로 처벌한다.(§448)[45] 이들 경우

43) 銅이나 鐵이 산출되는 지역에서, 관청이 직접 채굴하지 않는 경우, 민간의 채굴을 허용한다. 다만 제련하여 얻은 銅이나 鐵은 관가에 모두 수매하되, 課役에 대신 충당시킬 수 있다. (仁井田陞, 唐令拾遺, 雜令§9, 848면)

44) §447의 疏議 및 仁井田陞, 唐令拾遺, 雜令 §20, 855면 참조.

45) 일반 유실물의 경우, 습득하여 관가에 이송되면 관가 문밖에 공시하여, 분실신고가 접수되거나 증거가 확실한 주인이 찾아와 확인 대조되면 주인에게 반환하고, 1년이 지나도록 주인이 나타나지 않으면 국고에 귀속된다. (仁井田陞, 唐令拾遺, 捕亡令§6, 730-1면) 도망 또는 상실된 가축의 경우, 습득 후 관가에 이송하여 관가 가축과 별도로 목축하면서, 두 계절이 지나도록 주인이 나타나지 않으면, 그곳에서 매각하여 그 가액을 국고에 귀속시킨다. 그 뒤에 주인이 나타나 사실이 입증되면, 그 가액을 반환해준다. (仁井田陞, 唐令拾遺, 廐牧令§19, 710면) 즉, 유실물은 원칙상으로 습득자에게 급여해주지 않는다.

다만, 公私有를 막론하고 각종 목재가 홍수로 표류하는 것을 구제·인양하는 때에는, 육지에 적치한 뒤 관가에 신고하여 주인이 나타나면, 황하와 양자강의 경우 2/5를, 기타 하천의 경우 1/5을 각각 포상으로 인양자에게 분여하되, 30일이 경과하도록 주인이 나타나지 않으면, 인양한 자에게 전 소유권을 귀속시킨다는 특별 규정이 있다. (仁井田陞, 唐令拾遺, 雜令 §11, 849면) 이는 일반유실물의 습득이 우연한 불로취득인 것과는 달리, 위험을 무릅쓰고 소실되는 재산권을 확보했다는 점에서, 그 노동력 투여가 인정된 것으로 보인다. 형평성의 원칙이나 자원의 보호라는 국가경제상 합목적성의 관점 모두에서, 지극히 합리적인 입법으로 평가된다. 다만, 가축이나 노비 기타 인명의 표류를 구제한 경우에도 일정한 포상법이 있었을 듯하나, 현전하는 律令에는 발견되지 않는다. 적어도 가축이나 재산으로서 노비의 경우에는 목재에 준하는 포상이 시행되었을 가능성도 있다.

관가에 이송하거나 주인과 나누어 가져야 할 몫의 물건은, 형사처벌과는 별도로, 여전히 반환해야 한다.

특히 私有가 금지된 兵器의 경우, 그 유실물을 습득하여 바로 관가에 이송하지 않으면, 그 자체로 '違令'죄(軍防令의 위배)가 되고(笞50), 만 5일을 지체하면 일반유실물 습득죄로 논하며, 30일을 경과하면 '私有'의 죄로 徒 1년 반에 처한다는 특별규정이 있다.(§243) 그 장물은 국유물로서 국고에 반환되어야 하나, 禁物로서도 또한 관가에 몰수될 것이 자명하다.

② 상속분 침탈

부모가 사망한 경우, 원칙상 형제간에 공평히 균분 상속하며, 형제 중에 사망한 자가 있는 때에는 그의 아들이 부친의 상속분을 代襲하여 상속한다. 아들이 없으면 守節 중인 처가 남편의 상속분을 대습상속 하는데, 남편의 형제가 모두 사망했으면 1인의 아들 몫으로 다른 조카들과 함께 대습상속에 참여하게 된다. 이러한 상속법을 위배해 불공평한 상속을 행한 자는, 그 침해한 상속분을 계산하여 坐贓의 죄에서 세 등급 감경 처벌한다.[46]

이 경우 침해한 상속분의 반환에 관한 명문 규정이 발견되지 않는데, 법리상 당연히 반환(상속회복)해야 할 것으로 해석된다. 재산상속 문제는 현실의 이해관계가 첨예해 형제간의 분쟁을 야기하고, 심지어 소송까지 제기되는 경우도 적지 않았다. 다만 친족간의 소송제기(告訴)를 윤리상 엄격히 금하던 당시 법 관념에 비추어 보면, 상속 불공평은 관청의 직권에 의해 처벌하는 강행규정이며, 그 상속반환(회복)도 제1차로 공권력에 의한 시정 명령의 형태를 띠었을 가능성도 있다.

③ 관리의 직무 관련 범죄

한편, 관리의 직무와 관련된 범죄는 다소 복잡하게 개별화된다. 우

46) §162의 疏議 및 仁井田陞, 唐令拾遺, 戶令 §27, 245-5면 참조.

선 里正이나 官司에서 戶口를 임의로 누락시키거나, 또는 연령을 조작하여 課役을 증감시킨 경우(§153), 또는 賦役을 불법으로 차출하거나 가중한 경우(§173)에는, 그 과역이나 부역이 관가에 귀속되었으면 坐贓으로, 만약 개인의 이득으로 착복되었으면 좀더 무거운 枉法으로 각각 누진하여 처벌한다. 과역이나 부역이 관가에 귀속된 경우, 장물의 반환이라는 민사 배상은 물론 문제되지 않는다. 그런데 개인의 이득으로 착복된 경우에도, 그 장물이 임금으로 계산되는 때에는, 역시 추징의 문제가 발생하지 않을 것이다.(§33)

그리고 監臨이나 主守는 자기 관할 행정구역 내에서 조세나 課役 물품의 운송에 간여할 수 없으며, 간여한 경우 그 이득을 계산하여 坐贓으로 논죄하는 관리의 이권개입 금지규정이 있다. 특기할 점은, 그 이득물은 몰수나 반환의 대상이 아니며, 따라서 그의 민사상 소유권은 합법으로 인정되는 사실이다. 법리상, 이는 관리의 일반 장물죄처럼 취득자와 제공자 피차가 범죄가 되는 장물이 아닐 뿐만 아니라, 관리가 인민에게 일방으로 구걸하거나 요청한 장물도 아니며, 실질상으로도 이는 일단 자신의 노력을 투자해 획득한 경제상의 대가이기 때문이라고 해설된다.(§218)[47] 관리의 청렴한 윤리도덕을 강조하기 위해서 특별히 행정상 형사책임은 요구하면서도, 민사 불이익까지 부과하지는 않은 것이다. 이 규정을 보면, 전통법에서도 일부분이나마 민사와 형사를 구분하는 법 관념이 상당히 존재했음을 확인할 수 있다.

라) 토지에 대한 침범

여섯 가지 전형의 장물죄에는 분류되지 않지만, 타인의 재산권에

47) 이밖에도, 王公主나 宮人은 部曲이나 客女를 파견하여 시장에서 판매 등의 거래 행위를 도모할 수 없으며, 일반 官人도 관할 행정구역 안에서 수렵이나 맷돌 제조, 기타 인민과 이해를 다투는 행위를 할 수 없다는 이권금지 규정이 있다. (仁井田陞, 唐令拾遺, 雜令§22·§26, 857-9면) 다만 이를 위배하여 취득한 이익에 관해서는 명문의 언급이 없는데, 법리상으로는 마찬가지로 몰수나 반환이 되지 않는다고 해석될 것이다.

대한 침탈로서 민사배상이 문제되는 중요한 특별 구성요건이 있다. 이른바 토지에 대한 침범이 그것이다. 비록 토지의 종류에 따라 상속과 매매를 일부분 허용하긴 하지만, 근본상 王土사상에 입각하여 엄격한 통제를 가하던 것이 당시의 기본 정책이었다.

① 법정 한도 초과 점유와 매매의 금지

그런 상황에서도 토지의 점유권 및 사용권(경작권)에 대한 법적 보호는 상당히 강력하였으며, 그 침탈에 대한 민사배상 또한 매우 철저함이 律令에도 반영된다. 예컨대, 口分田의 경우 법령의 규정한도를 초과하여 점유하는 자는, 누진해서 가중 처벌하는데(§164), 그 초과 점유 토지를 환수할 것은 자명하다. 그런데 이 口分田은 국가의 公有權으로부터 分與 받은 것이기 때문에, 원칙상 매매가 금지된다. 예외로 허용되는 경우에도, 법정취득 최고한도 안에서 관가에 신고하여 확인 받은 뒤에야 가능하다. 이를 위배하여 임의로 매매한 때에는, 그 토지는 원주인에게 반환하되, 그 매매대금(재물)은 관가에 몰수하고, 매입자에게 되돌려 주지 않는다.[48] 또한 이 토지는 먼 外地에 在任 중이거나 부역하는 경우를 제외하고는, 임대 또는 入質할 수 없는데, 이 규정을 위배한 경우에도 토지는 본 주인에게 반환하되, 그 대금(재물)은 관가에 몰수하고 반환해 주지 않는다.[49]

---

48) §163 및 仁井田陞, 唐令拾遺, 田令 §16·§17, 630-1면 참조. 한편, 錢大群, 唐律譯注, 1988, 江蘇古籍出版社, 147면에서는 '財沒不追'를 '매매대금이 (매도인에 의해) 이미 소비된 경우에는, 이를 다시 추징하여 매입자에게 환급하지는 않는다.'고 번역하는데, 이는 '沒'을 현대 중국어의 '沒有'(없다) 의미로 오해한 소치다. 여기의 '沒'은 쌍방 모두 범죄가 되거나 禁物인 장물을 '沒官'하고(§32) 謀反大逆 죄인의 가족 및 재산 일체를 '沒官'(이른바 籍沒)한다(§248)는 문맥과 같은 '沒收'(국고 귀속)의 의미로 해석하는 것이 타당하다. 법의 형평성과 실질 정의의 관점에서도, 地主가 매매 대금은 반환하지 않으면서 토지만 회수할 수 있다면, 이는 법이 부당이득을 보장하며, 나아가 간교한 지주의 고의성 불법 매매를 조장할 우려가 있기 때문이다. 이와 관련해, 中國의 저명한 법사학자인 張晋藩 교수는 1994년 10월 본국 방문 시, 필자의 질문에 대해, 錢의 해석이 誤譯임을 확인하여, 필자의 견해에 전적으로 동의함을 구두로 명백히 표명한 바가 있다.

② 盜耕과 盜賣의 금지

좀더 특별한 입법은, 公私 전답을 주인의 동의 없이 임의로 경작하는, 이른바 '盜耕'에 관한 규정이다. 토지는 移徙할(옮길) 수 없는 부동산이기 때문에, 일반 '眞盜'의 개념에 포섭하기 어렵다. 이 점을 감안하여 별도의 '盜'개념을 설정한 것인데,[50] 타인의 토지를 임의로 몰래 팔아먹은 범행도 '盜(貿)賣'로 규정한다.

그런데 '도경'의 경우 형사처벌과 토지의 반환은 물론, 그 토지에 임의로 경작한 苗子(식물과 그 결실)를 전답의 주인에게 귀속시킨다는 규정(§165)이 특히 주목된다. 그리고 불법 경작물의 귀속에 관한 이 규정은, 타인의 公私田을 자기의 것이라고 임의로 '盜賣'하는 경우(§166)는 물론, 관가에서 권세로써 私田(개인 토지)을 침탈한 경우(§167) 및 타인의 분묘토지(墓田)를 '盜耕'한 경우(§168)에도 일률 준용된다.[51]

---

49) 仁井田陞, 唐令拾遺, 田令 §20, 634면 참조. 한편, 宋刑統 권13, 戶婚律에 새로이 추가된 「典賣指當論競物業」조(205면)에는, 唐의 雜令(仁井田陞, 唐令拾遺, 雜令 §16, 853면) 규정이 준용되고 있다. 즉, 가장이 집안이나 3백리 이내에 존재하는 경우에, 자손이나 비속친이 노비·가축·전답·가옥 등의 재산을 가장의 동의나 관청의 확인 없이 임의로 전당 또는 매도하면, 재산은 주인에게 반환하되, 금전은 몰수하고 매입자에게 돌려주지 않는다.

50) 권13, §165 (疏議曰: 田地不可移徙, 所以不同眞盜, 故云'盜耕種公私田者'.) 이에 대한 전제로, 唐律은 '盜'에 관한 입법해석 규정을 두고 있다.(§300) 이에 의하면, '盜'는 소유자의 의사에 반하는 재물의 공공연한 취득(公取: 반드시 强盜만을 지칭하지는 않음)과 은밀한 취득(竊取)을 모두 포함하는 것으로 규정된다. 그 중에서 위세로 협박하거나 폭력을 행사하거나 기타 술이나 약물을 사용하는 경우가 强盜다.(§281) 그런데 '盜'는 본래 동산을 그 고유 대상으로 정하고 있다. 그래서 일반 기물은 移徙시키고, 일반 가축은 우리나 묶여 있는 곳을 이탈하며, 매나 개처럼 자유로이 활동하는 짐승은 그 자유를 구속시킬 것이 요건이다.

51) 경작물의 귀속과 관련된 특별한 규정이 또 있다. 즉, 소송 중인 전답에서 일단 승소판결을 받아 이미 경작한 경우에는, 후에 비록 그 판결이 변경된다고 할지라도, 그 경작물(苗)은 경작자에게 귀속된다. 전답을 갈기만 하고 아직 파종하지 않은 경우에는, 승소자가 패소자(현 점유자)의 노동력에 대한 보수를 지불(배상)하고 경작을 시작하되; 판결이 나기 전에 강제로(임의로) 경작한 경우에는, 그 경작물이 승소판결 받은 지주에게 귀속된다. 仁井田陞, 唐令拾遺, 田令§28, 641면 및 重詳宋刑統, 권13, 戶婚律, 中華書局, 吳翊如 點校本 205면 참조.

이는 토지의 소유권뿐만 아니라 경작권까지도, 형사뿐만 아니라 민사상으로도 최대한 보장하려는 입법조치임에 틀림없다.

보통 "씨 뿌린 자가 결실을 거둔다."는 게 토지의 자연법칙이다. 그런데 토지에 대한 인위규범상 권리(소유권·점유권·경작권)의 설정으로 말미암아, "불법의 씨를 뿌린 자에게 합법의 결실을 거두게 할 수 없다."는 사회규범으로 전환된 것이리라! 마치 수취자뿐만 아니라 제공자에게도 불법 목적이 있어 쌍방 모두 범죄를 구성하는 장물의 경우, 주인에게 반환되지 않고 관에 몰수되는 것과 비슷한 이치라고 할까?

이밖에, 공공의 도로나 논밭 두둑 길을 사사로이 침범하거나 식물을 재배하는 행위는 법으로 금지하여 원상회복을 명령한다.(§404. 통행에 지장이 없으면 식물재배는 허용된다.) 또 각종 山川의 天惠 이익을 독점하는 행위도 처벌한다. 다만, 이미 노력을 들여 취득한 이익은 환수하지 않는다.(§405)

마) 신분상의 특례

① 형사처벌상의 특례

장물죄의 주체와 관련된 신분상의 특례가 있어 주목된다. 官戶(州나 縣에 일반 호적이 없이 司農에 직접 예속됨)나 部曲 및 官私노비의 범죄인 경우에는, 개별 해당 조문(本條)에 별도의 규정이 없는 한, 각기 良人에 준한다는 원칙이 천명되고 있다.(§47 전단) 이들은 특수한 하급천민으로서, (특히 노비의 경우) 가축에 버금가는 재산권으로 대우되기 때문에, 흔히 半人半物의 특성으로 대표된다. 그래서 이들의 신분상 특수성을 감안하여, 이들의 범죄에 대한 처벌도 특별히 대우한다.

즉, 이들이 流刑이나 徒刑의 죄를 범한 경우에는, 流刑이나 徒刑을

한편, 宋刑統의 동일 조항에 인용된 唐 寶應 원년(762) 4월 17일의 칙령에 의하면, 백성의 전답 소송에서 만약 이미 파종한 경우에는, 현 경작자를 위주로 하여 수확을 기다린 후 판결을 내리되, 만약 훔쳐 파종(盜種)한 경우에는, 지주에게 농작물 수확을 일임하고, 그간 투자한 노동력(인건비)은 논하지 않는다고 규정한다.

직접 집행하지 아니하며, 徒1년은 杖120으로 대체 시행한다. 그리고 한 등급 가중될 때마다 杖20씩을 각각 추가하여 최고 杖2백을 각기 시행한 뒤에, 복역을 면제하여 소속 관청이나 주인에게 반환해준다.

② 민사배상 책임상의 특례

그보다도 민사배상 책임과 관련하여 더욱 중요한 점이 있다. 범죄로 인한 장물(正贓: 따라서 논리해석상 竊盜죄의 倍贓도 포함됨)과 범죄를 대체할 속죄벌금[贖銅]을 규정상 추징하여야 하는데, 노비한테 실제로 재산이 없을 때에는 銅2斤을 기준으로 杖10씩으로 환산하여 대체형벌을 시행한 뒤,(최고 杖2백을 초과 못함) 각기 관청이나 주인에게 돌려준다는 내용이다. 물론 배상할 만한 사유재산이 있는 경우에는 당연히 일반원칙대로 추징한다. 그런데, 만약 해당 범죄인이 연로하거나 연소하거나 또는 廢疾에 걸려 다른 법규정상 杖刑을 시행할 수 없는 경우(§30)에 해당하면서, 아울러 배상할 재산도 없는 경우에는, 杖刑과 배상 책임을 모두 면제하고 그냥 석방해 준다.(§47 후단)

이 규정의 중요한 특색은, 노비나 부곡의 형사책임은 물론 민사배상 책임까지도 본인의 고유한 주체성을 인정하여, 그의 주인한테 연좌책임 내지 연대배상의무를 결코 부과하지 않는다는 점에 있다.(§47 疏議) 이는 노비의 罪過를 빌미로 그 주인의 재산까지 침탈할 가능성을 사전에 봉쇄한 점에서 상당히 중요한 의미가 있다. 나아가 노비를 형벌에 처한다는 명목으로 장기간 속박·복역시킴으로써, 그 노비에 대한 소유권이 부당하게 침해·제한되는 폐단까지 제거한 점에서도, 더욱 의미 있는 법제로 평가된다.

그런데, 관물을 대차 받은 인민이 법정기한이 지나도록 원리금을 상환할 재산상 능력이 없는 경우, 그 남자 戶口를 강제로 노역에 종사시켜, 그 임금으로써 원리금의 상환에 충당한다는, 채무불이행에 대한 강제집행규정이 있다.[52] 노비 등의 처벌특례를 이 규정과 상호 대비해 보면, 비록 그 분야와 집행방법이 다르긴 하지만, 양자는 서로 비슷하게 닮은 점이 있다. 즉, 관물의 완전한 상환을 집요하게 관철시키기 위해 신체 노동으로 代役시키는 점과, 노비에 대한 인민의 사적 재산권을 철저히 보장해 주기 위해 신체 고통으로 代行시키는 점에서 그러하다. 설사 일반보편이진 못하지만, 사적 재산권도 국유재산권만큼 소중히 여기고 보호해 주는 그 관념이 소중한 것이다.

그렇지만 여기에는 자못 중대한 문제가 있다. 국유재산권에 대해서는 강제노동을 통한 경제(민사)상 추징을 관철하면서, 노비에 의한 사유재산권 침해에 대해서는 노비 주인의 사유권을 보장한다는 명분으로 배상 책임을 국가형벌권에 의한 법적 집행으로 대체해 버린 이중성이 문제다. 즉, 이 규정의 시행으로 말미암아, 자력이 없는 천민에게 피해를 당한 선의의 인민이 우연한 상황으로 민사배상을 전혀 받을 수 없게 된다. 이러한 반사 불이익은 형평의 법리에 크게 위배되며, 이 법제가 안고 있는 가장 중대한 결함일 것이다. 특히 이는, 후술할 가축에 의한 손해에 대해 그 주인에게 배상책임을 인정하는 법제의 정신과 대비해 보아도,[53] 불공평한 일면이 뚜렷하다. 왜냐하면, 노비 등은 가축과 비슷한 재산상 물건의 성격이 강하기 때문이다.

③ 재산침탈 범죄상의 신분 평등

재산상 침탈과 관련하여, 또 하나의 행위주체 신분상의 특례가 있다. 당시 신분 계급사회의 본질을 반영하여, 양인과 천민 상호간의 인명살상 범죄에서는 방향에 따라 죄책을 가중 또는 감경하는 원칙이 철저하다. 그런데 재물 침해의 죄에서는 이 특례를 적용하지 않는 점이 특징이다.[54] 그리고 이러한 법제는 옛 주인이 옛 부곡이나 노비

52) 仁井田陞, 唐令拾遺, 雜令§17, 853면 참조. 이는 마치 현행 형법체계에서 벌금을 내지 못하는 죄수한테 일당 임금을 환산하여 노역으로 대체 집행하는 것과 비슷한 이치이다.

53) 본서의 본편 제3장 제3절 268-273면 참조.

54) 권22, §320: 「相侵財物者, 不用此律.」 살상죄의 형법에서는, 구체로는 완전한 자유인으로서 양인과, 반자유인으로서 部曲 및 官戶, 그리고 완전한 비자유인으로

를 침해하는 경우에도 그대로 적용된다. 즉, 살상 범죄에서는 일반인에 대한 범죄보다 각기 두 등급씩(일반 노비나 부곡에 대한 경우보다는 각기 한 등급씩) 감경 처벌하고, 과실치사상의 행위는 아예 논죄하지도 않는다. 하지만, 竊盜와 같은 재물 침탈죄에 대해서는, 옛 노비나 현재 노비를 막론하고 일반인과 똑같이 대우한다.[55)]

즉, 인명과 신체에 관하여는 양인과 천민이 사회상 신분계급의 현격한 차이가 그대로 반영되지만, 재산에 관한 한 완전히 평등한 주체로서 인정된다는 사실이다. 물론 이는 그 형사처벌상의 특례이며, 장물죄의 재물반환이나 과실치사상죄의 속죄금 징수와 같은 민사배상에서는 근본상으로 이러한 신분상의 차이가 문제되지 않는다. 오히려 전술한 것처럼, 천민의 범죄에 대한 속죄금 징수에서 특례가 있는 형편이다. 어쨌든 재산범죄에 관한 형사처벌상의 평등한 대우는, 객관 재물을 주관 신분과 구분함으로써, 재산권의 공평한 보장과 함께 민사법의 독자성 확보에 유한하나마 상당한 의미가 있을 것이다.

3. 毁損·亡失의 不法行爲로 인한 손해배상 책임

근대 서양법상의 불법행위법에 해당하는 전통법의 연구대상에는, 앞서 논술한 절도·강도 등 침탈범죄와 관리의 受賂범죄 등 이른바 '6贓'으로 인한 손해배상이 가장 중요한 기본이며, 또한 전통 중국법의 특색을 강하게 반영하는 영역임에 틀림없다. 그러나 이밖에도 고의·과실로 인한 타인 재물의 훼손·亡失 행위유형도 중요한 불법행위에 해당한다. 여기에는 훼손·亡失의 손해배상 일반원칙과 특수한 법률요

서 노비라는 세 등급으로 구분하여 각기 차등지게 대우한다. 양인의 부곡에 대한 살상죄는 일반인 상호간보다 한 등급 감경하고, 노비에 대해서는 두 등급 감경하며; 반대로 양인에 대한 부곡의 살상죄는 일반인에 비해 한 등급 가중하고, 노비의 경우는 두 등급 가중한다.

55) §337의 問答 참조. 다만 현재의 주인과 노비·부곡 사이에 대한 경우는 구체로 명문이 없는데, 부곡이나 노비의 고유한 재산권의 인정과 관련될 것으로 보인다.

건으로 가축의 살상, 가축에 의한 손해, 水火(물불)로 인한 손해 및 관리의 직무상 초래된 손해 등의 배상 책임이 차례로 포함된다.

(1) 毁損과 亡失로 인한 손해배상의 일반원칙

"(고의)로 官私의 기물을 폐기·훼손하거나 수목·농작물을 훼손·채벌한 행위는 竊盜에 준하여 처벌하며, 官物(公物)을 상실하거나 과실로 훼손한 행위는 세 등급 감경 처벌한다."

[§442: 「諸棄毁官私器物, 及毁伐樹木稼穡者, 準盜論. 卽亡失及誤毁官物者, 各減三等.」]

"官私의 기물을 고의로 폐기 또는 훼손하거나 과실로 훼손한 경우에는, 각각 이를 배상시킨다. (注: 창고에 있지 아니하며 별도의 장소에서 지키는 것을 일컫는다.) 만약 강도당한 경우에는, (형사상으로) 처벌하지도 않고 (민사상으로) 배상시키지도 않는다. 그리고 비록 창고 안에 있더라도, 고의로 폐기·훼손한 경우에는, 법대로 배상을 추징한다. 그것이 배상할 수 없는 물건인 경우에는, (형사)처벌만 하고 (민사)배상은 시키지 않는다. (注: 符節·인감·자물쇠·관문서 등의 종류를 일컫는다.)"

[§445: 「諸棄毁, 亡失及誤毁官私器物, 各備償. (謂非在倉庫而別持守者.) 若被强盜者, 各不坐, 不償. 卽雖在倉庫, 故棄毁者, 徵償如法. 其非可償者, 坐而不備. (謂符、印、門鑰、官文書之類.)」]

이상 두 조문이 훼손과 망실로 인한 손해배상과 관련하여 가장 일반의 원칙을 규정한 기본 불법행위법이라고 할 수 있다.

여기의 '亡'에는 재물로서 가축의 死亡과 기물의 자연적·객관적 존재의 消失이 모두 포함되고, '失'은 일반의 유실·분실로서 주관상의 상실을 의미한다. '亡失'은 官私 기물을 합법으로 임차하여 사용하거나 또는 보관하는 자가 부주의 또는 과실로 인하여 이를 분실 또는 喪亡한 경우를 지칭한다. 따라서 적극 훼손과는 그 성격이 본질상 판이하지만, 입법기술상 '亡失'로 칭하여 훼손의 구성요건과 함께 병렬로 규정하는 것이다. 양 조문은 그 적용대상과 내용상 서로 중첩되는데, 전자는 형사처벌에, 후자는 민사배상에 각기 중점을 두어 서로 구분되게 규정하는 것이 특징이다. 침해의 행위는 고의의 폐기·훼손·상실 및 과실 훼손을 모두 포괄하여 두 조문이 일치한다.

다만 그 대상에서, 형사처벌 규정인 전자가 민사배상 규정에서 거론되는 官私器物 이외에 별도로 수목 및 농작물을 추가한 점이 다르다. 그러나 앞 조항이 적용되더라도 竊盜에 준하기 때문에, 장물의 수량에 따른 형사처벌과 함께, 그 장물의 반환에 대한 민사 책임도 부과된다. 다만 준용이 처벌상 절도의 형벌기준의 방편상의 차용에 지나지 않기 때문에, 진범과는 달리 한 배의 별도 배상, 즉 倍贓의 추징은 면제된다.[56] 실제로 앞 조문(§442)의 疏議에서도 그 장물은 모두 민사 배상(상환)시킴을 확인 삼아 해설하며, 그리고 후단의 구성요건에서 제외된 私物의 과실훼손이나 상실은 다음 조문(§445)의 규정에 의해 민사배상 책임만 부과하고 형사처벌은 면제한다고 해석한다.

반면 후자의 조항에서는, 첫째 불가항력으로 침탈(강도)당한 경우, 둘째 정상의 창고시설에 보관 중인 기물의 과오 훼손, 셋째 국가기관 고유의 비대체 특정물 등에 대한 민사배상 면제의 특례를 규정한 것이 특징이다. 强盜를 당한 경우에는, 인위적 불가항력의 위세에 의한 강제침탈의 피해로서, 기대가능성이나 비난가능성이 없기 때문에 책임성을 면제하는 것이 합리다.

그러나 竊盜당한 경우는 이에 포함되지 않으며, 부주의나 과실로

56) 이는 준용범죄의 민사상 효과인데, 형사처벌상의 효과에는 도둑죄 뿐만 아니라 관리의 장물죄도 포함된다. 형사 효과의 내용으로는, 최고형이 流3천리로 한정된다. (즉 준용의 범죄로는 사형이 없다.) 따라서 관리의 제명이나 면직, 또는 감림· 주수의 가중처벌 및 노역을 부가한 유형(加役流) 등이 적용되지 않는다. 권6, §53, 「稱'準枉法論''準竊論'之類, 罪止流三千里; 但準其罪, 竝不在除免倍贓·監主加罪·加役流之例.」

인한 일반 亡失에 포함됨을 유의해야 한다. 특히, 관리들의 직책상 관리·주의 의무가 상당한 정도로 요구되는 경우에는 더욱 그러하다. 또 大祀神御 용기물이나 황제 전용 기물(§435)·부절·인감·자물쇠(§437)·制書(황제조서)·관문서(§438) 등을 폐기·훼손한 경우에는, 형사상으로는 각기 절도로써 또는 절도에 준하여 처벌하지만; 기물의 유일무이한 고유성에 비추어 배상하기 어려우므로, 민사배상 책임은 예외규정에 의해 면제된다. 따라서 배상방법은 同種의 현물을 직접 대체·보충하는 내용으로 해석되는데, 현실로는 그 가액을 주인에게 배상하여 대신 塡補하게 하는 간접 형식도 허용되었을 것으로 보인다.

한편, 이 일반원칙 규정에 대한 개별 특수 규정이 몇 조문 있다. 예컨대, 타인의 비석이나 석조물 및 廟堂, 또는 기타 加功한 建造物을 고의(이 경우 徒刑이나 임금, 즉 건축비용을 계산한 坐贓으로 형사처벌함) 또는 과실(형사처벌은 면제함)로 파괴·손상시킨 경우에는, 원상대로 修立(복원)하도록 민사배상 책임을 부과한다.[57] 軍器를 수령하여 사용 완료 후에 반납하지 않고 고의로 폐기·훼손하면, 도둑에 준하여 논죄하므로 배상이 당연히 수반된다. 그리고 만약 상실하거나 과실로 훼손한 경우에도, 정도(비율)에 따른 형사처벌과 함께 슈의 규정에 의한 배상 책임까지 부과된다. 다만, 전쟁터나 진영에서 훼손·상실된 경우에는, 군대고유 임무수행으로 인한 것이기에, 형사처벌은 물론 민사배상도 면제된다.[58] 또 天尊像(道教의 神仙像)이나 佛像을 훼손한 경우(竊盜한 경우 竊盜죄에 의해 논죄함)에도, 그 임금(건축비용)을 계산하여 坐贓으로 논죄하면서, 원상대로 修立(복원)하도록 민사배상 책임도 부과한다.[59][60]

---

57) 권27, §443:「諸毁人碑碣及石獸者, 徒一年; 卽毁人廟主者, 加一等. 其有用功修造之物, 而故損毁者, 計庸, 坐贓論. 各令修立. 誤損毁者, 但令修立, 不坐.」

58) 권27, §444:「諸請受軍器,.... 其棄毁者, 準盜論. 若亡失及誤毁傷者, (疏議曰: 仍依令備償.) 其經戰陣而損失者, 不坐. (疏議曰: 不坐, 不償.)」

59) 권19, §276. 疏議 참조.「若毁損功庸多者, 計庸坐贓論. 各令修立.」

60) 인명의 殺傷과 폭행 범죄에 수반되는 각종 기물 파손의 민사상 손해배상 책임과 관련하여, 明代에 한 사례가 발견되어 주목된다. 즉, 비록 律文(戶律, 田宅조,

일반으로 임금이나 임대료를 계산하여 논죄하는 장물죄는, 그 장물이 실재하지 않기 때문에, 장물 추징이라는 민사배상의 논의에서 아예 제외하는 것이 원칙이다.[61] 이는 당률상의 민사 손해배상 제도가 서양법처럼 독자의 원만한 법체계를 갖추지 못하고 있음을 의미한다. 물론, 이들을 장물죄로서 형사처벌하는 규정의 존재 자체만으로도, 추상의 재산권 개념이 이미 확립되어 있음은 명백하지만; 구체 물건이 아닌 추상 가치와 권리의 보호에서는 고대 로마법이나 근대 서양법처럼 철저하지 못함도 또한 사실이다. 그런데 이들 손괴행위에 대해서 특별히 원상회복의 배상 책임을 규정한 점은, 법의 흠결로 인해 인민의 재산권 침해가 배상받지 못하는 부당한 결과가 초래되지 않도록, 입법기술상으로 법체계 형식의 완결성을 꾀한 것으로 보인다.

한편, 각종 성문이나 성벽 또는 담장을 침해 또는 파괴하는 행위는, 이들을 무단히 넘어 출입하는 죄와 똑같이 처벌한다.(§81) 또, 天地 및 山川에 대한 국가 제사를 위한 祭壇 등 각종 시설물을 파괴하는 행위는, 이보다 더 엄중히 처벌한다.(§436) 다만, 이들 규정에서는 원상회복의 배상 책임에 관한 명문이 보이지 않는다. 앞의 일반 원칙 규정에 대한 형사처벌상의 특별 규정으로 해석한다면, 일반원칙에 의해 민사배상을 명할 수 있을 것이다.

전술한 두 개별규정에서, 타인의 건조물 훼손에 대한 원상회복은 律의 正文에 明記되어 있는데, 佛像 등의 훼손에 대한 원상회복은 疏

---

§98)의 규정에 의해 '수량을 헤아려 배상을 추징한다.'고 말하지만, 실제로는 약간의 금전을 내어 배상의 명목으로 시늉만 낼 뿐, 파손된 기물 수리에는 턱없이 부족한 관행을 지적한다. 그러면서, 파손된 기물마다 각각 개별로 소요되는 수리(노임과 자재)비용을 산정하여 완전히 복원시키도록 명령하되, 수리복원(민사배상)이 완료된 후에 비로소 살상 등의 형사죄형을 심리하도록 건의·시행한 것이다. 戴金編次, 皇明條法事類纂, 卷之十三, 戶部類, 「棄毁器物稼穡等」조 : 文海出版社, 영인본 上, 332면 참조.

61) 권4, §33: 「若計庸賃爲贓者, 亦勿徵. (疏議曰: 其贓元非正物, 故雖非會赦, 其贓並亦不徵.)」

議에서 확인 삼아 해설하고 있기 때문에, 이들은 注意적 언급으로 이해될 수도 있다. 그런 경우에 성벽이나 담장·祭壇과 같은 국가의 중요한 시설물에 대한 손괴행위에 대해, 민사배상 책임의 언급이 결여되었다는 이유만으로, 이를 굳이 부정할 수는 없다고 해석하는 것이, 형식 법리와 목적론적 타당성에 충분히 부합하는 것으로 보인다.

이밖에 특수한 亡失행위로는, 민간의 吉凶행사에 필요하여 관청으로부터 빌려(假請) 쓴 官物을 亡失한 경우, 관청에 자발로 신고하면 법대로 민사배상만 행하게 되지만, 신고하지 않으면 일반 亡失죄로써 형사처벌도 함께 받아야 한다는 규정이다.(§211. 기타 고의의 파기·훼손 등은 일반 규정에 의하게 된다.) 그리고 타인의 위탁을 받아 보관하는(受寄) 재물을 亡失한 경우에는, 官私 기물의 亡失 행위에 관한 일반규정(§445)에 의해 민사배상만 책임지며, 형사처벌은 받지 않는다는 주의적인 해설이 있다. 특히, 가축을 보관하다가 비합리로(비자연적으로) 사망케 한 경우에는, 廐牧令에 준하여 감소된 가치를 배상하여야 한다.[62] 예컨대, 전염 질병이나 기타 불가항력의 돌발사고와 같이, 관리자에게 책임이 없는 불가항력의 사유로 인하여 사망한 경우에는, 배상 책임을 묻지 않는 것이 합리이고 공평할 것이다. 한편, 유실물을 습득하여 5일 안에 관가에 이송하지 않는 행위도 亡失의 죄로 논한다는 특별규정도 주목된다.(§448) 이 경우 그 유실물이 주인에게 강제로 반환될 것은 자명하다.

그리고 기물 유실죄의 형사처벌에 관한 독특한 절차 규정이 있다. 즉, 관청의 기물이나 符節·인감 등을 유실한 경우에는, 30일간의 수색기간을 허용하여 되찾아오지 못하면 그때에 처벌한다. 만약 그 기한 안에 스스로 찾아내거나 또는 타인이 발견하면 면죄해 주고, 기한이 지난 후에 찾으면 사후로 세 등급 감경 처벌한다.(§446) 해당 기물

62) 권26, §397의 問答: 「問曰: 受人寄付財物, 實死失, 合償以否? 答曰: 下條(§445)云: '亡失官私器物, 各備償; 被强盜者不償.' 卽失非强盜, 仍合備之. 以理死者, 不合備償; 非理死者, 準廐牧令, 合償減價.」

을 찾으면 그대로 반환하기 때문에, 민사배상 책임도 저절로 해결되는 것이다. 다만 私人의 기물을 亡失한 경우에는, 과실훼손과 마찬가지로 민사배상만 문제될 뿐이며, 형사죄책은 문지 않는다. 따라서 본 절차규정은 적용의 여지가 물론 없다.

(2) 가축의 殺傷에 대한 배상 책임

농경사회에서 가축은 개인의 중요한 재산일 뿐만 아니라, 국가사회로도 매우 비중 있는 산업자본에 속한다. 따라서 그 관리에 국가의 법적인 규제가 적지 않다. 특히 농경용 소와 운송용 말이 가장 중요한 가축으로서, 그 도살이 엄격히 금지된다. 주인일지라도 임의로 牛馬를 도살하는 경우에는 형사책임(徒1년)을 져야할 정도다.(§203) 가축에 대해서는 형사처벌 뿐만 아니라, 사적 재산권에 보장의 차원에서 민사배상 책임도 비교적 상세하게 규정하고 있다. 즉, 官私의 우마나 기타 가축을 고의로 살상한 경우에는, 정도에 따른 형사처벌과 함께, 그로 인해 감소된 가치에 대한 배상 책임이 부과된다. 과오로 인한 살상의 경우에는 단지 민사책임만 지게 되는데, 주인이 스스로 도살한 때에는 형사처벌만 문제될 것이 자명하다.(§203)

> "무릇 고의로 관가나 개인의 마소를 살해한 자는 徒1년 반에 처하고, 장물가액이 중대하거나 다른 가축을 살해 또는 생해한 경우에는 감소된 가액을 계산하여 절도에 준하여 논죄하며, 각기 감소된 가액을 배상시키되, 가액이 감소되지 않은 경우에는 笞(치)30에 처한다. 과오로 살상한 자는 형사처벌하지 않으며, 단지 그 감소된 가액만 배상시킨다."
>
> [권15, §203: 「諸故殺官私馬牛者, 徒一年半; 贓重及殺餘畜産, 若傷者, 計減價, 準盜論; 各償所減價. 價不減者, 笞三十. 其誤殺傷者, 不坐, 但償其減價.」]

여기에서 감소된 가액이란, 예컨대 생존 시 10匹 가치의 가축을 살해한 결과 고기와 가죽의 가치가 2匹 밖에 안 된다면, 그 차액에 해당하는 8匹이 배상 책임한도가 된다는 의미이다.[63] 이렇게 평가하여 가액의 감소가 전혀 없는 경우에는, 민사상으로 배상할 손해가 존재하지 않으며, 형사책임도 笞(치)30으로 대폭 감경되는 것이다.[64] 이와 별도로 雜律에는, 성안 길거리나 군중이 모인 곳에 말이나 마차를 몰아 인명의 살상을 초래한 경우 투살상죄에서 한 등급 감경처벌하며, 가축을 살상한 경우에는 감소된 가치를 배상한다는 규정이 있다.[65] 이 조문은 유사한 구성요건의 조항에 모두 준용되는데, 실질상의 규정 내용은 앞의 일반원칙에 의해 전부 포섭될 수 있다. 따라서 확인을 위한 주의적인 중복규정이라고 보인다.

한편, 緦麻 이상 有服親(상복을 입는 친족)의 가축을 살상한 경우에는, 형사처벌상 주인의 도살과 동일시하는 감경 특례가 있는데, 민사상으로는 여전히 그로 인한 감소된 가액을 배상하여야 한다.(§205) 그러나

---

63) 여기서 匹(필)이란 唐律상의 법정기준화폐인 상등품 비단의 수량(길이)이다. 1匹은 兩卷(비단을 감은 두루마리)으로 4丈인데, 1丈이 10尺이므로 1匹은 40尺(약 12m)에 해당한다. 당시 재산범죄의 형량을 결정하는 장물의 가액은, 범죄가 발생한 장소와 시간의 물가 및 상등품 비단 가격을 기준으로 환산되었다. 권4, §34:「諸平贓者, 皆據犯處當時物價及上絹估.」疏議에 의하면, 매 州마다 매월 상·중·하순 세 차례씩 상·중·하등의 3등급 표준 물가를 評定하여 공시한다. 범죄 장소에서 해당 旬에 형성된 그 장물의 중등가격을 취하여, 상등의 비단 가격으로 나누고(除) 비단 尺匹 수량을 환산한 뒤, 그에 의해 죄형을 결정한다. 설령 실제 매매가격의 귀천이 관청의 공시물가와 다르더라도, 죄형산정은 법정공시물가를 기준으로 한다. 이는 민사 가액배상의 경우에도 마찬가지로 적용될 것이다.

64) 笞는 전통법상 가장 가벼운 회초리 형벌이다. '笞'는 字典에 의하면 '抽之切, 音痴, 支韻'으로 정의되어, 本音이 '치'인데, 흔히 통속에서 '태'로 잘못 발음하고 있어 바로잡아야 할 필요가 있다. 현대 中國音도 痴와 같은 'chi(ㅊ)'이며 (恥도 음은 같으나 聲調만 다름), 日本語의 讀音도 'ち(찌)'로서 恥·治·痴 등과 같은 사실이 이를 명확히 입증한다. 아마도 '台'의 음을 생각하여 지레짐작으로 무심코 '태'로 발음하는 것 같다. (사실, '台'가 들어가는 한자는 그 발음이 '태'와 '치'로 나뉘진다.) 그러나 笞는 본래 경미한 죄악에 대해 회초리질로써 羞'恥'心을 자극하여 다스린다('治'罪)는 상징 의미와 그 발음을 함께 취한 命名의 소산이다. 唐律疏議, 名例, §1, 笞刑조:「笞者, 擊也, 又訓爲恥. 言人有小愆, 法須懲誡, 故加捶撻以恥之.」唐書, 刑法志에도 비슷한 내용이 나온다.

65) 권26, §392:「諸於城內街巷及人衆中, 無故走車馬者, 笞五十; 以故殺傷人者, 減鬪殺傷一等. (殺傷畜産者, 償所減價. 餘條稱減鬪殺傷一等者, 有殺傷畜産, 並準此.)」

疏議問答에 의하면, 유복친의 가축을 과오로 살해하거나 고의로 상해한 경우에도, 주인과 동일시되어 해당 律文의 구성요건이 없기 때문에 무죄이고; 무죄이므로 곧 배상 책임도 없음은 例에 준하여 알 수 있으며, 하물며 배상의 명문 규정도 없기 때문에 배상 책임한도에 들지 않는다고 한다. 이러한 유권해석 자체는 律文의 형식 논리에는 모순이 없어 보이는데, 입법상의 부주의나 흠결이 있는 것으로 짐작된다. 아무리 친족을 주인과 동일시한다고 하지만, 과실치사한 경우는 물론이고 특히 고의 상해의 경우조차, 형사처벌은 고사하고 민사배상까지 면제한다는 것은 불합리하고 부당하기 짝이 없다. 친족간의 윤리지상 론 이외에는 입법근거를 설명할 수 없다. 하지만, 친족간의 감정이 손상된 경우 발생할 분쟁에 대해서까지 법이 완전히 도외시한 점은 다소 지나친 감도 없지 않다.

그리고 자신을 공격해오거나 자기의 재물을 침해하는 타인 가축에 대해 정당방위의 반격조치로 살상을 초래한 경우도 특별한 규정이 있는데, 이는 다음 절에서 함께 언급하기로 한다.

(3) 가축에 의한 손해의 배상 책임

가축이란 살아 움직이는 재산으로서, 그의 활동으로 인한 예기치 못한 사고가 발생할 가능성이 있다. 본디 야생동물을 길들인 가축에는 맹포한 본능감정이 잠재되어 있기 때문에, 주위의 人的 또는 物的 여건에 따라서 가축은 언제든지 인신에 대한 공격과 재산에 대한 침해를 야기할 수 있다. 그래서 가축의 소유자 및 관리책임자는 그에 대한 특별한 주의의무를 부담하게 된다. 전통 중국법도 이러한 가축의 관리주의 의무의 소홀로 인한 사고에 대해, 형사책임뿐만 아니라 민사손해배상 책임까지 세심하게 규정한다.

> “무릇 관가나 개인의 가축을 풀어놓아 관가나 개인의 재물을 훼손하거나 먹게 한 자는 笞(치) 30에 처하고, 그 (손상시킨) 장물이 중대한

경우에는 좌장의 죄로 논하며, 과실로 인한 경우에는 2등급을 감경 처벌하되, 각각 그 손해를 배상시킨다. 만약 관가의 가축이 관가의 재물을 먹은 경우에는, (형사)처벌만 하고 (민사)배상은 면세한다. (疏議에 이르기를: 고의로 풀어놓지 않고 도망이나 분실로 인하여 재물을 훼손하거나 먹은 경에는 그 죄를 2등급 감경하며, 훼손한 경우나 먹은 경우나 모두 각각 가축의 주인으로 하여금 손해를 배상하도록 명한다.)"

[권15, §209:「諸放官私畜産, 損食官私物者, 笞三十; 贓重者, 坐贓論; 失者, 減二等; 各償所損. 若官畜損食官物者, 坐而不償.(疏議曰: 非故放, 因亡逸而損食者, 減罪二等. 或損或食, 各令畜主備償.)」]

우선 官私의 가축을 방목하여(풀어놓아) 官私의 재물을 손상시키거나 먹게 한 자는, 고의는 물론 과실의 경우에도, 그 손상정도에 따른 차등의 형사처벌과 함께, 각각 손실된 가치에 대한 손해배상 책임을 부담하여야 한다. 다만, 관가의 가축이 官物을 손상시키거나 먹은 경우에는, 가해와 피해가 동일한 주체로 귀속되어, 배상 책임은 소멸하고 관리책임자만 문책한다. 여기의 과실 방목에는 가축이 도망하거나 주인이 분실한 경우도 포함되기 때문에, 민사배상에 관한 한 가축에 대해 거의 무과실 책임을 지는 것이나 다름없다.

그런데 여기에서 '각각 손실된 가치를 배상시킨다.'는 구절의 해석에서, 소의는 '각각 가축의 주인으로 하여금 배상하도록 명령한다.'고만 적고 있다. 그래서 관가의 가축이 개인의 재물을 손상 또는 먹은 경우, 배상 책임의 직접 주체가 관청(國庫)인지 아니면 가축관리책임을 담당한 개별구체의 관리(공무원 개인)인지가 불분명하다. 현행법 관념에 의하면, 일단 국가의 직접 배상 책임을 인정하고, 공무원의 고의가 있거나 과실이 중대한 경우 국가가 해당 공무원에게 내부관계의 求償權을 행사하는 법형식(法論理)을 취할 것이다. 그러나 전통법의 논리가 어떻게 구성되고 적용되었는지는 아직 명확히 확인할 길이 없다. 다만, 후단에서 관가 가축이 관가 재물을 손상 또는 먹은 경우

배상 책임이 없다고 규정한 의미를 法理상 및 목적론 상으로 해석하면, 적어도 관가(국고)의 배상 책임을 인정한 것이라고 볼 수 있다.

> "무릇 관가나 개인의 가축이 관가나 개인의 재물을 훼손하거나 먹을 때 (재물의 주인이) 그 당시에 바로 가축을 살상하면, (가축을) 고의로 살상한 죄에서 세 등급 감경처벌하며, 살상으로 인해 감소된 가치를 배상하여야 한다. (이때에 물론) 가축의 주인은 (재물의 주인에 대해 가축이) 훼손한 가치를 배상하여야 한다. [注: 임시로 가축을 전적으로 통제하는 자도 또한 주인으로 보며, 다른 조문에도 이를 준용한다.] 만약 가축이 사람을 들이받거나 물어뜯으려고 하여 이를 (당시에 바로) 살상하면 (형사)처벌도 하지 않고 (민사)배상도 시키지 않는다. [注: 이 또한 당시에 바로 살상한 경우를 가리키며, 만약 시간이 경과한 뒤면 고의 살상죄를 구성한다.]"[66]

> [권15, §204: 「諸官私畜産, 毁食官私之物, 登時殺傷者, 各減故殺傷三等, 償所減價; 畜主備所毁. (臨時專制亦爲主, 餘條準此.) 其畜産欲觝齧人而殺傷者, 不坐、不償. (亦謂登時殺傷者; 卽絶時, 皆爲故殺傷.)」]

이 규정에서 전단의 상황은 일종의 과잉방위로서, 형사책임은 정상 참작해 감경하지만, 민사배상 책임은 그대로 인정한다. 동시에 가축 주인의 배상 책임도 명령하고 있다. 법의 개념 및 체계가 이미 상당히 정교하게 분화되고 일반 추상화되었으며, 합리성과 형평성을 지닌 입법으로 평가된다. 물론 현실로는 상호 배상 책임가액을 산정한 뒤 相計하여, 그 차액을 손해가 큰 쪽에게 지급하는 형식이 될 것이다.

한편 가축 상호간의 살상에 관한 규정도 별도로 두고 있다.

> "무릇 개가 스스로 타인의 가축을 살상한 경우에는, 개의 주인이 그

66) 이 구성요건에 해당할 듯한 비슷한 유형의 사안을, 필자가 어렸을 적에 고향에서 목도한 적이 있다. 겨울에 동네 개들이 떼 지어 몰려다니며 눈 덮인 보리밭을 빈번히 짓밟아 뭉개자, 화가 난 밭주인이 쥐약 바른 고기를 밭에 뿌려, 개들이 주워 먹고 죽은 일이 있었다. 법적 배상문제로까지 표면화되지는 않은 채, 내면으로 원한감정의 앙금만 남긴 것으로 기억된다. 만약 전통법 시대에 이러한 사건이 민사소송으로 비화되었다면, 바로 이 조항이 우선 적용되었을 것이다.

감소된 가치를 배상하여야 하며; (개 이외의) 다른 가축이 상호간에 살상을 초래한 경우에는, 그 감소된 가치의 절반만 배상한다. 만약 (주인이) 고의로 가축을 풀어놓아 타인의 가축을 살상하도록 만들었다면, (민사배상 책임은 물론 형사상으로도) 타인의 가축을 고의로 살상한 죄책으로 논죄한다. [소의에 이르기를: 두 주인이 각기 자신의 가축을 고의로 풀어놓아 서로 싸워 살상을 초래한 경우에는, 두 주인 모두를 '마땅히 하지 않아야 할 행위'(不應爲: §450)의 중죄로써 杖80씩에 처하고, 각기 상대방 가축의 감소된 가치를 서로 배상하여야 한다.]"

[권15, §206: 「諸犬自殺傷他人畜產者, 犬主償其減價; 餘畜自相殺者, 償減價之半. 卽故放令殺傷他人畜產者, 各以故殺傷論. (疏議曰: 兩主放畜產, 而鬪有殺傷者, 從不應爲重, 杖八十, 各償所減價.)」]

개는 물어뜯는 猛暴性과 함께 적극 공격성을 지녀서 그 위험성이 일반가축보다 높기 때문에, 그에 대한 주인의 주의의무를 배가시킨 것인데, 가축 상호간의 살상에서 각자의 책임을 개별화한 점도 주목된다.

白居易의 유명한 甲乙判에는 이에 관한 판결이 수록되어 주목된다. 甲의 소가 乙의 말을 뿔로 들이받아 죽게 하자, 乙이 말의 가액을 배상하라고 청구했다. 그런데 甲이 방목 장소에서 서로 들이받아 발생한 사고이니 절반 가액만 배상하겠다고 청하자, 乙이 불복하였다.

이에 법관의 판결은 다음과 같았다.

"마소를 방목함에 발굽과 뿔은 막기 어렵다. 진실로 사망이나 상해는 배상을 징수할 것이로되, 고의와 과실은 마땅히 분별할 일이로다. 하물며, 낮 동안 드나들며 교외에서 눕기도 하고 움직이기도 함에랴! 더러 골짜기를 메우며 함께 몰리기도 하고, 더러 바람처럼 한가로이 서로 마주하기도 한다. 너의 소가 몹시 커서 억센 뿔을 들이대면 감당할 수 없으니, 나의 말이 상처를 입고 날랜 발이 부러져 그만 죽고 말았다. 정황으로는 고의의 방목이 아니니, 이치상 과오로 의론함이 마땅하다. 마구간이나 외양간에서 일어난 일이라면, 처벌이 마땅히 엄중해야 하겠지만; 과수원이나 숲속에서 초래된 손해이니, 배상은 감경에 좇을 것이로다. 장차 쟁송의 단서를 종식시키고자 법전의 규정을 적용하노니, 마땅히 절반 가액을 배상하되, 과도하게 요구함은 들어주지 말라."[67]

여기에서 법전(律典)이란 바로 앞 註에서 인용된 唐律, 권15, §206의 조문을 지칭하는데, 판결문의 형식과 문체가 身言書判의 관념을 반영하듯 騈儷體의 화려한 문학작품을 연상시킨다. 비록 구체의 지적은 없지만, 律文의 정확한 적용사실을 확인할 수 있다. 다만, 半價라고만 표현하여, 감소된 가치의 반액이라는 의미가 명확하지 않은 점이, 판결문의 내용과 성격상 다소 유감스럽게 느껴진다.

한편, 가축으로 인한 손해의 배상 책임에서 특히 주의할 점은, 그 배상 책임자로서 가축의 주인(畜主)에는 원래의 소유자 뿐만 아니라, 당시에 임시로 가축을 전적으로 통제하는 사람도 포함된다는 사실이다.(§204의 律注) 이 입법해석은 다른 관련 조항에도 모두 준용되는데, 소의에서는 소유자로부터 정당하게 마소를 빌려 타거나 사용하는 임차인을 형사처벌 및 민사배상의 책임자로 지정한다.(§204의 疏議)

그런데 임차인과 같은 정당한 합법의 점유사용자 뿐만 아니라, 도둑과 같은 부정당한 불법의 점유사용자도 가축을 임시 專制하는 주인으로 인정될지가 논란될 수 있다. 소유 등의 정당한 권리를 다투는 문제가 아니라, 법적인 책임과 의무의 소재를 구명하는 주제이기 때문에, 타인의 가축을 훔쳐 실질상으로 전적인 통제권을 행사하는 불법의 점유자도 포함된다고 해석함이 법리상 당연할 것이다. 이러한 경우에서는 가축을 실질상 통제하고 있는 사용·관리·점유자가 가축

---

67) 白居易集箋校, 권제67, 判, §21. 上海古籍出版社, 朱金城 箋校本, 제6책, 3626-7면 참조. 「得甲牛觝乙馬死, 請償馬價. 甲云在放牧處相觝, 請陪半價, 乙不伏: "馬牛于牧, 蹄角難防. 苟死傷之可徵, 在故誤而宜別. 況日中出入, 郊外寢訛. 既谷量以齊驅, 或風逸之相及. 爾牛孔阜, 奮騂角而莫當; 我馬用傷, 踠駿足而致斃, 情非故縱, 理合誤論. 在皁棧以來思, 罰宜惟重; 就桃林而招損, 償則從輕. 將息訟端, 請徵律典. 當陪半價, 勿聽過求."」

의 불법행위에 대한 형사·민사상 책임을 전적으로 부담하며, 가축의 진정한 소유자는 책임의 범위 밖으로 배제되는 듯한 해석이 된다.

그리고 이와 관련된 또 다른 한 중요한 문제는, '專制'의 개념에 관청 가축의 실질상의 관리책임자도 포함시킬 수 있는 해석의 여지다. 그렇게 된다면, 가축의 관리책임자(공무원) 개인의 배상 책임이 우선 인정된다는 법리해석이 유력할 텐데, 이 경우에도 전술한 것처럼 관리 개인에게 배상능력이 없을 때에는, 국가가 관리감독자 내지 고용주의 지위에서 연대보증인과 같은 후순위 배상 책임을 부담한다고 해석할 가능성이 여전히 존재한다. 물론, 국민의 자유와 재산권 보호에 별로 무관심했던 중앙집권 절대왕조의 율령체계가, 이러한 合情·合理의 법리해석을 얼마나 수용할 수 있었을지는 미지수다.

(4) 물(水)과 불(火)로 인한 손해의 배상 책임

물과 불은 인류문명생활에 필수불가결한 가장 원시적인 자연의 利器이다. 그 善用의 이익과 혜택은 어느 인위 문명 못지않게 중차대하지만, 그에 상응하여 그 범람이나 誤用 및 惡用의 해악과 손실도 그 어느 문명의 폐해보다 막대하고 심각하다. 특히, 물과 불은 그 성격이 인력으로 통제하기 곤란하거나 불가능할 정도로 天然性을 띠고, 그 규모 또한 매우 방대한 경우가 일반이다. 따라서 물과 불로 인해 발생한 손해에 대해서 전통 중국법은 현대의 법리와 조금 다른 관점에서 매우 독특한 규정을 두고 있다.

> "무릇 물과 불로 인한 파손·상실 등의 피해는, 고의의 범죄인 경우(에만) 민사배상 책임을 부담하며, 과오로 인한 (失火·失水의) 경우에는 배상하지 않는다."
>
> [권27, §434: 「諸水火有所損敗, 故犯者, 徵償; 誤失者, 不償.」]

물론 과실 범죄도, 천재지변 등과 같이 불가항력의 사유로 인한 경우가 아니면, 형사책임은 져야 하는 것이 보통이다. 따라서, 官私의 기물을 과실로 폐기·훼손한 경우, 민사배상 책임만 부과하고 형사처벌은 불문한다는, 전술한 손해배상의 기본원칙과 대비해보면; 失火나 失水의 책임 종류는 전혀 상반됨을 알 수 있다. 물과 불은 한번 통제를 상실하면 걷잡을 수 없이 엄청난 결과를 초래하므로, 그 주의의무(형사책임)를 상당히 엄격히 강화하는 한편; 그 손해는 개인의 배상이 불가능하거나 곤란한 경우가 대부분일 상황을 참작하여, 민사 책임을 고의범죄에 한정한 것으로 보인다.[68]

민사배상 책임을 지는 고의 범죄로는, 고의로 제방을 허물어 물고를 트거나(§425 후단) 물길을 사람의 주택으로 통하게 만든 경우(§425중단),[69] 관청이나 官舍 또는 개인의 가옥이나 재물에 고의로 방화한 경우[70] 등이 예시된다.(§434의 疏議) 특히 타인의 가옥이나 쌓아놓은 재물에 고의로 방화한 뒤 도둑질 한 자는, 화재로 감소된 가액을 竊盜한 장물에 합병하여 强盜로 논죄하기 때문에,[71] 절도강도 범죄의 민사배상 법리에 의해 장물(가액)의 상환은 물론, 한 배의 배상도 동시에 부담하여야 할 것이다.(§33의 注)

그리고 배상 책임이 면제되는 과실 범죄로는, 관할 관청의 책임 관리가 제방을 제 때에 점검·보수하지 않아, 하천이 범람하여 가옥·농경지를 침수시키거나 재산을 표류·훼손시킨 경우(§424), 山陵이나 墓域 또는 산림에서 失火한 경우(§428), 관청이나 창고 또는 宮內에서 失火한 경우(§431), 기타 일상의 失火 또는 정해진 기한 이외의 쥐불

---

68) 이점은 현대사회에서도 비슷한 法理라고 판단된다. 水災와 火災는 대개 公共의 대규모 보험에 의해 보상하며, 경우에 따라서는 국가나 국민성금 차원의 부조지원에 의해 손실을 복구하는 것이 그러하다.

69) 권27, §425: 「諸盜決隄防者, 杖一百; 若毁害人家, 及漂失財物, 贓重者, 坐贓論; 以故殺傷人者, 減鬪殺傷罪一等. 若通水入人家, 致毁害者, 亦如之. 其故決隄防者, 徒三年; 漂失贓重者, 準盜論.」

70) 권27, §432: 「諸故燒官府廨舍及私家舍宅, 若財物者, 徒三年.」

71) 권19, §284: 「諸故燒人舍屋及積聚之物而盜者, 計所燒減價, 倂贓以强盜論.」

놀이 경우(§430) 등이 열거된다.(§434의 疏議)

그런데 水利를 盜用하기 위해 제방을 텄다가 人家를 훼손·침수시키거나 재물을 표류·손실시킨 행위(§425 전단)는, 고의에 해당하는지 과실에 속하는지 명백한 언급이 없다. 이는 앞에 열거된 두 가지 물길 트는 범죄와 동일한 조문에 나란히 규정되어 있다. 그런데 제방決斷죄는 '故意'라는 요건을 분명히 밝히고 그 죄책도 이보다 훨씬 무거운 반면, 人家로 通水한 죄는 바로 이 구성요건과 동일하게 대우하되, 그 행위의 성격상 고의의 색채가 농후하다. 그래서 盜水를 위한 제방결단은, 과연 전자와 상대로 차별하여 과실로 인정할 것인지, 아니면 후자와 비교해 형평상 고의로 포함시킬지가 문제될 수 있다.

특히, 인명 치사상을 鬪殺傷죄에 의해 감경 처벌하는 규정의 경우에는, 가축의 치사상에 대해서도 감소 가치를 배상시킨다는 규정(권26, §392)이 준용된다는 해설이 있다. 또, 水火로 인한 손해의 경우, 고의범은 배상을 부과한다는 언급이 맨 후단에 나오는데, 문리 해석상 전자(§425 맨 후단의 구성요건)에 국한되어, 전체를 총괄하는 일반론이라고 보기 어려운 감도 없지 않다.

뿐만 아니라, '제방의 고의 결단'에 대한 자구해석에서, 명백히 윗(전단) 문구에서 盜水로 인해 살상이 생긴 경우를 규정하므로, 여기(후단)에서 '고의로 제방을 결단한 경우'란 "盜水로 말미암지 않고, 혹은 혐오나 원한을 품거나 혹은 물이 범람하여 자기 재산을 표류시킬까 두려워하여 고의로 결단한 것을 이른다."고 밝힌다.[72] 이를 반대 해석한다면, 盜水를 위한 제방결단은 '고의'의 범주에 포함되지 않음을 시사한다고 볼 수 있다. 즉, 순수한 이기적 목적을 위함이지, 타인의 손해를 의도하지 않았다는 점에서는, 그로 인한 피해가 고의가 아닌

72) 권27, §425: (疏議曰: 上文盜水因有殺傷, 此云'故決隄防者', 謂非因盜水, 或挾嫌隙, 或恐水漂流自損之類, 而故決之者. ... 上條: '殺傷人, 減鬪殺傷罪一等; 有殺傷畜産, 償減價, 餘條準此.' 今以故殺傷論, 其殺傷畜産, 明償減價. 下條: '水火損敗, 故犯者, 徵償.')

우연의 소치라고 해석될 수 있다.

그러나 타인의 손해가 자신의 이기적 목적의 반사적 결과라는 점과, 제방결단 자체는 적극적인 주관 의지의 소행인 점을 고려하면, 민사배상 책임을 물을 만한 충분한 합리성과 타당성이 존재하기 때문에, '故意'로 파악되어야 할 것이다. 이러한 긍정론의 해석을 가능하게 확인시켜주는 두 가지 직접 논거가 있다.

첫째, 법규정의 형식논리상, 중단의 通水로 인한 재물훼손죄의 법적 효과가, 전단의 제방 盜決죄와 같다(亦如之)고 표현되는 점이다. 通水죄가 민사배상 책임 있는 고의범죄로 거론된다면, 그 준용근거인 盜決죄도 당연히 고의범죄로 인정한다는 결론이 될 것이다.

둘째, 실질 의미논리상, 제방 盜決죄는 당해 조문에서, '타인의 가옥을 침수·훼손하거나 재물을 표류·상실시킨 경우에는 坐贓으로 논죄한다.'고 규정하는데, 이미 앞서 살펴본 것처럼 좌장의 죄는 손해를 배상하는 것이 기본원칙이다. 또, '그로 인해 사람을 살상한 경우에는 鬪殺傷죄에서 한 등급 감경 처벌한다.'고 규정한다. 따라서 전술한 것처럼, §392의 注에 의해 가축치사상으로 인한 감소가치를 배상하여야 한다. 그런데, 가축의 손해는 배상하면서 가옥이나 기타 재물의 피해는 책임을 묻지 않는다면, 법리상 모순이 될 것이다. 따라서 제방盜決도 고의 범죄로 간주하여, 손해배상을 인정하여야 할 것이다.

한편 失火와 관련하여서도, 그 합리성과 타당성에 다소 의문의 여지는 있다. 창고나 기타 재물의 보관 장소 안에서는 불을 태울(燃火) 수 없다는 규정이 있다.(§429) 그런데 이를 위반한 행위도, 방화의 의도가 아닌 경우에는 失火로서 고의성이 부인될 것인지, 아니면 위반 자체로 고의성이 간주될 것인지 불분명하다. 전체 법리상으로 보면, 失火는 고의가 아닌 것으로 이해되는데, 이 경우를 포함하여 山陵처럼 宿衛官吏가 상주하는 장소에서 발생하는 失火조차, 직책상의 주의의무를 소홀히 한 중과실이 인정되지 않은 점이, 전통법의 독특한 원칙이라고 할 수 있다.

이는 물과 마찬가지로, 불도 다분히 天災로서 인식하던 전통 사상 관념의 반영으로 여겨진다.[73] 그 피해 규모가 보통 매우 거대하여 한 개인의 재력으로 손해배상을 감당하기 어려운 현실도 민사책임 면제의 한 중요한 사유일 것이다. 물론 이러한 불가항력의 천재로서 화재나 수해가 발생하면, 국가가 구휼 차원에서 재건축에 필요한 자재를 공급해주거나, 또는 인민에 대한 조세 및 부역의 감면을 시행하여, 이른바 행정상 보상으로 대체하는 것이 일반 관행이었을 것이다.

(5) 官吏의 직무태만으로 인한 손해의 배상 책임

중앙집권 관료주의 체제하에서, 국가와 인민의 중간을 연결하는 관리는 매우 중요한 지위를 차지한다. 특히, 국고의 관리나 집행 및 조세 부역의 징수와 관련된 재정상 관리 행정책임이 중시되어, 그 직책 수행의 유기 또는 해태에 대한 형사책임도 매우 강력한 편이다. 그러면 그로 인해 발생하는 재정 손실에 대한 민사책임은 어떠한가?

물론, 관리는 특히 중앙집권 왕조시대에 행정상 특수 권력관계에 종속된 신분이라, 근대 시민법상의 민사배상 책임으로 논하기 어려운 측면이 강하다. 그러나 자신의 고유한 범죄에 대한 형사책임이나, 타인의 불법행위에 대한 감독관리자로서 연대보증(이른바 連坐)하는 행정 책임과는 달리; 자신의 직무를 소홀히 하여 발생한 재산 손해에 대한 배상 책임은, 특수하지만 일종의 계약상 주의의무해태로 인한 민사배상 책임과 실질상으로 상통한다고 볼 수 있다.

따라서 여기서 이에 관한 배상 책임을 몇 가지 중요한 유형별로

73) 天災의 災란 본디 화재의 의미로서, 고대에는 벼락이나 가뭄 또는 건조함 등으로 원인 모를 자연 화재가 빈번히 발생하여, 중국이나 우리나라 史書에도 이에 관한 기록이 상당히 많다. 左傳, 宣公16年: 凡火, 人火曰火, 天火曰災.」 그런데 災의 개념이 조금 일반 보편화되면, 天道의 운행이 時節에 위배되는 모든 자연 현상을 의미하게 된다. 左傳, 宣公15年: 天反時爲災, 地反物爲妖, 民反德爲亂.」

살펴보는 것도 괜찮을 것이다.

첫째, 국유 축산의 사육·관리 일반에 관하여는, 廐庫律(卷第15)과 廐牧令에 상세한 규정이 갖추어져 있다. 그러나 민사배상에 관한 규정은 더러 職制律에 보인다. 예컨대, 관리가 역마를 탑승할 때, 규정된 도로(노선)를 위배하여 우회하거나 목적지를 초과하거나, 또는 규정된 중간 역에서 말을 교환하지 않아 무리함으로써 과로로 말을 치사시킨 경우에는, 廐牧令의 "非理(비합리, 無理·비정상의 관리로 인한)致死" 행위에 의해 배상하여야 한다. 다만, 해당 역에 말이 없어 바꿔 타지 못함으로써 과로 치사한 경우에는, 불가항력에 의한 손해이므로, 배상 책임도 없을 뿐만 아니라, 형사상으로도 무죄다.[74] 이는 職制律의 규정인데, 정작 廐庫律의 축산관리에 관한 조문에는 이에 관한 인용이나 언급이 전혀 없다.

그리고 여기에 인용된 令文에는 '탑승'으로 한정되어 있는데, 타인의 위탁을 받아 보관하던 가축이 사망한 경우, 그것이 합리적인 자연의 사유에 의한 때에는 배상 책임이 없지만, '非理死'인 때에는 廐牧令에 준용하여 배상하여야 한다는 해설이 따로 있다.[75] 이 경우 배상의 방법과 한도는, 전술한 가축으로 인한 손해와 마찬가지로 '감소된 가치'임이 물론이다. 그러나 탑승이나 사육관리의 부주의로 인해, 관가의 가축을 단순히 수척해지거나 병나게 한 경우(§201)에는, 배상 책임까지 거론되고 있지는 않다.

또한 공무수행 중에 병이나 과로로 더 진행할 수 없어 부근 관청에 위탁한 가축을 규정대로 요양하지 않아 치사케 한 경우(§198), 국가의 각종 제사에 공양할 犧牲의 사육관리를 규정대로 하지 않아 사망을 초래한 경우(§200) 등도 그러하다. 이들의 '致死'가 '非理'임은

---

74) 권10, §128:「諸乘驛馬, 輒枉道者, 一里杖一百, 五里加一等, 罪止徒二年; 越至他所者, 各加一等; 經驛不換馬者, 杖八十.」(疏議曰: 因而致死, 依廐牧令: '乘官畜產, 非理致死者, 備償.' '無馬者不坐', 謂在驛無馬, 越過者無罪, 因而致死者不償.)

75) §397의 問答:「以理死者, 不合備償; 非理死者, 準廐牧令, 合償減價.」

문리상 거의 분명하며, 일반 受託 가축의 관리에도 배상 책임이 준용되는 점을 감안하면, 중대한 관리 소홀로 인한 이들 경우에도 민사 책임이 추궁될 수 있을 것으로 보인다. 다만, 이들 경우의 치사는 전자의 규정과 달리, 주관상의 적극 가혹 행위가 아니라 소극의 관리소로 인한 것이므로, 성격상의 차이가 인정될 수 있다.

또 관청의 牧畜에서, 법정 사망률 이상으로 사망하거나 법정 번식률에 미달한 가축의 匹數에[76] 대해서도, 형사상의 죄책 이외에 민사상 책임까지 질 것인가? 만약 관리가 목축 책임을 면하기 위해, 자발로 미리 규정된 액수를 보충해 놓는다면, 형사처벌도 물론 면할 것이다. 법정 번식률을 초과한 경우에 포상이 있긴 하지만,[77] 법정 번식률 미달에 대한 상대적 불이익은 형벌로 족할 것이다. 만약 민사배상 책임까지 묻는다면, 형평 원칙에 비추어도 지나치게 가혹할 것이다.

그러나 사육 방목 중에 도망·상실한 가축에 대해서는, 백일 이내에 찾지 못하면, 상실한 장소의 가격에 의해 배상금을 징수한다. 즉, 방목 담당자와 최고 책임자(長)가 각기 절반씩 분담하되, 배상 책임자가 도망하거나 사망한 경우에는 현존하는 사람의 몫만 징수한다. 우리(외양간) 안에서 상실한 경우에도, 사육 담당자 및 최고 책임자를 이에 준하여 문책하되; 불합리한 사육관리(非理)로 사망이나 손실을 초래한 경우에도, 본 가축에 준하여 배상을 징수한다는 명문의 규정이 있다.[78] 역마의 경우에는, 한번 지급된 이후 사망하면 驛長이 그 손실을 전보(보충)해야 하는 특별 규정이 있다. 이러한 민사배상 책임 때문에, 역장이 역마를 사사로이 임대차하는 행위의 형사 죄책은, 일반 감림주수보다 오히려 1등급 감경된다고 해석된다.[79] 그밖에, 관가의 가축이 公

76) §196의 疏議 및 唐令拾遺, 廐牧令 §5, §7, 700-2면 참조.

77) 唐令拾遺, 廐牧令 §6, 701면

78) 唐令拾遺, 廐牧令 §8, 704면.

79) §208의 疏議:「準令: '驛馬驢, 一給以後, 死卽驛長陪塡.' 是故驛長借人驢馬, 得罪稍輕.」또한 唐令拾遺, 廐牧令 §12, 707면 참조.

事로 인해 사망하면 관가에서 보충·立替하지만, 개인의 집에서 사망하면 30일 이내에 스스로 보충해야 한다는 규정도 있다.[80)]

한편 전술한 것처럼, 관가의 가축이 관리소홀로 인하여 公私의 기물을 훼손하거나 농작물 등을 먹어 손해를 발생시킨 경우, 관리책임자에게 민사배상 책임을 물을 것인지가 상당히 중요한 문제로 대두할 것이다. 침해 대상이 公物인 경우 배상은 면제한다는 규정이 있지만, 이 節의 法理와 원칙에 비추어 보면 내부 보충을 명하는 규범이나 사실 관행이 있었을지도 모른다.

그리고 이미 상세히 논술한 바와 같이, 사유재산에 손해를 끼친 경우, 제1차의 직접 배상 주체가 담당 관리일지 아니면 국가일지, 또는 양자가 동시에 연대배상의 책임을 지게 될지는 불분명하다. 국가가 직접 배상 책임을 부담하는 경우에는, 국가가 해당 관리에게 내부적인 求償權을 행사할 수 있다는 게 근대법의 합리성인데, 전통법에서도 그러한 법리가 인정되었는지는 여전히 미지수다.

둘째, 일반 官物의 관리소홀로 인한 손실과 관련하여, 제사나 연회 등 공공의 행사에 관물을 공급·사용하면서 필요 이상으로 과다하게 출고하는 경우, 그 초과분에 대해 坐贓으로 논죄하며 과잉재물이 현존하면 환수하되, 이미 소비해버렸으면 추징하지 않는다는 규정이 있다.[81)] 한편, 창고나 기타 재물 비축에서 저장보관을 법규정대로 하지 않거나 때에 맞춰 건조시키지 않음으로써 부패·손상 등을 초래한 경우에, 그 수량을 계산하여 坐贓으로 논죄하는 규정도 있다.[82)] 또, 관청의 수입에 속하는 것을 관청에 귀속시키지 않거나, 개인의 수입을 관청에 귀속시킴으로써, 관청이나 개인에 손실을 초래한 경우에도,

---

80) 唐令拾遺, 廐牧令§17, 709면: 「官馬, 因公事死失者, 官爲立替; 在家死失, 卅日內備替.」

81) 권15, §216 「諸放散官物者, 坐贓論. 物在, 還官; 已散用者, 勿徵.」

82) 권15, §214: 「諸倉庫及積聚財物, 安置不如法, 若暴凉不以時, 致有損敗者, 計所損敗, 坐贓論.」

그 수량에 비례하여 坐贓으로 논죄한다는 규정이 있다.[83]

그러나 이들 일반 관리소홀로 인한 손실에 대해서는, 민사배상 책임의 명문이 존재하지 않아 그 여부가 불분명하다. 坐贓의 본죄는 적극 취득한 장물의 반환이 원칙이며, 여기의 坐贓죄 적용은 형사처벌상의 비교적 준용이기 때문에, 행정실무상으로 배상 책임까지 물었을지는 다소 의심스러울 수도 있다. 그러나 관리의 직무상 행정책임을 묻는다는 본절의 입법 목적과 법리에 비추어보면, 損失塡補 책임을 부과했을 가능성도 완전히 배제하기는 어렵다.

셋째, 조세 및 부역의 부과·징수에 관련된 관리 소홀의 유형도 있다. 조세부역의 기본 자료인 戶口 관리에는 각별한 감독의무가 부과되었다. 예컨대, 戶口를 누락시키거나 연령·身狀 등을 증감·조작하여 조세 부역을 회피한 사실을 알아차리지 못하거나, 또는 알고도 묵인해준 감독 관청은, 戶口의 수에 비례하여 엄한 형사처벌을 받는다.(§151-3) 이 경우 누락·증감된 호구 상황은, 사면이 시행되더라도 절대로 改正·환원되어야 하기 때문에(§36), 그로 인한 잠시 손실은 사후에 추징될 수 있어 민사배상 책임까지 거론되지는 않을 것이다.

그러나 담당관리가 고의로 호구·연령 등을 누락·조작함으로써, 증감된 課役을 자신의 이익으로 횡령한 경우에는, 枉法으로 논죄하기 때문에(§153), 그 장물은 추징될 것이다. 이 경우 그 과역이 국고에 수입되어 단지 坐贓으로 논죄되는 때에는, 인민으로부터 과다 징수된 과역을 어떻게 할 것인가?

이와 상관된 규정들이 적지 않다. 예컨대, 公田의 배분을 규정대로 인민에게 급여하지 않은 경우(§171), 조세 부역의 감면 대상에게 그 혜택을 급여하지 않거나 비대상자에게 부당하게 급여한 경우(§172)[84],

83) 권15, §215:「諸財物應入官私而不入, 不應入官私而入者, 坐贓論.」

84) 復除 및 종친·관리 등에 대한 각종 課役 감면제도에 관하여는, 唐令拾遺, 賦役令 §13-22, 680-8면 참조.

부역의 차출이나 부과를 위법으로 또는 불공평하게 실시한 경우(§173), 각종 災害의 조사보고를 사실대로 하지 않아 그 과역의 징수 감면에 부당한 出入을 초래한 경우(§169 : 이 경우 그로 인한 과역을 횡령하면 전술한 호구 조작의 규정에 준용하여 枉法으로 논죄함)[85], 병력(征人이나 衛士)을 징발하거나 장정(丁夫)을 차출함에 (재산이 균등하면 힘이 강한 자를, 힘이 같으면 부자를, 재산과 힘이 같으면 장정이 많은 자를 각기 우선 취한다는) 법규정을 위배하여 불공평하게 시행한 경우(§227, §245 : 이 경우 대부분 호족등과 결탁하는 착취 성격이 강할 것임), 鎭이나 戍의 방위병의 교대시기를 어겨 그 귀가를 지연시킨 경우(§239) 등이 그러한 예이다.

부당하게 과다히 징수 또는 부과된 조세·부역 등은 보통 반환 또는 배상되는 것이 일반원칙이다. 戶口나 田地에 관한 불법행위는 전술한 것처럼 사면령이 내려져도 반드시 改正되어야 할 사항이고(§36의 律注), 租나 庸·調를 납부한 인민이 현물의 법정된 운송 개시일 이전에 사망하면 이를 반환해 준다.[86] 그리고 자신이 직접 부역에 종사하지 않으면, 部曲을 보내 代役하거나 현물로 代納할 수 있다. 반면, 일년간의 부역일수가 만 15일을 초과하면 調를 면제해 주고, 만 30일이 초과하면 租와 調를 모두 면제해 준다.[87] 또, 천재로 인한 조세부역 감면 대상자가 이미 납부 또는 시행한 경우에는, 다음해(2년 이내) 분으로 충당·상계해준다.[88] 따라서 이러한 반환 및 충당(상계) 규정이 적용되면, 관리의 위법행위로 초래된 인민의 손실은, 원칙상으로 대부분 배상 또는 전보될 수 있을 것이다.

---

85) 令에 의하면, 각종재해로 농작물의 수확이 4할 이상 감손되면 租를 면제하고, 6할 이상이면 租와 調를 면제하며, 7할 이상이면 課와 役까지 면제하고, 뽕나무나 삼(麻)이 모두 손실된 경우에는 각각 調를 면제한다고 규정되어 있다. (§169의 疏議 및 唐令拾遺, 賦役令 §11, 676면 참조.)

86) 唐令拾遺, 田令 §2, 609면 및 賦役令 §3, 667면 참조.

87) 唐令拾遺, 賦役令 §4, 668면 참조.

88) 唐令拾遺, 賦役令 §11, 676면 참조.

4. 채무 및 조세부역 불이행에 대한 民事賠償 책임

앞에서 인민 상호간의 대등한 사적 거래나 불법행위로부터 말미암는 각종 물질(재산)상 손해에 대한 민사배상 제도 전반을 탐구·정리해 보았다. 가해자가 적극 침해하여 그 재산(이익)을 취득하는 「주관 침탈」과, 적극 침해의 결과 침해자가 이익은 얻지 아니하되 소유자(재산)에게 객관의 손상을 초래하는 「객관 亡失」로 크게 나누어 살펴보았다. 이제 여기서는 인민 상호간의 채무불이행으로 인한 손해의 민사배상과, 인민이 국가에 부담하는 조세·부역의 불이행 및 관리의 대차행위에 관한 배상책임 등의 문제를 언급하기로 한다. 국가(관리)의 행위라도 그것이 순수하게 사적인 경제주체로서 인민과 대등한 지위에서 이루어지는 사적 거래관계는, 이를 민사법의 영역에 함께 포함시켜 다룰 수 있음은 물론이다. 그런데 전통법의 특수성에 비추어, 조세나 부역 등 특수 권력(행정)관계의 문제도 동시에 살펴보고자 한다.

(1) 인민(私人) 상호간의 채무불이행

인민 상호간의 순수한 민사 거래관계로 인한 채무와, 인민의 국가에 대한 행정상의 조세·부역의 의무는, 전통법에서도 율령에 의해 그 이행이 강제되었다. 이는 그 불이행에 대한 형사처벌 및 민사 강제집행에 의해 최종으로 담보됨을 의미한다. 채무나 조세 등의 불이행으로 인한 손해배상이란, 기본상 본래 의무대로 이행하도록 법의 권위와 강제력으로 관철시킴을 뜻하며, 본래의 내용과 다른 특별한 내용을 대신 이행하도록 요구하는 것은 아니다.

1) 국법(율령)의 일반 원칙

채무를 부담한(負債) 자가 계약에 위배하여 상환하지 않는 때에는,

채무액 1필(疋) 이상을 20일간 지연한 경우에 笞(치: 회초리) 20의 기본 형벌에 처하며, 매 20일마다 1등급씩 가중하여 杖60(즉 4등급 가중)에 그친다. 채무액이 30필이 되면 별도로 2등급을 가중하고, 백필이 되면 다시 3등급을 가중하여 처벌한다. 즉, 일수에 따라 비례하는 가중과 액수에 따른 단계별 가중이 동시에 병행되는 이중 누진법이다.

이러한 형사처벌은 채무불이행에 대한 징계이자, 동시에 그 이행을 재촉하는 강제조치이기도 하다. 따라서 민사 채무는 여전히 상환하도록 명령한다. 이러한 재판 결과 다시 기일을 연기하거나, 또는 사면의 은택을 만나 형사처벌이 면제되었음에도 불구하고 여전히 상환하지 않는 경우에는, 판결 또는 사면의 일시로부터 다시 계산하여 처음과 같이 죄형을 부과한다. 법리상으로 이러한 재 처벌은 상환할 때까지 몇 차례라도 계속 반복될 것이다.

물론 여기서 말하는 부채란 令에 의한 합법・합리의 公私債를 의미하며, 불법 채권은 여기에 포함되지 않는다.[89][90]

---

89) 권26, §398: 「諸負債違契不償, 一疋以上, 違二十日笞二十, 二十日加一等, 罪止杖六十; 三十疋, 加二等; 百疋, 又加三等. 各令備償. (疏議曰; 負債者, 謂非出擧之物, 依令合理者. ... 若更延日, 及經恩不償者, 皆依判斷及恩後之日, 科罪如初.)」

90) 여기에서 사면의 은택이란 원칙으로 채무 불상환에 대한 형사처벌을 가리키며, 사면으로 민사배상(채무상환) 책임까지 소멸될 성질은 아니다. 그런데 "사면을 만나도 반드시 개정 또는 징수되어야 할 사항이, 장부 조사 결과 개정이나 징수를 행하지 않았으면, 각각 본래의 범죄와 같이 논한다."는 규정이 있다.(권4, §36) 그 注에는, 관리가 官物을 사사로이 대차하거나 인민의 재물(私物)을 대차한 경우만 열거되고, 일반 채권은 언급되지 않고 있다. 따라서 私債는 여기에 포함되지 않는 것처럼 해석하는 견해도 제기될 수 있다. 그러나 본 조에서 명백히 규정하고 있기 때문에, 名例律의 일반조항(§36)에 注로 열거된 사항은 예시로 보아야 타당할 것이다. 다만, 사면에 의해 사채까지 탕감한 사례가 역사 현실에서 적지 않게 발견되는데, 이는 황제가 자신의 은택을 과시하기 위해 무모하게 恣行한 위법의 비합리적 예외 조치였음을 유념해야 한다. 또 그러한 사면의 대상이 되는 사채도 일반으로 이미 수취한 이자가 원본(의 배액)을 초과하고 일정기간 이상 경과한 경우에 한정되는 것이 원칙이었다.

2) 이자 제한 및 상환 방법

이러한 채무의 전형은 소비대차인데, 전통법은 소비대차의 이자 제한 및 상환 방법 등에 관하여 令에 비교적 상세한 규정을 두고 있다. 公私를 막론하고, 재물(현물)의 소비대차는 온전히 私的 계약자치에 맡기고, 관청에서 간섭하지 아니하는 게 원칙이다. 다만, 매월 이자는 6分을 초과할 수 없으며, 그 기일이 아무리 오래 된다고 할지라도, 그 이자가 (원본의) 1배를 초과할 수 없다. 그러나 官物에 대해서는, 그 기한이 다 찬 후 50일이 지나도록 모두 상환하지 않으면, 나머지 원본에 대해 처음과 같이 다시 이자를 부과하되, 역시 1배가 초과하지 않도록 한다. 그리고 家産이 다하여 상환할 수 없는 자의 경우에는, 그 자신이나 戶口 중 男丁에 노역을 부과하여 그 임금으로 상계·충당한다는 특례가 있다. 물론 어떠한 경우에도 이자를 원본에 합산하는 복리는 절대로 금지된다.

한편, 이자 제한을 초과한 불법채권이나 계약 이외의 침탈, 또는 이자 계산 방식이 아닌 채권은, 관가에서 직접 개입하여 관리한다. 예컨대, 질권을 설정(入質)한 경우에는 그 質物을 주인 이외의 타인에게 임의로 매도할 수 없다. 다만 이자가 본전을 초과할 때까지 채무 원리금을 상환하고 그 質物을 찾아가지(贖) 않으면, 시장을 담당하는 관리(市司)한테 신고하고 매각하여 채권에 충당할 수 있다. 물론 잉여 금액은 채무자에게 반환하여야 한다. 만약 부채자가 도망하면, 그 보증인이 대신 상환하여야 한다.

특기할 만한 사항은, 이자 제한의 법규정을 위배한 사적 계약은 민사상 무효로 대우할 뿐만 아니라, 형사상으로도 쌍방 범죄로 규정하여, 이를 신고한 자에게 그 재물과 이자를 모두 포상금으로 지급한다고 장려하는 점이다.[91]

---

91) 仁井田陞, 唐令拾遺, 雜令 §17-19, 853-5면 참조. 이는 宋刑統, 권26, 雜律에 준용규정으로 보충되었다. 點校本, 412-3면 참조.

3) 이행 강제 절차

한편, 채무불이행에 대한 형사처벌과 민사상 상환 강제를 동시에 병행하는 실체법 규정은, 종국에는 소송법의 강제집행절차에 의해 실현될 수 있다. 律의 正文에는 비록 이에 대한 직접 규정이 없지만, 令에는 토지·가옥(田宅)이나 혼인 및 부채에 관한 민사소송은 10월 1일부터 3월 30일까지 제기할 수 있다는 원칙이 명시되고 있다.[92] 그리고 律에는, 부채를 관가에 신고하지 않고 임의로 강제 집행하여, 채무자의 재물을 본 계약에 초과하도록 취득한 자는, 坐贓으로 논죄한다는 규정이 있다. 그리고 그 疏議에서는, 公私의 부채를 계약에 위배하여 상환하지 않아 강제 집행하여야 할 경우에는, 관가에 신고하여 판결을 받도록 해설하고 있다.[93] 따라서 관가의 확인판결에 의한 사적인 강제집행이 채무불이행에 대한 합법 절차인 셈이다. 물론 관가의 판결을 받은 경우라도, 본 계약의 원리금을 초과하여 강제 집행하면 불법행위를 구성하며, 초과분은 반환해야 할 것이다.

한편, 관가에 신고하지 않고 임의로 강제 집행한 경우, 율문의 규정은 본 계약(원리금)을 초과하여 취득한 자에 한하여 좌장으로 논죄한다고 표현되어 있다. 따라서 만약 계약상의 원리금을 초과하지만 않으면, 사적인 임의의 강제집행도 불법행위(범죄)를 구성하지 않는 것으로 오해될 소지가 있다. 그러나 疏議에서 사적 강제집행은 반드시 관가에 신고하여 판결을 받도록 해석하고 있기 때문에, 임의의 강제집행은 비록 본 계약을 초과하지 않았다고 할지라도 여전히 범죄를 구성하며, 그에 대한 형사상 불법행위의 책임을 져야 할 것이다. 이 경우 '마땅히 행하지 않아야 할' 不應爲의 죄에 해당할 것이다.(권27, §450)

---

92) 仁井田陞, 唐令拾遺, 雜令 §15, 852면. 이러한 제소기한 규정은 물론 소송으로 인한 農時의 상실을 방지하기 위함인데, 역대왕조의 율령에서 한결같이 계승하고 있다. 조선시대의 경우, 朴秉濠, 韓國法制史攷, 法文社, 1974, 267-8면 참조.

93) 권26, §399: 「諸負債, 不告官司, 而强牽財物, 過本契者, 坐贓論. (疏議曰: 謂公私債負, 違契不償, 應牽掣者, 皆告官司聽斷.)」

또한 공갈죄의 구성요건에서는, 타인의 침해로 손실을 당하여 그에 대한 손해배상을 청구하기 위해 행사한 공갈은 (본 공갈죄에서) 제외된다는 注(律注)의 규정이 있다.(공갈죄에는 해당하지 않는다는 의미이지, 완전히 무죄라는 뜻은 아니다.) 예컨대, 甲이 자기 전답의 농작물을 짓밟아 손상시킨 乙에게 공갈을 행사하여, 농작물 가액의 배상을 초과하는 재물을 취득한 경우에도, 공갈죄를 구성하지는 않는다는 것이다.(§285)

이 경우도 법리상으로는 바로 관가에 신고하지 않고 임의로 채권을 강제 집행한 경우(§399)와 비슷한데, 疏議에서는 監臨·主守 아닌 자가 일을 빌미로 재물을 받는 경우(§389)에 의해 坐贓으로 논죄한다고 해설한 것이다. 그렇게 되면 합법의 배상액을 초과하는 부분에 대해서는, 강제침탈의 장물에 준하여 주인에게 반환하게 될 것이다. 여기서 불법 침해에 대한 합법의 배상을 초과한 부분은 전술한 것처럼, 당사자의 합의로 수수된 재물이 쌍방 모두 죄가 되는 장물로서 관가에 몰수되는 경우와는 다르게 된다.

4) 채권의 인질 문제

한편 소비대차 채권의 담보와 관련하여, 唐律은 良人을 노비라고 속여 채권의 인질로 제공하는 죄를 인신매매 죄에서 3등급 감경해 엄중히 처벌한다. 만약 채권자가 그 사실을 알고 인질을 잡아 사역한 경우에는, 인질 제공자보다 1등급 감경된 형벌을 부과함과 동시에, 여전히 그 임금(1일 3尺의 비단)을 계산하여 채권(원금)과 相計한다는 규정이 있어 특히 주목된다. 물론 양인인 줄 모르고 인질을 잡은 채권자는 형사처벌을 받지 않을 뿐만 아니라, 임금을 채권(원금)에 충당(相計)하는 민사상 불이익도 입지 않는다.[94] 이를 반대해석하면, 자기 소유의 노비는 채권을 담보하는 인질로 제공할 수 있으며, 良人은 아예

94) 권26, §400:「諸妄以良人爲奴婢, 用質債者, 各減自相賣罪三等; 知情而取者, 又減一等. 仍計庸以當債直. (疏議曰: 不知情者, 不坐, 亦不計庸以折債直.)」

채권의 인질로 삼을 수 없다는 의미가 될 것이다.

半人半物의 노비는 전통법상 사유재산의 성격을 띠므로, 담보물로 제공할 수 있음은 당연한 법리다. 그 경우 노비 1인당 1일 임금은 원칙상 채권의 이자에 충당(相計)될 것인데, 이는 아마도 令에 규정되었을 것이다. 그런데 법리상으로 채권액이 많지 않은 경우, 인질(노비)의 사역임금이 그 이자를 충당하고 남을 것이다. 만약 그 정도가 법정 최고한도를 초과한다면, 형평의 원리에 어긋나게 되므로, 그 상환 내지 채권 원금 상계(충당) 문제도 대두될 가능성은 충분하다. 정상의 경우라면 채권액과 인질 임금이 어느 정도 균형을 이루도록 약정되겠지만, 궁핍하거나 긴박한 상황에서 일방의 착취가 행해질 현실성도 크다. 이에 대한 법의 규제가 있었는지는 알 수 없다. 적어도 사실상으로는 일일이 통제하지 못하고, 사적 자치라는 명분 아래 방임되었을 것으로 짐작된다. 다만 인질의 소유권을 둘러싼 분쟁이 소송으로까지 비화하게 되면, 더러 현명하고 인자한 법관이 과도한 수취를 원금에 충당하는 방식으로 환원시켜 주는 경우도 있었을 것이다.

한편, 양인은 법적으로 채권의 인질로 삼을 수 없다고 해석된다. 그러나 사회경제 현실에서는 긴박한 궁핍으로 말미암아 몸을 팔기조차 하는 상황도 있거늘, 하물며 볼모로 잡히고 빚을 내어 쓰는 경우가 적지 않았을 것이다. 실제로 敦煌에서 발굴된 문헌자료에 보면, 형제 3인이 빈곤과 부채로 인해, 형이 인질로 담보되고 아우들이 쌀 9섬·보리 10섬·깨 1섬 6말 등 곡물을 빌린 계약서도 있다. 또, 아들을 볼모로 잡히고, 아버지가 쌀 20섬·보리 20섬을 6년 기한으로 빌린 계약서도 들어 있다. 물건을 수령한 뒤, 인질은 품삯 없이 부리고 물건은 이식이 없으며, 인질이 남의 물건을 훔치거나 손해를 끼치면 주인은 전혀 책임지지 않고, 일을 하지 않으면 하루 서 말씩 임금을 물리며, 주인이 없을 때 농기구가 없어지면 인질이 배상하고, 인질이 심한 병에 걸리거나 죽으면 빌려 간 물건을 반환한다는 등, 비교적

상세한 내용의 약정을 명기하고 있는 게 눈에 띈다.[95)]

5) 채권의 담보와 연대책임

唐代에 민간의 貸借계약에서는 저당(抵押)이나 질권(質押) 설정에 의한 물적 담보뿐만 아니라, 가족(妻子)·後收(뒤를 이어받아 관리하는 자)·보증인이 순차로 연대책임을 진다는 인적 담보도 광범위하게 보편 시행되었다. 물적 담보란 기한이 되어 채무를 변제하지 못하는 경우, 저당 잡혔거나 입질한 담보물을 채권자가 대신 차지하는 것이다. 또, 인적 담보는 채무인이 도망하거나 사망한 경우, 우선 가족인 처나 자식이 대신 책임을 지고, 처자식이 안 되면 그 처자식과 가산을 거두어 관리하는 자가 책임을 지며, 이도 여의치 못하면 마지막으로 계약서에 서명한 보증인이 책임을 지는 것이다.

唐令에는 원래 채무인이 도망하거나 사망한 경우에, 보증인이 대신 상환하도록 규정했다. 채무인이 도망하지 않고 착실하게 거주하며 채무상환을 준비하도록 보증한다는 의미에서, 흔히 이를 '留住보증제'라고 일컫는다. 그러나 나중에는 어떤 사유로든 채무인이 변제하지 못하는 경우, 보증인이 모두 상환을 책임지도록 바뀌었는데, 이를 '지급(支付)보증제'라고 부른다.[96)]

그런데 후기에 이르면 사회혼란상을 반영하는 듯, 금전 차용인(擧錢人)의 가족(家産)과 보증인의 연대책임에 관한 특별규정이 등장한다. 즉, 唐 元和 5년 11월 6일 勅文에는 이러한 내용의 규정이 보인다.

> "비속친의 신분으로서, 家長한테 알리지 않고 사사로이 公私의 금전 재물을 차용하곤 한다. 이들 자제들 가운데는, 흉악한 도당들과 어울려 한패가 되어 서로 보증을 서며 관가나 부귀 집안의 금전 재물을 차용

---

95) 敦煌資料 5, 契約文書 乙에 수록된 사안 참조. 孔慶明·胡留元·孫季平 編著, 中國民法史, 吉林人民出版社, 1996년, 제1판 제1쇄본, 320-321면에서 재인용.

96) 孔慶明·胡留元·孫季平 編著, 앞의 中國民法史, 342면 참조.

> 하여 함께 무도한 짓에 탕진하는 자가 많은데도, 집안의 尊長은 그러한 사실조차 전혀 모르는 경우가 허다하다. 본전과 이자를 환수할 때가 닥치면, 차용인은 달아나 버리고, 보증인들은 이내 금전 차용인한테 현재 가옥과 토지가 있으니 그걸로 상환에 충당하라고 항변하며, 서로 옥신각신 시끄러운 소송을 일삼아, 실로 관가를 몹시 귀찮게 괴롭힌다. 앞으로는 이러한 무리들의 금전 차용에 尊長이 서명 동의한 계약문서가 없으면, 심문하여 사실관계를 확인한 뒤, 금전 차용인이 있고 없고 간에, 그 보증인들을 전부 우선 회초리 20대씩 시행한 다음, 그 본전과 이자는 그(보증인)들한테 똑같이 나누어 상환하도록 명령하여, 간교한 꾀를 두절시키기 바란다."[97]

이러한 부류의 무분별한 소비대차는 간교한 보증인이 직접 책임지도록 규정함으로써, 선량한 젊은이를 불량배들로부터 보호하겠다는 국가정책인 것이다. 요즘에 청소년 학생들이 부모의 동의 없이 임의로 신용카드나 휴대전화에 가입하여 무분별하게 남용함으로써, 심한 낭비로 부모의 경제상·정신상 부담을 가중시키고 사회 문제로 대두되고 있다. 그래서 부모 동의 없는 미성년자의 가입이나 발급으로 인한 책임을 회사 측에 지우는 조치가 취해진 적이 있었다. 비록 책임의 귀속 주체와 구체 양상은 조금 다르지만, 이미 1500년 전에도 이와 비슷한 법리와 정책이 시행된 걸 보면, 고금이 크게 다르지는 않은가 보다.

6) 위탁물의 亡失

채무불이행의 한 유형으로 언급되는 중요한 규정으로는, 타인의 위탁을 받은 자가 수탁 재물을 사적으로 사용(소비)해 버리거나, 또는 그 재물이 사망·유실되었다고 거짓말을 하고 횡령하는 배임(배신)행위다. 이 경우 각기 坐贓 및 사기죄에 준하여 한 등급 감경된 형사처벌을 받는데,[98] 이와 동시에 채무불이행에 대한 민사배상 책임도 함께

---

97) 重詳宋刑統, 권제26, 雜律, 受寄財物輒費用(公私債負) 조, 准(用)文 참조. 中華書局, 吳翊如 點校本, 413면 참조.

부담할 것은 자명하다. 다만, 수탁 재물이 실제로 사망 또는 상실된 경우에 배상 책임이 문제된다. 이는 이미 상술한 바와 같이, 별도로 규정된 官私 기물의 亡失죄에 관한 일반 조항(§445)에 의해서 원칙상 각기 배상하되, 强盜당한 경우에는 불가항력으로 배상 책임이 면제된다.[99] 가축의 경우에는 (노비도 포함될 수 있을 것임) 불합리한 관리로 인한 부자연스런 사망이면, 廐牧令에 준하여 그 감소된 가치를 배상하고, 합리의 자연 사망이면 배상하지 않는다고 해석된다.(§397의 問答)

7) 매매의 하자담보 책임

한편, 매매와 관련한 하자담보 책임의 규정도 보인다. 노비나 가축의 매매에서는, 쌍방이 거래에 합의하고 대금을 치른 다음, 令에 의해 관가에 등기(市券)하여야 한다. 그런데, 등기한 후에 宿疾(舊病)이나 중대한 欺罔 행위가 발견되는 경우에는, 3일 이내에 한하여 매매의 취소를 허락한다. 3일이 지나거나 질병이 없는데도 거짓으로 속이는 경우에는, 그 취소를 허락하지 않고 계약대로 거래 관계를 완성시킨다. 질병이나 기망 행위가 있음에도 매매의 취소를 수락하지 않는 매도인이나, 없음에도 불구하고 거짓으로 취소하려는 매수인은, 모두 笞40에 처한다.[100]

8) 交付(引渡) 책임

물건을 매매하거나 임차하는 경우, 주인이 물건을 매수인이나 임차인한테 交付(引渡)하기 전에 목적물이 滅失된 때에는, 원래의 물건 주인이 책임을 지는 '交付(인도) 책임'의 사례가 중국 고대에 있었다.

---

98) 권26, §397: 「諸受寄財物, 而輒費用者, 坐贓論減一等. 詐言死失者, 以詐欺取財物論減一等.」

99) 본서 본편 제3장 제1절 261-266면 참조.

100) 권26, §422: 「諸買奴婢·馬牛駝騾驢, 已過價, 不立市卷, 過三日笞三十; 賣者, 減一等. 立券之後, 有舊病者, 三日內聽悔; 無病欺者, 市如法; 違者, 笞四十.」

그런데 쌍방이 교섭을 하는 중에나, 또는 교섭을 막 마치고 아직 그 장소를 떠나지 않은 상태에서 물건이 멸실되면, 그 책임은 누가 어떻게 질 것인가? 현대에는 주문 배달제의 보급으로 말미암아, 대금을 먼저 지불한 뒤 물주가 고객의 지정 장소에 배달하기 전에 목적물이 멸실되거나 손상된 경우가 가끔 발생하여, 그 하자담보 책임이 역시 법(학)적으로 꽤 중요한 문제가 된다고 한다.

그런데 宋代 초기의 文苑英華[101]라는 책에는 흥미로운 사안이 전해진다. "어떤 사람이 이웃집한테 항아리를 빌렸는데, 그 집 문밖으로 나오기 전에 항아리를 깨뜨렸다. 주인이 물어내라고 요구하자, 그 사람은 본래 자리를 아직 뜨지 않은 상태라고 항변하면서, 令에 의해 유추해석을 주장했다." 이에 대해 판결은, "관청의 사안 심의 판단은 情狀(사실) 참작이 중요하다.(官之議事, 貴在量情.)"고 전제하면서, 임차인이 자신의 부주의로 항아리를 깨뜨리고서 유추를 들먹이며 손해배상의 책임을 완전히 모면하려는 것은 부당하다고 비판한 뒤, "절반 가격만 물리는 게 진실로 마땅하다고 할 것이다."고 선고하였다.[102]

항아리가 깨진 게 임차인의 과실인 점은 분명한 듯하나, 주인의 집안 통로라는 객관 정황의 기여과실이 얼마나 되는지 궁금하다. 이에 대한 판단설명이 미려한 문학적 비유의 修辭에 덮여 다소 애매모호한 점이 아쉽다. 하지만, 임차인의 부주의와 임대인 집안의 객관 상황이 함께 어우러져 발생한 사고로 보았는지, 아니면 인정상 사이좋게 화해하라는 뜻인지, 아마도 合理性과 合情性을 함께 고려하여, 쌍방이 각각 절반씩 책임을 분담하도록 판결한 것이라고 여겨진다.

---

101) 宋 太宗의 칙명으로 李昉·扈蒙(호몽)·徐鉉·宋白 등이 편찬한 總集류의 명칭. 南朝 때부터 唐과 五代 시기에 걸친 詩文과 사례들을 1천 卷으로 분류해 기술한 '宋四大書'의 하나로, 梁나라 昭明太子 蕭統의 '文選'을 뒤이은 총서.

102) 文苑英華, 권543, '村人借罐判' 참조. 臺灣商務印書館 발행, 影印文淵閣四庫全書, 第1338冊 (集部277, 總集類), 1338-75면에 수록됨. 孔慶明·胡留元·孫季平 編著, 中國民法史, 336-337면에 소개된 典據에 의해 원전 확인함.

9) 쌍방과실에 의한 손해의 배상 책임

채무불이행이나 불법행위와는 다소 거리가 멀지만, 쌍방과실에 의한 손해의 배상 책임이 문제된 흥미로운 사안이 있어, 참고로 덧붙여 소개하고자 한다. 앞서 나온 文苑英華에 실린 '배와 귤의 판결'이다.

鄭州의 劉元禮는 배(船)에 배(梨)를 싣고 蘇州로 향하고, 蘇州의 弘執信은 배(船)에 귤(橘)을 싣고 鄭州로 향하여 운항하다가, 徐城에서 서로 만났다. 그런데 물살이 급해 두 배가 부딪쳐 부서지면서, 두 배에 실린 배와 귤이 모두 물 속에 빠져 떠내려갔다. 배는 흩어져 절반밖에 건지지 못했는데, 귤은 포장 상자가 풀어지지 않아 하나도 잃지 않고 온전히 건져 올렸다. 이에 元禮가 執信한테 배상하라고 요구하자, 執信은 승복하지 않았고, 결국 소송이 제기된 것이다.

이에 법관은 미려한 문학적 비유의 修辭를 동원해 사실관계를 정리하고 법리를 전개하여 판결을 내렸다. 배(梨)는 주인이 잘 포장하지 않아 풀어 흩어지면서 유실된 것이니, 책임이 주인한테 귀속되어 배상을 요구할 수 없고; 배(船)는 물살로 인해 함께 충돌해 파손된 것이니, 불가항력의 자연 상황 역시 배상할 이유가 못된다. 이러한 근거로 결국 손해배상 책임을 부정했다.[103)]

(2) 관리의 대차행위에 관한 배상 책임

관리가 官物(公物)을 사용·관리하면서, 그 지위를 이용하여 그 관물을 사사로이 자기 또는 타인에게 대차해 주는 행위는 엄격히 처벌된다. 만약 별도의 담당관원이 있는 관물인 경우, 대차 증빙문서를 작성하지 않았으면 竊盜죄로써 논죄하고, 작성했으면 竊盜죄에 준하여 논죄한다. 의복이나 장막·기물 등의 비교적 간단한 재물인 경우에는 笞50에 처하고, 10일이 지나면 坐贓에서 두 등급 감경 처벌한다. 형

103) 文苑英華, 권546, '梨橘判' 참조. 앞의 影印文淵閣四庫全書, 第1338冊, 104면에 수록됨. 孔慶明등 編著, 中國民法史, 343-4면에 소개된 典據에 의해 원전 확인.

사처벌과 함께 민사상 반환책임도 질 것은 당연하다. 만약 임차인이 반환 또는 배상할 수 없는 경우에는, 이를 시행한 判官 및 이에 서명한 해당 관리로부터 추징한다는 연대배상 책임을 규정하는 점이 독특하다.[104] 그리고 이렇게 대차한 관물은 사면을 만나더라도 반드시 징수하여야 할 절대 배상 책임이 특징인데, 사면 후 이를 징수하지 않은 담당관리도 본 범죄와 동일하게 처벌하는 특별규정도 있다.(§36)

한편 전술한 바와 같이, 관리가 지위와 권세를 남용하거나 빙자하여, 인민의 재물을 부당하게 수취하는 각종 장물죄도, 다양하게 엄격한 구성요건으로 규정되고 있다. 그런데 이러한 법망을 간접의 우회방법으로 빠져나가는 짓까지 차단하기 위해서, "대차"라는 명목까지도 절대 금지시키고 있는 것이다.[105]

즉, 관리가 자신의 관할구역 내 인민의 재물을 대차하는 경우에는 坐贓으로 논죄하며, 대차 후 백일이 지나도록 상환하지 않으면 受所監臨죄로 가중 처벌하고, 여기에 실질상 강제성이 개입된 때에는 각기 두 등급을 가중한다. 이렇게 대차한 재물은 비록 사면을 만나더라도 여전히 추징·상환한다. 만약 사건이 발각되기 전에 자발로 이미 상환을 마친 경우에는, 비록 사면령이 없어도 죄책을 묻지 않는다. 이는 대차 시에 본래 보수와 상환을 약속한 명실상부한 순수 대차관계로서, 재물을 일단 수취했다가 후에 잘못을 뉘우치고 주인에게 반환한 경우와는, 그 성질이 다르기 때문이라고 해설된다.[106]

---

104) 권15, §212:「諸監臨主守, 以官物私自貸, 若貸人及貸之者, 無文記, 以盜論; 有文記, 準盜論. 所貸之人不能備償者, 徵判署之官. (下條私借, 亦準此.)」; §213:「諸監臨主守之官, 以官物私自借, 若借人及借之者, 笞五十; 過十日, 坐贓論減二等.」 여기서 주의할 사항은, §212의 '貸'는 '文記'작성을 요하는 토지·가옥의 부동산이나 이에 준하는 노비·가축 등 중요한 재물이며, §213의 '借'는 의복·장막 등 일상용품과 집기류의 동산을 그 적용대상으로 각기 구분한다는 점이다.

105) 사실 요즘도 가끔 언론에 보도되는 바와 같이, 뇌물이나 기타 부정한 금품을 수수하여 발각된 경우, 법적 죄책이나 도덕적 죄악을 모면하기 위해서, 얼른 돌려주거나 아니면 장차 돌려줄 거라고 말하면서, 굳이 '대차관계'를 강변하는 자들이 얼마나 많은가?

이는 자수의 법리에 상응하는 寬容이기도 하다. 즉, 도둑(절도·강도)이나 사기로 타인의 재물을 취득한 자가, 재물 주인에게 사실을 고하고 재물을 반환한 경우, 관가에 자수한 것과 동일하게 간주하고; 다른 장물죄의 경우, 잘못을 뉘우치고 장물을 주인에게 반환하면, 본죄에서 3등급 감경 처벌한다는 자수특례(권5, §39)가 있다. 이뿐만 아니라, 범죄가 발각되기 전에 자수하면, 아예 그 죄를 용서한다는 일반규정(권5, §37)도 있다. 이러한 자수의 법 정신에 비추어 보아도, 그 형평성과 합리성이 충분히 인정된다. 다만 이 점이 악용되어, 발각되지만 않으면 일반 백성과 대차거래를 해도 얼마든지 처벌받지 않는다는 관념이 관리사회에 팽배해진다면, 이는 이 법의 실효성과 존재의미를 무색하게 만들어 버리는 치명성 결함이 될 수도 있다. 정치혼란과 사회 불안으로 관리에 대한 감찰이 소홀해지면, 이를 빙자한 수탈이 기승을 부릴 것은 거의 명약관화하다.

그리고 만약 관할지역 인민과 매매를 행하여 시가에 비해 잉여 이익을 취했으면, 그 이익을 계산하여 관할 인민의 재물을 乞取한 죄로 논한다. 강제성 거래인 경우에는 笞50을 부과하고, 잉여 이익이 있으면 枉法에 준하여 논죄한다. 또한 시장에서 인민과 거래한 후 계약상 흠결된(변제하지 않은) 부채를 상환하지 않은 경우에도, 50일이 경과하면 受所監臨죄로 논하고; 의복이나 기물 종류를 임차한 후 30일이 경과하도록 상환하지 않으면, 坐贓으로 처벌한다. 이들은 모두 贓物죄로 처벌하기 때문에, 그 부당이득이나 임차물을 거래 상대방에게 상환해야 함은 물론이다.107) 그리고 관리가 관할구역 내의 인민을 사사

106) 권11, §142 전단: 「諸貸所監臨財物者, 坐贓論; 若百日不還, 以受所監臨財物論. 强者, 各加二等. (疏議曰: 所貸之物, 元非擬將入己, 雖經恩免, 罪物尙徵還. 縱不經恩, 償訖事發, 亦不合罪, 爲貸時本許酬償, 不同'悔過還主'故也. 若取受之贓, 悔過還主, 仍減三等; 恩前費用, 準法不徵. 貸者, 赦後仍徵, 償訖, 故聽免罪.)」

107) 권11, §142 후단: 「若賣買有剩利者, 計利, 以乞取監臨財物論. 强市者, 笞五十; 有剩利者, 計利, 準枉法論. 卽斷契有數, 違負不還, 過五十日者, 以受所監臨財物論. 卽借衣服器翫之屬, 經三十日不還者, 坐贓論, 罪止徒一年.」

로이 사역하거나 노비·가축·수레·선박·점포 등을 임차한 경우도, 별도의 구성요건으로 규정되어 있다.(§143)

이들에 대한 처벌은 각기 그 임금이나 임대료를 계산하여 처벌하기 때문에, 임금이나 임대료에 해당하는 장물은 추징 대상에서 제외될 것이며(§33), 다만 임차한 노비나 가축 등의 재산만 상환하게 될 것이다. 물론 부당하게 사사로이 사역된 노동력이나 사용가치의 손실을 배상 받지 못하는 인민의 입장에서는, 형평성의 법리에 크게 위배될 것임이 틀림없다. 입법론 상으로는, 적어도 관리의 경우만이라도 사용가치를 추징하여 상환하도록 규정함으로써, 관리의 청렴성을 강하게 요구하였더라면, 국가의 기본 정책이나 법의 원칙 정신에 더욱 합치하였을 것이라는 아쉬움이 남는다.

(3) 인민의 국가에 대한 채무 불이행

인민이 국가로부터 官物을 임차하여 상환하지 않는 경우도, 일반 채무불이행과 성질상 다를 바는 없지만, 별도의 규정이 있다. 물론 관리의 私情으로 인한 각종 불법 임차(§212, §213)는, 그 자체가 竊盜나 공물횡령의 범죄로 규정되기 때문에, 여기에서 제외된다. 민간의 각종 애경사 등에 법이 허용하는 범위 안에서 각종 의식용 기물을 빌려 사용하는 경우가 여기에 해당한다.

이때 애경사를 마친 후 10일이 지나도록 반환하지 않으면 笞30에 처하며, 매 10일마다 한 등급씩 가중 처벌하되, 관물을 별도로 사사로이 이용(전용)한 경우에는 각기 한 등급씩 더 가중한다. 이 관물이 절대 상환 대상임은 물론이다. 그런데 만약 이를 亡失한 때에는, 자발로 관가에 신고하면 법대로 배상만 하지만, 신고하지 않으면 전술한 亡失의 죄(§442)로 처벌받으며, 여전히 배상해야 한다.[108]

---

108) 권15, §211: 「諸假請官物, 事訖過十日不還者, 笞三十; 十日加一等, 罪止杖一百. 若亡失所假者, 自言所司, 備償如法; 不自言者, 以亡失論.」

그리고 병역의 목적으로 軍器를 수령한 병사가 해당 사건이 종결된 후 이를 반납하지 않는 경우에는, 10일이 지연되면 杖60으로 처벌하며, 매 10일마다 1등급씩 가중하되, 백일이 경과하면 군기의 私有罪를 준용하고, 만약 이를 폐기 또는 훼손한 경우에는 竊盜에 준하여 논죄한다. 유실이나 훼손의 경우에는 10分의 비율로 논죄하는 점이 특징이기도 하다. 이상의 반환 지체나 유실·훼손의 경우 모두, 令에 의해 이를 배상하여야 함은 물론이다. 다만, 전쟁 진영을 경유하면서 손실된 경우에는, 본래 고유 목적을 위해 불가항력의 사유로 인한 점을 감안하여, 형사상·민사상 책임을 모두 면제한다.(§444)

한편, 관리를 포함하는 광의의 인민이, 官私 기물을 분실 또는 훼손하여 배상해야 하거나, 죄를 범하였다가 속죄에 해당하여 속죄금[贖銅]을 납부해야 하거나, 쌍방 모두 범죄가 되는 장물이나 금지된 물건으로서 몰수의 대상이 되거나, 습득한 유실물을 법대로 관가 또는 주인에게 귀속시켜야 하거나, 기타 징수하여야 할 부채를 납부해야 하는 경우에는; 이들 재물의 납부 또는 징수를 기한이 지나도록 이행하지 않으면, 하루 지체에 笞10을 가하며, 매 5일마다 1등급씩 가중하여 최고 杖1백에서 그친다.(§493) 물론 이 경우 형사처벌이 민사책임을 대체하여 면제시켜 주는 것은 결코 아니다. 단지 기한 위배에 대한 형사책임을 추궁하면서, 아울러 민사배상의 이행을 강제하고 촉구하는 성격을 지니기 때문에, 여전히 해당 재물을 추징할 것이다.

또한 각종 官私 문서를 위조 또는 변조하여 망령되이 포상을 구하거나, 몰수나 국고 귀속 및 배상을 회피하는 행위는, 도둑에 준하여 처벌한다는 특별규정이 별도로 존재한다.(§374) 즉, 전자(§493)가 각종 채무 및 책임 이행의 소극 지체 및 불이행에 대한 집행 강제의 절차규정이라면, 후자(§374)는 그의 적극 免脫로서 그 죄책이 더욱 중대하기 때문에, 별도의 특례를 둔 것으로 이해된다. 竊盜에 '준하여' 논하므로, 별도의 한배 장물 추징은 없겠지만, 장물 자체의 반환(배상)은 여전히 집행된다.

(4) 조세 및 부역 의무의 불이행

조세와 부역은 국가와 인민 사이의 통치권력 관계로부터 말미암는 특수한 행정상(헌법상) 의무기 때문에, 일반 민사 책임과는 좀 다르다. 그렇지만 이들도 非刑事 책임이라는 의미에서 광의의 민사책임에 포함될 수 있으며, 또한 그 의무 불이행에 대한 제2차 배상 책임의 강제집행이라는 관점에서, 여기서 함께 거론함도 괜찮을 것이다.

우선, 조세 및 부역 행정의 기본 자료인 호구를 누락시키거나, 연령 및 상태를 허위로 변조·신고한 경우에, 家長에게 徒刑을 부과한다. 비록 누락되거나 변조된 사람이 연령 미달 등으로 본래 과역 부과의 대상이 아닌 경우일지라도, 다소 감경된 처벌을 시행하긴 하지만, 그 주목적은 물론 조세나 부역의 회피·면탈을 방지하기 위함이다.(§150)

예컨대, 관가의 度牒을 받지 않고 사사로이 出家하여 道士·女官·僧·尼 등이 되는 경우에는, 출가자(家長이 주동한 때에는 家長)와 출가를 받아 준 자가 모두 杖1백에 처하며, 만약 籍貫을 제거한 경우에는 徒1년에 해당한다. 이 규정도 임의의 무단 출가가 대개 조세·부역의 면탈·회피에 주목적이 있음을 고려한 입법임에 틀림없다. 또한 犯法으로 인하여 도량(사찰)을 떠나야 할 자가, 관청의 판결명령 후에도 환속하지 않으면, 위 규정에 상응하여 동일하게 처벌된다.(§154) 그리고 5품 이상 관직 및 황실 친인척의 일정 범위 동거친족에게 부여되는 과역의 면제혜택을 받기 위하여, 임의로 호적을 합치려고(合戶) 하는 행위도, 마찬가지로 엄중히 처벌된다.(§161)[109]

한편, 납부하여야 할 각종 조세 및 課役을 기한 안에 납부하지 않

---

109) 秦代에 商鞅은 한 집안에 두 壯丁이 있으면, 반드시 분가하도록 규정하여, 소가족(핵가족) 제도를 법으로 강제 시행하였다. 이것은 조세 및 부역의 징수를 극대화하려고 도모한 중앙집권 절대군주제의 전형이다. 이러한 법치주의 통치술이 역대 왕조의 율령제도에도 다소간 영향을 끼쳤을 것은 자명하다.

는 戶主는 笞40의 처벌을 받는데, 담당 관리의 경우 관할 행정구역 내의 조세 등을 기한 안에 모두 징수하여 확충해 놓지 않으면, 그 미징수 비율에 따라 비례하여 가중 처벌된다. 특히, 모든 관리가 그 직책의 고하에 따라 차등지게 連坐책임을 지는 것이 주목된다.(§174) 또한 납부하여야 할 課稅 및 기타 국고귀속 재물을, 사고나 변질 등을 사칭하여 그 납부를 회피하는 경우에는, 그 흠결 분량만큼 도둑에 준하여 처벌하고, 법대로 배상·전보(塡補)시킨다. 담당관리가 그 사실을 안 경우에는 동일한 죄로 처벌받는데, 모른 경우에도 감경된 죄책을 져야 할 만큼 직무상 고도의 주의의무가 요구된다.(§217)

한편, 軍役의 불이행에 관한 규정도 상세한 편이다. 出征하는 兵士의 성명을 冒用하여 타인을 대리로 출정시킨 경우에는, 동거 친족의 경우에도 徒刑에 처한다. 대리 출정자가 설사 戰場에서 공훈을 세웠다 할지라도, 그에 대한 포상이나 기용을 배제한다. 각 직급의 관리도 관할구역 내에서 발생한 대리 출정자에 대해, 그 總數에 비례하여 행정상 連坐책임을 져야 하는데, 일반 군사의 대리 병역도 마찬가지로 엄금된다. (§228) 出征(병력동원)에 지체한 경우에는, 그 지체 일수에 따라 비례하여 가중 처벌하는데, 20일이 되면 絞刑이 될 정도로 엄중하다.(§231)

그리고 출정에 임하여, 타인을 誣告하거나 경범죄를 고의로 범하거나 신체를 스스로 손상시켜 출정을 회피하는 행위는 물론, 재능을 짐짓 감추고 일부러 발휘하지 않는 경우 등에는 斬刑에 해당한다.(§236) 기타 守防人이나 일반 부역에 동원된 丁夫 및 匠人 등이 동원에 불응하는 경우에도, 그 지체된 일수에 비례하여 가중 처벌된다.(§246) 또 과역을 감면해 주는 각종 復除 요건을 거짓으로 사칭하거나, 관청에 예속된 工人·樂師·雜戶 등이 사망을 사칭하거나, 기타 허위사실로 그 명의에서 이탈하는 경우(§380), 부역 등을 회피할 목적으로 질병을 사칭하거나 자기 신체를 일부러 손상시킨 경우(§381)도 엄중히 처벌된다.

조세 및 부역의 회피·면탈을 도모하는 이와 같은 각종 유형의 범죄행위자는, 각기 규정된 형벌에 처하는 이외에도, 그 신분 및 지위를 원래대로 환원시키고, 여전히 그 조세·부역의 의무를 이행하도록 강제 명령한다. (물론 사형에 처해지는 경우에는 더 이상 문제되지 않을 것이다.) 그리고 이들 행위는 비록 사면령을 만나더라고, 여전히 원래대로 개정되어야 할 절대 사항에 속하며, 이를 바로잡지 않은 경우에도 그 本罪와 똑같이 논할 정도이다.(§36) 이는 전통 중국법에서 행정 의무의 이행과 민사배상 책임이 그 성질상 형사책임과 확연히 구별되는 일면을 잘 표현해 주는 특징으로 여겨진다.

이밖에도, 出征에 동원이 이미 확정된 이후 도망하거나, 또는 출정 후 陣中으로부터 도망하는 자는, 도망한 지 1일에 벌써 徒1년에 해당하며, 매1일마다 한 등급씩 가중하여, 15일에 이르면 絞刑에 처해지는데, 적과 대치한 상황에서 도망하면 斬刑을 당한다. 군대가 귀환할 때 먼저 귀가하거나 도망하는 경우에는, 다소 감경되지만 역시 엄히 처벌된다.(§457) 일반 防守人이 근무장소에 부임하는 도중에 또는 기간 만료 이전에 도망하거나(§458), 流刑이나 徒刑을 받은 죄수가 복역지로 이송 도중 또는 복역(노역) 기한 안에 도망하거나(§459), 각종 宿直 담당자가 숙직 도중 도망하거나(§460), 기타 일반 부역에 종사하는 丁夫나 각종 匠人이 부역 중 도망하거나, 관가에 예속된 工人·樂師·雜戶 등이 도망하는(§461) 경우에도, 각기 율문에 규정된 형벌을 받는다. 전통 시대에 백성은 거주이전의 자유가 없었기 때문에, 심지어 일반 戶口가 도망하는 경우에도, 課役의 여부를 불문하고 처벌하는데, 과역이 있을 경우에 가중될 것은 자명한 이치다.(§461 후단)

이들 경우에 담당관원이 이들의 도망을 고의로 放縱(방치·묵인)하면, 도망죄와 동등하게 처벌하고; 감시 소홀로 도망을 알아차리지 못해도, 그 책임을 묻는 것이 대부분이다. 특기할 만한 점은, 이들의 도망이 중대한 범죄를 구성하여 형사처벌의 대상이 됨은 물론이지만, 도망 후 체포된 경우, 도망 이전의 각종 과역이 원칙상 여전히 재 부과된다는 사실이다. 이는 도망죄가 본디 각종 과역의 회피·면탈을 방지하기 위해 설정된 입법의 목적론에 비추어 보면, 당연하고도 합리성 있는 배상조치일 것이다.(§461의 問答 참조) 도망은 아니지만, 특별한 사정이 없이 타향을 浮浪하는 행위도 범죄로 규정한다. 그런데 이로 인해 부역의 불이행을 초래하면, 그 고의나 목적에 관계없이 도망죄로 대우하는 점도 주목된다.(§462)

5. 人的 損害에 대한 民事賠償 책임

지금까지 살핀 바와 같이, 민사 손해배상 책임은, 인류의 역사상 사유재산권이 인정된 이래 동서양을 막론하고, 인간의 생명권 및 신체권과 함께 물적 재산권을 가장 기본 보호 법익으로 중시하여 왔다. 전통 중국법으로 말하면, 살인·상해·竊盜에 대한 국가법의 형벌 제재 및 배상제도가 이른바 約法3章으로 일컬어진다. 그중 피해자의 손해를 현실로, 그것도 민사로 가장 충족하게 보상해줄 수 있는 분야는 竊盜로 대표되는 물적 재산권의 침해이다. 즉, 손해배상을 가장 대표하는 전형은 物的·재산적 손해임에 틀림없다.

그러면 과연 物的·재산적 피해와 마찬가지로 인적 피해에 대해서도 민사배상 책임이 인정되는가? 예컨대, 타인의 생명권·신체권·자유권·명예권·정조권 등에 대한 침해가, 전통법에서도 근대 서양법에서처럼 불법행위를 구성하고, 그로 인한 손해배상 또는 위자료를 발생시키는가? 이점에 관한 한, 전통 중국법의 기본입장은 일반으로 부정하는 듯하며, 이점에서 민·형사가 완연히 구분되지 못한 느낌이다.

그러나 한편으로는, 바로 그러한 이유에서, 민사책임과 형사책임이 엄격히 분화되었다는 주장도 가능한 일면이 있다. 양립할 수 없는 듯한 논리상 모순으로 들릴지 모르나, 예컨대 살인이나 상해 범죄에서 범죄자는 형사책임이나 민사책임(?) 어느 하나만 부담하면 되기 때문이다. 즉, 고의 범죄에서는 철저히 同害刑의 報復주의 원칙에 입각하며, 별도의 민사배상을 물리지 않는다. 반면, 과실범죄의 경우는, 論心定罪(행위를 한 마음·동기를 논하여 죄와 형벌을 결정한다.)라는 중국법 특유의 唯心主義 원칙에 따라, 그 죄형은 불문에 부치되, 대신 속죄금을 징수하여 피해자 가족에게 위자료나 배상금 명목처럼 지급함으로써, 형벌의 보복에 충당하는 것이다. 따라서 후자의 위자료나 배상금 명목 같은 속죄금은, 형벌에 병행하여 독자로 존재하는 근대법의 민사배상 책임과는 그 성격이 본질상 같지 않은 셈이다.

이제 아래에서 구체로 경우를 나누어, 私人과 국가 공권력에 의한 人身 침해에 대한 민사배상(보상) 책임 전반을 대강 탐구해 보고자 한다. 즉, 근대 서양법(현행법)상 거론되는 인간의 생명권과 신체권의 침해도 배상(보상)의 대상이 될 수 있는지, 된다면 어떠한 관점과 방법, 어떠한 법리 체계에 근거하는지 등을 염두에 두고 고찰해 본다.

(1) 過失殺傷 행위로 인한 민사배상

과실로 사람을 살상한 경우에는, 원칙으로 그 살상의 상황에 따라 收贖(속죄금 징수)으로써 논죄한다. 여기서 말하는 과실이란, 시각이나 청각 또는 사려가 미치지 못한 경우, 함께 무거운 물건을 들다가 힘이 미치지 못해 떨어뜨린 경우, 높은 곳에 오르다가 발을 잘못 디뎌 떨어지거나 짐승을 공격하다가 반격 당한 경우 따위를 지칭한다.(§339) 收贖의 법은 令에 구체로 규정된 것을 이 앞의 조항의 疏議에서 단편으로 언급하고 있는데, 징수한 속죄금은 관청(국고)에 귀속시키지 않고 피해자 가족한테 지급한다. 예컨대, 살인의 경우는 銅 120斤, 상해의 경우에는 그 정도에 따라 단계로 체감하도록 정해진 수량을, 각각 과실 범인으로부터 징수하여, 피해자 또는 그 가족에게 지급하는 것이다.(§331 및 §337의 疏議 참조)

그러나 과실 살상과 별도의 구성요건으로 규정된 戱殺傷(쌍방 합의에 의한 장난 또는 유희 도중 발생한 살상 : §338) 또는 鬪살상(투쟁·폭행으로 인한 살상 : §302-§306)의 경우에는, 그 과실이 인정되지 않으므로 실형을 받아야 한다. 또한 상호 폭행(투쟁) 도중에 옆 사람을 과오로 살상한 경우에는, 일반 폭행치사상으로 논죄되며, 그 과실이 인정되지 않는다.(§336) 이는 이른바 객체의 착오에 해당하는 것으로서, 치사상 자체는 과실이 아니다. 살상이 발생하리라는 객관상의 개연성, 즉 예측 가능성이 이미 존재하기 때문에, 그 죄책을 면하기 어렵다. 비슷한 이유로, 竊盜를 행하다가 과실로 사람을 살상한 경우에도, 폭행치사상죄를 져야 하며, 그 과실을 인정받지 못한다.(§289) 竊盜의 고의와 치사상의 개연성에 대한 인식 가능성이 존재하기 때문이다.

이밖에 과실치사상이 상황과 정도에 따라 인정되기도 하고 부인되기도 하는 개별 구성요건이 몇 가지 있다. 예컨대, 성곽 안의 도로나 군중이 모인 곳에, 특별한 사유 없이 수레나 말을 몰아 인명을 살상한 경우에는, 폭행치사상죄에 준하여 논한다. 다만, 만약 公私의 긴급한 사정으로 부득이 말이나 수레를 몬 경우라면, 과실치사상으로 인정한다.(§392) 또한 시장이나 군중 사이에서 고의로 허위의 망언을 하여 소동을 일으킴으로써 인명의 살상을 초래한 경우에는, 고의 살상죄에 준하여 처벌하는데, 과오로 인한 경우에는 과실치사상죄로 속죄를 허용한다.(§423) 그리고 監臨官이 공무집행으로 말미암아 스스로 곤장을 시행하거나 공갈·협박을 행하여 인명을 치사시킨 경우에도, 원칙상 과실치사죄로 속죄금을 징수하여 피살자 가족에게 지급하는데, 만약 법정 규정보다 큰 곤장을 사용했거나 손발로 직접 구타한 경우에는 실형을 면하지 못한다.(§483)

전술한 것처럼, 가축에 관한 특기할 규정이 있다. 사나운 개나 기타 가축이 사람을 들이받거나 걷어차거나 물어뜯는 성질이 있는데도, (슈에 의하면 각기 두 뿔을 자르거나 발을 묶거나 두 귀를 잘라 표시하도록 규정되어 있는데.) 법대로 標識을 행하지 않거나, 또는 狂犬을 살해하지 않음으로써, 인명 살상의 사고를 초래한 경우에는, 가축의 주인에게 과실치사상죄를 적용하여, 그로부터 속죄금을 징수하여 피해자에게 지급한다.(§207 전단) 물론 주인이 고의로 그러한 가축을 풀어놓아 사람을 살상시킨 경우에는, 폭행치사상죄로 실형을 받아야 한다. 이는 가축 관리자의 책임을 묻는 특별한 규정으로서, 실질상으로는 그 주의의무 소홀에 대한 손해배상 책임의 성격이 강하다고 볼 수 있다.

물론, 사람을 공격하는 사나운 가축은, 피격자(방관자도 포함될 것임)가 즉석에서 반격해 살상하여도 정당방위로 인정하여, 형사책임은 물론 민사배상 책임도 전혀 묻지 않는다.(§204 후단) 한편, 가축의 질병을 치료하도록 고용된 수의사나, 온순한 가축을 무단히 건드려 공격당한 사람이 살상된 경우에는, 피살상자에게 전문가로서 주관상의 주의의무와 피해 자초의 책임이 각기 존재하기 때문에, 가축 주인은 형사처벌을 면한다. 다만, 고용된 수의사에 대해서는 주인이 과실치사상법에 의해 속죄금을 그에게 지급한다고 따로 규정한다.(§207 후단)

또 한 가지 흥미롭고 주목할 만한 경우는, 고용관계에서 발생하는 상해사고의 책임에 관한 내용이다. 이와 관련된 명문의 규정이 율령에 직접 발견되는 것은 아니나, '全唐文'에는 이에 해당하는 판결례가 수록되어 전해진다. 즉, 아무개 乙이 고용주 甲을 위해 풀을 베다가 손을 다쳤는데, 본래는 고용주가 책임지고 치료해주어야 하지만, 그러나 관가에서는 피고용자가 스스로 다친 거라고 판단하여 고용주의 책임을 면제한다고 판결한 것이다. 이 사안의 판결문을 반대 해석해 보면, 피고용자가 작업으로 인해 상해를 당한 경우, 고용주가 치료비용을 부담하여야 하는 원칙을 추론해 낼 수 있다.110)

전통법의 가장 중요한 특징의 하나는, 범죄의 주체와 객체(대상) 사

110) 全唐文, 권982, "풀 베다 잘못해 손가락 자른 사안에 대한 판결(對銼草誤斬指斷判)" 참조. 孔慶明·胡留元·孫季平 編著, 中國民法史, 337면에서 재인용.

이의 신분관계에 따라 죄형이 특별히 가중 또는 감경되는 階級 요소다. 이는 봉건 宗法제도 하의 기본법규범이었던 禮制의 특성을 그대로 계승한 것이다. 지금까지 논술한 과실치사상죄에 대한 속죄배상의 원칙은, 물론 아무런 특수한 신분관계가 없는 일반 평민 상호간의 범죄를 기준으로 규정된 것이다. 즉, 특수한 신분관계 아래 발생한 과실치사상죄에 대해서는, 그 처벌(제재)방법이 현저히 달라지는데, 그로 말미암아 '속죄 배상' 책임 자체가 아예 부정되거나 불필요해지기도 하는 것이 중요한 특징이자 부수 효과다.

이제 과실치사상죄에 국한하여, 특수한 신분관계상의 죄책 변동을 대략 정리해 보면 다음과 같다.

우선 가족 내 혈연에서 존비 친족관계를 보자. 자손이 부모 또는 조부모를 과실치사한 경우 流3천리에 처하고, 반대로 조부모 또는 부모가 자손을 과실치사한 경우에는 무죄다.(§329) 형이나 누나 및 백숙부모·고모·외조부모에 대한 과실치사상죄는 本條에 규정된 특별가중 형량으로부터 각기 2등급 감경한 실형에 처하며, 반면 남녀 동생이나 형제의 자손(曾孫 및 玄孫은 여기의 손자에 포함되지 않고, 각자의 본래 喪服제에 의거함) 및 외손자를 과실치사상한 경우에는 역시 무죄다.(§328) 이 범위를 벗어난 친족 상호간, 예컨대 大功·小功 및 緦麻(시마) 친족 사이에서는, 비록 일반 고의 범죄에 대해서는 가중 또는 감경한다는 특별규정이 있긴 하지만,(§327) 과실치사상죄에 관해서는 별도의 언급이 없으므로, 일반인(범인)으로 논하여 속죄 배상하는 원칙 규정을 적용하게 될 것이다. 이는 혈연관계가 다소 疏遠해진 데다가, 범죄 주체의 과실 책임성이 동시에 작용하기 때문이다.

혈연관계는 아니지만, 혼인으로 맺어진 夫妻(妾) 및 妻妾 관계에서도, 尊卑의 관념이 반영된다. 남편(夫)이 처나 첩을 과실치사한 경우에는 논죄하지 않으나(§325), 처나 첩이 남편을 과실치사상한 경우에는 本條에 규정된 특별가중 형량으로부터 각기 2등급 감경한 실형에 처한다.(§326) 특기할 만한 점은, 처와 첩 사이의 상호관계가 마치 남편(夫)과 아내(妻) 사이의 尊卑 관계에 동등하게 간주된다는 점이다. 남편이 아내의 하늘이듯이, 동일한 家長(夫)에 속하는 처와 첩 사이에서는, 다시 처가 첩의 하늘처럼 비유되는 것이다. 즉, 처가 첩을 살상하는 죄는, 남편(夫)이 아내를 살상하는 죄와 동등하게 대우되기 때문에, 그 과실치사상죄는 무죄가 된다.(§325) 반면, 첩의 처에 대한 과실치사상죄는, 처첩의 남편에 대한 죄와 같이 대우되기 때문에, 실질상 일반인보다 가중되는 실형을 받게 된다.(§326)

또 하나의 중요한 尊卑 관계는, 이들 혼인관계로부터 파생되는 인척(姻親)관계다. 즉, 처첩이 남편의 부모·조부모(시부모 및 시조부모)를 과실치사상한 경우에는, 각기 徒3년 및 2년 반의 실형을 받는다. 반면 부모가 자손의 처첩(子婦 및 孫婦)을 과실치사상한 경우에는 논죄하지 않는다.(§330) 그러나 남편이 사망한 뒤 그의 처첩이 재혼(改嫁)한 경우에는, 상황이 다소 달라진다. 개가한 처첩이 전 남편의 부모·시부모를 과실치사상한 경우, 일반인으로 논하여 속죄배상을 허용한다. (고의범죄의 경우 일반인보다 가중 처벌되며, 禮法의 규정에 의해 강제 축출되거나 합의 이혼한 처첩은 이미 義絶된 상태이므로, 완전히 일반인으로 간주된다.) 다만, 옛 시부모가 이미 개가한 며느리(옛 子婦 및 孫婦)를 과실치사한 경우에는, 옛 情理와 尊屬인 점을 특별히 감안하여 면죄해 준다.(§331) 이로써 쌍방 간의 상대적 가중 및 감경 관계가 다소 균형을 상실한 셈이다.

특기할 만한 점은, 가족 내 尊長에 대한 과실 치사상죄는, 八議(§8)나 上請(§9) 및 특별 감경(§10) 또는 벌금속죄(§11)의 일반총칙에 해당하는 皇親·官員 및 官蔭 대상 친족들한테조차도 벌금 속죄될 수 없으며, 반드시 실형을 받아야 한다는 특별규정이다.(§11) 부모에 대한 孝에서는 어떠한 부주의나 과실도 인정하지 않는, 이른바 절대 무과실 책임을 부과하는 것이다.

또 하나의 중요한 관계는, 사회신분상 양인과 천민의 관계가 가족

공동체 안에서 지배복종의 관계로 흡수된 주인과 노비·부곡의 관계다. 잘못한 부곡을 주인(주인의 期親 및 외조부모도 포함됨)이 처벌하다가 치사하거나 또는 과실치사한 경우에는 모두 무죄다.(§322. 부곡보다 비천한 노비도 마찬가지로 포함됨은 물론해석상 당연하다.) 반면 부곡이나 노비가 주인을 과실치사상한 경우에는 각기 絞刑이나 流刑에 처하며, 주인의 期親이나 외조부모를 과실치사상한 경우에도 다소 감경된 실형에 처한다.(§323) 그리고 緦麻나 小功 친족의 부곡·노비를 과실치상한 경우에도 무죄다.(§324) 다만, 거꾸로 노비나 부곡이 주인의 緦麻 및 小功·大功 친족을 과실치사상한 범죄는, 별도의 명문 규정이 없기 때문에, 일반인과 마찬가지로 속죄배상이 가능할 것으로 보인다. (그러나 고의범죄에 대한 가중처벌 규정은 존재한다. §323 참조. 그리고 노비의 속죄배상에 관한 특례는 후술한다.)

한편, 타인에게 소유권이 이전되거나 또는 자유인으로 해방된 옛 노비나 부곡이, 옛 주인을 고의로 폭행 또는 살상한 경우에는, 옛 情理를 감안하여 가중 처벌하는데, 과실치상죄에 대해서는 일반인으로써 논죄하여 속죄 배상을 허용한다. 반면, 옛 주인이 옛 부곡이나 노비를 살상한 경우에는 일반인에 비해 감경 처벌하는데, 과실치사는 무죄로 규정한다.(§337) 여기서도 과실치사상에 관한 한, 쌍방 간의 상대적 가중 및 감경 관계가 다소 균형을 상실하게 된다.

이상에서 살펴본 바와 같이, 특별한 주관상의 신분관계로 말미암아 과실치사상죄에 대한 벌금속죄의 원칙을 변경하여, 실형으로 가중 처벌하거나 아예 논죄하지 않는 예외규정은, (조)부모와 자손, 형제자매, 夫君과 妻妾, 시부모와 며느리 및 주인과 노비 사이라는 가족공동체 내부관계에서 가장 뚜렷이 돋보인다. 전통 중국법에서 행위의 주체 및 객체 사이에 존재하는 특수한 신분관계로 말미암아 죄책이 가중 또는 감경되는 경우는, 이러한 가족 관계 이외에도, 황실의 친인척이나 국가 통치권을 대표하는 관리에 대한 범죄의 가중처벌과, 양인과 천민 사이의 일반 가감 특례가 더 있다. 그러나 이들 사이의 과실치사상죄에 대해서는 벌금속죄를 부인하는 별도의 명문 규정이 없다. 즉, 실형에 가중 처벌한다든지 또는 논죄하지 않는다는 특례가 없으므로, 일반 원칙에 의해 속죄를 인정하는 것으로 해석된다.

이밖에, 특수한 신분의 특정행위에 대해 개별로 과실의 법리를 적용하는 경우도 있다. 예컨대, 쌍방이 합의 하에 경쟁시합이나 기타 유희를 하다가 살상을 초래한 戱殺傷의 경우에는, 폭행치사상보다는 감경되지만 과실치사상보다는 무거운 실형을 부과한다. 그런데, 이 경우 관직은 없지만 官蔭이나 연로·연소 및 廢疾 등으로 벌금속죄가 인정되는 신분자가 행위주체이면, 특별히 과실치사상 법리에 의해 속죄금을 징수하여 피해자에게 급여한다. 그리고 이 규정은 기타 조문의 非故意 범죄의 경우에도 그대로 준용된다.(§338) 예컨대, 의약을 조제하는 자가 규정된 처방과 달리 과오로 조제하여 인명의 사망을 초래한 경우에는, 생명을 다루는 의약의 특수성 및 전문성에 비추어 실형을 규정하는데(§395), 그 주체가 이들 신분인 때에는 역시 과실속죄를 허용한다.

그러나 서로 합의가 없었거나, 그 상대방이 期親의 尊長·외조부모·남편·남편의 조부모과 같이 속죄가 인정되지 않는 범죄객체인 경우에는, 비록 쌍방합의가 있었다 할지라도, '遊戱'로 인정하지 않고 일반 폭행으로 간주한다. 따라서 과실속죄의 예외규정도 적용될 여지가 없게 된다.(§338 후단) 그리고 의사가 과오로 인해 의약의 처방·조제나 針시술을 고금의 의약서적 규정대로 하지 않아, 인명을 치사시킨 경우에는 徒 2년 반의 실형을 부과하지만(§395 본문), 그 결과 상해만 초래한 때에는 과실치상법에 의한다.(§395 疏議) 이 경우 속죄 벌금을 추징하여 피해자에게 급여할 것은 자명하다.

한편, 장물죄의 주체와 관련된 신분상의 특례가 있다. 官戶(州나 縣에 일반 호적이 없이 司農에 직접 예속됨)나 部曲 및 官私노비의 범죄인 경우에는, 개별 해당조문(本條)에 별도의 규정이 없는 한, 각기 良人에 준한다는 원칙이다.(§47 전단) 이들은 특수한 하급천민으로서, (특히 노비의 경우) 가축에 버금가는 半人半物의 재산권으로 간주된다. 이러한 신분상의 특수성을 감안하여, 이들의 범죄에 대한 처벌은 특별 대우한다. 이들이 流刑이나 徒刑의 죄를 범한 경우에는, 이를 직접 집행하지 않고, 徒1년에 杖120을, 그리고 한 등급 가중될 때마다 杖20씩을 추가하여 대체 집행한다. 그리하여 최고 杖2백을 각기 시행한 뒤, 소속 관청이나 주인에게 반환해주며 복역을 면제한다.[111)]

그런데 민사배상 책임과 관련하여 더욱 중요한 점이 있다. 즉, 범죄로 인한 장물(正贓: 따라서 논리해석상 竊盜죄의 倍贓 배상도 포함됨)과 범죄를 대체할 속죄벌금(銅)을 규정상 추징하여야 하는데, 그에게 재산이 실제로 없을 때에는 銅 2斤을 기준으로 杖 10씩으로 환산하여 대체 형벌을 시행한 뒤(최고 杖2백을 초과할 수 없다는 제한이 있음), 각기 관청이나 주인에게 돌려준다는 내용이다. 물론 배상할 만한 사유재산이 있는 경우에는 당연히 일반원칙대로 추징한다. 그러나 특히 주목되는 점은 특례규정의 존재다. 만약 해당 범죄인이 연로하거나 연소하거나 廢疾에 걸려 다른 법규정상 杖刑을 시행할 수 없는 경우(§30)에 해당하면서, 또한 배상할 재산도 없는 경우에는, 杖刑과 배상 책임을 모두 면제하여 그냥 석방해 준다는 규정이다.(§47 후단)

이 규정의 중요한 특색은, 노비나 부곡한테 형사책임은 물론 민사배상 책임까지도 본인의 고유한 주체성을 인정하여, 그의 주인에게 연좌책임 내지 연대배상의무를 결코 부과하지 않는 점이다.(§47 疏議 참조) 이는 노비의 罪過를 빌미로 그 주인의 재산까지 침탈할 가능성을 사전에 봉쇄한 점에서, 상당히 중요한 의미가 있다. 나아가 노비를 형벌에 처한다는 명목으로 장기간 속박·복역시킴으로써, 그 노비에 대한 소유권이 부당하게 침해·제한되는 폐단까지 제거한 점에서

111) 徒1년의 한 등급 아래가 杖1백이므로, 결국 이들의 徒流刑은 杖1백刑에 연장하여 누진으로 가중·부과된 셈이다.

도, 더욱 가치 있는 법제로 평가된다.

그런데 관물을 대차 받은 인민이 법정기한이 지나도록 원리금을 상환할 재산능력이 없는 경우에, 그 남자 戶口를 강제노역에 종사시켜 그 임금으로써 원리금의 상환에 충당한다는, 채무불이행에 대한 강제집행규정이 있다.[112] 노비 등의 처벌특례를 이 규정과 상호 대비해 보면, 비록 그 분야와 집행방법이 다르긴 하지만, 양자는 서로 비슷하게 닮은 점이 있다. 즉 관물의 완전한 상환을 집요하게 관철시키기 위해 신체 노동으로 代役시키는 점과, 노비에 대한 인민의 사적 재산권을 철저히 보장해 주기 위해 신체 고통으로 代行시키는 점에서 그러하다. 설사 일반 보편화되진 못했지만, 사적 재산권도 국유재산권만큼 소중히 여기고 보호해 준다는 관념 자체는 상당히 귀중한 법의식으로 평가될 수 있겠다.

그러나 국유재산권에 대해서는 강제노동을 통한 경제상(민사) 추징을 관철하면서, 노비에 의한 사유재산권 침해에 대해서는 노비 주인의 사유권을 보장한다는 명분으로, 배상 책임을 국가형벌권에 의한 법률상(형사) 집행으로 대체하는 이중성이 문제다. 즉, 이 규정의 시행으로, 자력이 없는 천민에게 피해를 당한 선의의 인민은, 우연한 상황으로 민사배상을 전혀 받을 수 없게 된다. 이러한 반사 불이익은 형평의 법리에 크게 어긋나며, 이 법제가 안고 있는 가장 중대한 결함이 될 것이다. 특히 전술한(본편 제3장 제3절) 바와 같이, 가축에 의한 손해에 대해 그 주인에게 배상 책임을 인정하는 법제의 정신에 대비해 보아도, 이 법제의 불공평성은 너무도 뚜렷하다. 왜냐하면, 특히 노비 등은 가축과 비슷한 재산으로서 성격이 강하기 때문이다.

(2) 故意의 殺傷에 대한 배상 책임

이 범주에는 과실치사상죄로 인정되지 않는 각종 유형의 인명 살

---

112) 仁井田陞, 唐令拾遺, 雜令§17, 東京大學出版會, 1933년판, 853면 참조.

상죄가 모두 망라된다. 물론, 그중 가장 중대한 죄악은 2인 이상의 共謀에 의한 謀(議)殺傷(§308)이다. 그 다음으로 고의살상 및 폭행치사상(§306, 336), 强盜치사상(§281), 竊盜로 인한 과실치사상(§289), 쌍방 합의 아래 유희로 인한 희살상(§338) 등이 있다. 그밖에도 각종 유형의 개별 구성요건이 있다. 그런데 전술한 바와 같이, 신분상의 특수성으로 인해 과실치사상죄를 인정하지 않고 실형으로 가중 처벌하는 여러 행위들은, 주의의무를 특별히 가중하고 무과실책임을 물음으로써, 실질상으로 故意의 殺傷에 준하여 간주하는 擬制 규정이 된 셈이다. 이들이 과실치상죄와 본질상 구분되는 징표는, 바로 살상의 故意, 즉 害心이 존재한다(§336 疏議 참조)는 점이다. 이점은 論心定罪로 대표되는 전통 중국법의 唯心主義 특성의 전형이 된다.[113]

그런데 이들 고의의 살상죄에 대해서는, 일반으로 민사배상 책임에 관한 직접 언급이 거의 없다. 그러나 전술한 바와 같이, 과실치사상죄는, 주관상 살상의 故意가 없기 때문에, 실형을 감경해 주는 대신 속죄벌금을 추징하는 대체 처벌(보복)로서 민사배상을 규정한 것이다. 이점을 감안한다면, 그러한 대체 민사배상이 허용되지 않는 고의의 인명 살상죄에서는, 바로 법정된 실형의 부과 자체로 이미 범죄행위에 대한 보복성 처벌이 완성된다는 법리임을 의미한다. 즉, 인명 살상죄에 관한 한, 재산 범죄와 달리, 형사상 보복 형벌과 민사상 배상 책임이 결코 병행되지 않고, 양자가 상호 대체성의 관계를 지니는 양자택일의 보복 제재수단이 된다.

이점은 개별 구성요건의 疏議에서도 간접으로 반증된다. 예컨대, 2인 이상이 공동 모의하여 타인을 폭행한 경우에는, 가장 중대한 폭행을 실행한 자가 重刑을 받게 된다. 특히 치사의 경우에는, 결정성 死因 제공자가 중죄를 지고, 다른 사람은 참여 정도에 따라 각기 한두

113) 이 점에 관한 자세한 내용은, 金池洙, 傳統 中國法의 精神 – 情·理·法의 中庸調和 –, 전남대학교출판부. 2005년 초판, 322-333면 참조.

등급 감경된다.(§308) 그런데 여기에서 중죄란, 곧 치사죄에 대해 '사형으로써 상환(償死)'함을 의미한다고 해설된다.(§308의 疏議) 그리고 타인의 부모나 조부모를 살해하여 '마땅히 사형으로써 償還하여야(應償死)' 하는 경우에는, 비록 사면을 만나서 감경되더라도, 그 피해자 자손과 "하늘을 함께 떠받치지 않는다(不共戴天)"는 원수 감정을 피하기 위해, 그 살해자를 천리 타향으로 강제 이주시킨다는 해설이 있다.(§260의 疏議)

한편, 名例律에는 고의로 타인을 구타하여 廢疾에 이르게 하여 유형에 해당하는 경우에는, 비록 官蔭의 혜택을 받는 자라 할지라도, 감형이나 벌금으로 속죄할 수 없다는 규정도 있다.(§11의 본문 및 §305의 疏議) 이는 특정한 과실치상의 경우, 형사상 실형 대신 민사상 속죄금 배상이 허용되지 않음을 명문화한 것이다. 또한, 失火로 인해 인명의 살상을 초래한 때에는, 폭행치사상죄로부터 두 등급 감경한다.(§430 본문) 그런데 치사의 경우에는 원칙상 사형에서 두 등급 감경된 徒3년에 해당하지만; 별도의 규정이 있어 '사형으로 상환하지 않아도(不合償死) 되거나 치상의 경우에는, 그 본래의 살상죄에 대한 형벌로부터 2등급 감경한다는 해설도 있다.(§430의 疏議)

이상 여러 조문의 규정이나 해설을 종합해 보아도, 고의의 인명살상죄에는 형사책임에 병행하여 어떠한 민사배상 책임을 부과하거나, 또는 그에 대체하여 속죄벌금을 추징하는 게 原始로 불가함을 확인할 수 있다. 심지어 민사배상을 적극 금지하고 범죄시하는 특별한 규정까지 존재한다. 즉, 부모나 조부모 및 남편을 위시한 有服親이 타인에게 피살된 뒤, 그 피해자 가족이 가해자와 사적으로 화해(私和)한 경우에, 私和한 가족도 流2천리 이하 각기 체감된 형벌에 처해진다. 그런데 만약 가해자로부터 화해의 대가로 재물을 받은 경우에는, 그 재물의 수량에 따른 竊盜죄의 형량을 계산한 다음, 私和죄와 비교하여 더 무거운 죄형을 적용한다는 규정이 있다. 피살 친족이 期親 이

상인 경우에는 30일 이내에 고발하지 않더라도, 각기 두 등급 감경된 不告罪를 부과하기도 한다.(§260)

여기서 私和의 대가로 받은 재물은 실질상으로 민사 손해배상 내지 정신적 위자료에 해당한다고 볼 수 있다. 그런데 이를 사적으로 수수하지 못하게 금지할 뿐만 아니라, 사적 수수를 범죄로 규정하고, 수수한 재물은 이른바 쌍방 모두 범죄가 되는 장물로 간주하여 관청에 몰수하기까지 하는 것이다. 이는 물론, 부모 형제 등 친족의 원수는 "하늘을 함께 떠받치고 살 수 없는(不共戴天)" 원수로서, 심지어 복수할 윤리도덕상 의무까지 있다고 강조하던, 고대 禮法의 영향을 강하게 반영하는 봉건주의 가족제도 아래서 요구된 혈연상의 孝悌윤리임에 틀림없다.114)

그러나 한편으로는, 형사처벌과 민사배상을 양립 병행시키지 않는 인명 살상죄의 원칙을 간접으로 확인시켜 주면서, 사적인 화해(민사배상)가 국가의 공적인 형벌권의 발동을 배제하려는 일종의 도전적 불법행위인 양 간주하는 이념 성격도 다소 농후한 편이다. 이점이, 일반 인명피해사건에서 가해자의 피해자에 대한 자발성 합의(私和)와 충분한 보상을 형사처벌의 수위를 결정하는 데 중요한 참작사유로 인정하는 현행 법제도와 완연히 판이한 점이다. 즉, 현행법은 民刑事의 준별을 통해 양자의 독자성을 인정하면서, 동시에 양립 병존을 허용한다. 반면, 전통 중국법은 적어도 인명살상 범죄에서는, 민사배상이 형사처벌과 상호 대체성을 지닌 보복 제재수단으로 활용되어, 양자가 동시병행의 보완관계보다는 양자택일의 호환관계로 표현된 것이다.

114) 그렇다고 자손의 복수권을 법이 공식으로 인정하는 것은 결코 아니다. 조부모나 부모가 타인에게 폭행당하는 현장에서, 자손이 그를 위해 반격하다가, 팔다리가 부러지는 折傷까지 초래하지 않은 경우에는 무죄지만, 折傷 이상을 초래한 경우에는 감경 처벌하며, 치사에 이른 경우에는 일반 범죄로 논한다.(§333) 즉, 부자 일체의 관념에서 정당방위까진 인정하지만, 그 이상을 초과하는 복수는 명백히 금지하며, 또한 私和도 금지하는 것이다. 따라서 관가에 신고하여 오롯이 국가 형벌권의 심판에 맡겨야 한다.

이러한 법제의 근저에는, '눈에는 눈, 이에는 이'(以眼還眼, 以牙還牙)라는 철저한 보복형주의의 고대법 전통이 다분히 伏流하는 것으로 이해된다. 이러한 맥락에서, 목숨으로써 목숨을 상환한다(以命償命)는 법관념을 표현한 법원칙의 전형이, "살인죄는 사형에 처하고, 상해죄 및 竊盜죄는 각기 형벌에 처한다."는 漢高祖의 約法三章이다.[115] 이에 관한 좀더 완벽하면서도 오래된 법제사의 기록은, 殷의 流民 箕子가 古朝鮮에 와서 인민을 교화했다는 8條의 犯禁 중 지금까지 전해지는 세 조문일 것이다.

"서로 살인한 경우에는 즉시 사형으로 상환시키고, 서로 상해한 경우에는 곡물로써 상환시키며, 서로 도둑질한 경우에는 피해자 집의 노비로 몰수시키되, 속죄하려면 50萬(錢)을 배상해야 한다."[116]

이 역사 기록이 사실이라면, 이미 殷代에 이와 유사한 법제가 있었을 것으로 추정된다. 살인과 竊盜죄의 경우 각기 생명과 재산으로써 배상시켜, 동해보복형의 원칙을 충실히 따르며; 상해죄는 이미 동해보복의 처벌단계를 벗어나, 일종의 속죄벌금 성격의 재산상 민사배상제도로 대체하는 제재수단이 확립되었음을 알 수 있다. 이것이 중앙집권 왕조체제의 확립 및 국가형벌권의 통일과 더불어, 법리상 체계화되어 律令으로 나타난 것이라고 짐작된다. 그 과정에서 가장 중요한 영향을 끼친 것은, 춘추 전국시대 이래 경전이나 유가 사상에 근거하여 전개된 이른바 論心定罪의 유심주의 죄형이론이다. 고의와 과실을 구분하여, 고의는 원칙상 실형으로 처벌하고, 과실은 속죄배상으로 대체하는 법제도의 철학사상의 바탕이 된 것이다.

(3) 人命 殺傷罪에 대한 민사배상 책임의 역사 발전

그런데 인명살상죄에 대한 민사배상 책임과 관련하여, 唐律의 일반

115) 漢書, 刑法志 : "殺人者死, 傷人及盜抵罪."

116) 漢書 권28, 地理志 제8, '玄菟·樂浪'조 : "相殺, 以當時償殺; 相傷, 以穀償; 相盜者, 男沒入爲其家奴, 女子爲婢, 欲自贖者, 人五十萬."

원칙은 시대의 변천과 함께 법제사상 현저한 발전을 통해 독특한 법제도를 새로이 형성하여 주목된다. 즉, 몽고족이 지배하던 元代의 형법에, 기존 漢族과 다른 몽고민족 고유의 관습으로 여겨지던 법이 나오는데, 그것이 명청률에 계승되어 정착하는 것으로 보인다.

元代의 刑律에 의하면, 과실치사뿐만 아니라 고의 살인의 경우에도, 원칙상 범인한테서 피살자의 시체를 埋葬 또는 火葬할 비용 명목으로, 일종의 장례비인 燒埋銀 50兩 또는 中統鈔 10錠을 추징하여, 피해자의 가족에게 지급하도록 규정하고 있다. 물론 이러한 민사배상과 별도로 형사처벌을 동시에 병행하는데, 이점에서 元律은 당률과 달리 민사책임과 형사책임을 엄격히 양분하여 병립시킨 독자의 법원칙을 보인다. 특히 범죄주체의 신분상 특수성으로 인하여 형사처벌이 면제되는 경우에도, 민사배상인 燒埋銀은 여전히 징수하기 때문에, 그 독자성이 확연히 부각된다.

그러나 타인을 폭행치상으로 廢疾에 이르게 한 경우에는, 피해자의 치료·양육비로 中統鈔 20錠을 징수하는 별도 규정이 있었다. 이 규정과 대비해 보면, 燒埋銀 50兩(中統鈔 10錠)은 그 절반에 불과하므로, 그 성격은 근대 서양법상의 손해배상이라기보다는, 비교적 단순한 장례비 명목으로 설정되었음을 짐작할 수 있다. 즉, 손실이익에 대한 경제상의 塡補라기보다는, 원만한 사후처리를 위해 人情상 필요한 소박한 실제비용부담에 불과한 것이다. 그래서 폭행살인의 경우, 범인이나 법규정상 범인을 대신해 연대책임을 져야 할 친족 모두가 빈궁하여 燒埋銀을 징수할 수 없는 때에는, 관청에서 대신 지급한다는 규정이 있기도 하다. 다만, 盜賊의 경우 가난하여 燒埋銀을 징수할 수 없는 경우에, 우선 강제노역에 종사시켜 그 임금으로 충당(相計)한 뒤, 형사책임을 묻는다는 예외규정도 있다.[117)]

몽고족을 내몰고 다시 한족 국가를 세운 明 太祖 주원장이 직접 主

---

117) 자세한 내용은, 元史, 刑法志(三), 盜賊·鬪毆·殺傷 편을 참조.

宰하여 제정한 명률은, 당률을 근간으로 기본 체계를 구성하면서, 2-3 백년간의 통치지배 기간 동안 익숙해진 몽고족의 元律 규정도 상당부분 그대로 계승하여 종합 재편된 것이다. 그러는 과정에서, 인명살상에 관한 민사배상 책임 제도는 元律의 규정을 대부분 수용한 것으로 보인다. 이 제도가 나름대로 합리성을 지닌 데다가, 원말의 문란해진 사회기강을 바로잡기 위해 명초에 엄형중벌 일변도의 형사정책을 강력히 시행한 역사 요인이 함께 작용한 소치로 보인다.

우선, 명률은 "死刑에 해당되는 범죄인이 아닌 1가족 3인을 살해하거나, 또는 토막살인(支解: 사지를 따로따로 토막 낸다는 뜻) 한 자는 凌遲處死하고, 그 재산은 전부 피살자의 집에 급부하며, 범인의 처자식은 流 2천리의 연좌형에 처하고, 從犯은 斬刑에 처한다."고 규정한다. (먼저 살인한 뒤, 범죄가 발각되지 않게 은폐하기 위하여 시체를 토막 내 매장한 경우에는 해당하지 아니한다.)[118]

또 사람을 채생절할(採生折割) 한[119] 범죄자도 마찬가지로 凌遲處死하고, 그 재산은 전부 피살자의 집에 급부하며, 범인의 처자식은 流 2천리의 연좌형에 처하고, 從犯은 斬刑에 처한다.[120] 이들은 눈으로 보

---

118) 明律, 刑律2, 人命, '殺一家三人'條 참조. 宋代 이후 발전한 凌遲處死에 관하여는, 박병호, 한국의 전통사회와 법, 서울대학교출판부, 1985, 304-6면; 倪正茂·兪榮根·鄭秦·曹培, 中華法苑四千年, 群衆出版社, 1987, 300-1면; 김지수, 활어회와 능지처사, 사법행정, 2004년 2월호(45권2호: 통권518호), 60-66면 등을 참조.

119) '採生折割人'이란, 사람의 귀나 코나 오장육부(五臟六腑)나 팔다리(四肢) 등 신체 일부를, 마치 나뭇잎 따거나 나뭇가지 꺾듯이, 도려내거나 잘라내는 끔찍하고 잔인한 범죄를 가리킨다. 그 외형상 행위는 '支解(토막살인)'와 같지만, 그 내심의 동기와 목적이 다르다. '支解'는 주관상의 원한관계로 앙갚음하려고 단지 죽여서 토막 내는 데 그친다. 이에 반해, '採生折割人'은 그러한 주관상의 원한관계도 없이, 단지 迷信·妖術로써 사람들을 현혹시키기 위해, 산 사람의 귀나 코를 베거나 팔다리를 꺾어다가, 흙이나 나무로 만든 인형(偶像)에 갖다 붙이고 邪術을 행하는데, 심지어 五臟六腑나 임산부의 아기보(胞胎)까지 끄집어내는 경우도 있었다고 한다. 이는 당률에는 없던 새로운 죄목(범죄구성요건)으로, 명률에 등장해 淸律에 계승된 규정이다. 大淸律例會通新纂, 권25, 刑律, 人命, '採生折割人' 條, 文海出版社 영인본, 제7책, 2479-2483면, 註解 및 輯註 참조.

120) 明律, 刑律2, 人命, '採生折割人'條 참조.

거나 귀로 듣거나 입에 담을 수도 없을 만큼 끔찍하고 잔인한 비인도적 패륜 범죄이기 때문에, 특별히 엄중하게 응징함과 동시에, 참혹한 재앙을 당한 유족을 조금이나마 위로한다는 의미에서 신설된 규정으로 보인다.

한편, 과실치사상죄는 당률과 마찬가지로, 원칙상 각각 폭행치사상(鬪殺傷)죄에 준하여 형을 과하되, 율문에 의해 속죄금을 징수하여 피해자 가족한테 급부한다.121) 그리고 조금 특별한 과실치사죄로 장례비를 추징하는 죄목이 있다. 정당한 이유 없이 시가지에서 수레나 말을 거칠게 급히 몰아 사람을 죽게 한 경우에는 杖 1백에 流3천리에 처하고, 한적한 시골이나 광야에서 수레나 말을 거칠게 급히 몰다가 뜻밖에 사람을 다치거나 죽게 한 경우에는 단지 杖 1백에 처하는데, 이 경우 모두 埋葬銀 10량을 추징(하여 피살자 가족한테 급부)한다.122) 또, 맹수가 출몰하는 심산이나 광야에서 수렵 목적으로 함정을 파거나 덫·창살 따위를 설치하면서, 사람들한테 알아보도록 주의 표지를 하지 않은 경우, 회초리(笞刑) 40대를 때린다. 그런데 그로 말미암아 사람을 죽게 한 경우에는, 곤장 1백대에 徒 3년에 처하고, 역시 埋葬銀 10량을 추징(하여 피살자 가족한테 급부)한다.123) 어떠한 일을 계기로 사람을 위협하거나 핍박하여 죽게(자살하게) 하거나, 官吏나 公使가 비공무상의 이유로 평민을 위협하거나 핍박하여 죽게 한 경우에는, 모두 곤장 1백에 처하고 아울러 埋葬銀 10량을 추징(하여 피살자 가족한테 급부)한다.124) 이들은 모두 일반 과실치사상죄와는 조금 다르게, 주의의무 소홀이 어느 정도 인정되거나, 공식상 또는 사실상의 신분·지위를 빌미로 권위를 남용한 정황이 인정된다고 할 수 있다. 그래서 속죄를 허용하지 않고 경감된 실형을 부과하되, 비슷한 성격을 띠는 일반 과

121) 明律, 刑律2, 人命, '戱殺誤殺過失殺傷人'條 마지막 단락 참조.

122) 明律, 刑律2, 人命, '車馬殺傷人' 條 참조.

123) 明律, 刑律2, 人命, '窩(와)弓殺傷人' 條 참조.

124) 明律, 刑律2, 人命, '威逼人致死' 條 참조.

실치사죄의 피해 가족과 형평을 고려하여, 元律을 본받아 특별히 장례비를 추징하여 지급하도록 규정한 듯하다.

폭행(鬪毆: 서로 다투는 게 鬪이고, 서로 치고 박는 게 毆임)으로 상해를 야기한 (致傷) 경우, 상해의 정도에 따라 단계로 아주 세분하여 차등지게 형벌을 각기 부과하는 것이 전통 율령의 공통 특징이다. 예컨대, 팔다리 하나를 부러뜨리거나, 눈 하나를 실명시킨 (이러한 병세를 廢疾이라 부름) 때에는, 곤장 1백에 徒 3년에 처한다. 또, 팔다리 둘을 부러뜨리거나, 두 눈 모두를 실명시키거나, 팔다리 하나를 부러뜨리고 눈 하나를 실명시키거나,(이러한 병세를 篤疾이라 부름) 또는 묵은 질병이 있었는데 폭행으로 악화시켜 篤疾에 이르게 하거나, 사람의 혀를 잘라 말을 못하게 하거나, 생식기를 거세하거나 파손시킨 때에는, 곤장 1백에 流 3천리에 처한다. 폭행치상의 결과, 廢疾까지는 실형에만 처하고 마는데; 좀더 심한 篤疾에까지 이른 경우에는, 곤장 치고 유배 보낼 뿐만 아니라, 범인 재산의 절반을 빼앗아 전부를 篤疾의 피해자한테 '養贍'(치료 양육)비로 지급한다. (다만 부녀자의 陰門을 비인도적으로 훼손한 경우에는, 범인을 곤장 1백에 流 3천리에 처할 뿐이며, 그 재산의 절반을 피해자한테 '養贍'비로 지급한다는 규정은 적용하지 아니한다.)[125]

또 적극 폭행은 아니지만, 다른 물건을 사람의 귀나 코나 다른 구멍에 넣어 두거나, 또는 사람이 服用하는 의복이나 음식을 감추거나 제거하여, 殘障(장애, 불구)이나 廢疾을 초래하면, 곤장 1백에 徒 3년에 처하고; 篤疾에 이르게 한 때에는, 곤장 1백에 流 3천리에 처한다. 그런데 이 경우에도 위의 폭행치상죄와 마찬가지로, 廢疾까지는 실형에만 처하고 마는데, 篤疾에까지 초래하면 곤장 치고 유배 보낼 뿐만 아니라, 범인 재산의 절반을 빼앗아 전부를 篤疾의 피해자한테 '養贍'(치료 양육)비로 지급한다.[126]

---

125) 明律, 刑律3, 鬪毆, '鬪毆' 條 참조.

126) 明律, 刑律2, 人命, '屛去人服食' 條 참조.

그렇다고 해서, 폭행으로 인한 廢疾 이하의 상해에는, 피해자에 대한 민사배상 책임을 전혀 도외시했다고 단정하는 것은 성급한 속단이다. 왜냐하면, 당률을 포함하여 거의 모든 전통 율령체계에는, 致死사건의 죄책을 논함에 특수한 인과관계를 확정하는 '保辜(보고) (期限)'라고 하는 제도가 존재했기 때문이다. 즉, 가해자의 폭행 등의 행위로 상해가 발생하고 그 뒤에 사망까지 이어진 경우, 그 사망이 가해자의 행위로부터 직접 말미암았는지, 다시 말해 가해자의 행위와 피해자의 사망 결과 사이에 법률상 인과관계가 성립하는지, 그래서 가해자한테 致死(殺人)의 罪責을 부과할 수 있는지에 대하여, 법률상 명확하게 획일의 판정기준을 설정하고 있다.

예컨대, 손발이나 다른 일반 물건으로 때린 경우, 保辜期限 20일 이내에 사망하면 鬪毆殺人죄로 처벌한다. (당률은 손발로 때린 경우를 더 경미하게 따로 분류하여 10일로 정함) 그리고, 창칼(刃:흉기)이나 끓는 물이나 불로 상처를 입힌 경우에는 30일, 팔다리를 부러뜨리거나 뼈를 파손하거나 낙태시킨 경우에는 도구를 불문하고 50일 이내에 사망이 초래되면 각각 살인죄를 묻는다. 그런데 명률의 경우, 폭행으로 인해 상해가 발생하면, "범인한테 (피해자를) 의약으로 치료하도록 책임을 명하고" 나서, "(법정) 保辜期限 안에 모름지기 상처로 말미암아 사망한 경우에 (비로소) 鬪毆殺人죄로 논한다."고 규정한다.[127)]

따라서 일단 폭행으로 상해가 발생하면, 그 상처가 확대·악화되어 사망에 이르는 불상사가 생기지 않도록, 돌보고 치료해 줄 人情상·道義상의 의무가 존재할 뿐만 아니라, 율령에도 법적 의무로도 명문화되어 있는 것이다. 즉, 일반 상해죄의 경우에도, 가해자는 피해자를 의약으로 치료해줄 법률상의 민사배상 책임이 강제된 것이다. 당률의 '保辜' 條에는 "범인한테 (피해자를) 의약으로 치료하도록 책임을 명(責

127) 明律, 刑律3, 鬪毆, '保辜期限' 條. "凡保辜者, 責令犯人醫治, 辜限內皆須因傷死者, 以鬪毆殺人論."

令犯人醫治)"하는 명문 규정이 없긴 하다. 그렇지만 "(법정 保辜) 期限 안에 사망하면 각각 殺人죄로 논한다."는 규정이 명문으로 존재한다.(§307) 그러기 때문에, 가벼운 상처라면 모르지만, 좀 심한 중상인 경우에는, 혹시라도 악화되어 자신이 살인죄를 지지 않을까 염려하는 이기심에서라도, 피해자의 상처를 치료해 주려고 기꺼이 나서지 않을 수 없었을 것이다.

明律에서는 이러한 가해자의 심리강제에다 덧붙여, "만약 골절상 이상의 중상에서 (법정) 保辜期限 안에 의약으로 치료해 정상(건강)을 회복하면 각각 2등급씩 감경한다."고 규정하였다.128) 그러기 때문에, 중상인 경우에는 자신의 형벌 감경을 위해서도, 더욱더 피해자의 의약치료에 신경 쓸 것이다. 마치 요즘에도 피해자의 민사상 치료와 손해배상 합의 여부가 형사상 구형 및 양형의 중요한 정상참작사유가 되듯이 말이다. (다만, 현행법은 자유재량 사항으로 규정하고, 전통법은 필수강제 사항으로 명문화한 점이 서로 다르다.)

명률에서 발견되는 또 하나의 발전은, 지극히 한정된 것이긴 하지만, 혼인이나 收養(입양)으로 맺어진 卑屬義親(도의상의 비속친)에 대한 폭행의 민사배상 책임 규정이다. 무릇, 자손이 부모나 조부모를 구타하거나 욕하여, 부모나 조부모가 자손을 때려죽인 경우, 또는 자손이 훈계명령(敎令)을 듣지 않고 어겨 법에 따라 처벌하다가 죽은 경우, 그리고 부모나 조부모가 자손을 과실로 죽인 경우에는, 모두 죄책을 묻지 않는다. 그러나 자손이 훈계명령(敎令)을 듣지 않고 어겨, 부모나 조부모가 자손을 비합리(비정상)로 때려죽인 경우에는 곤장 1백에 처하고, 고의로 살해한 경우에는 곤장 60에 徒 1년에 처한다. 그리고 자손의 부인(子婦나 孫婦)이나 乞食 收養한 異姓 자손을 비합리(비정상)로 때려, 廢疾에 이르게 한 경우에는 곤장 80에 처하고, 篤疾에 이른 경우에는 1등급 가중해 곤장 90에 처하며, 사망에 이른 경우에는 곤

---

128) 明律, 刑律3, 鬪毆, '保辜期限' 條. "若折傷以上, 辜內醫治平復者, 各減二等."

장 1백에 徒 3년의 형에 처하고, 고의로 살해한 경우에는 곤장 1백에 流 2천리의 중형에 처한다. 혈친 비속보다 恩情이 엷기 때문에, 도의상의 비난가능성과 죄책이 좀더 무겁게 인정된 것이다.

그런데 독특한 규정이 있다. 자손의 부인(子婦나 孫婦)이나 乞食 收養한 異姓 자손을 비합리(비정상)로 때려 '廢疾'에 이르게 한 경우에는, 가해자를 곤장 90의 형으로 처벌함과 동시에, 피해자를 모두 친정이나 본래 집안으로 되돌려 보낸다. 그런데 자손 부인의 경우, 시집올 때 가져온 가재도구 혼수품을 모두 되돌려 주면서, 아울러 '養贍'(치료 양육)비로 銀10량(이는 앞서 나온 특수한 과실치사죄의 장례비와 같은 액수임)을 급부하며; 異姓 양자손의 경우, 그가 (유산으로) 얻어야 할 재산을 미리 떼어내어 '養贍'(치료 양육)비로 급여한다.[129] 이러한 규정은, 이미 '義絶'이 된 상황이기에 특별히 명해지는 강제조치로서, 당률에 없던 새로운 발전이다.

(4) 殺傷罪에 대한 특례와 일반 贖罪의 처리 문제

名例律에는 일반 총칙으로서 거론되는 여러 종류의 예외성 특례규정이 있다. 이 중 살상죄에 관한 규정을 민사배상 문제와 연결시켜 정리해 보기로 하자.

첫째, 우선 인도주의 차원에서, 집안의 생계를 유지할 21세 이상의 壯丁(妻도 특별히 포함됨)이 없는 경우, 徒刑에 해당하는 범죄자를 杖刑으로 대체 집행한 뒤 복역시키지 않고 석방한다는 규정이 있다. 그런데 도둑죄와 함께 살상죄의 경우에는 이 특례적용이 배제된다. 다만, 부모·조부모가 연로하거나 심한 질병 중에 있어 시중을 필요로 하는 경우, 이른바 '犯罪存留養親'법의[130] 요건(§26)에 해당하는 경우에는, 역시 杖刑의 대체집행을 인정한다.(§27)

---

129) 明律, 刑律3, 鬪毆, '毆祖父母父母' 條 참조.

130) 이에 관한 자세한 내용은, 金池洙, 傳統 中國法의 精神, 161-168면 참조.

두 번째의 중요한 특례가 있다. 자수자에 대한 면죄원칙에서, 인명에 대한 침해죄는, 배상할 수 없는 재물죄와 함께, 아예 자수할 수 없도록 원천 배제한 규정이다.[131] 여기의 인명에는 노비와 부곡 등 천민도 일반 양인과 동등하게 간주된다. 그런데 다른 재물범죄와 결합된 경우에는, 그 범죄부분에 대해 개별로 자수가 인정되며; 살상 자체가 과실로 인한 때는, 물론 전술한 속죄배상원칙이 적용된다.(§37)

셋째로, 공범에 대한 죄책의 구분에서도 예외가 존재한다. 가족들의 공범인 경우, 혈연 가족공동체의 특수성을 감안한 윤리도덕상의 배려에서, 남자 尊長만을 논죄하는 게 원칙이다. 그런데 타인의 재물을 침탈하거나 인명을 살상한 죄의 경우에는, 일반인과 마찬가지로 주모자(造意)를 주범(首犯)으로 처벌하고, 다른 사람들은 종범(從犯)으로 감경 처벌한다.(§42)

이들은 한결같이, 살인·상해·재물 侵損이라는 기본 約法3章이 중차대함을 확인해 주는 법규정으로서, 인명 및 재산의 법익 보호에 대한 각별한 배려로 이해된다. 첫 번째 犯罪存留養親法의 경우에는, 杖刑의 대체집행 자체가 피해자의 복수심리 보상을 결정적으로 약화시키지는 않는다. 또한 살상죄에 대한 배제 특례도, 벌금속죄를 허용하는 과실치사상죄에는 해당되지 않기 때문에, 그로 인한 민사배상의 특별한 보호도 추가되지는 않는다. 결국 민사배상 책임과 관련한 법적 효과상 중대한 변동까지 초래하지는 않는다.

그러나 두 번째 자수의 경우는 좀 다르다. 전통 중국법에서 범죄 발각 이전의 자수는, 우리 시대의 현행법에서처럼 단순한 量刑상의 정상참작 사유가 아니라, 아예 그 죄 자체를 용서해 주는 면죄사유가 원칙이다. 그래서 살상죄의 자수를 허용하는 경우, 피해자의 복수감정을 만족시켜 줄 수 없으며, 심지어 자수제도를 악용하여 타인을 고의로 살상하는 범죄유혹의 요인이 될 수 있다. 특히, 과실치사상죄의

---

131) 자수제도에 관한 자세한 내용은, 金池洙, 傳統 中國法의 精神, 531-535면 참조.

경우에는 자수를 허용하게 되면, 속죄벌금을 징수하여 피해자에게 지급해 주는 대체성 민사배상 자체도 사라지게 되어, 피해자에게는 반사 손실이 직접 초래될 것이다. 이점에 관한 한, 살상죄에 대한 자수 배제는 민사상 법익의 보호에 상당한 실익이 있는 셈이다.

한편, 세 번째 가족 공범의 책임 구분에 관한 특례는, 형사 책임의 개별화 이외에는, 민사배상 책임상 특별한 변동을 초래하지는 않을 것이다. 과실치사상죄의 속죄금 배상에서, 비록 비속친이 주범이 된다고 할지라도, 그 財源은 家長이 독점 소유·관리하는 家産으로부터 조달될 것이기 때문에, 실질상 존장이 책임지는 경우와 별로 다르지 않을 것이다.

민사배상 책임과 관련하여 가장 중대한 변수로는, 贖罪에 관한 각종 일반 조항을 들 수 있다. 예컨대, 八議(§8)나 上請(§9) 및 관직 감경(§10)에 해당하는 황실의 친인척·관원 및 그의 官蔭을 받는 친족, 그리고 그 밖의 8품 및 9품 관원과 그의 官蔭을 받는 친족들은, 만약 流罪 이하를 범한 경우, 특별한 예외가 아니면 원칙상 속죄가 허용된다.(§11) 뿐만 아니라, 官品이나 邑戶가 있는 婦人(§12)이나 5품 이상 관원의 첩(§13) 또는 假版官[132](§15)도, 流罪 이하의 경우 원칙상 속죄가 허용된다. 그리고 관원 범죄에 대한 時際상의 특례도 있다. 관직이 없던 때 범한 죄가, 관직에 부임한 후 발각된 경우에도, 流罪 이하이면 현직과 동일하게 속죄를 허용한다.(§16) 또, 관원 및 官蔭 해당자의 雜犯死罪 이하의 경우, 황제에게 보고하여 확정판결이 나기 전에 감형처분의 사면령을 만나면, 역시 속죄를 허용한다.(§18) 한편 연령에 근거한 형사책임 감면원칙상으로도 속죄규정이 존재한다. 70세 이상이나 15세 이하 및 廢疾인 자가 流罪 이하를 범한 경우에는, 원칙상 속죄를 허용한다. 또, 80세 이상이나 10세 이하 및 篤疾인 자

132) 조정에서 임명하지 않고 藩鎭에서 채용한 관원을 지칭함. 일설에는 본인은 관직이 없으면서 잠시 대리로 사무를 보는 관원이라고도 함. 錢大群, 唐律譯注, 23면 참조.

의 경우에는, 도둑 및 상해죄의 경우까지도 속죄를 허용한다.(§30)

이상의 각종 속죄 규정은, 전술한 과실치사상죄와는 달리, 한결같이 그 속죄벌금의 귀속에 대해 전혀 언급하고 있지 않다.[133] 따라서 해석상 논란의 여지가 있을 수 있다. 과실치사상죄의 속죄금 추징이, 실형을 감경해 주는 대체형의 성격을 띰과 동시에, 피해자의 복수감정에 대한 보상 기능을 겸비하는 점을 감안하면, 이상의 일반 贖刑제도에서도 징수된 속죄금을 피해자에게 지급해 주는 것이 형평의 법리에 합당할 것이다.

그러나 그 속죄금을 피해자에게 일괄 지급하는 데에는 불합리한 모순도 상당히 내재한다. 첫째, 이들 규정은 그러한 명문의 내용을 두고 있지 않기 때문이다. 둘째, 그 자체가 비록 신분 제한을 갖는 대체형이긴 하지만, 현재의 벌금 제도와 비슷한 독립 형벌의 성격도 다분히 띠기 때문이다. 셋째, 이에 해당하는 범죄 종류에는 인명살상과 함께, 장물 자체를 주인에게 반환해 주는 재산범죄(장물죄)도 포함되기 때문이다. 특히 속죄벌금이 사회경제상으로 국가왕실 재정의 상당히 중대한 부분을 차지하고 있던 당시 실정을 고려하면, 현실로 이를 국고에 귀속시켰을 가능성도 결코 적지 않을 것이다. 이에 상응하여 피해자가 보상 받지 못하고 상실하는 복수감정은, 국가 형벌권의 절대 우위로 밖에 설명될 수 없을 것이다.

(5) 국가의 불법행위에 대한 민사배상 책임

인명과 관련된 국가의 불법행위란, 국가 형벌권의 부주의한 실행

---

133) 전통 중국 법제사에서 贖刑의 역사 유래 및 그 목적·기능은 대체로 네 가지로 분류될 수 있다. 그 가운데 하나는 사회경제상의 정책 차원에서, 전쟁이나 凶荒 기타 국가 중대사업 등으로 방대한 재원이 긴급히 필요할 때, 임시변통의 대책으로 활용된 점이다. 당률상의 공식제도로 정착된 이상의 속죄벌금 규정은, 봉건 신분사회의 본질을 반영해 주는 통치이념의 소산이다. 그 결과, 속형제도는 정치상 신분지위 및 사회경제상의 계급 (특히 빈부)의 차이에 따라, 行刑상의 형평성을 크게 상실하는 폐단이 매우 심각하였다. 이에 관한 자세한 내용은, 金池洙, 傳統 中國法의 精神, 424- 430면 참조.

으로 죄 없는 인민이 억울하게 형벌을 받은 경우를 의미한다. 물론, 수사 및 재판 과정에서 발생할 수 있는 각종 불법의 가혹행위도 여기에 포함된다. 이에 관한 절차 및 방법은 斷獄律에 상세히 규정되는데, 가혹행위를 행한 관원은 엄격히 형사 처벌하는 것을 원칙으로 한다. 예컨대, 죄수(피의자)를 곤장으로 심문하는 방법은 3차례를 넘지 못하고, 총수도 200대를 초과하지 못하며, 杖罪의 경우에는 해당 범죄의 법정 刑量을 초과할 수 없다. 그런데 이를 위배하면, 3차례를 초과하거나 규정된 곤장 이외의 방법을 사용한 경우에는, 해당 관원한테 杖1백을 부과하고; 법정 곤장 수를 초과의 경우에는, 그 초과된 수만큼을 담당 사법관원에게 거꾸로 부과(反坐)한다.(§477) 그리고 재판을 잘못하여 무죄한 자에게 유죄판결을 내리거나, 설령 유죄자라도 실제 범죄보다 가중하여 판결한 경우에도, 상황에 따라 판결한 죄의 전부(全罪)나 또는 초과된 형량만큼을 재판관에게 거꾸로 부과(反坐)한다.(§487)

이러한 형사처벌과 달리, 監臨관이 공무집행으로 말미암아 죄수(피의자)에게 직접 곤장을 시행하거나, 공갈·협박을 행하여 인명을 치사시킨 경우에는, 전술한 것처럼 과실치사죄로 인정하여 속죄금을 징수하고, 이를 피해자 가족에게 지급한다. 그런데, 만약 규정을 초과하는 큰 곤장이나 손발로 직접 구타한 경우에는, 고의성을 인정하여 실형에 처한다.(§483) 즉, 수사 및 재판 과정에서 사법관원에 의해 저질러진 불법행위에 대해서는, 전술한 일반 살상죄와 마찬가지로, 과실치사의 경우에만 속죄금 징수를 통해 민사배상이 이루어지며, 그 밖의 경우에는 실형에 의한 형사책임을 원칙으로 하는 것이다.

그런데 매우 주목되는 규정이 있다. 구체로 형을 집행하는 과정에서, 無辜한 인민의 억울한 受刑 사실(枉刑)이 발생하는 경우에, 비록 제한된 범위와 정도이긴 하지만, 이에 대한 국가의 민사배상 책임을 인정하는 名例律의 일반원칙(§44)이 그것이다. 즉, 억울하게 徒刑을 복역한 자에게는, 그 억울한 복역기간의 임금을 계산하여, 피해자의 국가에 대한 조세의무(課役)나 속죄금의 납입을 상계해 준다. 徒刑 자체가 강제노동에 복역시키던 형벌인 본질을 감안하면, 임금으로 환산하는 방법은 상당히 합리성 있다. 구체로는 徒1년 복역에 대해 課役 2년을 감면해 주는데, 1년이 못되더라도 50일이 넘으면 1년의 과역을 상계해 준다. 그리고 과역을 이미 납부·이행했거나, 특별한 면제[復除]의 은택을 받았거나, 水災나 旱災로 감면되어 해당 해(년도)의 과역이 없는 경우에는, 다음해의 과역으로 그 상계를 순연해 주고, 軍役이 있는 경우에는 그 복무를 대체해 준다. 또, 50일 미만인 경우에는, 그 날수를 계산하여 20일 이하이면 그 날수만큼의 壯丁의 庸을 상계해 주고, 35일이 되면 調까지 감면해 준다.

한편, 본래 속죄벌금으로 실형을 대체 받을 수 있는 官蔭 대상자가, 국가 관리의 잘못으로 실형인 徒刑에 복역한 경우에는, 그 복역 일수의 임금을 계산하여 속죄금 징수액을 공제해 주되, 상계가 부족하면 그 액수만큼 속죄금을 추가 징수한다. 반면, 본래 徒刑에 해당하는데 이미 杖이나 笞를 집행한 경우에는, 이미 집행한 형벌을 취소 회복할 수 없으므로, 徒1년(360일)의 속죄금 銅 20斤을 기준으로, 徒刑 매 18일당 贖銅 1斤을 笞10에 준하여 상계해 준다. 그리고 한 등급씩 가중될 때마다 贖銅 1斤씩 추가하여, 杖 1백을 받은 경우에는 徒 180일(반년)분의 贖銅 10斤을 공제해 준다. 그 나머지 徒刑기간은 법 규정[式]에 의해 受刑 장소에 배치하여 복역시킨다.(§44 후단)

그리고 이미 속죄금을 납부했는데, 사실은 그보다 더 무거운 실형으로 官當(관원의 범죄에 대해 관직으로 충당하는 대체 형벌 규정. §17)에 해당하거나, 또는 좀더 가벼운 범죄이거나 무죄여서, 속죄금이 전혀 불필요한 경우가 되면, 이미 납부한 속죄금을 반환해 준다. 재판관이 고의나 과실로 죄형을 증감시켜 판결하였다가, 추후에 이를 경정함으로써 이러한 사정이 야기되어도, 마찬가지로 해당 속죄금은 돌려준다.(§44

중간) 이 경우, 예컨대, 과실치사상죄로 속죄금을 징수해 피해자에게 지급했다가, 후에 고의 범죄로 가중 변경하여 실형을 선고함으로써, 속죄금을 범죄자한테 반환하게 되면, 피해자는 배상수입을 되돌려 주어 뜻밖의 반사 손실을 입을 수도 있다. 이러한 기묘한 돌발 상황은, 당시 법체계상 어쩔 수 없는 우연의 결과로 받아들여야 할 것이다.

그런데, 徒刑과 杖刑 및 笞刑의 무고한 불법집행에 대해서는, 이처럼 상세한 배상방법을 규정하고 있으면서도, 이보다 더 중대한 流刑과 死刑의 억울한 受刑에 대해서는 일언반구도 언급조차 하지 않는 것은 무슨 연유일까? 법리상으로는 律보다 하위법인 令이나 格·式에 이에 관한 규정을 두었을 리 만무하다. 또한 한 部의 거의 완결된 법체계의 집대성 속에서, 이 내용이 착오로 누락·흠결되었을 가능성도 사리상 별로 설득력이 없다.

이에 관한 거의 유일한 合情·合理의 해석은, 아마도 당시 중앙집권 왕조체제 하의 사법심판제도에서 찾아야 할 것이다. 즉, 縣이나 州의 하급심에서 지방관의 자치적 심판·집행으로 완결되던 笞·杖·徒刑과는 달리, 流刑이나 死刑에 해당하는 사안은 반드시 중앙조정에 보고되어 刑部 등의 상급심을 거치고, 경우에 따라서는 황제의 주재 또는 동참 하에, 이른바 三審 또는 五審의 반복 심판을 거치며, 최종으로 황제의 재결을 받아야 하는 것이 심급체계의 가장 큰 특징이었다.

이렇게 조정의 반복되는 심판결과에도 불구하고, 착오나 불법이 있을 수 있을까? 당연히 있다. 전지전능한 신이 아닌데, 인간이 어찌 잘못이나 실수가 없을 수 있겠는가? 그러나 그런 '오류 가능성'을 스스로 인정하기에는, 天子로서 군림하는 천하 최고제일의 황제라는 명분과 지위가 너무도 높고 컸을 것이다. 통치이념상 황제의 절대 권력의 자존심이 너무도 크고 강해서, 그런 '오류 가능성'은 도저히 용납할 수 없었던 것으로 보인다.

이는 중세 이후 가톨릭의 가장 중요한 기본 교리의 하나인 '교황 無

誤謬(性)說(Papal Infallibility, Infallibilism)'과 비슷한 논리다. 즉, 황제의 명령이 곧 절대 법인 것처럼, 황제의 재결을 거친 심판은 그 자체가 역시 항상 절대로 옳은 판결이고 법이며, 설사 착오나 흠결이 있다 할지라도, 이는 취소나 번복·시정의 대상이 될 수 없다. 이것이 바로 유일무이한 절대 권력의 자아도취적 통치이념이자 법률논리인 것이다.

사후에 설혹 개별로 무고한 유형이나 사형이 발견된다고 할지라도, 이는 황제의 통치결단에 의한 특별한 사면이나 은택의 대상이 될지언정, 일반 사법심사에 의한 판결의 취소나 시정의 대상은 될 수 없다. 실제로 법제사상으로도, 정치 당쟁이나 暴君·酷吏의 희생물이 된 억울한 수형자들을 사후에 특별히 사면·복권해준 伸寃이나, 인자한 황제가 우연히 판결집을 열람하는 과정에서 개별·구체로 억울한 죄수를 발견하여 구제해준 錄囚(慮囚)조치 등이 더러 있었다.

여하튼, 이러한 절대 황제의 권력구조와 통치체제 하에서, 비록 제한된 범위나마 국가의 절대 형벌권의 남용이나 착오에 대해 민사배상 책임을 스스로 인정한 점은, 상당히 보기 드문 진보된 역사발전이며, 제법 합리적이고 공평한 인도주의 입법임에 틀림없다고 보인다. 이러한 긍정 평가가 결코 지나친 옹호나 두둔만은 아닐 것이다.

(6) 기타 신분상 불법행위에 대한 배상 책임

여기에 속하는 범주는, 양인과 천민의 신분계급 구분이 엄격하던 전통사회에서, 양인을 억압하여 적극 부당이득을 취하거나, 천민을 고의로 放縱하여 타인에게 소극 손실을 끼친 경우가 주류를 이룬다. 이는 半人半物로 대우되던 천민의 재산 가치와 속성을 주로 문제시하기 때문에, 물론 재산상 침탈로 분류될 수 있다. 그러나 인간의 주체성을 다소 강조하여, 신분상의 침탈로 다루어도 괜찮을 것이다. 실제로 이에 해당하는 각종 행위유형에 대한 법적 효과에서도, 그 재산 성격을 강조하여 민사배상을 인정하는 경우보다는, 그 신분 성격을 중시하여 형사처벌과 함께 신분의 환원(경정)조치로 그치는 경우가 더 많은 편이기 때문이기도 하다.

律令상 노비나 部曲·客女의 천민도 물론 주인의 호의나 또는 贖錢의 납부에 의해 증서를 받고 천민신분에서 해방될 수 있었다. 이렇게 증서를 작성하여 양인으로 해방된 옛 노비·部曲·천민이나, 또는 부곡·천민으로 신분이 다소 자유로워진 옛 노비를, 다시 억압하여 그 신분을 비천하게 구속하는 행위는, 각기 徒刑에 처하며 그 신분을 본래대로 환원 경정시킨다.(§160) 그리고 奴(남자노예)가 양인 여자를 처로 취하거나, 奴의 주인이 대신 취해준 경우에는, 모두 徒刑에 처한다. 그런데 만약 그 양인의 처를 호적에 婢(여자노예)로 등재하였으면, 流3천리의 중형에 처한다. 반대로 노비를 양인이라고 속여 양인에게 주어 부부가 되도록 한 경우에도, 역시 徒刑에 처하며, 각기 원래대로 환원 경정시킨다.(§191) 또한 양인이나 부곡을 자기의 노비나 부곡·처첩·자손이라고 거짓으로 인정(주장)하면, 人身 略取(납치)죄에 버금하는 중형으로 처벌하며(§375), 착오로 그러한 경우에도 徒刑을 부과한다.(§401) 타인의 노비나 재물을 자기 것이라고 주장하면, 竊盜에 준하여 처벌하며(§375), 착오로 인해 그러한 경우에는 그 수량에 따라 笞刑이나 杖刑에 처한다.(§401) 이들 규정에 비록 명문은 없지만, 그 신분을 환원 경정시킬 것은 자명하다.

그런데 이상의 각 신분 억압 범죄에서, 사후에 그 신분을 환원시키는 조치 이외에, 별도로 억압기간 동안의 임금에 해당하는 사역대가를 민사상 배상시킨다는 명문의 규정은 보이지 않는다. 형평의 원칙상으로는 배상시키는 것이 합리일 것도 같다. 그러나 전술한 바와 같이, 재산침탈 범죄에서 장물이 임금이나 임대료로 계산되는 경우에는, 민사배상(반환) 범위에서 특별히 제외한다는 예외규정이 있었다.(§33 중간) 그러므로, 신분억압 기간의 사역대가는, 해당조문에서 별도의 언급이 없는 한, 원칙상 배상하지 않는다고 해석함이 법리에 부합할 것이다.

한편, 관리가 관노비나 官戶를, 사망이나 연로(60세) 또는 廢疾 및 하사(賜給) 등의 허위 사유로, 그 호적장부에서 제거(면제)해 주는 경우에는, 徒刑에 처한다. 그리고 이들을 사노비와 임의로 바꿔치기 한 경우에는, 官物貿易法(§290)에 의해 양자의 가액을 계산하여, 사노비 가액의 범위는 '竊盜에 준하여' 논죄하고, 이를 초과하는 횡령 가액은 '竊盜로써' 논죄한다.(§376) 따라서 그 신분을 환원하거나 반환함은 물론, 竊盜죄의 횡령부분에 대해서는 장물의 두 배까지 추징하게 된다. 그리고 관청에 예속된 工匠이나 樂師 및 雜戶의 명부를 허위로 제거한 자는 徒2년에 처하는데, 이들을 사역시킨 자에 대해서는 그 임금을 계산하여 坐贓으로 논죄한다.(§380) 그러나 그 사역대가는 임금으로 계산되기 때문에 추징대상에서 제외된다.

그런데 다소 독특한 규정이 하나 있다. 양인을 노비라고 속여 채권의 人質로 저당 잡힌(반대해석하면, 노비의 채권담보용 인질은 합법임) 자는, 그 사실을 알고 저당 잡은 채권자와 함께 인신매매죄에 버금가는 엄형에 처한다. 이때에는 人質 기간 동안의 임금을 계산하여 채권과 상계한다는 특례가 있다. 다만, 채권자가 인질이 양인인줄 몰랐을 (善意) 경우에는, 그 임금으로 채권의 상환에 충당하지는 않는다.(§400)

또 하나의 중요한 신분상 불법행위는 혼인법에 관한 규정을 들 수 있다. 신분행위의 대표 전형으로서 혼인과 관련된 각종 불법이나 違約에 대해, 전통 중국법은 어떠한 민사상 해결방법과 책임을 규정하고 있을까? 우선 許婚(婚約: 약혼)을 일방으로 파기할 수 있는지에 대해, 唐律은 父系사회의 전통 아래서 남녀간에 현격한 차이를 두고 있다. 즉, 女家는 한번 혼인을 허락하여 男家의 婚書를 받고 나면, 이를 취소하거나 파기할 수 없다. 사전에 신랑감의 연로나 幼少·질병·장애·養子·庶子 등의 신상사항을 안 경우에도, 이들을 이유로 한 혼약 파기나 취소가 허용되지 않는다. (반대 해석하면, 사전에 속여서 몰랐다가 나중에 안 경우에는, 예외로 파혼이 허용된다.) 만약 女家에서 약혼을 이행하지 않으면, 杖60을 시행한 후 여전히 혼인하도록 명한다. 그러나 男家는 임의로 약혼을 이행하지 않더라도, 형사상 처벌하지 않을 뿐만 아니라, 약혼의 취소까지 허용한다. 다만, 女家에 이미 제공한 빙재(娉財: 혼인 예물)는 반환하지 않는다.

그리고 만약 女家에서 한번 許婚한 후, 다른 남자에게 다시 許婚하거나 이미 다른 남자와 결혼한 경우에는, 더욱 엄중히 처벌하며; 만일 後婚 상대방인 男家에서 여자 측의 혼약 사실을 알았다면, 그도 처벌한다. 그리고 여자는 追奪하여 처음 혼약한 남자(前夫)에게 귀속시키는데, 그 남자가 취하기를 원하지 않으면, 빙재(娉財)를 반환시키고 後婚을 적법한 것으로 인정한다.(§175) 그런데 後婚의 무효선언이 무조건의 일반 규정인지, 아니면 後夫가 첫 혼약 사실을 안(惡意) 경우에 국한되는 조건인지는, 文理상 다소 불분명하다.

그리고 혼례를 거행할 때, 혼약한 혼인 당사자가 아닌 자를 내세우는 행위는, 남녀 상견 없이 전적으로 중매에 의지하던 전통혼례 관습상 모험삼아 시도될 수 있던 중대한 혼약 불이행에 속한다. 그런데 이 불법행위의 경우에는, 男家를 女家보다 가중 처벌하는 것이 특징이다. 혼약 위배의 혼인이 아직 성립하지 않은 경우에는, 본래의 계약대로 혼인을 거행하도록 명하고, 이미 성립한 경우에는 이혼시킨다.(§176) 위약 혼인을 이혼시키는 경우에도, 여전히 본래의 혼약을 다시 이행시킬지는 불분명하다. 쌍방이 원한다면 불가능할 것은 아니지만, 일반으로는 당사자의 감정이 이미 파탄에 이르러 현실상 곤란하지 않았을까 생각된다.

또, 처를 가진 남자가 다시 처를 취하는 重婚도 엄격히 금지되는데, 이 경우에도 남자가 여자보다 가중 처벌된다. 다만, 남자가 혼인한 사실을 숨겨 女家에서 그 사실을 모른 경우에는, 남자는 더욱 가중하고 여자는 논죄하지 않는데, 어떠한 경우이든 後婚은 무효로 당연히 이혼시킨다.(§177) 물론 重婚이란 처에 국한하는 것이며, 妾은 포함되지 않는다. 타인의 처를 쌍방 합의에 의해 취한 (여자의 重婚) 경우에도, 남자와 여자 측의 主婚者 모두를 처벌하고 이혼시키는데, 여자의 본 남편이 스스로 시집보낸 경우에도 동일하게 처리한다.(§187)

가족 내의 혼인 신분을 교란시키는 불법행위도 처벌대상이 된다. 처를 첩으로 강등시키거나, 婢를 처나 첩으로 삼거나, 첩이나 客女를 처로 삼는 행위 등은, 정도에 따라 차등지게 형사처벌 함과 동시에, 모두 환원시키는 경정조치를 강제한다.(§178) 이들은 가족 및 사회의 신분질서 유지가 주목적이다. 하지만 그와 함께, 적어도 그로 인한 반사 효과로서, 처의 혼인법상의 신분 지위가 보장되며, 그 침해에 대한 민사상 회복이 가능하도록 법제화된 점도 중요하다. 다만, 婢가 주인의 자녀를 갖거나 양인으로 해방된 경우에는, 첩이 될 수는 있다.(§178)

한편, 남편의 상복을 벗은 뒤 守節하고자 하는 과부는, 그녀의 친정 조부모나 부모가 아니면 재혼을 강요할 수 없다. 그런데 그 이외의 사람(시부모도 포함)이 강제로 재가시킨 경우에는, 그 主婚者를 처벌함과 동시에, 그 혼인을 무효로 하여 여자를 전 남편 집안에 귀환시킨다.(§184) 과부에 대한 재혼금지의 윤리도덕상 의무관념(예컨대 烈女不更二夫)과 상호 대응하여, 법적으로 과부의 守節할 貞烈權을 보호해 주는 표리일체의 제도 장치로서, 자못 흥미롭게 주목된다.

부부간의 혼인생활 중에 일방이 불법으로 혼인을 해소하는 행위도 금지된다. 예컨대, 처에게 七出 및 義絶의 상황이 없거나, 七出에 해당하는 사유가 있더라도 (다만 惡疾과 姦淫의 경우는 제외) 三不去의 상황이 있는데도, 남편 측에서 일방으로 처를 축출한 경우에는, 徒刑 또는 杖刑을 부과한 뒤, 원래의 혼인 상태를 회복시킨다.(§189) 그런가 하면, 처첩이 임의로 남편을 버리고 떠나가거나, 그로 인해 개가하는 경우에도, 또한 徒刑에 처한다.(§190) 다만, 이 경우 後婚의 무효나 혼인 회복에 관한 명문이 없어 불분명하다. 남자 중심의 사회현실 및 법제규정을 감안하여, 남편이 처를 무단히 축출하는 경우에는, 여자의 열악한 신분지위 보장을 위해 혼인회복을 명하는 명문의 규정을 두었을 것이다. 여자가 떠나간 경우에는, 혼인법의 전반 체계 및 분위기상, 남편이 원하면 徒刑 복역 후 혼인회복을 실현할 수 있겠지만, 현실로 그러할 가능성이 얼마나 될지는 미지수다.

이밖에도, 도망한 (疏議에서는 범죄 후의 도망으로 해석함) 부녀자를 처첩으로 취한 자가 도망 사실을 안 경우에는, 취한 남자를 부녀자의 도망죄와 동등하게 처벌하며, 이혼시킴을 원칙으로 한다. 다만, 남편이 없는 부녀로서 사면의 은혜를 받은 경우에는, 특별히 그 혼인을 인정하는 예외가 있다.(§185) 그러나 남편이 있는 부녀가 사면을 만난 경우, (범죄 도망죄 자체가 몹시 중한 사실을 염두에 두면,) 전 남편에게 귀속될지 여부는, 전술한 일반 논리에 의할 수밖에 없을 것이다.

그리고 관원이 관할 행정구역 내의 부녀자를 자기나 자기 친족의 첩으로 취하는 경우, 그 권세에 의지하는 현실성을 감안하여, 형사처벌하며 이혼시킨다. 만약 사건 청탁과 관련하여 불법 뇌물의 성격으로 타인의 처첩이나 딸을 취한 경우에는, 간음죄보다 두 등급 가중하여 엄벌로 다스리고, 역시 이혼시킨다.(§186) 혼인법상 순결권·정조권은 사회 신분질서 유지의 이념과 맞물려, 거의 절대로 보장되었다고 해도 과언이 아니다. 그런데 이를 침해할 때에는, 비록 현행법과 같은 정신적 위자료라는 재산상 배상이 수반되지는 않지만, 혼인원상회복이라는 신분상 보상이 병행된다는 점이, 전통법의 민사상 효과로 매우 독특하게 부각된다.

한편, 雜戶나 官戶는 양인과 통혼할 수 없음이 철저한 계급혼 원칙이다. 그런데 만약 노비가 자기 딸을 양인의 처첩으로 시집보내는 경우에는, 주인의 재산을 빼돌린 것으로 간주하여 竊盜에 준해 처벌한다. 그녀를 취한 남자도 그 사실을 알았으면 똑같이 처벌하고, 남녀는 이혼시켜 본래 신분으로 회복시킨다.(§192) 물론 사회 신분질서의 유지가 주목적이긴 하지만, 노비의 재산성을 중시하여, 그 침탈에 대한 처벌로 竊盜죄를 준용한 사실도 주목된다. 이 경우 이혼을 통한 신분회복은, 불법행위에 대한 민사배상 책임으로서 원물(장물) 반환의 성격을 띠게 될 것이다.

끝으로, 唐律에는 나오지 않고, 明律에 비로소 등장하는 새로운 발전 규정이 있다. 妻妾이 타인과 간통하는데 간통장소에서 본 남편이 몸소 붙잡은 경우, 그 당시 현장에서 살해하는 행위를 무죄로 용서하는 조항이다. 이 때 만약 타인인 姦夫만 죽이고 만 경우라면, 처첩인 姦婦는 율문에 의해 처벌하며, 아울러 본 남편이 마음대로 시집보내거나 (노비로) 매각할 수 있도록 허용했다.134) 淸律에 이르면, 문구가 약간 바뀌어, "姦婦는 율문에 의해 처벌하며, 관청에서 시집보내거나 매각하고, 그 몸값을 관청(국고)에 귀속시킨다."고 규정한다.135) 간음을 엄벌하던 전통법의 이념이 절대화되어, 정조를 내팽개친 처첩은 생명 자체를 빼앗겨도 좋으며, 다행히 목숨은 부지하더라도, 본래의 처첩 신분은 물론 양인의 신분 자체까지도 아예 박탈당할 각오를 하라고 엄중히 경고하는 것이다.

이상 혼인과 관련된 각종 위법행위에서 이혼 또는 경정을 규정한 경우에는, 설령 사면령을 만나 형사처벌이 모두 면제되더라도, 이들은 절대로 강제하여야 할 법적 효과다. 이는 마치 장물죄에서 장물을 사면 후에도 원칙상 추징·반환하는 법리와 같다. 재산 범죄와 신분 범죄의 성격은 각기 다르지만, 바로 이점에서 민사 배상·회복제도로서 공통 특성을 지닌다고 할 수 있다. 다만, 빙재(娉財)는 추징·반환하지 않음이 원칙인데, 이는 男家에서 불법을 무릅쓰고 제공한 재물이기 때문일 것이다. 女家에도 위법성이 있는 경우, 쌍방 모두 범죄인 장물과 성격이 비슷해 관가에 몰수될 수도 있으나, 혼인이라는 특

134) 明律, 刑律2, 人命, '殺死姦夫' 條 참조. "若止殺死姦夫者, 姦婦依律斷罪, 從夫嫁賣."
135) 淸律, 刑律, 人命, '殺死姦夫' 條 참조. "若止殺死姦夫者, 姦婦依律斷罪, 當官嫁賣身價入官."

수한 신분행위로 인한 재물임을 감안한 특별규정으로 짐작된다. 유일한 예외로서, 女家에서 혼약한 당사자 아닌 타인을 혼례식에 내세운 경우에는, 그 위법의 중대성을 감안하여 빙재를 추징하여 男家에 반환시킨다.(§194)

6. 결 론

지금까지 전통법에서 '6贓' 등 범죄행위와 고의과실로 인한 각종 재산(物)상 훼손·망실의 불법행위, 채무 및 조세부역의 불이행, 그리고 人的 불법행위에 대한 각종 민사배상 책임 문제들을, 唐律令상의 입법규정과 일부 재판사례를 중심으로 해석법학의 관점에서 종합·정리해 보았다. 당률을 비롯한 전통 중국법이, 비록 민·형사가 제대로 구분되지 않고 형법 위주로 편성되긴 했지만, 나름대로 私人간의 민사 불법행위로 인한 손해배상 책임을 체계 있게 구성하고 있다.

첫째, 형사 범죄를 구성하는 절도·강도·枉法·不枉法·受所監臨·坐贓이라는 6 贓의 재산범죄와, 이를 직접 적용하거나 간접 준용하는 여러 유형의 재산 침탈죄의 경우, 형벌의 부과와 별도로 원물반환이나 가액상환의 배상 책임을 요구하며, 이러한 의미에서 민·형사가 뚜렷이 구분된다. 특히 절도와 강도한테는 倍贓이라는 일종의 민사벌을 병과하는 게 원칙이다. 하지만 가치를 계산해 장물죄를 부과하거나, 장물이 소비된 채 범죄인이 유배 또는 사망하거나, 또는 사면령이 내려진 특수 경우에는, 환수 또는 배상의 책임을 면제하기도 하고; 쌍방 모두 범죄가 되는 경우에는 장물이 국고에 몰수되기도 한다. 전통 신분계급사회의 특성상, 노비가 배상할 재산이 없는 경우, 곤장이라는 대체 형벌로써 보복 징계하며, 늙거나 병든 경우에는 그나마 아예 모든 집행을 면제하여 주인한테 돌려줌을 알았다.

둘째, 훼손·亡失의 일반규정 및 가축살상에 관한 특례, 가축을 소유·점유·관리하는 자로서 가축의 침해행위에 대한 배상 책임, 水火로 인한 피해의 배상 특례, 국가 관원의 재정관리 소홀로 야기되는 각종 손실의 배상 책임에 관한 주요 내용을 살펴보았다. 이들 다양한 영역에서는, 그 배상방법도 특정한 일반원칙이 명확히 선언되지 않은 채, 보통 대체가능한 물건의 경우 현물 상환을 원칙으로 하되, 가액상환도 가능하다. 특히 고기나 가죽의 경제 가치를 남기는 가축의 살상이나, 가축으로 인한 피해의 경우에는, 감소된 가치의 배상원칙을 확립하고 있다.

뿐만 아니라, 건조물의 파괴에 대하여는, 원상회복(복원, 수리)의 방법 등을 구체로 규정한다. "임금이나 임대료로 장물죄를 구성하는 경우 그 민사배상 책임을 면제한다."는 일반규정의 적용을 여기서는 분명히 배제하고, 재산권의 보호에 만전을 기한 흔적이 돋보인다. 水火로 인한 손해는, 고의범죄인 경우에만 배상시키고, 과실로 초래된 손해는 민사 책임을 면제해 주는 원칙도, 현대와는 판이한 독특한 규정이다. 官吏가 국유축산이나 公物을 사용·관리함에, 비합리의 손실을 초래한 경우에는 배상 책임을 부과한 점도, 특히 눈에 띈다.

셋째, 私人간의 채무나 국가에 대한 조세부역 의무의 불이행은 형벌로 이행을 강제하면서, 결국엔 채권의 담보물이나 보증인의 연대책임을 통해 강제집행도 실시한다. 하지만, 때로는 사면의 은전에 의해 완전 탕감해 주는 특례도 있고, 관물을 빌려간 백성이 배상할 자력이 없는 경우, 강제노역으로 대체하여 그 임금과 상계하기도 하였다.

넷째, 人的 침해행위에 관해서는, 과실치사상죄에 대한 형벌을 속죄금으로 대체 추징함이 원칙인데, 이는 현대의 민사 손해배상(위자료)에 상응한다. 그러나 고의살상죄는 보복성 형사처벌로 그치며, 별도의 민사 책임은 병행하지 않음을 확인하였다. 특히 제한된 범위긴 하지만, 국가의 사법·행정상 불법행위에 대한 배상 규정은, 중앙집권 왕조체제 아래서 그 존재 자체가 소중한 민사배상 책임의 하나로 주목된다. 마지막으로 봉건 신분사회의 질서유지를 위해, 신분침해 행위를 거의 절대로 환원·경정시킨 원칙도, 현대 자유민주주의 법이념의 안목에는 다소 낯설고 의아스럽게 여겨질 전통법의 특색이다.

이러한 각종 민사 손해배상과 관련된 규정들을 차례대로 종합 정리하면서, 우선 외재 형식상 통일된 조문으로 일반 추상화된 근대법체계와 아주 판이함을 느끼게 됨은 당연하다. 그 제도들의 개별·구체 규정의 양식과 내용, 그리고 배상의 정도 및 방법 등도 실질상 상당히 다를 수밖에 없다. 그러나 유감스럽게도, 본 논문에서 동서양의 법제사적인 비교·평가까지 시도하기는 참으로 어려움을 솔직히 고백하지 않을 수 없다. 그러한 거시의 종합연구를 시도하기에는, 아직 우리 법사학계의 연구수준 전반이나 개인의 능력 모두 많이 부족함이 사실이다. 또한 이 글의 서술을 철저히 근대 서양법 개념과 체계로 재편성하기에도, 필자의 관점과 능력이 역시 턱없이 부족하다.

다만, 근대 서양법학의 개념도 염두에 두면서, 나름대로 事理와 物情, 즉 손해의 종류와 결과 및 행위 주체 등의 성격을 중심으로, 전통법 자료를 새롭게 구성해 보았다. 이 점을 감안하면, 형식과 체계가 다소 서툴고 낯설며 그리 설득력이 없더라도, 너그럽게 양해될 수 있으리라고 믿는다. 하지만 본 글의 의미를 굳이 찾자면, 법제사를 역사 그대로 관찰하는 객관성과 개별고유성을 살리면서, 특히 전통 중국법의 민사상 특성을 단편이나마 보여줄 수 있는 한 시험 탐구라는 점일 것이다.

대강의 초보 탐구지만 이상의 종합정리를 통해서, 전통 중국법도 비록 근대서양의 시민법에 비하면 불완전하고 미약하긴 하지만, 나름대로 인격의 존엄과 사적 소유권 보호를 위해, 불법행위에 의한 재산적 인적 손해를 배상시키는 민사배상 책임 제도를 상당히 체계 있게 갖추었음을 확인할 수 있었다. 특히, 개별구체의 기물뿐만 아니라, 건조물의 수립이나 복원에 따른 임금(건축비용)과, 가축의 살상 후 잔존 가액에 대한 공제 등, 다분히 추상적이고 부분적인 경제 가치까지도 주도면밀하게 환산함으로써, 재산권의 개념이 이미 상당히 일반화·관념화되고 있음도 주목된다.

이러한 사실은, 전통 중국법이 民·刑事의 구분도 없으며, 민사법이 거의 존재하지 않거나 형사법에 흡수·혼융되어 있다고 생각하는 막연한 추측이, 터무니없는 억측이며 잘못된 편견이라고 입증하기에 충분한 자료가 될 것이다. 다만, 그 체계와 형식, 양적인 비중에서는, 근대서양법과 함께 비교할 수준이 못됨은 솔직히 인정하지 않을 수 없다. 그렇다고 해서 전통 중국법의 불법행위에 대한 민사 손해배상 책임제도가 결코 무의미해지거나 평가 절하될 수는 없을 것이다. 각 지역과 각 민족은 자신의 고유한 역사문화 배경에 따라 각 시대의 독특한 법을 가지게 마련이며, 법제사를 연구하는 필요성과 의미도 바로 거기에 있기 때문이다.

앞으로 연구를 더욱 확대 심화하여, 역사기록이나 문집 등 각종 사료에 나타나는 구체 사례들을 더 수집하여, 역사학 및 법률과학의 실증방법으로 면밀히 분석·평가해 보아야 할 것이다. 唐 이전과 그 이후 역대 왕조에서 전개된 종적인 역사변천 모습을 거시로 개관·대비해 보면서, 나아가 우리나라 법제에 끼친 직접 간접의 영향도 횡적인 비교를 통해 확인해 보고, 다시 근대 서양법체계와 종적·횡적인 비교평가를 점차 수행해 나아가야 할 것이다. 이러한 종합연구의 점진 수행은 앞으로 우리 법사학의 한 과제가 될 것이다. 특히, 현행법과의 비교 분석하는 작업은 실정(해석)법학자들에게 기대되는 의미 있는 몫이 될 것이다. 다만, 이러한 제반 연구의 방향과 지표에, 본고가 조그만 출발점과 밑거름이 될 수 있기만을 지심으로 기원할 따름이다.

제 5 편

5·18의 法制史적 意義와 光州反正 *

1. 緖　論

오직 성인만이 안팎으로 모두 근심이 없을 수 있으며, 성인이 아닌 다음에야 대외로 평안하면 반드시 내부의 걱정이 있기 마련이라고 했던가?[1] 內憂外患이 번갈아 가며, 아니 때로는 雪上加霜으로 동시에 밀어닥치는 것이, 우리 평범한 중생의 운명이란 말인가?

한반도에서 한민족의 20世紀는 문자 그대로 암울하고 혼란스러운 내우외환의 연속이었고, 有史 이래 어쩌면 겨레의 최대 수난기였을지도 모른다. 20세기 전반은 日帝의 강점 식민지배에 굴복해야 했고, 해방 이후에는 민족이 남북으로 분단되었다. 북한에서는 소련의 지원 아래 공산정권이 들어서고, 남한에서는 美軍政 지배 아래 신탁통치의 고비를 넘기면서 가까스로 독립된 정부를 수립했다. 그러나 곧 民族相殘의 6·25 전란이 터지고, 그를 전후한 이념대립과 유혈투쟁은 참으로 前代未聞의 참상이었다. 전란이 진정되자, 이제 이승만 정권이 부패와　독재로 치닫다가 4·19혁명에 의해 붕괴되었는데, 바로 총칼

---

* 이 글은, 서울大 法大 崔秉祚 교수가 '5·18 公訴時效의 法制史的 고찰 필요성'을 제기하고, 한국법사학회 朴秉濠 회장이 1996년 6월 光州 全南大에서 개최된 학술회의에 주제발표를 초청해 주어, 이러한 인연을 직접 계기로 구성되고 작성되었다. 강력한 집필동기를 부여해 주신 두 분 선생님께 진심으로 감사드린다.
또 이글은 대한변호사협회, 人權과 正義, 1996년 6월호(통권 제238호), 121-151면에 게재된 내용을 손질한 것이다.

1) 春秋 左傳, 成公 16年 :「惟聖人能外內無患, 自非聖人, 外寧必有內憂.」國語, 晋語 6에도 같은 내용이 비슷한 문장으로 표현되어 있다.

을 앞세운 군부의 쿠데타(叛亂)에 의해, 향후 무려 30여 년간 지속된 武斷억압지배가 바야흐로 시작되었다.

유신체제로 영구집권을 획책한 박정희가, 민주화 혁명을 바라는 국민의 열망 속에 결국 측근 心腹의 총에 살해되고, 바야흐로 역사의 正道에 복귀하는가 싶었다. 그러나 봄이 오기 아직 일렀던지, 다시 12·12와 5·18로 이어지는 신군부 쿠데타에 의해, 마치 이른 봄 늦서리 맞은 새싹처럼 민주화의 꿈은 무참히 짓밟히고 말았다. 전두환·노태우의 집권을 그나마 단임 계승으로 견제한 국민의 성숙된 능력과 의식수준으로, 비록 과도기 성격이 강하지만 이른바 文民정부가 들어서서 일부분 점진 개혁을 실시함과 동시에, 마침내 국민의 이름으로 12·12와 5·18쿠데타 집권세력을 법의 심판대에 세우기에 이르렀다.

그 사이 수많은 피해자들의 고소·고발이 제기되어 검찰수사가 지지부진 시늉을 내더니, 정치논리에 지시받은 검찰은 12·12에 대해서는 '무혐의'나 '기소유예' 등 不起訴처분을 내렸다. 이에 항의하는 헌법소원에 대해서, 헌법재판소는 公訴時效가 완성되었거나 혐의가 인정되지 않는다고 각하 또는 기각 처분하였다. 5·18 사건에 대해서는 검찰이 有罪를 인정하면서도, "成功한 內亂은 처벌할 수 없다"는 해괴한 정치논리로 "공소권 없음"처분을 내렸다. 그런데 이에 대한 헌법소원에서는, "성공한 내란도 처벌할 수 있다"는 취지의 최종결론을 수렴하였다. 그 사이 국민여론과 정치권의 역학균형 변동으로 5·18 특별법 제정이 확실해지면서, 선고 직전에 헌법소원이 취하되었다.

특별법 제정과 함께 검찰이 불기소 사건의 재수사에 착수하는 어처구니없는 상황이 벌어지며, 곧 이어 내란 주모자들이 속속 구속되고 전례 없는 超特急 수사로 공소가 제기되었다. 이에 불만을 품은 내란 주모자들은 정치보복의 항변을 파렴치하게 떠벌리더니, 여론이 더욱 악화되자 이제는 변사의 혀를 고용하여 합법을 가장한 형식논리를 내세워, 공소시효의 종료와 특별법의 위헌을 따지고 나섰다. 그리하여 학계와 법조계에서는 역사상 유례없는 法理논쟁이 전개되었다. 우선 검찰의 불기소처분 논리에 대한 역사적·법철학적·헌법이론적 비판이 신랄하게 쏟아졌고[2], 이어 공소시효를 둘러싼 법해석론 및 외국의 입법례 비교를 전개하여, 5·18 특별법이 합헌의 확인입법이라는 학문상의 뒷받침이 제공되었다.[3]

이에 관한 학계와 법조계의 입장도 대강 정리되고, 국민여론도 다소 잠잠한 소강상태에 들어가, 이제는 진행 중인 司法재판의 최종 유권해석만을 남겨 놓은 상태다. 이런 상황에서, 감정의 흥분이든 이성의 논리든, 더 이상 덧보태는 것은 어쩌면 소음과 낙서에 불과할지 모른다. 이렇듯 대세가 진정된 상태에서 뒤늦게나마 필자가 또 다른 붓을 든 것은, 지금까지 근대 시민사회와 서양법 중심으로 진행된 정치적·법률적 논쟁의 시각을, 우리가 현재까지 살아온 우리 고유의 역사전통의 관점으로 완전히 탈바꿈하여, 이번 사건을 새롭게 재조명해 보기 위해서다. 물론 최종결론에서는 대체로 일치하겠지만, 근대화 과정에서 단절되어 까마득하게 잊혀진 우리 정치·법제의 역사철학 전통으로 이 문제를 한번 살펴보는 것도, 역사 전환기의 매듭을 合理·合情으로 슬기롭게 풀어나가는 데 조그만 보탬이 될 수 있겠다. 이러한 바람 때문에 晩時之歎의 감이 없지 않은 筆을 들게 되었다.

따라서 본고는 우선, 韓中 전통 反正 역사철학과 李朝의 두 反正 史例를 들어 5·18 광주민주화운동을 '光州反正'으로 命名하면서, 신군부의 5·18내란 주모자에 대한 법적 처벌의 정당성을 부각시키고자 한다. 다음으로 전통법제사상의 공소에 관한 검토와 근대화과정에서

---

2) 그 대표 글로는, 박은정·한인섭 엮음, 「5·18, 법적 책임과 역사적 책임」, 이화여자대학교 출판부, 1995. 12. 10. 에 수록된 7편의 논문과, 林俊浩, 「成功한 內亂과 옐리네크의 '事實的인 것의 規範力' 理論」, 대한변호사협회, 人權과 正義, 제234호(1996. 2.) 20-36면 등을 들 수 있다.

3) 이에 관한 대표 글로는, 朴東熙, 「5·18 特別法의 의의」, 대한변호사협회, 人權과 正義, 제234호(1996. 2.); 林俊浩, 「5·18 特別法의 合憲性」, 대한변호사협회, 人權과 正義, 제236호 (1996. 4.) 등이 있다.

수용된 공소시효제도의 역사를 추적함으로써, 5·18특별법의 정당성과 합헌성을 간접으로 방증해 보고자 한다. 공소제도와 자유인권사상이 직접 연원한 근대 서양법학의 관점과는 달리, 그 논증이 간접으로 우회하기 때문에, 마치 구두를 신은 채 발바닥의 가려움을 긁는 隔靴搔痒의 감이 강하다. 하지만 부드럽고 완곡한 은유 가운데 오히려 직설보다 더 강하고 매서운 筆鋒이 내재할 수 있으며, 또 나아가 근대 서양법학 관점의 剛筆直論과 相輔相成의 보완관계를 이룰 수 있길 기대한다. 그렇게 함으로써, 인간의 心性과 理智가 추구하는 道德적 正義·平和·眞理가 동서고금을 막론하고 궁극에는 모두 一貫會通함을 확인하고, 그 실현을 향한 올바른 길을 제시할 수 있을 것이다.

옛 성현은 인간이 "우환 속에서 살고 안락 속에서 죽는다."고 일깨워 준다.[4] 그래서 설사 "평안함에 거처할 때라도, 항상 위태로움을 생각"하며 미리 준비함이 있으면, 결국 근심이 없다고 강조한다.[5] 전대미문의 수난과 시련의 역사 속에서, 이제 우리 민족도 統一과 更生으로 中興의 活路를 모색하여야 할 때다. 암흑이 깊을수록 새벽의 黎明도 가까워진다고 한다. 우리 모두 21세기의 새벽을 새롭게 열어 나가는 마음으로, 20세기의 암울한 혼란을 바로 잡도록 임해야 할 것이다. 이러한 맥락에서 필자도 붓처럼 연약할 수밖에 없는 한 지식인으로서, 그러나 부드럽고 약한 붓이 굳세고 강한 칼을 이긴다는 '柔弱勝剛强'의 진리에 대한 믿음과, 역사현실에 대한 미약한 소명의식에 기초하여, 감히 이 글을 구상하여 쓴다.

2. 撥亂反正의 歷史哲學

12·12와 5·18은 별개의 독립된 사건이 아니라, 내란(쿠데타)의 예비·음모·착수·실행의 일련과정으로 나타난 정권찬탈 행위다. 따라서 사

4) 孟子, 告子 下:「生於憂患, 死於安樂.」

5) 春秋 左傳, 襄公11年,「書曰: '居安思危', 思則有備, 有備無患.」

회통념상 순수한 법률문제라기보다는, 오히려 정치사회 사건으로 인식되는 경향이 강하다. 그러나 총칼의 武力을 앞세워 법질서를 파괴하고 國憲을 문란하게 만든 불법행위자들이, 자신의 정치권력이 한물간 지금 국민의 요청에 의해 정치·司法의 심판대에 서게 되자, 법의 보호를 원용하려고 발버둥치는 모습을 보면, 이 또한 법의 지배영역을 벗어나기 힘든 문제임을 알 수 있다. 검찰이 한때 불기소 처분한 처사도, 이러한 맹점을 교묘히 악용해 문제의 본질을 회피해 나가려고 한 계책에 불과할 것이다. 법이 정치 타협과 결단의 소산으로 제정·시행되지만, 동서고금을 막론하고 국가와 법제도가 출현한 이후에는, 제아무리 무단독재나 전제권력이라도 법의 이름 아래 행세하는 것이 현실이다. 따라서 정치가 법을 지배하고 영향 주는 일면과 함께, 법이 넓게 모든 정치를 포괄하는 일면도 있다. 비록 헌법을 정지·파괴·변경하는 (이른바 초헌법의 통치행위나) 권력도, 그것이 헌법상 정당한 근거를 갖거나 헌법제정 권력에 의해 정당한 것으로 公認되지 않는 한, 그것은 초헌법의 통치행위가 아니라 불법의 暴亂에 불과하게 된다. 이러한 양면성 때문에, 5·18에 대한 접근도 정치 측면과 법률 측면을 모두 고려하지 않을 수 없게 된다.

(1) 혼란 평정의 세 방법

인간 사회가 다른 동물과 다른 所以 중의 하나는, 약육강식의 실력 쟁패가 법질서라는 합리성 강제규범에 의해 적절히 통제·조정되고, 권리와 권력의 승계가 정당한 공인된 절차에 의해 보장된다는 점일 것이다. 이러한 질서와 절차를 위배하거나 파괴하는 행위는, 혼란과 범죄라는 이름으로 처벌한다. 그런데, 이러한 질서를 통제하는 최고 권력 자체가 정당한 합법의 방법에 의해 유지·계승되지 못하는 정치 혼란은 어떻게 되는가?

첫째, 對內로 그 혼란을 대항할 만한 충분히 강한 정당한 힘이 있는 경우, 그 정당한 세력이 합법으로 혼란을 평정하면 될 것이다. 그러나 조직된 힘이 충분히 강하지 못할 때는, 뜻있는 자들이 국민의 힘으로 정의로운 힘을 결집하여, 혼란을 진압하고 정상을 회복하거나 새로운 정치권력과 법질서를 창출할 수 있다.

둘째, 對內의 평정이 불가능할 경우에는, 對外로 정의로운 동맹국이나 우방의 원조에 힘입어, 혼란세력을 진압하고 평화를 회복하는 방법이 있다. 옛날 중국에서 제후국간의 동맹이나 天子의 名義(大義名分)로 정벌이 행해진 역사가 여기에 해당한다. 또, 현재 국제연합이나 지역방위체제에 의한 외교·군사상의 영향력 행사도 여기에 속한다.

셋째, 대내로나 대외로 모두 현실의 능력이 부족하여 사악한 세력의 혼란이 발호하는 경우, 마음은 있되 힘이 없는 文弱한 志士가 가장 부드러운 붓끝에 칼보다 강한 뜻을 은밀히 실어, 후세 성현이나 영웅이 출현하는 시절 인연을 기다리는 것이다. 이것이 이른바 春秋筆法으로 불리어지는 역사정신이다.

첫째의 경우, 일반 臣民이 謀反大逆의 반란을 일으킨 때에, 왕권이 官軍을 출동시켜 진압하는 일은 그리 문제가 되지 않는다. 오히려 군주 자신의 권력이 부패하거나 포악무도하여 국가가 위태로운 혼란에 빠지는 때가 문제다. 商(殷)나라의 湯임금이 사망했을 때, 장남 太丁은 왕위를 계승하기 전에 죽고 없었으므로, 차남 外丙이 2년, 삼남 仲壬이 4년을 각각 在任하였다. 그 후 太丁의 아들 太甲이 왕위를 代襲상속(계승)했는데, 太甲이 湯임금의 법도를 무도하게 전복시키자, 賢臣 伊尹이 그를 桐에 3년간 방치(유폐)했다. 그러다가 태갑이 스스로 자신의 잘못을 원망하고 회개하며 仁義에 힘써 이윤의 가르침을 따르자, 다시 왕위에 복귀시킨 적이 있다.[6]

군주가 무고한 선비나 백성을 살륙하면, 대부와 臣民은 언제든지 그 나라(권력)를 떠날 수 있다.[7] 당시 제후국 간의 인구이동이 비교적

---

6) 孟子, 萬章 上, §6 참조.

자유로운 때, 영토 주권의 지배를 떠난다는 의미가 기본이지만, 여기에는 통치권의 지배로부터 民心이 떠난다는 추상의 상징의미까지 함축되어 있다. 그래서 맹자는 백성이 가장 존귀하며, 사직이 다음으로 소중하고, 군주는 백성과 사직을 관리하는 책임자로서 가장 경미하다고 주장한다. 또한 민심을 얻은 자가 천자가 되고, 천자에게 신임을 얻은 자가 제후가 되며, 제후에게 신임을 얻은 자가 대부가 된다.

그러기 때문에, 제후가 사직을 위태롭게 하면, 제후를 갈아치울 수 있고; 때에 맞춰 희생과 오곡으로 종묘제례를 정성스럽게 받들어도, 가뭄과 홍수의 자연재해가 끊이지 않으면, 사직종묘도 바꿔 세울 수 있다고 강조한다.[8] 조선시대의 中宗反正과 仁祖反正은 앞의 제후(군주) 갈아치우기에 해당한다. 또, 왕조 말엽에 이르러 湯이 夏의 桀을 放伐하여 商을 세우고, 武王이 殷의 紂를 정벌하여 周를 세운 사건 등은, 신하가 군주를 시해한 반란이 아니라, 仁義를 저버린 포악무도한 지배자로부터 離叛한 民心에 의해 도덕적 정당성을 공인 받은 易姓革命으로서, 앞의 사직종묘 바꿔 세우기에 속한다.[9]

둘째의 경우로는 이런 史例가 있다. 魯나라 哀公 14(B.C. 481)년에 齊나라에서 대부 陳成子(恒)가 그 군주 簡公(壬)을 시해한 사건이 발생하자, 孔子가 사흘간 목욕재계한 후 哀公을 알현하고, 陳恒이 그 군주를 시해했으니 제나라(진항)의 반란을 토벌하자고 세 번이나 청했다. 이에 애공이 '노나라가 제나라에 의해 약화된 지 이미 오래되어 병력이 부족한데, 어떻게 치려고 하느냐?'고 반문했다. 이에 공자는, '진항이 군주를 시해한 사실에 대해 동조하지 않는 백성이 절반이 되니, 노나라의 군대와 제나라 백성의 절반을 합하면 충분히 이길 수 있다.'고 답했다. 그러자 당시 거의 유명무실한 군주지위만 지키고 있던 애공

7) 孟子, 梁惠王 下, §8 참조.

8) 孟子, 離婁 下, §4 참조.

9) 孟子, 盡心 下, §14 참조.

은, 실권을 쥐고 있던 季孫 등 대부에게 물어 보라고 회피했다. 공자는 하직하고 물러 나와서, 사람들에게 '자기가 일찍이 대부에 종사했던 까닭에, 신하의 도리로 말하지 않을 수 없다.'고 설명했다. 그리고 다시 실권을 쥔 대부들에게 가서 정벌을 거론했는데, 대부들이 불가하다고 반대하자, 공자는 역시 대부에 종사했던 관계로 말하지 않을 수 없다고 탄식하였다.[10)]

이때는 周 天子의 권위가 이미 실추되고, 제후들의 실력쟁패가 노골화되어, 尊周攘夷의 제후동맹과 弑逆 반란의 무조건 정벌이라는 국제 규범질서가 더 이상 기능을 발휘하지 못하게 되었다. 그래서 공자가 결국 마지막 세 번째 방법을 택하지 않을 수 없게 되었다고 한다.

공자는 자신이 衛나라로부터 魯나라에 되돌아 온 뒤, 비로소 음악과 雅頌이 올바르게 제자리를 잡았다고 술회한다.[11)] 전하는 바에 의하면, 애공 11년(B.C. 484)에 본국에 돌아온 공자가 詩·書·禮·樂·易 등 五經을 정리하고, 맨 마지막에 春秋를 기록하기 시작하여, 242년 간 노나라 역사 1만 8천여 자를 9개월 만에 완성했는데, 바로 애공 14년 陳恒의 군주시해사건이 발생한 때에 이르러 붓을 그만두었다고 한다. 春秋 公羊傳과 穀梁傳은 모두 애공 "14년 봄 서쪽으로 사냥 나가서 麒麟을 잡았다."는 기록에서 끝나는데, 이에 공자가 "나의 道가 곤궁하도다."고 탄식하였다는 것이다.

기린은 성왕이 통치하는 태평성세에 출현하는 상서로운 靈物인데, 세상에 道德이 쇠퇴하고 현명한 군주도 없는데 기린이 포획되자, 공자가 상심하여 붓을 꺾었다고 해석함이 일반견해다. 그러나 다른 견해는, 바로 그 해 여름 제나라에서 陳恒이 그 군주를 시해하였는데, 공자가 정벌하자고 주청했으나 받아들여지지 않자, 春秋의 大義正道가 더 이상 행해지지 못함을 탄식하여 집필을 그만두었다고 주장한다.[12)]

---

10) 論語, 憲問편 및 春秋左傳, 哀公 14년 참조.

11) 論語, 子罕편 참조.

여하튼 공자가 春秋라는 역사를 맨 마지막에 심혈을 기울여 기록한 동기와 목적은, 동서고금의 일반 역사정신과 크게 다르지 않을 것이다. 公羊傳은 다음과 같이 간명하게 요약한다.

"군자(공자)가 무엇 때문에 春秋를 지었을까? 혼란한 세상을 다스려 正道로 복귀하는 데에는 춘추보다 더 가까운 것이 없기 때문이다."[13]

부드러운 필봉으로 은밀하고 精微한 문자를 써서 심오하고 위대한 道義(정신)를 표현하여, 난세의 도적들을 두렵게 만들고, 후대 성현군자의 중흥을 기다린다. 이것이 바로 이른바 微言大義의 春秋筆法이자, 유명한 '撥亂反正'의 명제로 표현되는 공자(유가)의 역사철학(정신)이다.

(2) 反의 의미 : 復歸

'撥亂反正'의 '撥'은 다스리다(治·理)·제거하다(除)·폐지하다(廢)·끊다(絶)는 의미로서, 난세를 다스려 없앤다는 뜻이다. '反'은 '返'과 같은 글자로서, 되돌아오다(가다)·회복하다·복귀하다는 의미인데, 正道·正常에 복귀함을 뜻한다. 事必'歸正'의 뜻이다. 그런데 '反正'에는 좀 더 심오한 철학이 함축되어 있다.

우선 反은 復·歸와 같은 개념으로, 道의 변화운동을 표현하는 매우 중요한 본질을 이룬다. 老子는 道를 다음과 같이 묘사한다.

> "어떤 물질이 뒤섞여 이루어지는데, 천지보다 앞서 생겨나서 고요하고 쓸쓸하며, 홀로 서 있으면서 변함이 없고, 두루 운행하면서도 위태롭지 않으니, 가히 천하의 어머니라고 할 만하다. 나는 그 이름을 모르는데, 그를 '道'라고 불러 본다. 억지로 이름을 붙이자면 '大'인데, 이 위대한 것은 가고(逝), 가면 멀어지며(遠), 멀어지면 되돌아온다(反)."[14]

---

12) 楊伯俊 編著, 春秋左傳注, 哀公 14년, 1680면에 인용된 各家의 注解 참조.

13) 春秋, 公羊傳, 哀公 14年 : 「君子曷爲爲春秋? 撥亂世, 反諸正, 莫近諸春秋.」

14) 老子, §25 : 「有物混成, 先天地生, 寂兮寥兮, 獨立不改, 周行而不殆, 可以爲天下母. 吾不知其名, 字之曰道, 强爲之名曰大, 大曰逝, 逝曰遠, 遠曰反.」

한 점에서 출발하여 멀리 맞은 편 극점까지 갔다가, 다시 원점으로 되돌아올 줄 아는 왕복·순환운동을 표현하는데, 시초의 원점·근본으로 되돌아오는 과정이 바로 '反'이다. 예컨대, 지구가 冬至점에서 출발하여 春分을 거쳐 멀리 夏至 극점까지 운행을 계속하면, 다시 기수를 돌이켜 秋分을 거쳐 冬至점까지 복귀한다. '달도 차면 기운다.'는 자연계의 순환운동을 物極必反이라고 부른다. 이것이 道의 변화속성이다. 그래서 노자는 '되돌아옴은 道의 운동이다'는 명제와[15] '正言若反'(§78)이라는 유명한 명제를 선언한다.

여기서 '反'이란 변증법의 正·反·合과 흡사하다. 어떤 한 개념에 대한 대립된 靜態의 명사개념으로서 지위·상황을 뜻하지 않고, 최초의 한 개념(正)으로부터 삐져나간 저항·반대 세력(反)이, 갔던 길을 되돌이켜 본래 위치로 원상회복하는 動態의 행위과정을 의미한다. 물론 여기서 본래의 위치로 원상회복함이 처음(正)과 완전히 똑같다는 뜻은 아니고, 시간의 흐름에 따라 이미 時中의 조정변화를 거친 '正'으로서 正常之道의 개념이다. 따라서 그렇게 복귀하는 것은 변증법상의 '合'의 개념에 오히려 가깝다. 예컨대, 작년의 동지점과 올해의 동지점은 고정된 공간개념으로는 일치하지만, 이미 1년의 시간이 흐른 동태의 宇宙공간, 즉 '時空' 개념으로는 결코 동일한 位相이 아니다.

(참고로, '宇宙'라는 용어 자체가 본디 고금왕래를 뜻하는 시간개념인 '宙'와 사방상하(六合)를 뜻하는 공간개념인 '宇'가 합쳐진 복합명사이다.[16] 그리고 '宇宙'에 정확히 상응하는 불교용어로 '世界'가 있다. 다만, 과거·현재·미래의 三世를 나타내는 시간개념인 '世'가 동서남북과 동남·서남·동북·서북 및 상하(十方)를 나타내는 공간개념인 '界'보다 앞에 나오고, 공간개념에서 六合보다 많은 十方을 거론하는 점이, 중국 전통의 '宇宙'와 다른 점이다.[17])

---

15) 老子, §40 :「反者, 道之動.」

16) 淮南子, 齊俗訓:「往古來今謂之宙, 四方上下謂之宇.」

17) 唐 天竺沙門 般剌蜜帝 譯, 楞嚴經, 권4:「世爲遷流, 界爲方位. 汝今當知, 東·西·

한편, 老子의 '反'에 상응하는 개념으로, 周易 64괘 가운데 '復'卦를 들 수 있다. '復'괘의 卦辭는, 출입에 질병이 없고 벗이 와도 허물이 없으며, 그 道를 反復하여 7일이 되면 되돌아올 줄 아니, 가는 바에 이로움이 있어 전체로 보아 형통한다고 판단한다. 이에 대해 易傳의 작자는, 그 道를 반복하는 것이 하늘(자연)의 운행이며, 復괘는 천지자연의 마음을 보여준다고 해석한다.[18)]

복괘☷☳는 맨 아래 爻만 陽이고, 나머지 다섯 효는 모두 陰이다. 이는 태양이 冬至점에 이르러 모두 全陰이 되는 순간, 다시 反轉하여 復歸를 시작하는, 이른바 '一陽이 始生'하는 형상을 뜻한다. 그 개별의 여섯 爻辭에 대한 평가도, 反復 자체는 항상 길하고 아름답다. 첫번째 陽爻는, 멀리 이탈하지 않은 상태에서 복귀함(不遠復)은 修身의 요체로, 후회에까지 이르지 않기 때문에 길하다. 그 다음 효사들도 아름다운 복귀(休復)·빈번한 복귀(頻復)·군중 여행 중 道를 좇아 홀로 복귀함(中行獨復)·스스로를 살피는 돈독한 복귀(敦復) 등으로, 모두 허물이 없거나 길하다. 다만, 오직 맨 위 陰爻만이 미혹으로 복귀를 잃어버려(迷復) 흉하고 불길하다고 예언한다.

사실, 우리가 흔히 말하는 '反省'도, 자신을 떠나 정신없이 밖으로 치닫는 마음을 되돌이켜, 안으로 자기 모습(天性, 本性)을 살펴본다는 의미다. 어떤 종교·철학이든, 어느 교파나 종파에 관계없이, 修身과 修道는 바로 자신(의 마음)을 되돌이키는 反省으로부터 출발한다. 맹자도 군자는 마음을 되돌이켜 자기에게 구한다고 누누이 강조한다.[19)]

南·北·東南·西南·東北·西北·上·下爲界, 過去·未來·現在爲世.」

18) 周易, 復卦 : 「復, 亨. 出入无疾, 朋來无咎, 反復其道, 七日來復. 利有攸往. 彖曰 : 天行也. 復其見天地之心乎?」 흥미로운 사실은, 불교에서 생사윤회를 7번 反復하면서 악마를 항복 받고 佛道를 이루어 열반에 드는 경지를 聲聞四果 중 최하위인 須陀洹으로 부르며, 그 한도를 벗어나면 正法이 아니라고 규정하는 점이다.

19) 孟子, 梁惠王 上, §7 : 「反其本矣.」; 公孫丑 上,§7 : 「反求諸己.」; 離婁 上, §4 : 「行有不得者, 皆反求諸己.」

(3) 正의 의미 : 一道

그러면 '正'은 무엇을 의미하는가? 正은 그 자체가 道이자, 또한 道德으로써 백성을 교화하는 정치의 본질로서 매우 중요한 의미를 지닌다. 우선 문자 상으로 '正'은 '一'과 '止'가 합쳐진 글자로, 하나에 그치는(머무는) '止於一'의 뜻인데, 一이란 바로 道의 대명사다.[20]

노자에는 "道가 一을 낳고, 一은 二를 낳으며, 二는 三을 낳고, 三은 만물을 낳는다."는 유명한 명제가 있다.[21] 그래서 "하늘은 一을 얻어 청정하고, 땅은 一을 얻어 평안하며, 귀신은 一을 얻어 신령스럽고, 만물은 一을 얻어 생겨난다."[22] "성인은 이 一을 껴안고 천하의 모범 법도가 된다."[23] 유가에서도 공자는 "나의 道는 一로써 관통된다."고 선언하고,[24] 맹자는 "무릇 道란 一일 따름이다."고 규정하며,[25] 순자는 "道가 一에서 나온다."고 말한다.[26] 결국 '正'이란 道에 머무르는 상태를 의미한다. 그런 맥락에서 "大學의 道는 지극한 善에 머무르는 데 있다."는[27] 명제도, 곧 '正'의 道를 가리키고, 至善이란 '一'을 뜻한다. 불교에서도 수행의 기본방법으로 八正道를 말한다.

한편, 正은 周易에서 卦象과 관련하여, 陽爻(—)가 1·3·5의 양(剛·九)의 위치에, 그리고 陰爻(--)가 2·4·6의 음(柔·六)의 위치에 각기 존재하는 상태를 지칭한다. 이러한 경우를 易傳에서는 '當位' 또는 '位正' '正位' 등으로 표현한다. 곧, 사람이 처한 지위·환경이 합당한 상

---

20) 一이 道의 別名이라는 주장에 대하여는, 張舜徽, 周秦道論發微, 中華書局, 1982, 34-36면 참조.

21) 老子, §42 : 「道生一, 一生二, 二生三, 三生萬物.」

22) 老子, §39 : 「天得一以淸, 地得一以寧, 神得一以靈, 萬物得一以生.」

23) 老子, §22 : 「聖人抱一, 爲天下式.」

24) 論語, 里仁 : 「吾道一以貫之.」

25) 孟子, 滕文公 上 : 「夫道一而已.」

26) 荀子, 儒效 : 「道出乎一.」

27) 禮記, 大學 : 「大學之道, … 在止於至善.」

태, 才德이나 언행이 직위에 부합하는 적재적소를 상징한다. 이것이 바로 공자가 말한 대로, '임금이 임금답고 신하가 신하다우며, 아비가 아비답고 자식이 자식다운' 명실상부한 正名論의 내용이다. 易에서 爻象이 이렇게 正位인 경우에는 항상 길하고 유리하다고 판단된다. 반면 양효가 음의 위치에 있거나 음효가 양의 지위에 존재하는 경우는, '不當位'나 '失位'로 표현되어 흉하고 불리하다. 그 대표 예는 말할 것도 없이, 신하가 군주의 지위를 찬탈하여 군신상하가 전도된 상태다. 易傳에서 爻位의 正當함을 거론한 것이 23회, 부당함을 언급한 것이 24회나 되어, 그 비중이 매우 높다.[28)]

따라서 正이란 근대법학으로 표현하면, 각자에게 각자의 몫을 분배하는 실질 정의나 형평 正義 및 구체적 타당성을 뜻하는 것이 된다. 功 있는 자에게 상을, 죄 있는 자에게 벌을, 각기 그 정도에 맞게 내리는 인과응보도 바로 이러한 正名論의 범주에 포함된다.

(4) 正道는 政治의 본질

그러면 '正'은 '政'治와 무슨 연관이 있을까? 우선 문자의 모습에서 곧바로 인지되듯이, '政'에는 '正'자가 포함되어 있고, 발음도 같다. 한문이 象形性이 강한 表意文字라는 특성에 비추어 보면, 政과 正은 실질 의미상으로도 긴밀한 관계가 있으리라고 추측될 것이다. 사실 그렇다. 정치(政)란 올바른 道(德)로써 국가를 올바르게 통치하고 백성을 올바르게 교화하는 일이다.

그래서 공자는 정치를 묻는 대부에게 "政(治)이란 正이다. 그대가 正(道)으로써 통솔한다면, 누가 감히 바르지 않겠는가?"라고 반문한다. 또한 제후의 질문에 대해서, "임금이 임금답고 신하가 신하다우며, 아비가 아비답고 자식이 자식다운" 正名論으로 대답하기도 한다.[29)]

---

28) 高亨, 周易大傳今注, 齊魯書社, 1983, 38-40면 참조.

29) 論語, 顔淵 : 「季康子問政於孔子. 孔子對曰 : '政者, 正也. 子帥以正, 孰敢不正?」

衛나라 군주가 정치를 맡기면 무얼 급선무로 행하겠느냐는 子路의 질문에도, 공자는 반드시 명분을 실질에 부합하도록 바로잡는 正名부터 시작하겠다고 포부를 피력한다. 명분이 실질에 바로 부합하지 않으면, 그로부터 언어가 순조롭지 못하고 일도 이루어지지 않으며, 예악도 흥성하지 않고 형벌이 죄악에 적중(타당)하지 않아, 결국에는 백성들이 손발을 어디에 두어야 할지조차 모르게 되기 때문이다.[30)]

즉, 一에 그치는 正道로써 자신을 먼저 바르게 수양한 뒤, 국민에게 솔선수범으로 교화를 펴서, 모든 사람이 각기 자기의 신분과 지위에 합당한 상태를 지키고 실행하도록 인도하는 것이 政治의 본질이다. 이는 賞罰의 구체적 타당성(형평 정의)과도 직접 연결되는 중요한 내용이다. 공자는 특히 통치자의 솔선수범을 강조한다.

"통치자 자신이 올바르면, 명령(法令을 제정·공포)하지 않아도 백성이 저절로 실행하고; 자신이 올바르지 않으면, 비록 명령하여도 따르지 않는다." "정말로 자신을 올바르게 한다면, 정치 종사에 무슨 문제가 있으며; 자신을 바로 잡을 수 없다면, 타인을 어떻게 올바르게 인도하겠는가?"[31)] 그래서 공자는 도적이 치성하는 현실을 걱정하며 민생치안 대책을 묻는 집권자에게, "진실로 그대가 탐욕을 부리지 않(고 자신을 바로잡)으면, 백성들은 설령 상을 준다고 할지라도 훔치지 않을 것이다."고 정문일침을 가한다.[32)] 또한 정치의 요령으로, 욕심을 성급하게 갖지 말며, 작은 이익에 눈이 어둡지 말라고 훈계한다. 욕심이 급하면 이루지 못하고, 개인의 작은 사리사욕에 눈이 멀면 국가사회의 대사를 망치기 때문이다.[33)]

「齊景公問政於孔子. 孔子對曰 : '君君臣臣父父子子'.」

30) 論語, 子路 : 「子路曰 : '衛君待子而爲政, 子將奚先?' 子曰 : '必也, 正名乎! 名不正, 則言不順 ; 言不順, 則事不成 ; 事不成, 則禮樂不興 ; 禮樂不興, 則刑罰不中 ; 刑罰不中, 則民無所措手足.'」

31) 論語, 子路 : 「其身正, 不令而行; 其身不正, 雖令不從.」; 「苟正其身矣, 於從政乎, 何有? 不能正其身, 如正人何?」

32) 論語, 顔淵 : 「季康子患盜, 問於孔子. 孔子對曰 : '苟子不欲, 雖賞之不竊.'」

대내의 政治와 함께 대외의 국제정치외교상 征伐도, 혼란을 바로잡고 正道로 복귀시키는 한 중요한 방법이 된다고 앞서 언급했다. 그런데 '征'도 '政'과 마찬가지로 '正'자를 공유하고 있으며, 反正의 실질 의미를 함축한다. 征이란 두 사람 人변(彳)에 바를 正자가 결합한 것으로, 여러 사람이 함께 가서 잘못된 자를 바로잡는다는 의미를 취한 것이다. 그래서 맹자는 "征이란 바로 正이다. 각자 자기를 바로잡는데, 어찌 전쟁이 필요하겠는가?"라고 말한다.[34]

유가뿐만 아니라 老莊의 道나 兵法조차, "가장 훌륭한 장수는 武勇을 뽐내지 아니하고, 훌륭한 전쟁은 포진도 하지 않으며, 적군을 잘 이기는 자는 더불어 다투지도 않는다."는 것이 기본 철칙이다.[35] 文王과 武王처럼 한번 정의로운 분노를 일으킴으로써, 천하인민을 평안하게 만든 仁者無敵이야말로, 진정한 '征'伐의 의미이다. 그래서 공자는 똑같이 천자명의의 征伐로써 춘추오패가 되었지만, 管仲의 智略으로 楚와 대결에서 병력의 접전 없이 그를 굴복시킨 齊 桓公은 간교하지 않으며 올바르다고 평가하는 반면, 병력을 과시하여 천자에게까지 무례를 범한 晋 文公은 간교하며 올바르지 않다고 폄하한다.[36]

(5) 文德(文民)은 政治의 방법

무엇보다도 중요한 사실은, 政治의 실질 내용과 방법에서, 武斷暴力이 아닌 文民道德이 기본요건으로서 절대 요청된다는 점이다.

당시 魯나라 군주의 실권을 사실상 빼앗아 전횡을 자행하던 季康子가 공자한테, 무도한 자를 죽여 有道에 나아가면 어떻겠느냐고 물었다. 그러자 공자는, "그대가 정치를 행함에 어찌 살륙을 사용한단

---

33) 論語, 子路 : 「子夏爲莒父宰問政. 子曰 : '無欲速, 無見小利. 欲速則不達, 見小利則大事不成.'」

34) 孟子, 盡心下, §4 : 「征之爲言, 正也. 各欲正己也, 焉用戰?」

35) 老子, §68 : 「善爲士者不武, 善戰者不怒, 善勝敵者不與.」

36) 論語, 憲問 : 「晋文公譎而不正, 齊桓公正而不譎.」

말이오? 그대가 善하고자 원하면 백성이 모두 선해질 것이오. 군자의 덕은 바람이고, 소인의 덕성은 풀과 같아서, 풀은 바람이 부는 대로 휩쓸리기 마련이오."라고 질타했다.[37]

진정 선과 정의를 목적한다면, 그를 지향·실현하는 수단방법도 진실로 선하고 정당할 것이 요청된다. 사실 계강자는 자신의 더 큰 포악무도를 '눈 가리고 아웅'하려고, 피라미 새끼 같은 백성의 작은 죄악을 사형으로 엄중하게 징계하려고 딴전 피운 것이다. 그런데 공자가 이를 훤히 알고, 정면에서 쐐기를 박아 버린 것이다.

사실 12·12 군사 반란과 5·18 양민학살로 등장한 전두환 정권이, 사회정화라는 미명으로 걸인과 부랑자를 모두 잡아 가두고, 폭력배 소탕이라는 구호로 무고한 시민을 삼청교육대에 잡아들여, 수많은 희생을 초래했던 사건은 실로 엄청나게 참혹한 일이었다.

그래서 공자는 정치원론으로 아주 적절한 멋진 비유를 든다. "(도)덕으로 정치를 행함은, 마치 북극성이 제 자리를 지키고, 뭇 별이 그 주위를 회전하는 것과 같다."[38] 그래서 "政令으로 이끌고 형벌로 다스리면, 백성이 요행히 빠져나가면서도 부끄러움이 없지만; 도덕으로 인도하고 예의로써 다스리면, 부끄러움도 알고 저절로 올바르게 된다."고 역설한다.[39]

유가 정치사상의 핵심이 바로 德治와 禮敎인데, 맹자에 이르면 仁政과 王道로써 표현된다. 권위적인 정치 명령과 강압적인 법률 형벌은, 그 정당성과 합법성 여부를 떠나, 백성들의 자발성 心服과 順從을 얻지 못해 회피와 혐오의 대상이 된다. 하물며, 부당한 불법의 武斷暴力은 과연 어떠하겠는가? 형벌이 가중될수록 그 절대 위하공포의

37) 論語, 顔淵 :「季康子問政於孔子曰 : '如殺無道, 以就有道, 何如?' 孔子對曰 : '子爲政, 焉用殺? 子欲善, 而民善矣. 君子之德, 風也; 小人之德, 草也. 草上之風, 必偃.'」

38) 論語, 爲政 :「爲政以德, 譬如北辰居其所, 而衆星共之.」

39) 論語, 爲政 :「 道之以政, 齊之以刑, 民免而無恥; 道之以德, 齊之以禮, 有恥且格.」

기능도 증대될 것 같지만, 백성의 주관 심리 감각은 도리어 무디어지는 것이, 자극과 반응에 관한 생물학의 법칙이기도 하다. 그래서 일찍이 老子도, "백성이 죽음(사형)을 두려워하지 않으면, 어떻게 죽음으로 두렵게 겁줄 수 있겠느냐?"고 반문했다. 그러면서 "백성이 위협을 두려워하지 않으면, 정말 큰 위세가 이르게 된다."고 통치자의 포악무도한 권력전횡을 경고했다.[40] 그래서 그림자(影)와 메아리(響)처럼, 존재하는 사물 그대로 따르면서 솔선수범의 도덕 감화를 행하는 것이, 가장 위대하고 효과 있는 정치 影響力이다.

일찍이 葉公(섭공)이 정치를 묻자, 공자는 "가까운 곳 백성이 기뻐하고, 먼 곳 사람이 모여들게 하는 것"이라고 답했다.[41] 만약 먼 곳 사람들이 복종하지 않으면, 자신의 행실을 반성하고 '文德'을 수양하여, 그 감화력으로 그들을 스스로 모여들게 하고 평안히 감싸야 한다. 그래서 季氏가 부용국인 顓臾(전유)를 무력으로 정벌하려고 할 때, 季氏를 보좌하던 冉有와 子路를 공자가 호되게 질책했던 것이다.[42] 제갈공명이 맹획을 七縱七擒하여 결국 심복시킨 것도, 일단 무력을 동원했기 때문에, 여기에 비하면 한참 열악한 조처에 불과한 셈이다.

사실 문자 상으로, '政'자 자체에 '文德'의 내용과 방법이 이미 함축되어 있다. '政'자는 바를 '正'자와 등(근)글월 '文'(攵)자로 결합되어 있다. '政'治란 文化·文明의 도덕, 즉 文德으로써 백성을 올바르게 인도·교화하는 일이다. 요즘말로 하면, 이른바 '文民'의 본질이 政治의 기본방도인 셈이다. 따라서 文民政治란 同義반복의 중첩어에 불과하다. 우리의 현대사가 너무도 참혹한 무단폭력의 억압에 시달렸기 때문에, 그에 대한 反彈力이 너무도 강렬하여, 非軍人 출신의 정권에 그저 감격하여 '文民'이라는 단어가 지나치게 부각되고 있을 따름이

---

40) 老子, §74 : 「民不畏死, 奈何以死懼之?」; §72 : 「民不畏威, 則大威至.」

41) 論語, 子路 : 「葉公問政, 子曰 : '近者說, 遠者來.'」

42) 論語, 季氏 편 참조. 「遠人不服, 則修文德以來之; 旣來之, 則安之.」

다. '文德'에 의하지 않은 武斷暴力은 진정한 의미의 政治가 될 수 없다. 그건 단순한 사실상 힘의 억압일 뿐, 정당한 규범상 합법의 지배가 아니며, 또한 진정한 의미의 政治도 결코 아니다. 이제 '政'治의 본질 의미를 새삼 실감하고, '文民'의 주술과 마력에서도 깨어나 진정한 '政'治를 실행하고 요구할 때이다.

(6) 12·12 및 5·18의 역사철학적 조명

지금까지 살펴본 '反正'의 역사철학과 정치사상으로 이번 12·12 및 5·18 내란 사건을 보면 어떨까? 사실 볼 필요도 없고, 말할 가치도 없을 것이다. 자신이 올바르지 못하면서 정당하지 못한 사리사욕을 위해, 군인으로서 신분직위를 크게 이탈하여 하극상의 반란을 일으키고, 양민을 대량 학살하여 권력을 탈취한 포악무도한 집단폭력배들이, 무슨 政治와 統治를 운위할 자격과 면목이 있단 말인가? 자신들의 무단폭력을 호도하기 위해, 폭력배 소탕 명목으로 삼청교육을 실시하는 과정에서 적지 않은 인명을 살상하였으니, 이 또한 똥 묻은 개가 겨 묻은 개 나무란 격도 못된다. 어디 그 뿐인가? 全·盧 모두 鐵拳의 권력으로 만족하지 못하여, 사사로운 재물욕망에 눈이 먼 나머지, 지금까지 밝혀진 금액만 수천억 원에 이르는 부정축재를 자행하여, 국가사회의 경제까지 완전히 병들게 만들었다. 또한, 도덕상 정당성과 헌법상 정통성이 결여된 약점을 미봉하기 위해서, 국제외교관계에서도 정치 굴욕과 경제 출혈로 국가민족의 자존심과 이익을 얼마나 엄청나게 손상시켰는가? 그래 놓고도 이제 와서 무슨 정치 언약이네 법적 위헌을 운위하면서, 과오를 반성하기는커녕 오히려 합리화하려고 드는 것은, 또 무슨 후안무치란 말인가?

이제 正道와 正法에 근거하여, 지금까지 자행된 혼란을 다스려 제거하고, 다시 正道와 正法에 복귀하는 '反正'의 실행만이 있을 뿐이다. 김영삼 정부가 진정 '역사 바로 세우기'에 뜻이 있는 참된 '문민정부'라면, 이러한 反正의 의미를 잘 음미하여, 역사와 후손에 부끄럽지 않도록 양심껏 제대로 실현하여야 할 것이다.

[**追補** : 그러나 유감스럽게도 김영삼 정부는, 그 정권취득의 바탕부터 잘못되고, 또 정치 무능과 지역차별의 한계까지 겹치면서, 국민의 여망에 거의 부응하지 못한 채, 국가재정을 파탄내고 IMF만 초래하며 흐지부지 물러났다. 결국에는 최초로 선거혁명에 의한 평화로운 정권교체로 김대중 정부가 들어서서, 일련의 정치상 화해 및 특별입법 조치들을 통해 광주문제를 대강 해결하면서, 비로소 어느 정도 명실상부한 文民政治와 撥亂反正을 이루게 되었다. 이로써, 10·26으로 촉발된 한국 현대사의 민주화 물결은, 5·18 광주민주화 운동의 유혈혁명을 획기적 전환점으로 발판 삼아, 무려 20여년이란 긴 세월을 참고 기다리며 서서히 축적해 온 국민의 성숙한 민주역량을 바탕으로, 선거를 통한 평화로운 정권교체를 이루면서, 마침내 정치사회 혁명의 연착륙에 성공을 거두었다. 이에 필자는, 이러한 일련의 역사과정을 전통 역사철학과 역사실례에 견주어, 지극히 거룩하고 숭고한 역사사건으로 높이 평가하면서, 이를 "光州反正"이라고 명명하고자 한다.]

3. 反正의 역사상 실례

흥망성쇠와 治亂得失을 계속 반복해 온 인간사회의 역사 속에서, 反正의 실례는 혼란의 정도에 따라 그 강도가 달라질 뿐, 그 수효는 부지기수로 많다고 할 수 있다. 사실의 존재법칙이 지배하는 자연현상계에서는, 전후·좌우·상하의 공간상 왕래순환이 시간의 진행에 따라 단순한 반복운동을 되풀이한다. 그러나 이와는 달리, 道理의 당위규범이 규율하는 인간사회에서는, 선악·시비·曲直·正邪의 상대성 가치관념 사이에 일정한 목적지향성을 지닌 모순갈등과 긴장대립이 반복된다. 그 때문에 시대와 장소, 그리고 인간의 가치관(역사관)에 따라서 그 평가가 사뭇 변할 수 있다. 그래서 反正이냐 아니면 反動이냐의 판단이, 주체의 시각에 따라서 미묘하게 달라질 수 있다. 검찰이 이번 사건에 대해서, 처음에는 '공소권이 없다'거나 '성공한 내란을 처벌할 수 없다'는 이유로 불기소 처분했다가, 국민 여론의 심판과 정치권의 결단에 따라 하루아침에 180°정반대 방향으로 선회한 사실은, 이 점을 잘 보여준다. 그렇지만 시간과 공간을 초월하여, 인간의 心性에 보편으로 비치는 선악과 시비의 판단기준은 있기 마련이다. 일부 권력 소지자들이 거친 힘의 논리로 잠시 왜곡·호도할 수 있을 뿐이다. 제 손바닥으로 제 눈을 잠시 가린다고, 모든 사람의 시야에서 하늘을 영원히 덮어 버릴 수 있겠는가? 마찬가지로, 역사의 진실과 철학의 보편진리도, 권력의 휘장으로 잠시 '눈 가리고 아웅'할 수는 있겠지만, 모든 사람의 心眼에서 영원히 왜곡·변질시킬 수는 없다.

역사상 특히 反正의 역사철학이 직접 원용된 대표 사건으로는, 중국에서 漢의 중원진입과 清末의 변법개혁 운동을 들 수 있겠고, 우리나라에서는 조선시대 中宗反正과 仁祖反正을 꼽을 수 있을 것이다. 易姓革命에 의한 왕조의 교체는, 선량한 도덕과 실력을 갖춘 자가, 포악무도한 혼란으로부터 이반된 민심을 수습하여, 새로운 天命을 창출했다는 점에서, 그 역사 수명이 상당 기간 지속되는 한, 대체로 撥亂反正에 해당한다고 볼 수 있다.

(1) 中國의 경우

춘추전국시대의 대혼란이 秦의 과도기성 통일을 거쳐 漢의 등장으로 비로소 안정을 찾게 되자, 漢 황실은 자기 존재의 정당성을 역사이론과 정치명분으로 합리화할 필요가 생겼다. 湯武가 桀紂를 정벌한 것이 과연 정당한 易性革命이냐 아니면 하극상의 반역이냐? 이 문제는, 전국시대부터 혁명을 긍정하는 유가(맹자·순자)와 弑逆을 주장하는 법가(한비자) 사이에 논쟁이 치열했었다. 그런데 漢初 景帝 때 다시 이 문제가 뜨거운 감자로 떠올라, 조정에서 한바탕 대 논전이 벌어졌다.

黃生이 湯武의 弑逆을 주장하자, 轅固生은 桀紂의 포악무도에 민심이 탕무에게 귀순하므로, 탕무가 백성과 더불어 천명으로써 토벌한 것이라고 반박했다. 그러자 황생이 법가 풍의 멋진(?) 비유로 응수했다. 갓은 해져도 반드시 머리에 쓰며, 신발은 아무리 새 것이라도 발에 신는 법이다. 마찬가지로, 걸주가 아무리 포악무도해도 군주고, 탕무는 아무리 성현이라도 신하다. 그런데 신하로서 군주의 과실을 忠諫으로 바로잡지는 못하면서, 오히려 그를 빌미로 정벌하여 왕위에 오른 것은 찬탈이 아니냐고 따졌다. 이에 질세라 원고생은, 그 논리라면 漢 高祖가 秦을 대신해 천자에 오른 것도 弑逆이란 말이냐고 반론했다. 권력의 정당성과 법통이 시비논란의 도마에 오르자, 갑자기 아닌 밤중에 홍두깨를 맞은 듯 당황한 景帝는, '고기 먹는데 말의 간을 먹지 않는다고 맛을 모르는 것은 아니듯이, 학자가 탕무의 혁명을 논하지 않는다고 어리석은 것은 아니다.'고 말해, 논전을 일단 중단시켰다. 그 후로 이 문제는 禁言의 대상이 되었다.43)

漢初에는 천하 혼란 이후 淸靜無爲의 道家思想이 정치의 지도이념이 되면서, 諸侯王의 반란이 끊임없이 일어나 중앙통치권을 골치 아프게 했다. 묘하게도 우연의 일치인지, 大義名分을 강조하고 撥亂反正을 주창하는 春秋公羊傳이 전국시대부터 口傳되어 오다가, 景帝때 公羊壽에 의해 문자로 기록되면서, 漢代 儒學界에 公羊學의 기풍이 진작되기 시작했다. 바로 황실의 정통성 시비를 둘러싼 정치이념 논쟁을 역사철학으로 정리하여, 皇權을 정당화하고 제후왕의 반란을 진정시켜 체제를 공고히 유지하고 싶은 현실요청과 일치하게 된 것이다.

그리하여 武帝(B.C. 140-87)때 董仲舒를 등용하면서 유가獨尊의 통치이념을 채택하였다. 동중서는 公羊春秋에 특히 정통하여 法制史상 유명한 春秋決獄이라는 학풍을 창시했는데, 춘추의 대의명분을 상세히

---

43) 史記, 권121, 儒林列傳 및 漢書, 권88, 儒林傳의 轅固조 참조.

의론하여 방대한 저술을 남겼다. 그 가운데 三代의 왕조교체에 대해서도 역사적·정치적 정당성을 논증하는데, 요순은 임의로 왕위를 선양한 것이 아니고, 湯武는 자의로 시역을 행한 것이 아니며, 夏·殷·周·秦·漢에 이르기까지 전 왕조가 포악무도해져 새로운 국가가 번갈아가며 정벌로써 대체한 것은 天理라고 강조한다.[44]

東漢때 公羊學을 집대성한 何休의 주석에 의하면, 공자가 春秋를 哀公 14년 春까지 기록하고 그친 사실이나, 公羊傳에서 撥亂反正의 大義를 부각시킨 것은, 모두 장래 漢의 흥성을 예견하고 철학사상으로 그 이론근거를 제공해 주기 위해서였다고 주장한다. 즉, 봄까지 기록하고 여름부터는 絶筆한 것은, 바로 음양오행상 봄의 木德을 일으키고 여름의 火德을 단절시킨다는 상징 의미가 있는데, 木德에 해당하는 漢에 天命을 수여한 것이라고 해석한다. 특히, '春秋의 大義를 지어 후대의 성왕을 기다린다.(著春秋之義, 以俟後聖)'는 公羊傳은 바로 漢皇을 지칭하고, 漢이 천하 大亂을 계승하여 공자 자신이 이루지 못한 撥亂反正의 춘추대의를 실현해 주도록 기대했다는 것이다.[45]

清代에는 經學에서 今文學을 중시하는 학자들이 모두 公羊傳을 숭상하여, 公羊學派라는 학풍을 형성했다. 특히, 清末에 康有爲가 公羊傳의 춘추대의에 입각하여 立憲君主制의 개혁을 주장하여 변법을 시행한 점이 주목된다. 春秋三世의 개념에 기초하여 유명한 '大同書'를 쓰고, 撥亂反正의 이념을 실현하기 위해서, 현존 체제 안에서 皇權을 유지하는 가운데 戊戌變法을 추진하였다. 비록 혁명의 대세에 밀려 쓰러지는 國運을 만회하는 데에는 실패했지만, 개혁의 방법으로 反正의 이념을 실천하고 天下大同의 이상세계를 꿈꾼 것은, 지극히 순수하고 올곧은 선비 정신과 仁義로 충만한 도덕군자가 격동의 난세에 취한 최선의 선택이었는지도 모른다.

---

44) 董仲舒, 春秋繁露, 堯舜不擅移 湯武不專殺 第二十五 참조.

45) 春秋公羊傳注疏, 卷28, 哀公14년: 藝文印書館, 十三經注疏, 제7책, 358-9면 참조.

(2) 中宗反正 (燕山君 12年, 丙寅. 1506. 陰 9. 1.)

중국과는 달리, 우리나라에서는 그리 많지 않은 왕권교체 시에, 비록 역성혁명의 정당성은 강조·부각되지만, 公羊傳의 撥亂反正 이념이 사상 근거로 직접 원용되는 것 같지는 않다. 어쩌면 조선 초기까지는 유학(성리학)의 학문 기반이 박약했던 사실과 직접 관계가 있을지 모르겠다. 조선 초기 成宗 무렵 성리학이 통치이념의 지위를 확고히 잡아가고, 朱子家禮와 鄕約 등이 널리 보급되면서 사상기반이 점차 굳게 다져졌다. 그런 가운데 마침 포악무도한 燕山君이 등장하여, 백성을 도탄에 빠뜨리고 종묘사직을 위태롭게 하므로, 보기 좋은 反正이 체제 내의 혁명으로 실행된 것이리라.

世祖가 端宗을 내쫓고 왕위를 찬탈했을 때만도, 비록 수많은 충신열사들이 뜻을 모아 端宗復位의 反正을 시도했지만, 결국 실패해 전대미문의 희생자만 속출했다. 그 까닭은 물론 정치군사상 실력이 절대 부족했을 수도 있지만, 그보다는 그러한 뜻과 힘을 조직으로 규합해 응집시킬 정신지주와 대의명분이 박약했기 때문일 가능성도 크다. 당시만 해도 성리학의 유교사상이 통치계층의 정신생명으로 확고히 활착되지는 못했는데, 바로 거기에 실패의 한 요인이 있지 않을까?

먼저 中宗反正은 순전히 燕山君 개인의 포악무도한 失政과 혼란으로 비롯되었다. 연산군의 생모 尹氏는, 성종의 첫 번째 왕비 韓氏가 자식 없이 죽자, 두 번째 왕비로 승격되어 연산군을 낳았다. 그런데 尹氏가 성질이 사납고 질투가 심하며 부도덕해, 세 왕후가 밤낮으로 훈계해도 듣지 않으므로, 결국 성종이 부득이 종묘에 고하고 폐위시켰다. 그 때 연산군은 강보에 싸여 있었는데, 성종이 어미도 없는 嫡長子임을 측은히 여겨, 8살(성종 14년, 1483)때 왕세자로 책봉하였다. 그러나 어미를 닮았는지, 연산군은 성질이 사납고 머리도 둔한 데다가, 놀기만 좋아하고 학문도 싫어하여, 부왕의 근심거리가 되었다. 부왕이 부르면 대부분 병을 칭탁하고 뵙지도 않았으며, 사실을 확인하러 온 내시에게 죽이겠다고 위협을 가해 거짓보고를 시키므로, 성종이 세자도 폐위할 마음이 있었다. 그러나 세 번째 왕비 尹氏 소생 둘째 아들 晋城大君(후의 中宗)이 아직 어리고, 연산군의 측은함을 동정하여 차마 결단을 내리지 못하다가, 성종이 별세했다.

연산군은 부왕의 喪中에도 슬픈 기색이 없이 평소처럼 노닐다가, 며칠 후 즉위했다. 초년에는 성종조의 대신이 간쟁·보필하여 그나마 國統을 유지하다가, 즉위 4년(1498) 戊午士禍로 충직한 대신을 모두 제거한 후, 점차 방자하고 광포해졌다. 즉위 이후 日記와 史草 중 충간·직언한 내용은 모두 삭제하고, 사관으로 하여금 時政만 기록할 뿐, 군주의 언행·과실은 적지 못하도록 금지시켰다. 군주가 두려워하는 것은 오직 역사인데, 아예 역사가 없는 편이 낫다고 생각하여 春秋라는 칭호조차 없애며, 군주의 행위는 역사에 구애될 필요가 없다고 호언했다. 昭惠왕후가 몹시 근심하여, 직접 훈계하고 대신에게 충간하도록 시켜도, 더욱 분노할 뿐 듣지를 않았다.

그런데 성종 때 쫓겨나 30년 가까이 이를 갈던 간신 任士洪이, 음모술수로 연산군의 비위를 맞추어 궁중에 진입함으로써, 연산군 생모 폐비의 원한과 임사홍의 개인 원한이 결탁하여, 대대적인 보복학살이 자행되었다. 성종의 후궁을 곤장으로 쳐 죽이고, 그 자녀도 처형하거나 유배 보내며, 그 처첩은 타인에게 강제로 개가시켰다. 密威廳이라는 특별수사기관을 설치하고 감옥을 대폭 증설했는데도, 오히려 감옥이 항상 죄수로 넘쳤다. 桀紂 때나 들어본 烙刑이나, 손바닥을 뚫고 가슴을 쪼개며 뼈를 깎고 배를 가르며, 심지어 뼈를 갈아 바람에 날리는 잔혹한 형벌을 시행했다.

사대부에게는 본래 금지된 笞刑(치형: 회초리)과 杖刑(곤장)을 매일같이 서슴없이 자행했다. 時政을 비판하는 언론이나 상소는 물론, 두 사람이 마주 대화하는 것조차 금하고, 이런 행위는 부자간에도 서로 고발하도록 명했다. 또한, 天文官이 잇달아 발생하는 지진과 혜성 등

天災地變을 보고하자, 군주의 포학무도와 失政이 재변을 초래한다는 당시 天文관념을 강변으로 부정하면서, 異常의 자연현상은 일체 알리지 못하도록 금지시키기도 하였다.

뿐만 아니라, 도성의 사방 백리 안에 禁標를 세워 수렵·오락의 장소로 지정하였다. 그 안의 郡縣을 모두 폐지하고 주민도 모두 강제 철거시켜, 그 안에 들어가는 자는 즉석에서 斬首했다. 과중한 조세수탈과 부역으로 민생은 극도의 도탄에 빠져, 유랑민과 사망자가 길가에 즐비했는데, 崇禮門(남대문)부터 노량진까지 시체가 산처럼 쌓이기도 했다. 文廟나 사당은 철거하여 가축을 사육하거나 유희장소로 사용하며, 각처 명승지에 정원과 정자·누각을 대규모로 축조하였다. 매일같이 유람이나 연회를 즐기느라 궁중의 모든 말이 극도로 피폐해지자, 개인의 말도 닥치는 대로 빼앗아 타므로, 백성들이 말을 숨기는 풍조가 일기도 했다.

具壽永이 미녀를 바치면서, 田淑媛·張昭容 두 女色으로 인한 방탕과 부패가 극도로 만연했다. 자고로 영웅호걸은 주색을 좋아하는데, 국가흥망은 이와 무관하다고 호언하였다. 자기가 桃李花園을 좋아하는 것은, 향락을 탐닉해서가 아니라, 후손을 널리 퍼지게 하여 종묘에 효도하고, 화창한 혈기로 태평성세를 이루기 위함이라는 궤변도 늘어놓았다. 그리하여 시녀와 公私 노비는 물론 양가 규수까지, 팔도 전국의 처녀를 대대적으로 징발하여, 일만 명에 가까운 女色을 運平과 興淸 등의 이름으로 궁중에 거주시키며, 酒池肉林 속에 탐닉하고 골몰하였다. 그들이 죽으면 麗媛墓라 부르고, 관원을 보내 왕릉처럼 제사지내며, 신주도 선왕처럼 모시고 제사지냈다. 궁중연회에 宗親이나 사대부의 처도 동반 참석시켜, 미색이 눈에 들면 방에 끌고 들어가 사통하기가 예사였다. 그런데 伯父 月山대군의 부인은 세자의 養母라는 명분으로 궁중에 두다가, 胎氣가 있자 독약을 내려 죽이고, 부왕의 후궁도 범하였다. 심지어 생모 폐비 윤씨의 忌日에도 酒色가

무를 벌여, 군중이 보는 앞에서 나체로 야합하고, 아예 國忌를 폐지하기에 이르렀다.

소혜왕후가 화병으로 사망하자, 3년(27개월) 喪期를 27日로 단축하였다. 자신의 무도함을 알고 그 수치를 희석시키기 위해, 백성의 윤리도덕마저 강제로 문란하게 만들었다. 사대부의 부모상도 단축시키고, 忌祭는 지내지 못하도록 금지하며, 효행이나 절개로 이름 있는 자는 모조리 잡아 죽이며, 형제간에 서로 첩을 간음하도록 명령하여, 삼강오륜이 완전히 단절되기에 이르렀다. 이에 소수 측근 간신을 제외하고는, 모든 宗親과 臣民의 마음이 이미 이반되어 원성이 자자했다. 연산군도 이를 알고, 유배당한 사람들이 원한으로 반란을 일으킬까 두려워해, 특별히 대신을 보내 그들을 더욱 가혹하게 사역했다.

李長坤이 특별히 武勇이 뛰어나 걱정되므로, 그를 제거하기 위해 서울로 압송해 죽이라고 명령하였다. 이 소식을 들은 이장곤이 도망하자, 그가 병력을 모아 거사할 것이라는 우려와 소문이 자자해졌다. 이에 서로 형세만 관망하던 궁중분위기에서, 朴元宗과 成希顔의 首唱으로, 이조판서 柳順汀과 연산군의 총애와 신임을 받던 辛允武 등이 결의하여, 연산군 12년 9월 초하루 한밤중에 문무인사와 병력을 결집시키고, 감옥죄수를 풀어 보태 순식간에 義擧를 단행하였다.

晋城大君에게 사람을 보내 이 사실을 알리는 한편, 大妃에게 "주상이 君道를 크게 상실하여 종묘사직을 거느릴 수 없는 지경에 이르러, 天命과 人心이 모두 진성대군에게 귀속되었으니, 진성을 영입하여 大統을 잇도록 해 달라."고 주청했다. 연산군의 왕세자가 있었으므로, 大妃와 진성대군은 재삼 고사했다. 그러나 대중의 뜻이 너무 확고부동하여, 결국 왕과 왕비·왕세자를 모두 폐위시키고, 中宗이 즉위하게 되었다. 그 때 전라도와 경상도에서 귀양 중인 죄인들이 병력을 일으켜, 진성대군을 추대하려 모의하다가, 거사소식을 듣고 그만 두었다.

진성대군이 思政殿에 들어서자, 영의정 柳洵 등이 자고로 폭군을 폐위하고 현군을 옹립함에는 그 죄를 일일이 세어 성토하지만, 지금은 선처하자고 의론하였다. 그리고 창덕궁에 사람을 보내, "민심이 모두 진성에게 귀속되어 사태가 이처럼 되었으니, 청컨대 보좌에서 물러나 正殿을 피해 달라."고 아뢰었다. 이에 연산군은 "내 죄가 중대하여 이 지경에 이를 줄 벌써 알았다. 원컨대 잘 처리하길 바란다."고 답하고 물러 나왔다. 그리고는 삿갓을 쓰고 붉은 옷(옛날엔 囚衣가 붉은 색이었음)을 입고 허리띠를 매지 않은 채 땅에 엎드렸다가, 준비한 가마를 타면서, "내가 중대한 죄악이 있는데도, 주상의 덕을 입어 무사히 간다."고 말하고, 喬桐에 안치되었다. 폐비도 별도로 안치되었는데, 왕자들은 중종의 동정에도 불구하고, 사직을 위해 후환을 없애야 한다는 대신들의 주장에 의해, 곧 賜死되었다. 연산군은 갑작스럽게 변한 유폐생활에 적응하지 못했는지, 그 해를 넘기지 못하고 병으로 사망했다.

왕위교체를 공식 선포한 大妃의 慈旨에는, "혼미한 군주를 폐위하고 현명한 왕을 옹립하는 것은, 고금의 공통된 大義다."고 선언하였다. 중종은 즉위 직후, 연산군이 만든 참혹한 제도와 惡法을 모두 폐지하며, 祖宗成憲(성종 때 반포된 經國大典)을 일률 회복하여 준수한다고 천명하였다.[46] 이렇게 혁명거사를 성공한 뒤, '廢新法 復舊制'의 후속 조치가 '革正' '改正' '革罷' '復擧' '新政' '正始' 등의 이름으로 지속되지만, 모의거사나 論功行賞의 과정에서 직접 '撥亂反正'의 명분을 거론한 것은 실록에 잘 보이지 않는다.

중국에 왕위교체를 알리고 인가를 구하는 과정에서도, 세조가 단종을 대신하여 즉위한 선례를 인용하여, 대의명분상으로는 연산군이 질병을 칭탁해 물러난다는 '請辭位'와, 진성대군이 부득이 왕위를 계승

---

46) 이상 연산군의 포학무도한 죄악과 反正擧事의 경과는, 燕山君日記, 卷1, 總書(國史編纂委員會, 朝鮮王朝實錄 영인본, 제12책 623면) ; 卷63, 12年 9月 己卯조(제14책, 67-69면) 및 中宗實錄, 卷1, 元年 9月 戊寅조(제14책, 71-73면)를 중심으로, 전후기록을 참고하여 필자가 요약 정리한 내용임.

한다는 '請承襲'의 형식으로 사절을 파견하도록 결정하였다. 중국 측에서 사실을 추궁할 걸로 예상되는 질문에 대해서는, 왕비와 세자의 病死 등 다소간의 은닉과 허위 답변까지 미리 준비하기도 하였다.[47] 전 국민의 열렬한 환영과 지지 속에, 별다른 저항이나 접전 없이 명예로운 혁명을 성공했으면서도, 宗主國인 중국에 명분상의 빌미를 주지 않기 위한 임기응변의 외교 전략이었다. 자칫 외교마찰이나 무리한 정치경제상 요구를 초래하고, 심지어 외세의 간섭으로 왕권의 불안정을 야기할 수 있는 우려를 불식시키기 위한 苦肉之策일 것이다.

혁명에 대한 撥亂反正의 이념상 당위성은, 臺諫이 공신의 수가 너무 많고 국가의 사회경제 상황에 비추어 포상이 지나치게 후하다고 비판하는 과정에서 간접 거론된다. "옛부터 제왕이 일대의 중흥위업을 성취하는 데에는, 반드시 현명한 신하들이 나타나 그 지혜와 용기를 분발하여 撥亂反正함으로써 희대의 공로를 세우기 마련입니다. 다만, 그 논공행상은 반드시 적정한 타당성을 기하고, 결코 참람하지 않아야 합니다."[48] 따라서 모의거사 단계부터 실행·성공한 후까지 撥亂反正의 春秋大義가 그 지도이념이 되었음은 확실하다.

(3) 仁祖反正 (光海君 15年 癸亥 1623. 陰 3. 12.)

仁祖反正은 中宗反正과는 그 원인과 성격을 다소 달리한다. 인조반정의 주 명분은, 永昌大君을 살해하고 仁穆大妃를 유폐한 정치상 綱常論과, 明을 멀리하고 後金을 친하게 접근했다는 외교상 事大論이었다. 이는 당시 정치사회의 역학관계에서 비롯된 사건으로, 연산군 개인의 포악무도와는 본질상 달랐다.

光海君은 선조의 둘째 아들인데, 난폭한 형 臨海君과는 달리 총명과 효도로 주위의 신임을 얻었다. 선조가 재위 20년이 넘도록 正妃

---

47) 中宗實錄, 권1, 元年 9月 丁酉·癸卯조(제14책, 80·82면) 참조.

48) 中宗實錄, 권1, 元年 9月 甲辰조(제14책, 83면) 참조.

소생의 왕자(嫡子)를 얻지 못하자, 세자 책봉이 지연되고 있었다. 여기에는, 광해군을 지지하는 신하들과 달리, 선조가 信城君을 총애하고 중전 朴氏가 왕자 낳기를 기대한 마음이 크게 작용하였다. 그러나 임진왜란이 발발하여 패전으로 민심이 크게 동요하자, 만약의 비상사태에 대비하여 세자를 책봉해야 한다는 신하들의 성화에 못 이겨, 결국 광해군으로 결정하였다. 선조가 피난하여 중국 망명까지 고려하는 상황이 전개되자, 조정을 둘로 나누어 광해군이 分朝를 거느리고 항전활동을 수행하였는데, 이 과정에서 선조의 傳位(讓位)가 왕 자신은 물론 신하들과 의병들의 상소에 의해 여러 번 거론되었다. 형 임해군이 왜군에게 사로잡히고 선조의 총애를 받던 신성군이 사망하자, 分朝활동으로 항전공로를 상당히 세운 광해군의 명망이 더욱 높아졌다. 그런데 明나라에서 광해군을 전라·경상 軍務 총독으로 임명하여, 선조와 광해군 사이의 경쟁과 갈등은 더욱 심화되었다.

임란 직후 중전 박씨가 사망하자, 선조는 仁穆왕후를 맞이하여 마침내 嫡子인 永昌大君을 낳았다. 그리고 전란 중 약화된 왕권을 재확립하기 위해, 각 당파를 번갈아 집권시키다가 친위세력인 柳永慶을 등용하였다. 선조의 병세가 위독해지면서, 유영경이 "長子도 아니고 嫡子도 아닌" 광해군의 약점을 노골적으로 거론하며 전위를 반대하였다. 그러자, 광해군 추종세력은 불안과 의구심에 쌓여, 鄭仁弘을 시켜 유영경을 극도로 탄핵하며, 전위를 공공연히 주장하였다. 이에 격노한 선조가 정인홍과 그 조종자인 이이첨 등을 귀양 보내도록 명했으나, 불과 나흘 만에 독살의 소문과 함께 갑자기 승하하여, 광해군이 당일로 왕위를 승계해 버렸다.

비록 정식으로 세자에 책봉되었지만, 이렇듯 안팎으로 혼란의 와중에서 불안하게 등극한 광해군은, 정통성 확립과 방해세력 제거에 주력하여, 유영경 일당을 곧 숙청했다. 明이 長子를 두고 차남이 즉위한 실상을 조사하러 사신을 파견하는 사태가 발생하자, 형 臨海君도석 달 만에 庶人으로 폐해지고, 강화도에 유배가 의문의 죽임을 당했다. 광해군 즉위 후 3-4년간은 당파에 치우침 없이 인재를 고루 등용하여 정치가 안정되었다. 그러나 이이첨이 외척에 끼어 든 후, 金直哉가 晋陵君을 왕으로 추대하려고 했다는 역모사건을 토벌하고 광해군에게 尊號를 올림으로써, 北人(大北) 정권의 독주가 시작되었다.[49)]

그러다가 七庶之獄으로 불리는 銀商 살해사건이 발생하였는데, 銀을 모아 인목대비의 부친 金悌男을 영입하고 영창대군을 추대하려고 했다는 역모로 확대되었다. 김제남이 賜死되고, 선조의 遺敎를 받았다는 7대신도 처벌되었다. 嫡子로 광해군에게 가장 큰 걸림돌이 된 영창대군도, 이항복·이덕형 등의 全恩論(혈육친정을 감안한 恩赦論)에도 불구하고, 결국 강화도에 유배 갔다가 독살되었다. 곧이어, 인목대비가 역모에 관계했기 때문에 광해군과의 모자관계는 이미 끊어졌다는 廢母論이 전개되면서, 혈육의 정과 綱常의 윤리를 내세워 반대하던 南人과 西人은 중앙정계에서 거의 제거되었다. 이에 영호남 각지에서 趙濈, 鄭逑, 尹善道 등 유생들이 격렬한 반대와 비판의 상소를 올렸다. 그러나 집권세력은 오히려 어용관제여론을 조성하고, 이이첨이 대제학으로 史官을 獨薦하는 등 전횡을 극화시켰다. 마침내 광해군 9년부터는 폐모론의 收議를 거쳐, 허균을 역적으로 몰아 제거하고, 최종 庭請까지 이르렀다. 後金의 위협이 증대하면서, 인목대비가 外患에 內應할지도 모른다며 제거하자는 주장까지 등장했으나, 反正시까지 유폐의 소강상태가 지속되었다.[50)]

對內의 윤리강상 문제와 별도로, 仁祖反正의 대의명분을 제공한 것은 중국에 관한 대외 정책이었다. 당시 明이 만주에서 급성장한 後金을 토벌하기 위해, 조선에 대해 임란시의 (두 번 出征한) 再造之恩 보답

49) 이상의 내용은, 申明鎬, 「宣祖末·光海君 初의 政局과 外戚」, 한국정신문화연구원, 淸溪史學 10, 1993, 51-109면의 논문을 중심으로 정리한 것임.

50) 이상은, 韓明基, 「光海君代의 大北勢力과 政局의 動向」, 서울대 국사학과, 韓國史論 20, 1989, 특히 313-326면의 내용을 정리한 것임.

으로 원병파견을 요구하였다. 이이첨을 위시한 대신들의 출병 주장에도 불구하고, 광해군은 홀로 관망과 회피를 지속하다가, 결국 마지못해 1만 명의 병력을 파견했으나 深河 전투에서 대패했다. 여기에는 광해군이 姜弘立에게 밀서를 보내 투항을 지시했다는 소문도 있었으나, 원병의 패배는 국내정치에서 왕권의 강화를 가져왔다. 광해군은 독자로 明과 後金 사이에 현실주의의 중립 외교관계를 유지하였다. 이러한 태도가 明나라에 대한 전통 事大를 저버리고 오랑캐와 가까이 한다는 이유로 反正의 명분이 된 것이다.

또 광해군은 대신들의 반대에도 불구하고, 궁궐을 건축하기 위해 목재·석재 등을 징발하고, 銀을 속죄금으로 납부하는 죄수들을 석방하기도 하였다. 그러지 않아도 嫡子도 長子도 아닌 광해군이 즉위한 뒤, 明의 책봉을 받는 과정에서 수만 냥의 銀을 뇌물로 제공했다. 그 후 왕세자 책봉이나 광해군 생모의 왕비 추숭 과정에서도, 再造之恩을 내세우는 明에게 수시로 대량의 은을 바쳤다. 그래서 임란으로 피폐해진 국가 재정이 더욱 고갈되었는데, 出兵과 궁궐건축 등으로 사회경제 부담은 더욱 가중되었다.[51]

이처럼 안팎으로 정치·군사·사회·경제의 모순과 긴장이 극도로 고조되는 가운데, 광해군 12년부터 李曙·申景禛·金瑬·李貴·崔鳴吉 등 서인에 의해 계획된 反正이 15년 3월에 마침내 단행되었다. 거사 당일 反正의 變事가 누설되어 보고되었으나, 광해군이 酒色의 연회에 취해 늦게사 알고도 대수롭지 않게 여김으로써, 반정은 비교적 순조롭게 성공했다. 다만, 한밤중 거사 도중 횃불에서 말미암은 失火로 궁궐이 거의 불타는 참변을 초래하였다. 이때도 중종반정 때와 마찬가지로, 유폐 중이던 대비의 명에 의해 최종으로 전왕 폐위와 신왕 옹립의 대의명분이 천명되었다. 명분상으로는 '天理를 소멸시키고 人

51) 韓明基, 「光海君代의 大北勢力과 政局의 動向」, 326-337면, 및; 韓明基, 「光海君代의 對中國 관계」, 진단학보(79), 95-127면 참조.

倫을 파괴하여, 종묘사직에 죄를 짓고 백성에 원한을 맺어, 더 이상 군주가 될 수 없다.'는 죄상을 낱낱이 열거하면서, '大義를 분발하여 혼란을 평정한다.'는 내용이었다.[52)]

그러나 실질상으로는 이이첨 등 소수 大北정권의 독단과 전횡이 부른 정치상 권력쟁탈의 성격도 농후하였다. 영창대군의 庶人폐출과 살해, 인목대비 부친의 賜死, 그리고 인목대비의 폐비와 유폐 자체가 당시 통치이념인 성리학의 윤리관에 용납될 수 없는 패륜인 것이 사실이었다. 하지만 이러한 사건의 전개 자체가, 광해군의 왕권안전 도모와 이이첨·정인홍 등 대북정권의 독단·전횡 유지의 정치요청이 결합하여 빚어낸 결과였다. 결국 "西人이 이를 갈며, 南人이 원망을 품고, 小北이 비웃는" 상황에서, 大北 정권의 몰락이 광해군 축출이라는 극단의 반정을 통해 이루어진 것이었다. 그리하여 거사 당일 이이첨 등 대북 핵심인물이 주륙되고, 광해군과 왕세자가 강화도로 폐출됨으로써 정국수습이 시작되었다.[53)]

仁祖反正은 中宗反正 때와는 달리, 군왕으로 추대되는 綾陽君(宣祖의 손자)이 주도로 적극 참여한다. 실록의 내용에 의하면, 그는 일찍이 '撥亂反正'의 뜻을 가졌는데, 측근 武人 중심으로 거사가 계획되어 金瑬 등 文人과 의기가 투합함으로써, 장기간 모의가 진행되었다. 그래서 '反正'이라는 대의명분이 직접 강하게 부각되는 점이 특징이다.[54)] 광해군에 대해서 별 불만 없이 충순한 군주로 평가하던 明의 입장에서는, 인조반정을 일단 불법의 '簒奪'로 받아들여, 인조의 책봉을 불허할 뿐 아니라, 중국에 먼저 보고하지 않고 광해군을 폐출한 죄를 다스려야 한다는 당위적 명분론이 강하였다. 그러나 안팎으로 상당히 약화된 明이 정치군사상 實利論 쪽으로 점차 기울어지면서, 반정을

52) 光海君日記, 권187, 15年 癸亥 3月 壬寅·癸卯조(제33책, 496-8면) 및 仁祖實錄, 권1, 元年 3月 癸卯·甲辰조 (제33책, 501-3면) 참조.

53) 吳洙彰, 「仁祖代 政治勢力의 動向」, 서울대 국사학과, 韓國史論13, 51-55면 참조.

54) 앞의 주 52)에 인용된 光海君日記 및 仁祖實錄의 내용 참조.

묵인하고 인조를 책봉할 수밖에 없었다.[55)]

(4) 5·18 反亂과 光州反正

지금까지 살펴본 反正의 역사 실례에서 어떠한 교훈을 느끼고, 또 그걸 통해 이번 5·18사건을 어떻게 평가할 수 있을까? 우선 이조시대 두 반정에서는, 반정을 당한 군주가, 비록 宗法상 완전무결한 것은 아니지만, 적어도 嫡長子가 없는 상황에서 대신들의 논의와 선왕의 선택에 의해 일단 적법한 왕세자로 결정되고, 나중에 중국의 책봉까지 받아 왕위를 계승한 임금이었다. 그런데 군주가 개인의 부도덕과 失政으로 民生을 도탄에 빠뜨리고 종묘사직을 위태롭게 했다는 죄로 거사가 단행된 대의명분이었다. 정통성에 약간의 흠을 지닌 채 출발한 왕권이, 이를 善政으로 극복하기는커녕, 도리어 은폐·말소하려고 暴政을 일삼다가 자멸을 초래한 셈이 되었다.

그런데 5·18 당시 신군부세력은, 20년 군부독재의 청산을 열망하던 국민 합의를, 오히려 하극상의 叛亂과 양민학살이라는 쿠데타로 유린하면서 등장하였다. 현대 자유 민주 사회에서 전 국민의 합의보다 더 위대하고 확실한 정통성이 어디 있는가? 사실 박정희 정권자체도 쿠데타로 치명성 결함을 지닌 채 출발했는데, 再任까지는 그래도 경제발전으로 민생을 안정시키면서 그 하자를 가리는 듯했다. 그러나 영구집권을 획책해 10월 유신을 감행하면서, 공포의 긴급조치와 각종 참혹한 불법고문으로 국민의 자유와 인권을 무참히 유린하였다. 그리고 자신은 권력과 酒色의 향락에 빠져, 결국 국민의 묵시적 지지를 받은 자기 心腹에 의해 시해되지 않았던가?

사실은 10·26 자체가 4·19에 뒤이은 한국현대사의 중요한 撥亂反正의 義擧로 평가될 수 있다. 4·19 反正이 성공으로 완성되기도 전에 5·16 쿠데타에 의해 좌절되었다가, 다시 10·26에 의해 再反正이 시

---

55) 韓明基, 「光海君代의 對中國關係」, 127-133면 참조.

도된 것이다. 그 혁명이 12·12로 짓밟히려는 상황이 벌어지자, 마침내 광주 학생과 시민의 자유민주화 열망이 "光州反正"의 횃불을 높이 치켜든 것인데, 5·18 계엄확대를 내세운 신군부의 反亂 쿠데타에 의해 또다시 짓밟히고 만 것이다. 겨자씨만큼의 정통성이나 대의명분도 없이, 순전히 사사로운 권력욕에 눈이 멀어 총칼로 들어선 반란세력은, 원인무효의 행위와 非適正 절차를 통해 합법성을 위장하고, 국민과 역사 앞에 준엄한 司法 심판을 받는 과정에서도 정당성과 합법성을 주장·변호하였다. 이러한 짓들은 모두 정말로 역사와 국민을 무시하고 법과 도덕을 모독하는 파렴치에 불과하다.

광해군이 왕위계승상의 하자를 미봉하기 위해 중국에 대해 외교상 충순하면서, 그들의 거액 뇌물 요구도 거절하지 못하고 막대한 銀을 상납하느라 국가재정과 민생을 고갈시켰듯이;[56] 쿠데타로 등장한 군사정권도 民意에 기초한 정통성의 결여라는 치명적 약점을 덮기 위해서, 외교상 굴욕과 과잉출혈을 서슴지 않았다. 박정희 정권이 대일본관계에서 獨島문제와 전후배상문제 등을 적당히 넘어간 것이나, 全·盧 정권이 미국의 정치·경제 압력에 무기력하게 굴복으로 일관한 점이 그러하다. 정치 약점을 각종 국제외교로 덮으려다 보니, 자연히 무리가 따를 수밖에 없었다. 소련·중국과 수교를 밀약하느라, 그 대가로 얼마나 많은 경제 부담을 떠맡았던가?

자고로 윤리도덕상 정당하고 형식절차상으로도 적법한 참된 政治權力만이, 진정으로 국가민족을 위해서 정치외교의 안정과 희망이나 사회경제의 개혁과 발전을 가져올 수 있다. 부정당한 불법의 무단폭력집단은, 제 아무리 화려한 외교와 경제의 옷으로 치장한다 하더라

56) 근래 光海君의 對중국 정책이, 명과 後金 사이에서 조선의 실리를 추구한 자주외교였다는 긍정평가가 많지만, 이는 어디까지나 당시 군사·경제상 부담을 최소화하려는 실리외교의 일환이었고, 정치외교상 중국에 대한 사대관계를 근본상 청산하거나 이탈하는 자주독립은 아니었다. 오히려 자신이나 왕세자의 책봉·생모의 왕비추숭 등 정치현안에서는, 외교상 충순과 경제 부담을 감수해야만 했다.

도, 그건 어디까지나 빛 좋은 개살구에 불과하고, 금방 그 밑천이 바닥나기 마련이다. 자신의 흠집과 약점을 감추기 위해, 자기를 지지·추종하는 소수세력을 중심으로 권력을 집중·강화하고, 비민주적 억압과 위협으로 형성된 衆愚와 관제여론으로, 합법을 빙자한 악법과 부도덕을 자행한다. 광해군대의 소수 大北집단이 그러했듯이, 특정지역을 기반으로 한 30년 군부독재도 또한 마찬가지였다. 그 결과 민간인과 군인 사이에 이유 없는 반목과 혐오의 골이 얼마나 깊게 패였으며, 선량한 대다수 국민은 서로 지역감정의 원한에 깊숙한 잠재의식까지 얼마나 사무치게 멍들었는가?

불법의 범죄 이전에 부도덕하고 정당하지 못한 비인도적·반민주적 패륜으로 출발한 쿠데타 권력에 대해서는, 적법한 司法 심판 이전에, 전 국민의 도덕적 斷罪와 역사적 撥亂反正이 선행되어야 한다. 이는 단순한 허구의 대의명분을 위해서가 아니라, 실질을 바로잡기 위한 正名의 일환으로 필요한 불가결의 과정이다. 이것이 역사 귀감으로부터 느끼는 경험상 교훈이며, 성현의 도덕철학으로부터 배우는 이성의 지혜일 것이다. 적법한 심판절차도 중요하지만, 실질상 反正이 없다면, 이는 형식상 위장과 기만에 그치고 말 수 있기 때문이다.

진정 "역사 바로 세우기"를 명실상부하게 추진하려면, 이러한 맥락에서 정말로 역사체험과 철학지혜에 부합하는 '撥亂反正'의 차원으로 승화시켜야 한다. 자신의 역사도 제대로 인식하지 못하고 바로잡지 못하는 민족이, 어떻게 이웃 나라의 역사왜곡과 편견을 비난할 수 있겠는가? 30여 년의 군부무단독재와 해방 반세기, 내우외환의 20세기를 청산하고, 21세기 한민족 통일의 새 시대를 열기 위해서, 우리는 5·18을 현대사의 마지막 혼란으로 깨끗이 치유하고, 도덕상·법률상 撥亂反正을 성실하고 철저히 수행하여, 민족사의 사명에 최선의 방도와 노력으로 부응해야 한다. 이런 의미에서 '光州反正'을 제창한다.

4. 전통 法制史상의 公訴 문제

지금까지 철학사상 및 정치사의 관점에서 5·18 사건의 성격과 光州反正의 당위성을 부각시켜 보았다. 그러면 이제 법의 관점에 5·18 기소의 당위성과 합법성을 조망해 보기로 하자. 전통 법제사, 즉 고대 중국과 우리나라의 율령체제 하에서 5·18사건은 법적으로 어떻게 규정될 수 있으며, 또 어떠한 방법과 어느 정도로 처벌할 수 있을까?

주지하듯이 고려시대의 제도는 모두 唐을 모범으로 삼았는데, 刑法에서도 당률을 채용하되 時宜를 참작하여, 번잡한 규정을 삭제하고 간략하게 취사선택한 71조의 高麗律을 시행했다.[57] 이는 502조 당률의 약 7분의1에 해당하는데, 모든 편을 망라하고 조문 수 분포가 고른 점을 보아, 당률의 중요내용은 빠짐없이 수용한 것으로 보인다. 또 조선시대에는 초기부터 대명률을 실제 적용하다가, 經國大典 편찬 이후에는 用律조의 규정에 의해 明律을 일반 형률로 포괄 依用하고, 특수한 개별 사항은 조선의 실정에 맞게 입법하는 형식을 취하였다.[58] 따라서 전통 율령의 인용에서도 우리나라의 특별한 규정이 발견되지 않는 한, 우선 당률과 명률의 내용을 참고하고, 고려나 조선의 특기할 법제가 있으면 함께 소개하는 방법이 합당할 것이다.

5·18 불기소 처분에 대한 비판과 특별법 제정 이후 검찰의 재기소에 대한 정당성의 이론근거는, 근대서양법학 차원에서 크게 실체법과 절차법 관점으로 나뉘어 제기되었다. 전통 법제사의 차원에서도 5·18 사건이 실체법상 도대체 어떠한 죄악에 해당하며, 그 죄악의 처벌에 대한 절차법의 과정과 효과는 어떠한지 나누어 살펴볼 필요가 있다. 다시 말해 5·18이 내란죄에 해당하는지 여부와, 또한 그 공소시효 소멸로 인한 기소의 위법성 내지 위헌성 문제가 발생하지는 않는지, 唐

---

57) 高麗史, 권84, 志38, 刑法1 및 朴秉濠, 韓國法制史攷, 法文社, 1983, 397면 참조.
58) 經國大典, 刑典, 用律조 및 박병호, 앞의 책, 415-8면 참조.

·明律을 중심으로 전통법의 관점에서 審理해 보기로 하자.

(1) 謀反大逆죄의 성립

주지하듯이, 전통법은 총칙인 名例律의 처음에 刑名(형벌의 종류)을 열거한 다음, 十惡이라는 극악무도한 죄를 규정한다. 이중 국가에 대한 불충죄와 부모·친족에 대한 불효죄가 각기 넷씩이고, 비인도적 패륜범죄가 둘 있다. 謀反은 사직을 위태롭게 하는 행위로서 왕권 자체에 대한 도전이고, 謀大逆은 종묘·왕릉·궁궐을 훼손하는 행위인데, 두 죄는 동일한 조문에 같은 법적 효과(형벌)로 규정된다.

군주를 代稱하는 사직은 현대 입헌민주체제에서는 國憲(국가헌법질서)에 해당하고, 나아가 군주주의의 군왕은 민주주의에서 헌법제정 권력인 주권자로서 국민전체를 지칭할 것이다. 종묘·왕릉·궁궐은 구체 형태의 건축물로서가 아니라, 국가의 존립기초인 권력의 정통성과 法統을 상징하는 의미로서 중요하기 때문에, 종묘사직과 謀反大逆으로 병칭한다. 현대 관점에서는 민주주의의 기본 이념인 자유와 정의·인권, 또는 민족과 역사라는 다소 추상의 개념으로 표현될 수 있을 것이다. 그리고 謀叛은 본국을 배반하고 적국을 이롭게 하는 행위다. 謀反大逆이 내란죄라면 謀叛은 외환죄가 된다. 특기할 만한 죄는, 正道를 위배한 잔인한 죄로서 '不道'가 있는데, 사형죄를 범하지 않은 일가족 3人 이상을 살해하거나, 살인 후 신체를 절단 훼손(支解)하거나 살상용 독충을 사육하는 행위가 포함된다. 지금으로 말하면 비인도적·반인륜적 양민학살이나 독가스 등 화학무기 제조가 이에 해당한다.

내란과 외환에 해당되는 세 죄는 2인 이상의 謀議(예비음모) 자체만으로 죄가 성립하며, 그 모의사실이 구체로 드러나는 경우에는, 비록 한 사람의 모의라도 포함된다. 따라서 실행에 착수하기를 기다릴 필요도 없으며, 그 언동이나 위력이 대중을 동원할 능력의 결여로 현실의 危害 가능성이 전혀 없더라도, 범죄의 구성에는 영향이 없다. 謀

反大逆에 참여한 자는 수괴와 종범을 가리지 않고 모두 斬刑(明律은 능지처사)에 처하고, 16세 이상 父子는 絞刑(明律은 斬刑), 그리고 친족은 친소에 따라 沒官 또는 유배에 처한다. 謀叛은 이보다 다소 감경되지만, 모의만 해도 絞刑에 처해지고, 역시 광범위한 친족 연좌형이 수반된다. 不道죄도 참형이나 교형에 해당한다.[59] 이들 십악에 해당하는 죄는 그 구성요건이나 正刑 자체보다도, 이들에 부수하는 법률효과가 더욱 중요하다. 원칙으로 일반사면에서는 제외되며, 특별히 사면에 포함되는 경우에도 각종 제약이 구체로 부과되고, 기타 율령상의 특혜조치에도 배제되는 경우가 많다.[60]

12·12와 5·18이 正常의 군 지휘 체계를 거역하여 수많은 무장병력을 자의로 동원함으로써, 헌정질서를 마비시키고 수백 내지 수천 명의 양민을 잔인하게 학살했으며, 결국 정권을 찬탈하기에 이르렀다. 이러한 일련의 과정은, 전통법상 謀反大逆(내란)과 不道(반인륜) 죄를 구성하며, 최소한 十惡 중 세 죄명에 해당한다. 여기에 천 명 이상의 병력을 무단 이동시킨 죄도 絞刑에 해당한다.[61] 상관을 속이고 그 명령에 거역한 행위도, 군대의 특수성에 비추어 적국을 이롭게 할 위험성이 인정되면, 謀叛에 속할 수도 있다. 또 관직의 권위나 세력을 믿고 타인을 시켜 살상을 가한 교사범의 경우에는, 비록 직접 下手(실행)하지 않았더라도, 위력을 행사한 교사자를 정범으로 처벌하고, 실행자를 종범으로 한 등급 감경 처벌한다.[62] 따라서 군대의 지휘명령권위를 불법으로 남용하여 무고한 양민을 학살한 죄도, 지휘관들이 교사범으로 정범의 죄를 지고, 직접 발포한 군인들의 경우 그 행위가 불법이고 비인도적인 줄 안 이상 종범의 죄를 면하기는 어려울 것이다. 다만 군대의 특수성과 사건의 비상성을 감안해 특별한 면책조치

---

59) 唐律, 名例, §6 十惡조 및 賊盜, §248-§251, §259·§262 참조.

60) 예컨대, 唐律, 名例, §18·§26 등 참조.

61) 唐律, 擅興, §224 참조.

62) 唐律, 鬪訟, §309 참조.

가 취해질 수는 있을 것이다.

무고한 일가족 3인만 살해하거나, 한사람을 살해하여 신체를 훼손해도 不道죄로 십악에 해당한다. 하물며, 한 지역의 양민 수백 수천 명을 집단 학살하고 총칼로 무자비하게 난자질한 죄악은 오죽하겠는가? 두 사람이 모의만 해도 謀反大逆죄를 구성하는데, 하물며 수십 명의 고위급 장성이 치밀하게 계획하고, 단계로 장기간에 걸쳐 병력을 자의로 동원해, 국가와 민족을 참혹하게 유린한 행위야 말할 필요가 있겠는가? 12·12와 5·18이 謀反大逆의 내란죄와 不道죄에 해당함은 의심할 나위가 없다. (전통법의 十惡 중 '內亂'은 가족 內 윤리를 紊亂시키는 근친간음을 지칭하는 죄명으로, 현대의 내란죄와 다르므로 주의를 요한다.)

(2) 성공한 謀反大逆은 처벌할 수 없는가?

그러면 이제, 이른바 성공한 내란은 정치·법률상 처벌할 수 없는지 여부를 논할 필요가 있다. 법이 국가의 통치권을 전제로 제정·시행되기 때문에, 동서고금의 (형)법은 대체로 국가 통치권에 대한 내란·외환의 도발을 가장 중대한 죄악으로 우선 규정함이 보통이다. 生者必滅의 흥망성쇠는 절대 진리고 역사의 경험법칙이다. 또한 법은 예견 가능한 모든 상황(죄악)을 미연에 방지할 목적으로, 최대한 완전무결한 체계를 구성하려고 한다. 비록 그렇긴 하지만, 어떤 국가의 법도 자기 통치권에 대한 도전과 반란이 성공할 것을 예정하여, 그 성공한 반란의 사후 처벌을 미리 명문으로 규정하는 입법자는 전혀 없다. 내란과 외환은 반드시 평정될 것을 상정한 처벌규정만 제정할 뿐이다.

따라서 易姓革命이나 反正과 같이 민심의 지지를 얻어 완전히 체제전환에 성공한 경우에는, 법질서도 따라서 바뀌기 때문에, 역사 평가 이외에 사후의 어떠한 법적·정치적 조처를 기대하기는 어렵다. 그러나 그 체제의 교란이나 전복 행위가 그 정당성과 정통성 확립에 실패하여, 주권자인 국민의 동의를 얻지 못하고 잠시 동안 사실상 권력의 취득과 무력지배를 행사하다가 그치는 경우에는, 사후에 등장하는 정당한 통치 권력에 의해 정치상 反正과 司法 조치를 당하지 않을 수 없다. 이는 본질 성격상 實定法에 규정될 수 없으며, 따라서 法文 밖에 존재하는 초실정법의 자연법(도덕) 원리이며, 일반 세속의 관점에서 정치논리라고 불려져도 좋다.

동서고금의 역사상, 잠시 득세한 틈을 타서 독단전횡을 자행한 권력자들이 失權한 뒤, 심지어 자신의 사후 그 계승자가 실각한 다음에 이르러서까지, 이전의 권력남용으로 착복한 공훈과 관직·재산을 削奪당하고 追刑 내지 戮屍조차 당한 사례는 빈번했다. 이들은 단순한 당쟁의 혼란과 정치 보복순환으로만 폄하하기에 앞서, '법 밖의 법'으로서 인류의 보편 법문화임을 인정할 필요가 있다. 그 정치윤리의 정당성과 적법한 정통성의 흠결이 잠시 정치·법률상 권력의 장애 탓에 제대로 논죄되지 못하다가, 사후에 비로소 다스려지는 것이다. 그래서 그 처벌은 실정화되지 못하고, 아니 실정화될 수 없는 규범이라고 할 수 있다. 따라서 성공한 쿠데타는 처벌할 수 없다는 논리는, 정치상로나 법규범상으로나 결코 설득력을 지니기 어려운 것으로 보인다.

(3) 전통법에도 公訴時效는 존재하는가?

그러면 그토록 중대한 죄악을 왜 바로 처벌하지 않으며, 또 언제까지 무기한 처벌할 수 있다는 논거의 법리상 정당성은 무엇인가? 다시 말해 이른바 공소시효의 문제가 전통법에서는 어떠한 시각에서 어떠한 내용으로 규정되고 있는지 한번 고찰해 볼 필요가 있다.

기독교 성경에 보면, 아담과 하와가 하느님께서 금지한 선악과를 따먹고 나서 하느님께서 부르시자, 벌거벗은 부끄러움과 거역죄에 대한 두려움으로 자기도 모르게 몸을 숨기는 장면이 나온다. 인간이 죄악을 범하면 양심의 수치와 처벌의 공포로 말미암아, 우선 자신을 소극으로 은닉·회피·도망부터 하는 것이 무조건반사의 충동이고 인지

상정이다. 어쩌면 아담으로부터 유전되는 종족(집단)의 무의식이나 본능인지 모른다. 그렇게 숨고 도망한 죄를 끝까지 찾아내어 징계하는 것이, 자연의 인과법칙에 합당하고, 인간사회의 실체정의에도 부합하는 전통법의 응보주의 정신이다. 전통법상의 '捕亡'律은 바로 범인의 도망을 전제로 한 수색·체포의 법이다. 그러나 도망한 죄인은 발각·체포되는 순간, 결코 순순히 응하지 않고, 역시 처벌의 공포로 인해 우발적으로 저항하거나 반격하는 충동을 보일 수 있다.

그런데 인간의 도덕과 양심이 상실되고 파렴치와 사악이 증대되면서, 인간은 죄를 범한 뒤 소극의 도망이나 우발적 저항에서 그치지 않고, 사전에 치밀한 계획을 세우고 적극 증거를 인멸하거나, 자기 행위의 정당성 또는 불가피성을 강변으로 합리화한다. 심지어 자신의 죄악을 아예 처벌하거나 비난조차 할 수 없도록, 대중의 입과 귀를 봉쇄하는 폭력을 휘두르기까지 한다. 이른바 賊反荷杖이고, 똥 뀐 놈이 먼저 성내는 격이다. 그래서 교통사고가 난 경우에는 잘잘못을 가리기에 앞서, 먼저 큰소리치고 삿대질하는 놈이 장땡이고, 그것이 과실 책임을 회피하는 첩경이라고 여기는가 보다. 이쯤 되면 선악과 시비를 제대로 분간할 수 없으며, 정의 실현이 매우 곤란해진다.

작용이 있으면 그에 상응하는 반작용이 생기는 게 자연법칙이다. 인간의 심리세계에서도 작용과 반작용의 법칙이 존재한다. 사람이 타인의 부당한 공격침해를 받으면, 반격보복을 가하고자 하는 것이 인지상정이다. 그래서 예로부터 부모의 원수는 함께 한 하늘을 떠받들 수 없다고 했다.[63] 하늘 끝과 땅 끝까지 쫓아가서라도 원수를 처치해 지옥에 보내지 않으면, 차라리 자기가 장렬히 죽어 천당(극락)에 올라감으로써, 원수와는 결코 한 세상에 살 수 없는 양자택일의 복수감정이 원시사회 예법규범의 정신이다. 이러한 피비린내는 원한의 보복이 악순환 되는 것을 방지하기 위해, 국가 통치권이 조직되고 법과 형벌

63) 禮記, 曲禮上 : 「父之讐弗與共戴天.」

제도가 등장하였을 것이다. 따라서 원칙으로 범죄에 대한 철저한 응징과 처벌만이, 이러한 사적인 복수감정을 해소하고 실체 정의를 실현하는 궁극이상이다. 물론 구체 상황에 따라 참작·가감할 사유가 있기 마련이고, 기계론의 인과응보는 天理와 人情에 합당하게 융통변화를 보일 수 있다.

여하튼 범인의 체포와 죄악의 철저한 징벌이 궁극의 실체 정의라면, 죄인의 도망이나 저항을 이유로 한 공소를 중지·포기하거나, 기간의 경과를 이유로 형벌권을 소멸시키는 시효제도도 결코 인정되어서는 안 된다. 그것이 절차 정의에도 부합하는 소박한 원시 법관념일 것이다. 왜냐하면, 절차와 방법은 실질내용을 원만히 완성시키는 보조수단일 뿐, 그 자체가 독자의 존재가치와 목적을 지니는 것은 아니기 때문이다. 그러나 인류사회의 문명이 발달하면서, 국가의 경찰사법권의 수사·체포 능력상 한계도 인정하고, 경미한 죄악의 경우 시간의 망각성과 상황의 변화를 고려하여, 일정한 범위 내에서 국가 형벌권의 집행을 제한적으로 포기하는 절차제도가 등장하였을 것이다.

"열 파수꾼이 한 도둑을 못 막는다."는 속담이 있다. 특정한 공간과 사물에 주의를 집중하는 수비도 그러하거늘, 하물며 죄를 짓고 사방팔방으로 도망한 한 죄수를 만 명의 포졸인들 수색·체포하기가 쉽겠는가? 이러한 형사정책의 현실에서 보면, 경미한 범죄의 처벌로 얻는 法益보다 그 관철에 소요되는 국가사회의 경비지출이 지나치게 크고, 범인이 도주·은닉으로 받은 정신적·육체적·재산적 고통·손실이 자신이 범한 죄악을 충분히 보상하고 남음이 있다고 판단될 때에는, 전체 이해득실의 형량 차원에서 그 공소유지를 더 이상 고집하지 않는 결단이 필요할 것이다. 이것이 공소시효제도의 역사 유래이고 본질일 것이다. 물론 여기에는, 범죄 후 범인을 둘러싸고 새롭게 형성된 제반관계의 당사자인 선량한 제3자의 이익을 보호한다는 고려도 있겠고, 범인의 형벌을 감면·용서한다는 은혜의 의미도 있을 것이다.

그러나 공소시효가 범인의 실체상의 죄악 자체까지 부인하거나 무효로 선언하는 것은 결코 아니다. 따라서 사형에 해당하는 중대한 죄악에서는, 범인이 사형 당하는 것과 동등한 결과(상황)에 이를 때까지는, 좀 더 구체로 말하면 적어도 범인이 사망하는 순간까지 추적·처벌할 수 있다. 이것이 실체 정의와 절차 정의에 모두 부합하는 法理가 될 것이다. 왜냐하면 인간의 생명보다 더 존엄하고 고귀한 것은 없으며, 이 세상의 어떠한 고통도 생명의 박탈보다 더 막대하지는 않을 것이라는 게 일반보편의 가치관이기 때문이다. 그러나 사형에 해당하는 범죄, 특히 살인죄에도 그 종류와 죄질의 차이가 다양하여, 다소 정상을 참작해 감경할 수 있는 일반 살인이나 과실치사도 있고, 그 수단과 방법 및 정도에서 질로나 양으로나 무한히 가중 처벌하여야 할 극악무도한 반인륜 학살도 있다. 그래서 전통법의 사형 종류에도 絞刑·斬刑·不待時斬刑 및 梟首·棄市·凌遲處死 등이 있었다.

墨子의 말대로, 남을 해쳐 자신을 이롭게 하는 不仁과 不義의 정도에 따라 형벌이 비례로 증대하여, 한 사람을 죽이면 하나의 살인죄, 열 사람 백 사람을 살해하면 열 배 백 배의 살인죄가 성립한다.[64] 그에 대한 형벌도 비례로 가중해야 하는데, 사람 목숨은 하나뿐이라 한 번의 사형 밖에 시행할 수 없기 때문에, 그 방법과 정도를 잔혹하게 가중하는 것이다. 따라서 설령 문명화된 근대사회에서 사형이 대체로 단순한 교수형이나 총살형으로 통일되었다고 해서, 범죄의 본질과 악독성까지 무분별하게 동일시할 수는 없다. 이러한 실체 정의와 형평성의 관념이 근대 서양법에서도 절차 정의의 차별화로 표현되었기 때문에, 민족모살이나 모살과 같은 비인도적 학살 범죄에 대해서는 공소시효제도를 원천 부정하고, 이에 관한 국제조약도 체결하였을 것이다.[65]

---

64) 墨子, 非攻 上 편 참조.

65) 박은정·한인섭 엮음, 「5·18의 법적 책임과 역사적 책임」, 128면과 184면 참조.

(4) 형사책임 면제연령의 公訴時效상 해석

이러한 맥락에서, 전통법이 공소시효에 관해 직접 명문의 규정을 전혀 두지 않은 것은, 법의 흠결이 결코 아니라, 공소시효제도를 전면 부정한 입법례에 속한다. 이점은 도망범죄에 대한 각종 특례규정에서 간접 확인할 수 있다. 우선 범죄 후 도망한 자가 사면령이 내려진 후 백일 기한 안에 자수하지 않으면, 비록 본죄는 사면되더라도 도망죄를 별도로 추궁한다. 또 범죄가 발각되기 전에 자수하면 원칙으로 그 죄를 용서하나, 죄가 발각된 후 도망하면 인명살상죄 등과 마찬가지로 아예 자수에 의한 면죄가 허용되지 않으며, 사후 자수에 대해서는 도망죄 부분만 감경해 줄 뿐이다.[66]

그리고 유배나 徒刑을 복역 중인 죄수는 물론, 從軍出征이나 수비·방위 중인 병사, 각종 부역에 동원된 인원, 官戶나 관노비가 도망한 경우에는, 자수·복귀할 때까지 그 기간에 비례하여 형벌이 가중된다. 그 日數의 상한선은 없고, 해석상 형량의 포화로 더 이상 가중할 수 없는 최단기일의 도망만 계산 가능한 것이 특징이다.[67] 도망 자체가 절대의 독립범죄로 인식되는데, 도망으로 공소권이 소멸된다는 시효관념은 상정하기 어렵다.

더욱 특기할 만한 점은, 죄인이 범죄 발각 후 도망한 경우, 추격·체포의 명을 받은 장수나 관리가 고의로 지체하거나 격투도 하지 않은 채 퇴각하면, 죄인의 죄형을 기준으로 감경 처벌하는 규정이다. 그런데 30일 이내에 절반 이상을 체포하거나 가장 중대한 죄인을 逮捕하는 경우, 또는 도망한 모든 죄인이 이미 死亡하거나 自首한 경우에는 그 죄책을 면제해 준다.[68] 이는 이미 구금된 죄수를 看守가 부주의로 놓친 경우에도 비슷하게 규정된다. 즉, 백일의 追捕기한 안에,

---

66) 唐律, 名例, §35 및 §37 참조. 김지수, 傳統 中國法의 精神, 531-5면 참조.

67) 唐律, 捕亡, §457-§464 참조. 김지수, 傳統 中國法의 精神, 484-5면 참조.

68) 唐律, 捕亡, §451 참조.

자기나 타인이 죄수를 다시 逮捕하거나, 죄수가 死亡 또는 自首한 경우에는, 그 죄를 면제하고; 기한을 초과하여 죄수가 逮捕되거나 死亡 또는 自首하면, 감경 처벌한다. 고의로 죄수를 놓아준 경우에는, 죄수의 죄를 그대로 대신 묻되(反坐); 그 죄를 斷定하기 전에 자기 또는 타인이 죄수를 逮捕하거나 죄수가 死亡 또는 自首한 경우에는, 1등급 감경해 준다.[69] 이 때 놓아주어 도망친 죄수가 사형수로서, 놓아준 자가 그 사형을 대신 받기 전에 죄수가 다시 逮捕되거나 死亡 또는 自首한 경우에는, 그 사실이 발생한 장소의 관할 관원은 즉시, 사형수를 놓아준 자가 대신 사형에 처해질 장소로 이 사실을 보고하여, 사형을 감경 받도록 조처해야 한다.[70] 또 죄인에게 체포의 정보를 사전에 누설하여 도망하도록 만든 자는, 그 죄책을 한 등급 감경하여 대신 처벌받아야 한다. 그런데 그 죄가 斷定되기 이전에, 자신이나, 또는 자기와 서로 범죄를 은닉해 줄 수 있는 관계의 친족이 자신을 대신해서 도망 죄인을 체포해 오면, 죄책을 면제해 준다. 그리고 그 밖의 사람이 逮捕하거나 죄수가 死亡 또는 自首한 경우에는, 한 등급 추가 감경해 준다.[71]

이처럼 죄인 또는 죄수의 도망을 간접으로 방조하거나 직접 유도한 자가, 그 도망으로 인한 형벌권 상실의 책임을 대신 부담하는 것이 전통법의 유명한 '反坐' 제도다. 이러한 '反坐' 형벌에서, 그 죄수가 사망하거나 자수한 경우를 체포와 마찬가지로 간주하여 죄책을 감면해 준다는 규정은, 죄수가 체포되거나 자수하여 해당 형벌을 받거나 또는 죄수가 사망하여 형벌집행대상이 영원히 사라지기 전까지는, 죄와 형벌이 범인의 단순한 도피상태로 인해서 절대로 소멸하는 법은 결코 없음을 반증해 준다. 원인이 된 本罪에 대한 형벌이 실현

69) 唐律, 捕亡, §466 참조.
70) 唐律, 斷獄, §501 참조.
71) 唐律, 捕亡, §455 참조.

되지 않으면, 그 책임을 대신 져야 하는 代罪는 소멸될 수 없고, 따라서 그 처벌이 불가피하다. 이러한 법제는 일종의 연대보증채무의 法理와 비슷한 이론이다. 즉, 범죄의 실질 책임은 형벌의 현실 집행이나 죄수의 사망으로 인한 형벌집행의 객관·절대의 불능(사실상 종료) 이외에는 결코 해소되지 않는다. 죄수의 은닉·도주와 같은 주관적·상대적 상황은 형벌권의 현실 집행을 단지 지연시킬 뿐이다. 따라서 범인이 사망하지 않는 한, 단순한 기간의 경과로 형벌권이 소멸하는 공소시효관념은 존재할 여지가 없다.

이러한 법리를 직접 결정짓는 立法(有權)해석이 조선시대 法制史에 등장해 주목된다. 正祖 9년(1785)에, 각 지방 도망죄인의 도망기간이 길게는 80-90년에 이르는데, 수령들이 지금 체포한다고 말만 하고 성실히 실행하지 않으므로, 황해감사가 그 도망기간의 목록을 작성해 형조에 보고하면서 처분을 청했다. 이에 대한 임금의 유권해석은 이러하였다.

> "죄인을 심문하는 獄事(형사재판)에서, 15세 이전은 논죄하지 않고 80세에 이르면 분간 처리한다는 내용이 대명률에 있다. 이를 참작하여 판단한다면, 15세부터 75세까지 60년 동안 죄를 추궁할 수 있다. 무릇 詞訟(민사소송)에서도 60년 이전의 사안은 심리할 수 없다는 규정이 있으니, 이 또한 방증해석의 참고자료가 된다. 지금부터는 15세에 옥사가 성립하여 도피한 자가 75세가 되면 원문서를 폐기하고, 비록 15세에 옥사가 성립한 자가 아니더라도, 도망 후 연한을 계산하여 80세가 되면 사안을 폐기하도록, 법식을 정해 시행하는 것이 좋겠다."72)

여기에 인용된 대명률은 형사책임연령에 관한 총칙규정인데, 그 본래 내용은 이러하다.

> " ① 무릇 70세 이상이나 15세 이하 또는 廢疾의 환자로서, 流罪 이하를 범한 경우에는 贖罪 벌금을 징수한다. ② 80세 이상이나 10세 이

72) 秋官志, 考律部, 續條, 罪囚, 「逃囚年限」조 참조.

하 및 篤疾환자가 살인을 범해 사형에 해당하는 경우에는, 적용 법률을 기재하여 황제의 재결을 주청하며, 도적 및 상해의 죄는 속죄 벌금을 징수하고, 기타 죄는 문책하지 않는다. ③ 90세 이상이나 7세 이하는, 비록 사형의 죄가 있더라도, 형벌을 부과하지 않는다. 만약 그 사람을 교사한 자가 있는 경우에는 교사자를 논죄하고, 상환할 장물이 있는 경우에는 장물을 받은 자가 상환한다."[73]

이와 함께 범죄시와 발각·처벌시 사이의 연령차이로 인한 법적용상의 문제를 해결하는 時際 규정도 있다.

"무릇 범죄시에 비록 老年이나 질병에 해당하지 않더라도, 사건 발각시에 연로나 질병에 속하면, 연로와 질병에 관한 규정을 적용한다. 만약 徒刑 복역 기한 안에 연로나 질병에 해당하게 되어도 또한 마찬가지이다. 범죄시에 연소자에 해당했다가 사건 발각 시 이미 성장한 경우에는, 연소자에 관한 규정을 적용한다."[74]

전통 중국법의 규정에 의하면, 형사책임 연령은 세 단계로 구분되어 있다. 90세 이상이나 7세 이하는 사형까지 면제되는 형사책임 절대 무능력자고, 80세 이상 90세 미만이나 7세 이상 10세 이하는 형사책임 상대(제한) 무능력자다. 그리고 70세 이상 80세 미만이나 10세 이상 15세 미만은, 사형이 아닌 경우에만 벌금에 의한 代刑을 인정할 뿐, 형사책임을 면제하지는 않음을 알 수 있다. 또 범죄 발각 후 책임면제 노령이 되면 아예 논죄하지 않고, 형 집행 중 책임면제 노령에 이르면 형 집행정지로 석방하기 때문에, 이 제한연령은 형벌책임을 면제하고 공소권을 소멸시키는 기준이 된다. 즉, 형사책임연령이 실질상 공소시효와 동등한 법적 효과를 지닌 제도로 해석된 것이다.

이 법리에 의하면, 15세 이상에 범한 죄는 경중을 불문하고 70세 이전까지는 實刑을 소추 받아야 하며, 10세 이상에 범한 도적·상해

73) 大明律, 名例律, 老小廢疾收贖조 참조.

74) 大明律, 名例律, 犯罪時未老疾조 참조.

죄는 80세 이전까지는 역시 實刑을 소추 받아야 하며, 7세 이상에 범한 사형죄는 90세 이전까지는 형사소추의 대상이 된다. 다만 7-10세 사이와 80-90세 사이의 사형죄는 황제의 재결에 의한 특별감면을 받을 수 있을 뿐이며, 속죄 벌금의 징수와 마찬가지로 소멸되는 것은 아니다. 따라서 전통법상 실질 공소시효는 文理해석상, 경미한 범죄의 경우 15세부터 70세까지 55년, 도적·상해죄의 경우 10세부터 80세까지 70년, 사형죄의 경우 7세부터 90세까지 83년이라는 법정 최장기간이 산출된다.

그런데 이 사안에서 正祖가 상한 연령과 하한 연령을 통일로 인용하지 않은 것은, 법규정에 대한 정확한 인식(기억) 부족으로 말미암은 착오일 것이다. 또, 80세 상한연령을 중간에 갑자기 근거 없이 75세로 조정한 것은, 詞訟(민사소송)상의 제소기한인 60년을 염두에 두고 비슷하게 일치시키려는 의도가 있을 것이다.[75] 또 다른 중요한 현실요인은, 英正祖 당시 續大典과 大典通編을 편찬하면서, 죄수에 대한 欽恤에 각별히 유념하던 仁政의 반영이라고 짐작된다. 실제로 正祖 9년 같은 해에 80세 제한 연령에서 두 살 모자라는 살인범을 특별히 보고한 사건에서, 正祖는 80세 사형수의 주청 규정은 이런 경우를 위한 것인데, 지방관이 이를 잘 알아 사람을 살리고자 보고한 것은 잘한 일이라고 용서하였다.[76]

이 사안의 기록상, 해당 도망죄수가 다수이고, 그 죄질의 경중도 다소 다양할 것으로 짐작된다. 일반 살인죄도 포함되었을 것이나, 謀反大逆과 같은 극악무도한 죄는 통치 권력의 속성상 그토록 오래 방치할 가능성이 적어 보인다. 따라서 전통법상 실질 공소시효는 형사책임 면제연령의 해석적용에 의해 최장기간이 산출되지만, 당시 평균수명이 상당히 짧은 점을 감안하면, 법리상 대부분 사망 시까지 종신

75) 續大典, 刑典, 聽理 조의 규정인데, 민사상 시효 기능을 발휘한 것으로 해석된다.
76) 秋官志, 考律部, 除律, 「輕刑」조 참조.

토록 공소권이 유지된다고 보아도 좋을 것이다. 이처럼 전통법은 범죄(발각)시 연령의 老少에 의해서 실제로 소추할 수 있는 기한의 장단이 달라진다. 그렇기 때문에, 근대 서양법상 공소시효가 범인의 연령에 관계없이 죄책의 경중에 의해 일률 법정된 제도와는 본질상 차이가 나고, 따라서 법적용상의 불평등성 문제가 제기될 수도 있다. 그러나 이는 상이한 법문화가 서로 다른 시각에서 범죄와 형벌을 규율하는 역사상의 개별 특수성으로 이해하여야 할 것이다.

(5) 赦免에 의한 공소권의 소멸

그러면 전통법 시대에는 죄인이 면책연령에 달할 때까지, 거의 종신토록 잠적해서 공소권이 소멸되기를 기다려야만 했을까? 좀더 단기간의 실질상 공소시효 제도는 없었을까? 그렇지 않다. 공소시효와 같은 기능을 수행하는 또 다른 특수한 제도가 전통법에 존재했는데, 그것은 赦免이다.

이 사면제도의 내용과 방법도 근대 서양법과 상당히 판이한 독특성을 지닌다. 근대법상 사면(복권)이란, 이미 기소되어 재판이 확정된 후 형 집행중이거나 집행이 종료한 旣決囚를 대상으로, 형 집행을 감면 또는 중지하여 가석방해 주거나 명예·자격을 회복해 주는 제도다. 그러나 전통법의 사면은 이러한 기결수뿐만 아니라, 재판이 진행 중인 미결수와 아직 체포되지도 않고 도망 중인 죄인은 물론, 심지어는 발각되지도 않은 범죄까지 총망라하는 게 특징이다. 그래서 전통법상 사면령에서는, 사면을 반포하는 기준 日時가 사면대상 범죄 종류와 함께 양대 기본요건을 이룬다. 예컨대, 연산군을 폐출하고 反正을 성공한 中宗의 즉위사면은 다음과 같다.

> "이번 달 초이틀 새벽(昧爽)으로부터, 謀反大逆·독충·주술·謀殺·고의 살인‥‥강도·윤리 강상관계 범죄를 제외하고, 徒刑·유배·充軍과 甲子년(연산군 때의 특별 정치 士禍 지칭) 이후 유폐된 죄수는, 이미 발각되거

나 아직 발각되지 않거나, 이미 판결했거나 아직 판결하지 않았거나를 막론하고, 모두 용서하여 죄책을 면제한다. 만약 감히 사면 敎旨 이전의 일을 고발하는 자는 그 죄로써 대신 처벌한다."[77]

첫째, 사면령은 반포일 새벽을 기준으로 하는 것이 통상이다.[78] 둘째, 사면에서 제외되는 중대한 범죄를 열거하는 일종의 解除요건식 포괄주의를 취한다. 주목할 점은, 反正(혁명)에 성공한 즉위사면인데도, 十惡에 해당하는 범죄들은 거의 모두 제외된 사실이다. 이것이 통상의 원칙규정이고, 예외로 모든 범죄를 용서하는 사면은 아주 드물었다.[79] 셋째, 여기에는 사형이 빠져 있는데, 보통 사형은 減死定配에 처한다는 내용이 포함된다. 그런데 유형의 경우 定配 도중에 사면을 만나더라도 법정 旅程(진행속도)을 지키지 않은 자는 제외된다.[80]

넷째, 판결 전후는 물론 발각 전후에 저질러진 모든 죄악을 용서하지만, 여기에는 죄인이 관가에 자수하여 사면을 확인받아야 한다는 중대한 조건이 부가된다. 죄인이나 군역·부역 종사자가 도망한 경우, 사면 후 백일 기한 안에 자수하지 않으면, 본래 죄는 용서되지만 새로이 도망죄를 구성한다. 또한 양민·노비의 유인·약취·매매 및 도망노비의 은닉、관직의 사칭 및 매매, 사망 사칭, 禁物의 私有 등은, 사면교서가 도착한 지 백일 기한 안에 자수하지 않고 계속 범죄사실을 은폐하면, 본래의 죄를 그대로 문책한다. 다만 그 기한 안에 사실이 발각되면 자수와 동등한 효과로 보고, 기간을 계산하여 형량을 결정하는 죄는 사면 이후의 기간만 논죄한다.[81]

다섯째, 사면의 실효성과 公信性을 확보하기 위하여, 사면 이전의

---

77) 中宗實錄, 권1, 元年 9月, 戊寅朔조(제14책 71면) 참조. 9月 2日 즉위 후 반포한 사면령인데, 反正의 경과기록상 특수성으로 말미암아 초하루 조에 기록됨.

78) 唐律, 名例, §35의 疏議 참조.

79) 明律, 名例, 「常赦所不原」조 및 唐律, 名例, §22 ; 斷獄, §488 참조.

80) 唐律, 名例, §23 참조.

81) 唐律, 名例, §35 참조.

범죄를 고발하는 행위를 誣告로 간주하여, 고발인에게 그 죄를 뒤집어씌우는 反坐법을 시행한다. 이는 특히 현실로 정치 탄핵에서 많이 논란이 되는 문제이기도 하다. 사면된 죄의 고발을 官司가 수리하면, 무고한 백성에게 고의로 죄를 뒤집어씌운 故入人罪에 해당한다. 다만, 사면 후에도 반드시 정정해야 할 신분행위나 장물추징·상환 등은 예외로 여전히 집행한다.[82]

여섯째, 恩赦가 있을 줄 미리 듣거나 알아 고의로 범한 죄악은 사면에서 제외된다. 이러한 범죄는 明淸律에서는 오히려 평상시 범죄보다 한 등급 가중 처벌하는데, 사면이 있을 줄 알고 서둘러 형벌을 집행한 관리도 처벌한다.[83] 이는 新王의 즉위나 국경일 등에 관례로 빈번히 사면이 행해지던 전통시대에, 은혜가 도리어 죄악을 조장하는 폐단이 발생하지 않도록 배려한 규정이다. 특히 권력의 주위에서 정보를 미리 누설하여 그로 인한 사리사욕을 챙기고 원한감정을 보복하는 간사한 무리가 적지 않았을 것이다.

이처럼 전통법상의 사면제도는, 미결수와 발각되지 않은 범죄자까지 모두 용서함으로써, 실질상 공소소멸의 기능을 지녔다. 사면이 드물지 않았던 역사 현실을 감안하면, 경미한 보통범죄의 공소시효는 실질상 현대보다 오히려 짧았을 수도 있다. 그러나 謀反大逆 등 십악죄와 사형에 해당하는 중죄는, 사면에 포함되는 경우가 극히 드물었기 때문에, 이들의 공소시효는 현대보다 짧지 않았을 것이다. 근대 서양법이 사전에 객관상의 일정한 공소시효 제도를 두는 것과 달리, 우리 전통법은 사후에 주관상의 임시 恩典赦免을 단행함으로써 공소권을 소멸시키는 방법을 취한 것이다. 이 점도 우리 전통법의 한 중요한 특색이라고 할 수 있다.

그 직접 영향으로, 明治 13년(1880)에 공포된 日本의 治罪法 제9조

82) 唐律, 鬪訟, §354 참조.

83) 唐律, 斷獄, §489 및 明律, 斷獄, 「聞有恩赦而故犯」조 참조.

에는, 공소권 소멸 사유로 '大赦'를 포함시켜, 황제가 즉위나 革正시에 모든 법률 위에 존재하는 美德恩惠로써 기결수는 물론 미결범죄까지 모두 면제해 줄 수 있게 규정하였다. 또한 民國 19년(1930) 반포된 中華民國 형사소송법도 제243조에서, 범죄기소권 소멸사유로 시효기간 만료와 함께 大赦를 포함시키고 있는데, 현행법에서도 제252조에서 不起訴하여야 할 법정사유로 역시 大赦를 포함한다. 이는 모두 전통시대 지상·최고의 황제명령이 지니던 절대 권위의 잔영이다.

(6) 5·18에 대한 전통법상의 공소권

지금까지 고찰한 전통법의 관점에서, 5·18에 대한 기소의 정당성과 합법성 여부를 살펴보면 어떻게 될까? 謀反大逆의 일시 성공으로 집권한 세력이, 정당성과 합법성을 결여한 채 집권하여 포악무도한 혼란을 계속 자행하다가, 국민의 지지와 동의를 얻지 못해 어느 순간 그 최소한의 기반마저 상실하면, 정치상 反正으로 하루아침에 풀잎의 이슬처럼 사라지기 마련이다. 정치상 反正과 肅淸은 법적인 후속조치를 수반하는 것이 상례다. 謀反大逆에 대한 사후 숙청은, 평상시 법질서에 의하건 초헌법의 특별법 제정에 의하건, 제헌권력인 주권자의 동의가 있으면 정당성이나 합헌성에 의심의 여지가 없을 것이다.

특히, 전통법은 법체계상 근대 서양법과 같은 객관·절대의 공소시효제도가 전혀 없었다. 범죄 후 도망한 자도 형사면책 연령에 이르기 전까지는 언제든지 소추될 가능성과 당위성이 있었다. 또, 謀反大逆과 같은 중죄는 수시로 베푼 사면의 은혜에서도 제외되는 것이 원칙이었다. 그러기 때문에, 특별한 정치상 反正이나 伸寃의 경우가 아니면, 공소권 소멸을 기대할 수 없다. 결국 전통법의 해석상 5·18 같은 謀反大逆죄는 공소시효가 사실상 없다. 잠적하거나 도망하더라도 90세까지는 하루도 발 뻗고 마음 편히 잠들기 어려울 것이다. 설사 외국으로 도망한다고 하더라도, 이는 謀叛죄를 추가할 따름이며, 중국이나 만주 등은 당시 국경문제와 외교상 우호관계에 의해 범인 인도가 가능하다. 물론 지금 같으면 정치상 해외망명이 가능하겠지만, 국제 수치와 질시를 안고 낯선 외국에서 목숨 부지한다는 것은 얼마나 가련한 일인가?

또한 사면을 예견하고 범한 죄악은 반드시 처벌하는 것이 전통법의 정신이듯이, 15년만 도피하거나 집권하여 소추를 피하면 謀反大逆죄가 소멸하리라는 기대로 권력을 승계한 기간 동안은, 공소시효의 진행을 중지시키는 것이 합리적이고 합목적적이다.[84] 따라서 5·18 특별법과 그에 의한 기소는 정당하며 합헌이라고 판단된다.

5. 근대 서양법 수용시 公訴時效제도의 도입

전통법 시대에 없던 현대법의 공소시효제도는, 물론 근대화 시기에 서양법을 수용하면서 도입된 것이다. 중국(律令)法系에 속하던 동아시아에서 공소시효를 가장 먼저 규정한 것은 역시 근대화에 앞선 일본이다. 日本은 明治 13年(1880) 7월 법률 제37호로 공포된 '治罪法'(民刑事訴訟法에 해당)에서 제9조에 公訴權 소멸사유로 '期滿免除'(기한이 만료되어 公訴를 면제함)라는 公訴時效를 열거하고, 제11조에 違警罪는 6月, 輕罪는 3年, 重罪는 10年의 期滿免除(公訴時效)를 규정하였다. 그 후 明治 23年(1890)에 刑事訴訟法을 제정·시행하고, 大正11년(1922) 개정에서 일부 형량의 기간을 약간 단축했다고 한다. 그 시효는 사형이 15년, 무기징역·금고는 10년, 10년 이상 징역·금고는 7년, 10년 미만 징역·금고는 5년, 5년 미만의 징역금고는 3년, 기타 경미한 죄와 구류·과료는 6月로 각기 규정했다. 그 후 昭和 24년(1949)에 시행된 현행 형사소송법도 이를 거의 그대로 답습하고 있는데, 우리 형사소송

84) 朴東熙, 「5·18 특별법의 의의」, 12면 및 박은정·한인섭 엮음, 5·18, 법적 책임과 역사적 책임, 127-8면 참조.

법의 모범이 되었다.

그리고 中國은 清末에 日本법학자의 자문을 받아 沈家本 등이 修正한 총 5章 260조의 刑民事訴訟法을 光緒 32년(1906)에 완성하였는데, 제2절 訴訟時限에서 違警罪는 6月, 徒罪 및 감금 3년 이하의 輕罪는 3年, 流刑이나 充軍 이상의 重罪는 10年의 控訴期限을 규정했다.[85] 이는 앞서 언급한 日本 형사소송법의 전신인 治罪法의 규정을 그대로 모방한 것이다. 신해혁명 초기 국민당 정부는 清末의 新刑律을 그대로 적용하다가, 民國 17년(1928)에 中華民國刑法과 刑事訴訟法을 공포했다.[86] 이 때 공소시효가 형사소송법이 아닌 刑法에 규정된 점이 특기할 만한데, 공소시효를 절차법이 아닌 실체법으로 인식한 전통은 현행 중화민국 및 中共 刑法에도 그대로 계승되고 있다.

이 형법은 제1편 총칙에 제14장 時效를 규정하는데, 제97조에서 사형과 무기徒刑 및 10년 이상 유기徒刑은 20년, 1년 이상 10년 미만의 유기도형은 10년, 1년 미만 유기도형 및 구류·벌금은 3년의 기소시효를 각각 정했다. 당시 형법해설서에는 입법이유가 이렇게 소개되고 있다. 공소시효에 관한 각국의 입법례가 2~7항 구분이나 5항이 표준이고, 최장기는 30~10년이나 20년이 표준이며, 최단기는 5년~2월인데 1년이 표준이다. 그러나 중국은 원 규정상 장기 15년을 20년으로, 그리고 단기 6월을 1년으로 각기 연장했다. 이는 지역이 광활하고 교통이 불편하며, 혁명 초기 수사기관의 미비로 공소권 실행에 장애가 많으므로, 각국의 표준입법례에 비추어 연장했다고 한다.[87]

여기서 말하는 원 규정이란 혁명 초기 袁世凱의 北洋軍閥정부가 임시 제정한 형사소송조례와 형사소송律을[88] 지칭하는 듯한데, 清末처럼 아직은 소송법에 규정하면서 그 기간은 중죄의 경우 5년을 연

85) 大清光緒新法令(또는 大清法規大全) 法律 편에 수록되어 있다.

86) 肖永清 主編, 中國法制史簡編(下), 山西人民出版社, 1982, 304면 및311면 참조.

87) 鄭爰諏 原編·朱鴻達 修正, 訂正再版 中華民國刑法集解, 150면 참조.

88) 肖永清 主編, 앞의 책, 192-3면 참조.

장한 셈이다. 항목구분은 사형이 15년, 무기도형 및 1등 유기도형은 10년, 2·3·4·5 등의 유기도형은 7년·3년·1년·6월로 6分하고 있는 것이 그 전후와 다른 특징이다. 그 후 民國 24년(1935)에 정식 공포되어 몇 차례 수정을 거쳐 계속 시행되는 현행 중화민국(대만)의 형법은 총칙 제22장 時效편 제80조에서 소추권의 소멸을 규정한다. 10년 이상 유기도형은 20년, 3년 이상은 10년, 1년 이상은 5년, 1년 미만은 3년, 구류와 벌금은 1년으로 각기 정하여, 전보다 두 단계 늘려 세분했으나, 최장기 시효기간은 그대로 20년을 취하고 있다. 그리고 전술한 것처럼, 전통법의 영향으로 형사소송법에서는 大赦를 당연한 不起訴사유로 규정한다.

중공도 형법 총칙편에 제8절 時效를 규정하는데, 제76조에 의하면 법정최고형이 5년 미만의 유기도형은 5년, 10년 미만은 10년, 10년 이상의 유기도형은 15년, 무기나 사형은 20년으로 소추기한을 4단계 구분한다. 그런데 예외로 20년 이후에도 반드시 소추해야 한다고 인정될 때에는 최고 인민검찰원의 허가를 받도록 규정하고, 인민법원이나 검찰원 또는 공안기관이 강제조치를 취한 이후 수사나 심판을 회피한 자는 아예 소추기한의 제한을 받지 않는다고 제한해 버린다. (제77조) 따라서 5·18과 같은 謀反大逆죄는 실정법상 이미 공소시효가 사실상 없는 셈이다. 중공도 언젠가 정권이 교체되고 민주화되는 장래에, 1989년 天安門 사건의 대량학살책임을 묻는 인민의 요청이 비등해진다면, 바로 이 규정에 의해서 시효의 적용을 받지 않고 언제까지 소추할 수 있을 것으로 기대된다.[89)]

그러면 우리나라는 어떠한가? 隆熙 2년(1908) 시행된 民刑訴訟規則은 제3장 刑事訴訟手續 제148조에서 공소제기권의 소멸시효를 규정

---

89) 12·12와 5·18의 기소가 결정되고 盧·全씨가 차례로 구속될 때, 外信이 전하는 바에 의하면, 중공의 實權者들도 한국의 이 사건이 장래 天安門 사태에 대한 논죄 문제에 구체적인 국제 선례로 직접 원용될 것을 두려워했다고 한다. 중공 형법에 직접 명문으로 존재하는 규정이 내심의 공포를 더욱 가중했을 것이다.

했다. 구류나 笞刑은 1년, 벌금·禁獄·5년 이상의 流刑이나 役刑은 3년, 15년 이하의 流刑이나 役刑은 5년, 종신의 流刑이나 役刑은 7년, 사형은 10년으로 5단계 구분하고 있다. 일제시대에는 日本의 舊刑法을 그대로 적용했다가, 1954년 시행된 현행 형사소송법도 일본법을 거의 그대로 모방하여, 사형도 고작 15년으로 한정하였다. 이는 선진 문명국가는 물론, 같은 전통법문화권인 중국에 비해서도 지나치게 짧은 입법례를 보이고 있다.

이와 같은 이유는 어디에 있을까? 우선 중국이 서양 열강의 침입을 받을 때, 제국주의가 한결같이 清律이 비인도적인 야만의 가혹한 重法이라고 비난하면서, 자국의 치외법권을 광범하게 주장하고 나아가 정치·외교·사회·경제상 침탈을 강화하는 명분으로 삼았었다. 그러기 때문에, 중국으로서는 침략자들의 치외법권을 회수하고 變法自强을 도모하기 위해서, 凌遲·梟首·戮屍·緣坐 등 각종 혹형을 폐지하고, 刑律 전반을 대폭 刪改하는 작업을 단행하였다.[90] 그러한 법제도의 형식상 근대화라는 명분 아래 공소시효제도를 도입하면서, 야만의 重刑이라는 비난과 조소에 대한 反彈으로, 그 역사상 연원이나 철학상 본질을 깊이 연구하지 않고, 각국의 입법례도 충분히 검토하지 못한 상태에서, 가급적 짧고 가벼운 것이 先進文明이라고 생각했을 것이다. 이는 일본이 대한제국을 침탈하여 식민 지배하는 과정에서도 그대로 재현된 내용이기에, 의문의 여지가 별로 없을 것이다.

그 후 중국은 혁명에 성공하여 자체 입법을 착수하면서, 자국의 특수한 상황을 고려하여, 공소시효를 최장기의 경우 처음의 10년에서 15년을 거쳐 20년까지 두 배로 연장했다. 그런데 우리는 처음 10년에서 일제에 의해 15년으로 연장되었다가, 건국 후 법 제정 시에도 그대로 답습한 것이다. 입법 경험이나 법학 연구의 축적도 없는 상황에서, 별다른 심의나 토론도 거치지 못하고 일본을 모방한 법이, 건

90) 肖永清 主編, 앞의 책, 36-7면 참조.

국 반세기가 되도록 개정되지 못한 까닭은 무엇일까? 다른 많은 요인이 있겠지만, 정치상 부패와 혼란, 장기집권과 무단 독재의 전횡이 반세기 가까이 지속되면서, 사회제도 전반에 걸쳐 개혁이 거의 시도되지 않은 점을 들 수 있겠다. 특히 공소시효에 관한 한, 부정당하고 불법의 범죄로 정권을 찬탈한 독재정권이, 장래에 혹시 정치적·법률적 심판을 받을까 염려하여, 그 합법으로 소추당할 위험기간을 굳이 연장하고 싶지 않았을 것이다.

이상이 바로 현행 공소시효제도의 역사 유래이자, 그 맹점의 소재가 아닐까? 따라서 5·18 특별법의 제정에 만족하지 말고, 장래 형사소송법 개정 시에는 공소시효기간 전반을 대폭 연장하고, 특히 내란·외환과 반인륜·비인도주의 학살범죄 등에 대해서는 아예 공소시효를 영구히 없애 버리는 제도 개선도 적극 고려할 필요가 있다.[91]

일본에서 처음 治罪法이 제정될 때의 입법취지도 고려할 필요가 있을 것이다. 公訴의 期滿免除(時效)의 존재이유는, 증거인멸과 범죄로 인한 危懼(심리상 공포)심의 소멸 및 사회대중의 遺忘(망각)에 기인하고; 특히 공소시효가 형(벌)의 시효보다 짧은 것은, 공식 재판언도가 없어서 일반 사회대중이 잘 모르고 쉽게 잊기 때문이라고 해석한 것이다.[92] 이러한 입법취지를 고려해 반대로 해석한다면, 국민이 결코 망각할 수 없는 역사적·민족적 죄악은, 공소시효를 아예 생각할 수도 없다는 결론에 이르게 된다.

끝으로, 서양법제사상의 公訴時效제도 자체의 역사 淵源과 전개과정에 대해서는, 필자의 능력이 미치지 못해 본고에서 다룰 수 없음을 고백한다. 뜻있는 전공 학자의 정밀한 학문 연구가 조만간 진행되어, 공소시효의 본래진면목이 더욱 상세히 밝혀지기를 기대한다.

---

91) 박은정·한인섭 공편, 앞의 책, 128면 참조.

92) 村田雷藏 訂, 日本治罪法詳解, 明治13年(1880), 第2號(卷), 14-19면 참조.

6. 結 論

지금까지 전통 역사철학과 정치사상 및 근대 입법역사의 관점에서, 5·18 광주민주화운동을 "光州反正"으로 평가하면서, 아울러 5·18 反亂의 주체인 신군부에 대한 기소의 정당성과 합법성을 부각시켜 보았다. 동서고금의 제도와 의식 차이로 말미암아, 정확히 부합하도록 논증하기에는 다소 논리상 비약이나 결함이 있었을지도 모른다. 그러나 지금까지 각계에서 근대 철학사상과 법이론으로 전개한 주장을 보강하는 방증자료로는 그리 손색이 없을 것으로 기대한다.

사람이 모두 성현이 못되고 신선이 아닌 바에야, 누군들 어찌 잘못이 없을 수 있겠는가? 그래서 공자도 잘못을 저지르고도 잘못인 줄 모르고 고치지 않는 것이 진정한 잘못이며, 또한 그 죄악은 비판하되 사람의 죄악으로 비난하지 말라고 했다.[93] 罪人은 용서할 수 있지만 罪心은 용서하기 어려우며, 刑罰은 사면할 수 있지만 罪惡은 사면될 수 없다. 罪人을 용서하기 위해서는 罪心의 반성참회가 선행되어야 하고, 刑罰을 사면하기 위해서는 罪惡의 개과천선이 수반되어야 한다.

역사는 미래의 후손에게 떠넘기는 것이 아니라, 현재의 우리가 正立하고 창조하는 것이다. 역사에 대한 후세의 공평한 객관 평가가 있기 위해서는, 먼저 오늘의 정확한 기록이 정리되어야 한다. 그러한 의미에서 무엇보다도 중대하고 시급한 것은, 정확한 진실의 규명이다. 반성참회와 용서사면은 객관의 사실을 주관의 진심으로 고백하는 데서 시작한다. 그런데 불행하게도 어른들은 거짓과 위선이 많고, 죄인들은 수치와 공포를 이기지 못하는 탓인지, 증거인멸과 역사왜곡을 집요하게 시도하고 있다. 권력의 시녀로서 정치논리의 장단에 춤을 추는 검찰의 무성의한 수사가, 책임소재를 추궁한다는 명분 아래 상급지휘관만 상대로 고작 묵비권과 위증만 받아 내는 데 그쳤다.

---

93) 論語, 衛靈公 :「過而不改, 是謂過矣.」; 顔淵 :「攻其惡, 無攻人之惡.」

그럴 것이 아니라, 오히려 진상규명의 차원에서, 어린애처럼 비교적 순진무구하고 부끄러워 할 줄 아는, 당시 광주진압에 투입된 士兵(공수부대원)들의 진실한 현장체험담과 양심 증언을 광범위하게 수집·조사할 필요가 있다. 진압과정이나 방법, 특히 사망자와 실종자 규모 파악 및 암매장 소재지 등, 현안의 진실규명에 유일한 목격자요 증인은, 당시 군대 지휘명령체계에 복종하여 살륙의 수단과 도구가 될 수밖에 없었던 행위자들일 것이기 때문이다.

그리고 5·18을 원만히 해결하여 민족사의 새 장을 열기 위해서는, 光州反正을 확실하고 철저히 실행하여, 피해자들의 정치상 명예회복과 법률상 피해배상이 충분히 이루어져야 한다.[94] 역사상 反正 직후에 맨 처음 착수하는 조치는, 포악무도한 권력에 부당하게 희생되거나 불법으로 억압된 무고한 양민을 정치·법률상으로 구제하는 일이다. 정치상 명예회복은 억울한 원통을 풀어 주는 '伸冤'으로 이루어지고, 법률상 피해배상은 부당한 불법의 재판과 형 집행을 올바르게 되돌리는 '平反'으로 나타난다. 오늘날 이러한 조치는 5·18특별법 상의 特別再審을 통하여 無罪判決과 피해배상으로 원만하고 충분히 실현되어야 할 것이다.[95]

이러한 일련의 光州反正은 무엇보다도 인간의 주체적 실천의지가 가장 요긴하다. 사실 中宗反正 직전에도 연산군 조정에서 녹을 받던 대신들은 서로 눈치만 살피며 몸을 사리고 있었다. 그러다가 李長坤이라는 武勇스런 죄수가 압송 도중 도망하였는데, 지방의 유배죄수와 민중을 규합하여 거사할 것이라는 소문과 가능성이 높아지고, 전라도와 경상도에서 거사모의가 진행되어 경향 각지에 檄文이 나돌게 되자, 自救策 절반으로 反正을 결행하지 않을 수 없었다. 그리고는 反正

94) 이에 관해서는, 박원순, 「배상의 측면에서 본 광주항쟁」, 박은정·한인섭 엮음, 앞의 책, 133-201면에서 상세하고도 적절히 밝히고 있다.

95) 이 점에 관해서는, 백형구, 「5·18 특별법의 特別再審에 관한 고찰」, 대한변협, 人權과 正義, 제234호(1996. 2.) 13-19면 참조.

성공 후에는, 목숨 부지한 것으로 부족하여, 공신의 명예와 포상을 지나치게 포식한 나머지, 朝野의 비판과 질시를 받았다.[96]

명분상으로 全·盧 군사반란정권을 승계한 김영삼 정부도, 처음에는 그들을 옹호하여 5·18을 역사의 평가에 맡기자고 계속 강변하였다. 그러다가 전국 대학교수 서명과 국민여론 및 정치권의 압력이 극심해지자, 自救용 窮餘之策으로 마침내 군사정권과의 단절을 시도하고 文民政府의 차별화를 도모하기 위해, 이른바 "역사 바로 세우기"라는 대의명분을 내걸고 나섰다. 그런데 문민정권의 정통성과 '역사 바로 세우기'의 공적을 지나치게 강조해, 마치 凱旋將軍의 戰功처럼 독점하려는 듯하여, 혹시 "先手 치고 生色 내는" 것은 아닌지 눈살을 찌푸리게 하였다. 국민과 역사의 눈은 너무도 정직하고 淸明하다는 사실을 염두에 두고, 좀더 겸허하고 성의 있는 진실한 光州反正에 앞장서길 진심으로 간절히 바란다. 그것이 민족과 역사, 그리고 반란죄인과 문민정부를 자처하는 집권자 모두에게 다행한 축복일 것이다.

진정 역사를 바로 세우는 한국 현대사의 光州反正은 어쩌면 군사반란정권과 직접·간접의 계승관계가 전혀 없는 순수한 '文民'정부가 들어서기를 기다려야 할지도 모를 일이다. 이번만큼은 혼란무도와 역사왜곡·부정부패를 철저히 淸算하여, 21세기 自主 平和 統一의 韓民族 새 세상이 열리는 磐石을 놓아야 할 것이다.

[**追補** : 과연 헌정사상 최초로 선거에 의한 평화로운 정권교체를 이루고 등장한 김대중 대통령의 '국민의 정부'에 들어서서야, 비로소 일련의 특별법들이 제정되어 광주문제가 대체로 해결되었다고 평가될 만하다. 기존의 "광주민주화운동 관련자 보상 등에 관한 법률"(1990.8.6.)을 일부 개정하면서(2000.1.12.) "민주화운동 관련자 명예회복 및 보상 등에 관한 법률"(2000.1.12.)과 그 시행령(2000.7.10.)을 제

96) 中宗實錄, 권1, 元年 丙寅 9月 甲申조 史臣평론(제14책 75면) 참조.

정하고, 이어 "민주화운동 기념사업회법"(2001.7.24.)과 그 시행령(2001.10.31.), "광주민주유공자 예우에 관한 법률"(2002.1.26.)과 그 시행령(2002.7.27.) 및 시행규칙(2002.8.22.), 그리고 "국립5・18묘지규정"(2002.7.10.)을 차례로 제정해 시행한 것이다. 이로써 광주민주화운동과 관련된 중요한 현안은 대강 해결된 듯한 느낌을 준다.

따라서 본고의 필자가 주창한 "光州反正"은, 1980년 5월18일에 직접 촉발되어 엄청난 인명 희생과 물질상・재산상 피해를 초래하고, 20여년의 긴 忍苦의 세월의 숙성을 거치면서 국민의 민주역량 성숙과 함께 점차 자유・민주・정의를 회복하여, 먼저 과도기 민간인 정부로 김영삼 정권에 이양된 뒤, 다시 선거를 통한 평화로운 정권교체를 실현하여 김대중 정부를 탄생시켰으며, 마침내 김대중 대통령의 임기동안 진행된 일련의 보상조치로 2002년에 이르러 대강 마무리된 걸로 일단 평가할 수 있겠다.

그러나 이미 원만히 완성되었다고 속단하기에는 좀 아쉽고 부족한 느낌이 강하게 밀려온다. 진상도 완전히 밝혀졌다고 보기는 미흡하며, 또 어쩌면 일반인이 전혀 생각하지 못하는 특수한 피해자들이 伸寃되지도 못하고 보상받지 못한 채 억울하게 신음하고 있을지도 모른다. 특히, 당시 진압에 투입된 공수특전단 요원들도, 직접 살상 당한 희생자에 버금가는 또 다른 부류의 희생자임을 통찰하고, 이들의 정신상·심리상 장애도 풀어 주도록 노력할 필요가 있다.

그들은 강요된 명령에 따라 양민을 屠戮한 죄책감에서 26년이 지난 지금까지 극심한 불안과 공포에 떨며, 심지어 정신착란까지 겪고 있는 이가 적지 않을 것이다. 이들한테 당시 체험을 진술·고백할 기회를 주는 것이야말로, 피살자의 정확한 규모를 파악하고 암매장 지점을 발굴하여 5·18 진상을 철저히 규명하는 첩경이면서, 동시에 이들 자신의 정신상·심리상 중압감을 덜어 주고 치유하는 데 가장 효과 있는 묘약이 될 것이다. 5·18 특별법에서조차 이 부분을 간과하고 방치한 점은, 진실로 이해할 수 없는 무성의 내지 몰이해·몰지각의 소치라고 생각된다. 지금이라도 더 늦기 전에 하루빨리 이들의 증언 진술을 공개로 채집하는 특단의 조치가 시행되어야 할 것이다. 그래야 이들도 억울한 원통을 풀고, 살륙의 죄책감에서 해방되어, 심신의 건강과 정신의 광명을 되찾을 수 있기 때문이다.

그들도 행복을 추구할 천부인권을 가진다. 이제 이들이 죽기 전에 이들을 자유롭게 해방시켜 주는 일은, 광주시민을 비롯한 우리 모두가 진정한 "光州反正"을 원만히 성취하기 위해서 마지막으로 수행하고 해결해야 할 도덕상·법률상 의무이자 시대사명으로 남아 있다. 그들이 행복추구권을 찾아 누릴 수 있도록 도와주는 것은, 바로 저승에서 방황하고 있을 5·18 희생자 원혼의 원한을 풀어 주고, 서로 다른 두 희생자 사이에 영적인 화해를 촉진·성사시켜, 궁극에는 현세의 광주·전남 지역 사회와 우리나라 전체의 진정한 자유·민주·정의·평화를 확보하고, 나아가 남북한 한겨레의 자주평화 통일을 앞당기는 데에도 중요한 핵심관건이 될 것이기 때문이다.]

[**後記** : 이 글은 본디 1996년 김영삼 정부 당시의 시대상황을 배경으로 집필되어, 문장의 내용이나 형식체제가 지금의 시점에서 보면, 이미 지나가고 바뀐 역사사실을 제대로 반영하지 못해 시대착오의 느낌까지 줄 수도 있다. 그러나 현재의 시각에서 새롭게 고쳐 쓰는 것보다는, 당시의 관점을 그대로 유지하는 선에서 교정을 보는 편이, 시간 및 정신력의 비용절약에 훨씬 유리하고, 또 집필 당시의 역사성을 간직하여 나름대로 의미가 있다고 판단하였다. 그 후 전개된 시대발전의 모습과 필자의 생각은 [ ] 안에 追補형태로 반영하여, 약간 보충 집필하는 선에서 수정·윤문 작업을 마친다.

2006.7.23. 日, 大暑]

약력 김지수(金池洙)

전북 부안 곰소 출생
서울대 법대(중국문학 부전공) 졸업
국립대만대학 법률학연구소 3년간 遊學
서울대 대학원 법학박사(전통 중국법의 情理法)
2001년부터 국립 전남대 법대에 재직 중.
수십 편의 전공 논문과, 번역서로
『화두 놓고 염불하세(印光大師嘉言錄)』(불광출판부, 2000년)
『운명을 뛰어 넘는 길(了凡四訓)』(불광출판부, 2000년)
『절옥귀감(折獄龜鑑)』(소명출판, 2001년)
『불가록(不可錄)』(전남대학교출판부, 2002년)
『의심 끊고 염불하세』(불광출판부, 2005년) 등이 있고,
저서로『中國의 婚姻法과 繼承法』(전남대학교출판부, 2003년),
『傳統 中國法의 精神』(전남대학교출판부, 2005년 :
2006년 文光部 선정 우수학술도서) 등이 있음.

傳統法과 光州反正

2006년 8월 10일 인쇄
2006년 8월 20일 발행

글쓴이 ── 김지수
발행인 ── 강정채
발행처 ── 전남대학교출판부

등록 1981. 5. 21. 제53호
500-757 광주광역시 북구 용봉동 300
TEL. (062) 530-0571~3
FAX. (062) 530-0579
http://altair.chonnam.ac.kr/~cnup

값 17,000 원

ISBN 89-7598-566-0(93360)

이 도서의 국립중앙도서관 출판시도서목록(CIP)은 e-CIP홈페이지(http://www.nl.go.kr/cip.php)
에서 이용하실 수 있습니다. (CIP제어번호: CIP2006001831)